BEETHOVEN

ET SES TROIS STYLES

Da Capo Press Music Reprint Series

MUSIC EDITOR

BEA FRIEDLAND

Ph.D., City University of New York

BEETHOVEN
ET SES TROIS STYLES

BY

WILHELM VON LENZ

ÉDITION NOUVELLE

Avec un avant-propos et une bibliographie des ouvrages relatifs à Beethoven

par

M.D. CALVOCORESSI

et orné d'un portrait de Beethoven avec signature et fac-similé d'écriture

New Foreword by Joseph Kerman

Index by Walter Frisch

DA CAPO PRESS · NEW YORK · 1980

Library of Congress Cataloging in Publication Data

Lenz, Wilhelm von, 1808-1883.
Beethoven et ses trois styles.

(Da Capo Press music reprint series)
Reprint of the 1909 ed. published by G. Legouix,
Paris, with a new foreword by Joseph Kerman in English.
Bibliography: p.
Includes index.
1. Beethoven, Ludwig van, 1770-1827. Sonatas.
2. Beethoven, Ludwig van, 1770-1827—Bibliography.
3. Sonata. I. Title.
ML410.B4L53 1980 786.1'092'4 79-27169
ISBN 0-306-76027-4

This Da Capo Press edition of *Beethoven et Ses Trois Styles*, first published in St. Petersburg in 1852, is an unabridged republication of the edition published in Paris in 1909 by Gustave Legouix, supplemented with a new introduction and index.

Published by Da Capo Press, Inc.
A Subsidiary of Plenum Publishing Corporation
227 West 17th Street, New York, N.Y. 10011

Manufactured in the United States of America

FOREWORD

> Our task is finished. It was a debt of gratitude that we wished to settle within the limits of our capabilities. The works of Beethoven have sustained us in life's journey, raised us above its miseries, and often consoled us for its rigors. Let us hope that one day a more effective hand than ours will undertake a study of the sonatas which we have not so much completed as merely indicated, and for which we could rely on little more than our good faith and a profound conviction of their importance in Art.

With these simple words, free for a moment from his customary flights of romantic and polemical rhetoric, Wilhelm von Lenz begins to wind down the study of Beethoven's piano sonatas which stands at the heart of his *Beethoven et ses trois styles.* This comprehensive essay in romantic music criticism, the work of an amateur and a *passionné,* draws its strength from a devotion to the composer that is moving to contemplate, more than a hundred years later. Lenz knew his own limitations, but he also knew that his attempt at a systematic, categorized "reconnaissance" of all the thirty-two Beethoven piano sonatas was a new departure in musical writing. It is as such that *Beethoven et ses trois styles* maintains its chief interest today.

Christian Wilhelm von Lenz was born into a distinguished German family at Riga in 1809; he was a great-nephew of the *Sturm und Drang* poet J. M. R. Lenz, subject of the drama by Buechner.[1] He died at St. Petersburg in 1883 after an obscure career in the Russian civil service. Music was his passion, and to satisfy this he traveled widely and worked his way into the circles of the great. In 1828, aged twenty-one, he studied with the nineteen-year-old Liszt and in 1829 with Moscheles; later he sought out Chopin as a teacher and a friend. He played genial host to Berlioz on the latter's visit to St. Petersburg in 1847. In 1850 Lenz published anonymously a travelogue of some literary merit, *Aus dem Tagebuche einer Livländers,* ranging from Constantinople to Madrid and including a chapter on Beethoven's Violin Concerto. His most celebrated work, republished here, appeared at St. Petersburg in 1852, Brussels in 1854, Paris in 1855 and then again in 1909, with a foreword by the French (later English) critic M. D. Calvocoressi, who had an eye for anything and everything Russian. (But Lenz's meticulously accurate original title—*Beethoven et ses trois styles. Analyses des sonates de piano, suivies d'un essai d'un catalogue critique, chronologique et anecdotique de l'oeuvre de Beethoven*—proved too unwieldy for twentieth-century tastes.) Parts of this book were drawn on and expanded for a German monograph, dedicated to Liszt: *Beethoven: ein Kunststudie* (1855-60).

[1]See Paul Th. Falck, *Der Stammbaum der Familie Lenz in Livland* (Nuremberg, 1907). The somewhat ungenerous article on Lenz in *MGG* by Willi Kahl makes no mention of this or other works by Falck, nor of Ernest Newman's article "Wilhelm von Lenz" in the 1927 centennial issue of *Music & Letters,* VIII, pp. 268-72.

Later Lenz published a set of children's pieces for piano, and an entertaining short book on *Die grossen Pianoforte-Virtuosen unserer Zeit aus persönliche Bekanntschaft: Liszt, Chopin, Tausig, Henselt.* This was translated and retranslated for as many as four English and American editions, the latest of them in 1971.

Beethoven and the piano stood at the center of Lenz's universe. Clearly matters of stylistic typology interested him less and in fact his treatment of this will not stand up to much scrutiny. He adopted the idea of the "three styles" with characteristic enthusiasm because it provided a framework for his discussion of the Beethoven sonatas; it would be a mistake to assume that he chose the sonatas as a way of illustrating or articulating the idea of the three styles. Adumbrated in J. A. Schlosser's book on Beethoven, as early as 1828, this powerful idea was first formulated by Fétis in his influential *Biographie universelle des musiciens* of 1837. It was reinforced by the tripartite division of Beethoven's life adopted by Schindler in his biography of 1840, a book of commanding importance for Lenz and everyone else concerned with Beethoven at mid-century. In fact, such tripartite categorizations were a commonplace in the popular historiography of the time, as Lenz makes clear by his frequent references to the three periods in the careers of Raphael, Rubens, and others. Lenz gives Fétis credit for introducing the idea of Beethoven's three periods but mounts a ringing attack on the details of his interpretation.

Fétis criticized the music of the third period for its excessive repetitions, aimless developments, unclear melodies, forced harmonies, and new forms affected "less as the outcome of a sudden inspiration than to satisfy the conditions of a calculated plan." For Lenz this was only one step behind the dictum of Scudo, whom he correctly perceived as a natural enemy, that Beethoven's three styles correspond to youth, maturity, and decrepitude. Lenz also rejected Fétis's choice of works to demarcate the periods. The first works to show signs of the third manner are not the Seventh Symphony and the "Archduke" Trio, op. 97, as Fétis says, but the Piano Sonata in F, op. 54, and the Quartet in F minor, op. 95; the symphony and the trio are on the contrary among the great peaks of the second manner—though Lenz punctiliously admits that the third manner is forecast by certain unspecified details in the symphony and by the *minore* of the scherzo in the trio. This admission would seem to confuse the argument, and the mention of op. 54 would seem to undermine it, at least for the modern reader. Indeed, probably the least satisfactory single aspect of Lenz's book is its treatment of the third period. There is much visionary rhetoric and much enthusiasm, but little clarity as regards the actual criteria.

And there is little understanding. Again and again, in his account of the five late piano sonatas, Lenz admits directly that he cannot follow Beethoven's thought. He is overwhelmed by the first movement of op. 101—"a free improvisation confined only to the number of its visions"—but does not like the second and says he has never met anyone who does. The fugue in op. 106 he compares to the wreck of *The Medusa.* In the finale of op. 109 he admires the theme and the first variation but regrets the rest; in the finale of op. 111 he can scarcely get past the theme, so much trouble is he caused by the enormous number of notes (1944 of them, he says) and the inexplicable notation. Only the first movement of op. 111 gains his wholehearted approval and the full flow of his generous enthusiasm; but as a condition for this, Lenz sees the movement as a second-period work out of sequence.

"What does a coarse scene matter in Shakespeare, next to imperishable beauties?" This rhetorical question is as revealing as it is characteristic. One has the feeling that Lenz and his opponents perceived Beethoven in much the same way, but reacted differently to their perceptions. Even the despicable Scudo admitted with a sneer that there were beauties in the late music; and Lenz acknowledges defiantly that it contains "bizarre things, obscure intentions–inexplicable ones, perhaps, over which the performer can triumph only by means of the most stringent labors." Faced with this mix, Scudo rejected the music of the third period. Lenz embraced it. It was as much the *idea* of late Beethoven as the actual music that enraptured Lenz, and that idea was an idea of freedom, an idea of the infinite which was by definition unfathomable.

In all this, of course, Lenz is speaking in the exact language of French romantic music criticism. He sounds like an aging member of Young France. Berlioz indicates as much in the well-known review of *Beethoven et ses trois styles* incorporated in his *Evenings with the Orchestra* of 1855, when he chides Lenz with a straight face for his excessive polemical frenzy. This Russian enthusiast, he finds privately, is really rather incredible. But for the rest–and for the public–Berlioz is highly complimentary: and why not? It is not simply that Lenz was an acquaintance and that all his references in the book to Berlioz are deeply respectful, even when he feels obliged to spell out differences between them. Lenz's whole mental set is a tribute to Berlioz, and so is his literary style. In Fétis and Scudo they share common enemies. There is the same combination of highly personal enthusiasm with close criticism, of flowery, metaphorical, spirited, ironic loquacity with sharp detailed observation. There is the same discursiveness, with its Jean-Pauline overtones, which makes for many a baffling non sequitur in Lenz's long introductory section, and indeed in his central analytical section also. (He is quite ready, for example, to break into a discussion of Beethoven's dedications with an atmospheric account of a snowy winter in Rome when he wandered into a church where a cardinal was saying Mass—and was reminded of the scarlet accorded to Archduke Rudolf and the origins of the *Missa solemnis.*) Berlioz's accolade for Lenz's treatment of Beethoven's masterpieces again resonates with the characteristic phraseology of French romanticism:

> No one could enter more fully into the spirit of those marvelous musical poems, nor better grasp the whole and the parts, nor follow with greater energy the eagle's impetuous flight and discern more clearly when he rises or when he sinks, nor say it with more frankness.[2]

Other points in Berlioz's review are of interest. He will not let pass some anti-Semitic remarks that Lenz makes in an otherwise admiring and, Berlioz says, sensitive discussion of the music of Mendelssohn. Wagner's *Das Judentum in der Musik* of 1850 must be in the background here, though neither author mentions it. Berlioz also begs to differ with Lenz on the ineffectuality of the Overture "Zur Weihe des Hauses," a work which Berlioz has performed with acclaim on more than one occasion. Throughout his review he complains humorously about Lenz's frequent German quotations—from Goethe, Tieck, and so on —which Berlioz claims leaves him completely at sea. *Autre temps, autre moeurs:* the modern reader is more likely to flounder on Lenz's equally frequent quotations in Latin.

Roughly speaking, the interest of Lenz's remarks on the sonatas increases the earlier he goes. While we will not read him for the late music, as has already been indicated, we should not neglect his lively account of the "Diabelli" Variations, a work which clearly fascinated him, though he calls it "the nightmare of a genius, rather than his tri-

[2]*Evenings with the Orchestra,* translated and edited by Jacques Barzun (Chicago, 1956), p. 317.

umph." On the main second period works, too, he disappoints. He admires the "Waldstein" and "Appassionata" Sonatas, but does not find much that is original to say about them. In the Sonata in F sharp, op. 78, he finds, alas, only "Beethoven's hand at work, not his genius." The works that move him most profoundly are those of the early 1800s, with which he begins his second period. Extensive, almost worshipful essays on the Sonatas in A flat, op. 26, and C sharp minor, op. 27 no. 2 ("Moonlight") are joined by appreciative and perceptive passages on their less famous companions, the two sonatas in E flat, op. 27 no. 1 and op. 31 no. 3. (For many years, Lenz confesses, he misjudged the latter work. "It now appears to us one of the most characteristic.") Among his favorite slow movements are those in the Sonatas in B flat, op. 22, and D minor, op. 31 no. 2.

Perhaps the most enjoyable and instructive section of Lenz's book is that dealing with the sonatas of the first period. Here, one feels, he is really on top of his material; the lure of the infinite (as Leo Schrade called it) recedes, and he writes with confidence, insight, and good humor. His *jeu d'esprit* on the *Sonate pathétique* is worthy of Berlioz. A typically spirited (and somewhat more informative) account is that of the Sonata in A, op. 2 no. 2.

The first movement interests Lenz as much for its problems of execution as for its forecast of the second period; already he discerns the egg from which will be hatched the impetuous eagle of the Seventh Symphony. The Largo appassionato in D is a small Handelian oratorio, the equal of a Mass by Joseph or Michael Haydn. "In those days, in a composition addressed humbly to the piano which was still a *clavecin,* to find a movement of such scope—why, it is terrifying, as if one were to come upon a splendid boa constrictor stretched out to his full length along one of our carefully raked garden paths." The scherzo would be at home in a music box. The finale he castigates as an example of "the rondo inoffensive, the rondo Kalkbrenner-Moscheles," and says it recalls the manner of John Field.

In Lenz's scheme of things,this reference to Kalkbrenner (not to Field) is the most damaging criticism that he can summon up, for polemic against the decline of piano music at the hands of mid-century virtuosos recurs endlessly in *Beethoven et ses trois styles.* The reader is never allowed to forget that for the author pianism was a preoccupation second only to Beethoven. Thus he takes time to recommend a curriculum for the young based on "the indispensable Cramer" and the simpler works of Haydn and Mozart; Weber should come before Beethoven, and the piano parts of Mozart piano quartets and trios sooner than "fantasias on *La Donna del lago*" (a subject, be it noted, that was not treated by his admired friend and teacher Liszt). He likes the children's pieces by Mendelssohn and Schumann—here mentioned for the only time—but considers that they "are addressed basically to adults who feel some reason to become children again," and he has only tepid praise for Beethoven's own study fodder, *The Well-tempered Clavier.* The special fingerings employed by the great pianists fascinate Lenz. In the first movement of the Sonata in G, op. 14 no. 2, Chopin played all the staccato notes in mm. 194-5 with the fourth finger; in mm. 188-9 he achieved an exquisite legato by slipping the second finger from the A-sharp to the B. From Liszt Lenz learned to play the tritones in the second movement of the "Moonlight" Sonata (second half, left hand) with a legato 1-4, 5-2 fingering, and he tells proudly how he introduced this to Chopin.

> "That's not your own fingering, is it?" he asked, in that melodious little voice of his. "It is Liszt's," I said. "Ah! that one has ideas, I tell you, which nobody else would have suspected." And Chopin began to try this finger-

> ing. "But one could go down the whole keyboard this way like a crayfish scuttling back to his stream! It is perfect, your fingering! I shall use it!"

It is possible that Chopin was pulling his leg.

Lenz was also a great believer in piano arrangements of Beethoven's instrumental compositions; indeed this was probably the principal means by which he attained his impressive knowledge of the total corpus. The quartets, however, he also knew very well from performances in St. Petersburg, by Baillot and Vieuxtemps, among others. Though *Beethoven et ses trois styles* centers on the sonatas, Lenz managed to include extensive and often valuable sections on nearly all Beethoven's other music.

Finally, a word of appreciation is in order for the Critical, Chronological, and Anecdotal Catalogue of Beethoven's Works which takes up fully thirty percent of Lenz's volume. For its compiler it was an object of enormous labor and concern, and also a cause of heartbreak, for in 1851 he was horrified to be presented with an anonymous Thematic Catalogue of Beethoven's work published by Breitkopf & Härtel. Lenz was paying the price for his amateur status and his provincial location; he had known nothing of the preparation of this work.

> Three days after the catalogue came into my hands . . . I sent twelve pages of remarks to MM. Breitkopf & Härtel to guarantee the originality of my own work and its complete independence from theirs . . . Little as I may have done, I could not allow the suspicion of borrowing to hover over the fruit of so much trouble. How much research, how many expenses I could have been saved had I been able to make use of the Thematic Catalogue!

Lenz says his own catalogue was finished when the Breitkopf Catalogue arrived; perhaps his book as a whole was ready for the press, or perhaps he rushed the material other than the catalogue in order to stake his claim (albeit a late claim) as soon as possible. In that case, there would be another reason for the hectic tone of so much of Lenz's Introduction and Analysis sections.

The details of Lenz's quarrel with the methods of the Breitkopf catalogue are likely to be of interest today only to specialists. But Lenz was right to call his rival "mediocre," and Willi Kahl was right to draw attention to the small credit Lenz has received for his work as a bibliographer. Destined to be superseded by the Thayer and Nottebohm catalogues of the 1860s, the Lenz catalogue was a remarkably conscientious and intelligent compilation, in its own way as original as his systematic critical study of the Beethoven sonatas.

JOSEPH KERMAN
Berkeley, California
October, 1980

BEETHOVEN

ET SES TROIS STYLES

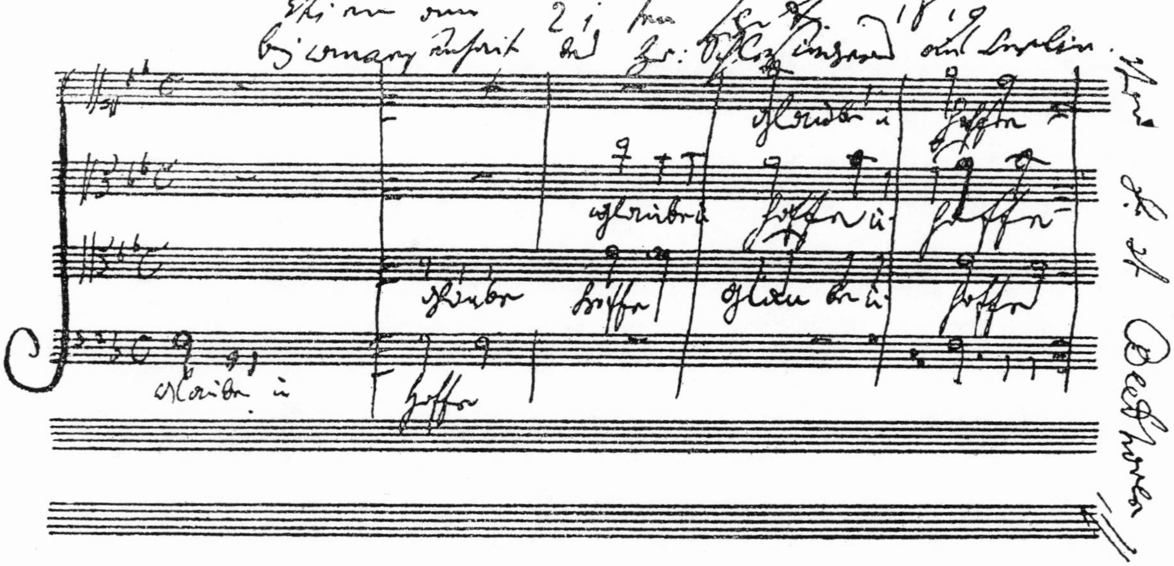
1819
Beethoven

W. DE LENZ

BEETHOVEN

ET SES TROIS STYLES

ÉDITION NOUVELLE

Avec un avant-propos et une bibliographie des ouvrages relatifs à Beethoven

PAR

M. D. CALVOCORESSI

et orné d'un portrait de Beethoven avec signature et fac-similé d'écriture

Il a été tiré 100 exemplaires numérotés de cet ouvrage
sur papier de Hollande

PARIS
En vente à la Librairie Musicale
GUSTAVE LEGOUIX
4, Rue Chauveau-Lagarde, 4

AVANT-PROPOS

Le culte des œuvres de Beethoven s'affirme et s'étend de jour en jour, en France comme ailleurs, et plus qu'ailleurs peut-être. Naguère même, ces œuvres revenaient aux programmes de nos concerts avec la même fréquence que les fragments de drames de Wagner au plus fort de l'engouement wagnériste. Animés des meilleures intentions du monde, certains se mirent à glorifier Beethoven, qui par le pinceau, qui par l'ébauchoir (1), qui par la chorégraphie, qui par la rhétorique, qui par la métaphysique. Grâce à un considérable regain de littérature beethovenienne en tous genres, où l'admirable

(1) Les journaux nous apprirent, il n'y a pas longtemps, qu'un sculpteur avait tenté de symboliser en autant de bustes les neuf symphonies.

synthèse de M. Romain Rolland voisine avec les gloses mystiques et flamboyantes de tel exégète assurément trop jeune, le public français peut désormais se documenter à souhait sur le maître et sur les idées que son œuvre inspira.

Ce n'est d'ailleurs point d'aujourd'hui que date la surabondance des commentaires sur ce sujet : dès 1857, Oulibichew signalait non sans raison la quantité des : « biographies complètes et abrégées, articles de dictionnaires, articles de journaux, recueils anecdotiques, portraits, dissertations au point de vue de l'histoire ; enfin, la poésie de la critique : les dithyrambes en prose, les divagations extatiques, l'illuminisme et l'amphigouri; productions dont la masse est telle, qu'elle forme aujourd'hui, en Allemagne, une branche spéciale de la littérature ». Cette *Beethoven-Litteratur,* sans cesse accrue, offrirait aujourd'hui un champ avantageux aux recherches de quelque Œsterlein.

Cet excès de zèle constitue-t-il bien un digne hommage au génie de Beethoven? Il est permis d'en douter, surtout lorsqu'on voit que les neuf dixièmes des ouvrages qui paraissent ne contiennent que répétitions et paraphrases dont l'objet est surtout commercial ; et qu'en outre nombre de commentateurs inclinent à reléguer au second plan dans l'œuvre de Beethoven, la musique, pour y découvrir avant tout l'abstraction, le symbole, la morale. Combien une pareille tendance est agaçante pour les musiciens, M. Claude Debussy l'exprima un jour sans ambages :

« On a entouré la symphonie avec chœurs d'un brouillard de mots et d'épithètes considérables. C'est, avec le célèbre « sourire de la Joconde » qu'une curieuse obstination étiqueta à jamais d « mystérieux », le chef-d'œuvre qui a entendu le plus de bêtises. On peut s'étonner qu'il ne soit pas resté enseveli sous l'amas de prose qu'il suscita... Beethoven n'était pas littéraire pour deux sous (du moins, pas dans le sens qu'on attribue aujourd'hui à ce mot). Il aimait orgueilleusement la musique; elle était pour lui la passion, la joie si durement absente de sa vie privée... Un petit cahier où sont notés plus de deux cents aspects différents de l'idée conductrice du finale de cette symphonie témoigne de sa recherche obstinée et de la spéculation purement musicale qui le guidait ». (1)

Mais en dépit de quelques erreurs et quelque manque de mesure, en dépit de la tendance que l'on a parfois à chercher dans les œuvres de Beethoven, le créateur insoucieux entre tous des règles d'école de son temps, des règles d'école pour les opposer aux efforts des créateurs modernes, le mouvement est ample et vivace. C'est pourquoi il a paru opportun de rééditer un des livres les plus célèbres qu'ait inspirés le maître de Bonn.

(1) *Revue blanche*, 1er Mai 1901.

L'ouvrage de Lenz, malgré des défauts manifestes — que l'auteur lui-même sut reconnaître et signaler de bonne grâce —, malgré les progrès de la documentation et des idées depuis 1852, offre mieux qu'un intérêt de curiosité : il est vivant, souvent persuasif, non dénué d'humour ni de perspicacité, et a toujours été considéré comme un élément indispensable de toute bibliothèque musicale, comme l'attestent la rareté et le prix des exemplaires des anciennes éditions de St-Pétersbourg, Paris et Bruxelles.

Berlioz déclara d'emblée que *Beethoven et ses trois styles* était « un livre plein d'intérêt pour les musiciens. Il est écrit sous l'influence d'une passion admirative que son sujet explique et justifie; mais l'auteur néanmoins conserve une liberté d'esprit, fort rare parmi les critiques, qui lui permet de raisonner son admiration, de blâmer quelquefois et de reconnaître des taches dans son soleil (1) ».

Il ne saurait être question ici d'entrer dans un examen détaillé de l'ouvrage, d'ailleurs bien connu. Mais peut-être ne sera-t-il pas inutile de terminer cet avant-propos en disant que Wilhelm de Lenz, Russe, est né en 1808, mort en 1883, et que le présent ouvrage est le premier qu'il ait publié. Vinrent ensuite *Beethoven, eine Kunststudie* (1855-60), un intéressant volume consacré aux

(1) *Soirées de l'orchestre*, deuxième épilogue.

Grands virtuoses du piano (Berlin 1872), et un recueil de souvenirs intitulé *Aus dem Tagebuch eines Livländers* (1) (Vienne, s. d.).

Le texte réimprimé ici est celui de l'édition de Paris (Lavinée, 1855, 2 vol.). La réimpression est textuelle, à part quelques corrections qui ne portent que sur des fautes matérielles et avant tout sur la ponctuation.

M.-D. CALVOCORESSI.

---

(1) Une biographie étendue de Lenz vient de paraître dans la *Gazette musicale de Saint-Pétersbourg* (1908).

Ce livre n'est point un livre technique et s'adresse à toutes les personnes qui estimeraient la musique à l'égal de la littérature ; car la musique n'a de valeur qu'autant qu'on sympathise assez avec elle pour y voir l'image embellie de la vie.

La science en musique a ses mérites, sans que le coup d'œil du savant en musique s'élève toujours au-dessus des prescriptions, souvent étroites, de son école. Ne lui arrive-t-il pas de faire la part de la *lettre* aux dépens des éléments intellectuels, *de la vie,* en un mot, dont *l'alphabet* qu'il a péniblement appris, n'est que l'expression matérielle ?

Un livre de haute critique (M. Berlioz lui a fait l'honneur de l'appeler ainsi) qui touche si peu au côté technique de son sujet n'est peut-être point sans originalité et pourra donner à penser.

L'auteur a mieux aimé exprimer ses convictions que brûler un peu d'encens de plus à l'endroit des artistes et écrivains en renom, dans l'espoir d'un tendre retour. Il pense qu'on a rempli un devoir quand on a concouru, dans la mesure de ses moyens, au triomphe de la cause du vrai et du beau.

En parlant de M. Oulibischeff, j'ai entendu parler de l'auteur d'un ouvrage célèbre sur Mozart. Nos positions sociales respectives excluent jusqu'à l'idée d'une concurrence. Les objections de M. Oulibischeff contre le style symphonique de Beethoven, l'admiration, au contraire, qu'il m'inspire, importent, je crois, également peu aujourd'hui, qu'une gloire immortelle entoure le grand nom de Beethoven; mais M. Oulibischeff a évoqué en faveur de Mozart le « *suum cuique* » contre Beethoven, et dans la symphonie encore. Faisant de l'étude du *Digeste* la principale occupation de ma vie, j'ai cru devoir avancer un *pion* de petit précepte *justinianien,* sur le casier de la polémique disposée par M. Oulibischeff dans un livre dont le héros n'avait rien à gagner à une dépréciation de Beethoven. Appartenant à une spécialité *autre* que l'art, j'ai droit à quelque indulgence et regarderai comme une récompense de mes peines qu'on voulût me montrer les erreurs que j'ai pu commettre : *candidus imperti.*

On trouvera p. 72-75 quelques remarques générales au sujet de la manière de Beethoven de traiter l'harmonie et l'instrumentation. Ces remarques, que j'ai exprimées à ma manière, m'ont été faites par M. DAMCKE, musicien éminent dans lequel le savant harmoniste est resté le très humble serviteur de l'artiste. Je me fais un devoir de remercier M. DAMCKE de m'avoir encouragé dans ma difficile entreprise en me permettant de lui lire mon livre et de profiter à cette occasion des conseils de sa plus grande expérience.

Dans les arts — c'est l'idée qui est tout; l'appareil technique, destiné à exprimer l'idée, doit être sur le second plan. Beethoven l'a dit : « La musique est le lien qui unite la vie de l'esprit à la vie des sens ; elle est l'unique introduction incorporelle au monde supérieur du savoir, de ce monde qui embrasse l'homme, mais que celui-ci ne saurait à son tour embrasser. (Voy. p. 111.)

L'homme, en effet, ne précéda-t-il pas les tardives et incomplètes données qu'il appela un jour *sa science?* C'est donc *l'homme* qu'il faut avant tout chercher dans les arts. L'auteur entend laisser aux harmonistes *ex professo* les soins d'une autopsie complète des textes de Beethoven. On lit les grands auteurs pour assister aux triomphes de la pensée humaine, et non point pour dûment constater qu'ils avaient fait leurs classes avant de devenir un sujet d'admiration pour le monde.

J'engage le lecteur à recourir aux chiffres du catalogue, qui, lui aussi, est un livre; il y trouvera des données omises dans l'ouvrage, pour éviter les répétitions.

Il y a des malades aux yeux de qui le bon médecin est un homme gros et gras, *en lunettes*. Il est des lecteurs qui ne goûtent que les gros livres. Donner plus de volume au mien, eût été chose facile. Je prie le lecteur de voir dans l'abandon de ce moyen de succès en librairie une marque d'estime pour la valeur de son temps. J'espère qu'il voudra estimer assez le mien pour excuser quelques fautes d'impression. Balzac me dit un jour : « Mon cher ami, j'ai laissé une fortune dans les *errata* ». Il m'eût été difficile d'en suivre l'exemple.

En abordant un grand sujet, on est condamné d'avance à rester *au-dessous* de sa tâche. L'auteur le savait avant d'entreprendre la sienne; il le sait davantage maintenant qu'elle est terminée; il espère toutefois que son livre pourra conduire la critique à de plus grands résultats par la caractéristique des trois styles de Beethoven et le Catalogue critique et chronologique de son œuvre, le *premier publié* jusqu'à ce jour. Le livre établit encore le *premier,* dans les sonates, les différences de style de Beethoven; il s'attache à les démontrer plus rationnellement qu'on ne l'a fait jusqu'à présent, dans le reste de l'œuvre.

Le français étant la pasigraphie du monde artistique, l'avantage de s'adresser à un plus grand nombre de lecteurs a paru balancer, aux yeux de l'auteur, l'inconvénient de se servir d'une langue qui n'est pas la sienne. Une autre considération l'a décidé — il faut convenir que le français est une espèce de *licou* qui bride utilement l'enthousiasme, par l'impérieuse nécessité qu'il impose de rester clair.

L'auteur se propose d'orienter l'amateur dans l'œuvre si complexe de Beethoven; de le faire connaître davantage à l'artiste; de donner à l'un et à l'autre occasion de se faire du *vrai* et du *beau* un bouclier contre ce qui se rencontre de laid et de décourageant sur le chemin de la vie.

Traitant de sonates de piano, le livre s'arrête un instant au piano moderne, pour mieux faire comprendre les différences qui les séparent du piano de Beethoven. Le professeur n'en défendra pas pour cela la lecture à l'élève.

« *Tout homme doit au public le tribut de son activité et devrait s'efforcer de laisser quelque trace de son existence* ». L'auteur s'est conformé à l'axiome; il lui reste à désirer que le public l'approuve en cela; que les *esprits distingués, les hommes éminents* dont l'amitié est le charme de sa vie, acceptent l'ouvrage comme un fruit, non point trop indigne de la culture de l'art qu'il a depuis si longtemps le bonheur de partager avec eux.

W. de LENZ.

Saint-Pétersbourg, 3 mars 1852.

INTRODUCTION

I

DE LA VOLTIGE TRANSCENDANTE DU PIANO

Un homme avale une grenouille vivante,
il finit par avaler une couleuvre.

J. Janin.

Aujourd'hui on ne joue plus le piano, on le monte. Devenu cheval de cirque, de fougueux et intrépides cavaliers promènent ce pauvre piano aux yeux d'un public ébahi, à tant de notes par minute, et tous d'applaudir. On monte le piano sellé ou non sellé. Le non sellé c'est la *fantaisie,* le sellé la *transcription,* la romance sans paroles, le plus souvent sans rien du tout, ou la paraphrase de n'importe quelle marche, peu turque assurément, du sultan. La première paraphrase remonte rien qu'au temps de Justinien (*Theophili antecessoris paraphrasis græca*). La voilà qui nous revient, voie de piano et d'un peu de Coran. « Dans un temps où l'asphalte, le caoutchouc, les chemins de fer et la vapeur changent le sol, les redingotes et les distances », la griffe du sultan figurera convenablement sur l'intitulé de la paraphrase, on y lira volontiers quelques versets arabes entourés des fleurons de l'architecture moresque. Malheureusement les plus célèbres écoles de piano ont oublié d'en donner le mot : Que voulez-vous? Cramer, Hummel, Moscheles savaient leur piano, mais ignoraient profondément le turc. Apprenons le turc, s'il faut être *infidèle* pour déchiffrer aujourd'hui une marche. Si l'arabe fait si bien, le chinois pourrait faire mieux. De grâce, paraphrasez-nous une petite marche cochinchinoise; vite la *berceuse* de la princesse Turandot, la *pensée fugitive* de Dgingiskan.

Nous avons déjà des « récitatifs pour piano », prétentieux assemblage de quelques notes incohérentes, où on lit : *la melodia ben distintamente,* quand les verres les plus grossissant n'y feraient pas découvrir la plus petite mélodie, distincte ou autre. Il y a encore de par le monde, *ab uno disce omnes,* un morceau pompeusement appelé *pompa di festa,* improvisé, il faut le croire, pour quelque festin de pompier en pompettes. Figurez-vous une façon de carillon, tintant sur tous les temps de la mesure, retinté par une avalanche de notes qui vous poursuivent comme un cauchemar, martyrisent votre tympan, se logent dans votre cerveau et vous poursuivent sans commisération aucune, d'un bruit strident portant sur les nerfs. Cette *fête* se dit *un grand exercice de concert.* Exercer en plein public est assurément un avantage, c'est se faire payer l'école qu'on fait, au lieu de la payer soi-même; il n'y a donc rien d'étonnant que cet exercice soit un *grand exercice.* De nos jours de *puff musical,* tout est grand; la patience du public des concerts est grande aussi.

Tous ces *Auriol-pompiers* du piano prennent le désir qu'ils éprouvent d'avoir des idées pour ces idées elles-mêmes, fascinés qu'ils sont par quelque fabuleux succès auprès du sexe. Seulement les pompes de ce genre étouffent des générations entières, en détruisant le seul capital dont elles soient souvent nanties, leur temps. N'y a-t-il pas des personnes assez malheureusement inspirées pour se tuer à exécuter ces exercices *coram populo,* avec ou sans balancier? L'auteur d'une *pompe* dont les quelques notes, tant qu'elles se suivaient, formaient une espèce de phrase musicale, et qui, afin de créer une difficulté d'exécution, s'amuse à espacer ce flon-flon de deux octaves d'intervalle, ferait aussi bien de dire : Arrivé à ce dernier climax de la pompe, le pianiste jettera la note voulue dans la chambre d'à côté, se lèvera, la rapportera, changera une ou deux fois de chaise, et sans s'être attardé pour si peu de chose, la présentera tout de même au public avec un sourire satisfait. Evidemment cela sera plus difficile encore. Quand il s'agit d'un exercice dit de *salon* dont le nombre n'est pas moins grand, l'avantage l'est aussi. On est, généralement parlant, peu payé pour l'exercice au salon, il faut se contenter d'être éclairé, chauffé, de fatiguer le piano d'autrui, ce qui a toutefois son prix dans ce temps d'*épilepsie-exercice.* Cette musique de difficultés devient plus burlesque, quand elle s'adresse à un instrument plus noble, au violon par exemple. Le carnaval de Venise, le modèle du genre, est une arlequinade, destinée à faire rire par l'imitation de cris d'ânes, et d'autres sons ignobles.

Passons à la fantaisie : il est désormais convenu d'appeler ainsi un ou plusieurs thèmes d'opéra avec force passages à leur suite, qui en tierces doubles, qui en octaves; l'octave surtout est bien montée. Rien ne ressemble tant à telle page de ces *fantaisies* que la carte des fortifications de Paris, avec indication au trait de la portée de leurs feux, et voilà ce que sont devenues ces honnêtes et placides syncopes, ces timides et minces courbes d'autrefois, toutes honteuses de leur pouvoir d'imposer le silence à une note. Elles aussi ont réalisé leur petit droit au travail. D'une noire à une autre il y a de nos jours autant de choses que de bonheurs dans le travail inventé par Louis Blanc. Il reste tant de pas à faire au piano, pour arriver à la perfection de son travail à lui! tant de temps de trot et de galop à fournir.

La fantaisie pour nous est le véritable *lucus a non lucen-*

do ; on y trouve tout, excepté la fantaisie. Jadis on appelait ainsi un morceau de musique où la richesse, la variété des idées, le disputaient à la liberté du cadre; celui de la sonate, disposant la pensée en trois ou quatre coupes, prévues par la grammaire musicale, se trouvant être insuffisant. Le poète se laissait aller au courant de ses inspirations, et ce flux le portait à quelque île heureuse, submergée aujourd'hui par toutes sortes d'orages, pays plus facile à habiter que ceux où la foule paye, quand elle paye, l'entrée d'un concert. Qui ne conviendra que la fantaisie se réduit aujourd'hui à des tours de gobelet désagréables à force d'être les mêmes ?

Il en est autrement des maîtres. Mozart nous a laissé une fantaisie pour piano à quatre mains et une fantaisie et sonate, compositions éternellement jeunes, parce qu'elles sont l'expression de sentiments vrais, fantaisies qu'il n'eut garde de nommer *grandes,* quand toute fantaisie d'aujourd'hui est surtout et avant tout *grande.* Aussi bien le génie n'eut-il jamais besoin de se hausser la taille par des talons exagérés, comme l'industrie et ses tristes concurrences.

On a de Beethoven une fantaisie pour piano, chœurs et orchestre, et une fantaisie pour piano seul. Il serait difficile de ne pas convenir que dans ces inspirations, la beauté des idées n'est surpassée que par leur extrême variété; que l'imagination la plus riche, l'invention la plus entière, créèrent là d'impérissables chefs-d'œuvre. Ces fantaisies-là sont bien nommées de leur nom, qui comporte l'idée d'une carrière sans entraves, ouverte aux idées originales, différant de rythme, d'expression, de nature ; carrière interdite au thème d'opéra, à la pensée d'autrui, fût-elle, comme cela se voit, étagée sur trois systèmes.

Deux portées suffirent aux idées des grands maîtres du piano. Il nous en a fallu, à nous, qui ne brillons pas pourtant par l'invention, une troisième, pignon sur rue, où l'on grimpe comme à un colombier, pour y voir logé le membre amputé d'un chant, et de quel chant encore !

Ce troisième étage, on le dit destiné à montrer au grand jour la phrase mélodique; faut-il que votre phrase soit insignifiante, pour avoir besoin d'habiter une cage, afin de devenir visible !

Ce système trinaire a déjà envahi jusqu'à la polka, jusqu'au quadrille, ce qui en fait au fond suffisamment justice. Thalberg logea à trois étages : *mi manca la voce;* c'est très grand seigneur.

Autrefois, on trouvait difficile d'embrasser des yeux deux portées; pour rendre la chose plus facile, on en a ajouté une troisième : c'est tout simple, le sens de la vue a fait tant de progrès! L'honneur de cette architecture, répudiée par Chopin, revient à Thalberg. Comme Paganini, dont il n'a point le génie pour excuse, Thalberg a fait un tort incalculable au piano, en soulevant un essaim d'imitateurs dont personne n'a voulu rester en arrière de l'*effet-Thalberg*. Le piano d'aujourd'hui ne connaît, à vrai dire, que le Thalberg simple, le Thalberg amendé et le Thalberg exagéré; grattez ce qui s'écrit pour le piano, vous verrez Thalberg.

Liszt n'a pas exercé d'influence par ces compositions qui sont le daguerréotype de son prodigieux mécanisme. Liszt serait le Paganini du piano, s'il pouvait y en avoir un. Le pianiste, qui s'imaginerait qu'on peut, ou qu'il faut imiter Liszt, s'avouerait imbécile sans remède. Quoique très vivant, Liszt est déjà un des grands noms de l'histoire du piano ; il y aurait anachronisme à l'appeler *monsieur* Liszt. M. Thalberg montre, dans son exécution, une force à toute épreuve, un son puissant, une grande correction; mais toute cette perfection froide, qu'on a appelée la *plastique* de Thalberg, sa correction idéale, sa pureté *olympienne,* se ressent des préceptes de l'école, et d'un parti pris qui n'est pas exempt de pédantisme. Impassiblement calculé, ce style exclut la spontanéité de la manière de Liszt, dont on voit flotter la haute intelligence jusqu'au-dessus de ses égarements mêmes. Liszt fait valoir tous les styles; la culture de son esprit lui rend toutes les idées familières : aussi n'est-il jamais plus grand qu'en interprétant les maîtres. M. Thalberg est le maître de piano à son apogée, Liszt en est le poète, l'inspiré rhapsode qu'on dirait surgi de l'instrument à l'instant même. M. Thalberg joue du piano en homme du monde, ce qui donne exclusion à toute idée de poésie qu'on attacherait à sa musique. Les hommes du monde ne prennent-ils pas à tâche de se ressembler tous le plus qu'ils peuvent? Dans ce qu'on appelle le *monde,* l'individu ne s'efface-t-il pas devant un principe? Or, l'artiste, le compositeur surtout, expriment une individualité. Ce n'est donc pas la moins étrange des illusions du jour que de vouloir ériger l'exception en règle, tout en baissant les hauteurs de l'art au niveau de la *fashion,* reproduire, en un mot, l'hermaphrodite de l'*artiste-homme du monde,* du *pianiste-pouvoir social,* créés de nos jours, et déjà tant perfectionnés. Le pianiste du jour intéresse par bien des raisons, par des pluies d'octaves, par un pouce qui, avec la régularité d'un piston mécanique, remonte des basses où grondaient les ouragans chromatiques, pour ficher, de temps à autre, une note de chant dans le medium du piano, comme on y ficherait un clou; il peut, malgré d'exorbitants *exercices,* savoir conserver l'indifférence de l'homme du monde, l'irréprochable tenue du *gentleman-rider;* il peut même faire de l'argent et des conquêtes, et être un grand pianiste, sans avoir rien à démêler avec aussi peu de chose que la musique. Nous trouvons que c'est justice, et que ce *sport* et l'art n'ont rien à se dire.

Thalberg n'est point sans avoir rendu service au piano. Sa manière de tirer parti de l'instrument serait digne d'une meilleure cause. Thalberg accompagne richement le chant d'autrui dans ses soi-disant compositions, car on n'est pas compositeur, selon nous, pour avoir arrangé un air d'opéra, l'avoir fait précéder d'une gamme, et suivre de variations, peu variées à tout prendre. On ne dira pas de Thalberg : *variatio delectat !* Ouvrez tout ce que Thalberg a cru pouvoir appeler *fantaisie,* par exemple, *le souvenir* de *Beethoven.* Le croirait-on? du motif de l'allegretto de la symphonie de Beethoven en *la,* de ce motif radieux dans son excessive simplicité, Thalberg a fait un gargarisme en triples croches à son usage. Exceptons le second caprice, qui est presque une composition, dont le chant du premier morceau est une cantilène bien trouvée, insinuante, pouvant avec avantage remplacer une figure de contredanse. Ce dessin mélodique reparaît à la fin du morceau, étayé d'octaves qui font faire beaucoup d'effet, au pianiste du moins, et forceraient des trépassés à un *chassez-croisez.* L'andante du caprice, il est vrai, se donnant sur huit pages une peine infinie de finir, sans avoir pu commencer, l'andante n'est ni un andante, ni un morceau quelconque, un mineur de Thalberg ressemblant généralement à un saule pleureur du jardin Mabille.

L'emploi de tous les groupes de l'harmonie saisissables pour les dix doigts, les accompagnements de luxe, ont été habilement appliqués de nos jours. On en trouve la première origine dans le premier concerto de piano de Beethoven (78ᵉ mesure du largo, v. le Catalogue). Cette manière de tirer parti des ressources du piano doit beaucoup à Charles Marie de Weber, et en prépara l'avènement. La péroraison de l'andante de la sonate de Weber en *ré* mineur, le finale de ses variations sur la romance de *Joseph* sont des variations-Thalberg, plus la brillante jeunesse et l'attrait des idées de l'auteur d'*Obéron,* qui n'étaient pas aussi transmissibles.

Jamais nous n'avons entendu jouer à Thalberg une note de bonne musique; invariablement, il se contentait de *macadamiser* irréprochablement, sur son piano, ce que les affiches appelaient la sienne.

Nous avons pensé qu'il fallait parler de M. Thalberg pour caractériser les voies dans lesquelles est entré l'instrument à l'interprétation duquel Mozart confia plus d'un chef-d'œuvre, auquel Beethoven ouvrit les secrets de son âme, que Weber et Mendelssohn avaient pour ami. Nous n'entendons contester ni le mérite de M. Thalberg, ni celui d'autres contemporains; nous contestons seulement l'importance de leurs productions, comme idées qui dépasseraient la sphère d'action d'un instrument donné pour se soutenir au point de vue de l'intérêt musical, de manifestation de la pensée, car la musique n'a quelque valeur qu'autant qu'on sympathise avec elle, pour y voir l'image embellie de la vie.

Nous faisons remonter l'origine du goût vicié du jour et des directions matérielles dans l'art, à la révolution de 1830, qui, en faussant la société française, faussa l'art. Ce n'est point en convertissant le palais de Versailles en un musée, en ouvrant aux artistes des voies étrangères à leur vocation, en changeant un grand pays en un livre de comptoir à partie double qu'on encourage l'art et le fait prospérer, mais bien en maintenant l'homme dans les croyances d'éternelle vérité qui lui sont propres.

Dans les mœurs, le mensonge élégant accepté remplaça bientôt en France la vérité; la passion devint une petite fureur d'être à la mode dans le *pays du tendre,* l'amour se fit lorette roulant carrosse; l'art le *chic,* mot horrible, que les plus jolies bouches ont appris à prononcer à Paris. Personne ne pensa plus qu'à *arriver.* Il n'y eut de poésie que ce qu'on avait pu nommer ainsi autrefois; le budget n'en parlait pas. Dans les jours de la cote des chemins de fer et des actions, on *arrivait* désormais. Personne ne voulut rester au dernier rang ; les positions subalternes ne contentèrent plus quiconque savait lire et écrire, et l'on peut aujourd'hui appliquer aux artistes le mot de Balzac : « La plus dangereuse maladie de notre temps est la supériorité; tout le monde veut être grand homme ».

Restait le charlatanisme; il ne s'est pas fait attendre; l'art ne se fit que trop tôt homme de bourse.

L'esprit français, à le considérer en masse, est essentiellement contraire à la musique ; positif, net, très matériel, il trouve la poésie dans le trois pour cent et dans la vie de Bohême. On dit en français : *travailler* un instrument donné, le piano, le violoncelle, etc., c'est la seule langue qui s'exprime ainsi. Tout, en effet, est travail en France, lutte sauvage d'individu à individu; on ne voit rien au delà, et les arts n'y sont eux-mêmes qu'une manière d'escompter au comptant les faiblesses du consommateur. Paris ressemble sous ce rapport à un bocal gorgé d'affreux insectes qui se mangent très bien les uns les autres, le tout par concurrence. Aussi bien le public parisien semble-t-il, dans sa *masse,* destiné à former le public le moins musicien. Le Parisien pur-sang *dit :* Beethoven ; il *pense :* Musard. Paris cependant fait les réputations. Il faut bien qu'une ville les fasse; celle-là est la bonne, géographiquement parlant.

A Paris, dans la ville, où l'orchestre du Conservatoire interprète Beethoven, on a sérieusement cru à Félicien David. Que préfère ce public? du *Désert* de David, de ses quintetti, de ses symphonies à l'eau de rose, ou du *Harold*, et de la *symphonie fantastique* de Berlioz? Quelle preuve plus grande donner de la parfaite innocence du public parisien en matière de musique? Jusqu'en 1827, on joua à Paris des *pastichio* dans lesquels le morceau d'une symphonie de Beethoven passait dans une autre et la corrigeait ainsi (v. le *Voyage musical* de Berlioz). Le public de Paris se porte de gaieté de cœur de l'ouverture de *Coriolan* dite à la société des concerts, au *Désert,* au *Christophe Colomb,* au *quintetto David!* Nous l'avons vu à la besogne.

M. David, la romance à l'état d'orchestre, fut avec raison encouragé à son début. Le *Désert* n'est pas une ode-symphonie, mais encore est-il une façon de journal de voyage en Orient, assez amusant, écrit en musique naïve. Cet ouvrage, bâti sur une marche bien trouvée, accusait des études sérieuses, des intentions qui semblaient renfermer un germe de génie. Le *Christophe Colomb* de M. David est venu dissiper l'illusion, et prouver l'impossibilité symphonique de l'auteur du désert fleuri. Ce fut un spectacle curieux vraiment que de voir machiner à Paris les succès de M. Félicien David, en 1845. A voir se remuer ces *éditeurs-entrepreneurs-Désert,* on eût conclu à la naissance d'un sextuple Beethoven. Triste charlatanisme, dont l'art du moins devrait savoir se garder, auquel il semble sans pitié enchaîné par les séductions de l'exemple!

Et que dire de la critique musicale parisienne, qui a laissé passer sans protestation un livre où il est parlé de Reber, de Douay, de Lacombe et autres nébuleuses, sur le ton dont il y est parlé de Mendelssohn? avec dérision des compositions de Berlioz, de l'exécution de Liszt ? (*Critique et littérature musicale,* par P. Scudo). Où étaient les fines plumes de la *Revue et Gazette musicale?* M. Maurice Bourges fit sans sourciller l'éloge du livre (V. le numéro du 26 mai 1850, de la *Revue*). M. Scudo y avait cependant donné aux artistes l'inqualifiable conseil que voici : « Composez des sonates, des quatuors, des quintetti, des symphonies comme Haydn, Mozart et Beethoven, et *même* (!) comme Mendelssohn » (p. 300). Que n'ajoutait encore M. Scudo : « Dans les intervalles vous vous occuperez utilement à recommencer l'histoire romaine ». Comment? M. Scudo est un critique en grande vogue, et il ignore qu'il faut des siècles pour produire les trois noms qu'il cite uniment, comme un collège de Paris énumère ses lauréats avant d'entrer en vacances? qu'il faut des siècles, à l'Italie du moins, avant de donner à l'art un Mendelssohn, qu'il a la bonté d'envisager comme un pis-aller dont lui, M. Scudo, s'accommoderait à la rigueur !

Nous parlerons des énormes erreurs de M. Scudo, touchant l'œuvre de Beethoven; ne quittons pas encore la fantaisie de piano. C'est là le coursier aux naseaux fumants, sur lequel les *pianistes-prestidigitateurs* l'emportant sur les sylphides de l'hippodromme de Paris qui n'accompagnent plus les aérostats, dévorent l'espace et le plus souvent les notes; heurtent les opéras, et jettent, dans le feu de leurs exercices, par trop de poussière aux yeux du public. Il y en a qui voyagent en difficultés de piano, comme on voyage en draps, en indigo. Souvent aussi l'on prendrait les pianistes du jour pour les secrets agents d'une puissance du premier ordre, n'en doutez pas, mais le plus souvent ennemie, tant ils aiment à s'entourer des dehors du mystère, à affecter un grand air, à cultiver la réticence, jusque dans les plus simples occurrences de la vie de tous les jours, au lieu de se fier avec franchise à cette tant noble et élevée mission de l'artiste. Bernard Romberg et Hummel furent, à ce titre, *les derniers Mohicans de l'artiste tout court.*

Et voyez plutôt la difficulté dans les maîtres. Elle est toujours dans la nature de l'idée, qu'on ne pouvait exprimer sans la difficulté; comme la peine du Code, elle est *un mal nécessaire.* Or, la difficulté moderne est facultative; elle n'est point dans la nature de ce qu'on veut exprimer, puisqu'on n'exprime rien, et se contente de faire le tour du cirque, sans se laisser choir. Ce qui le prouve, c'est qu'on rencontre des variantes, des pas périlleux désignés par un *ossia piu difficile, ossia piu facile,* ce qui rappelle les balises de saules dont les mariniers marquent les sables de la Loire. Dans les éditions allemandes se trouve parfois cette réjouissante traduction du mot de passe *ossia : entweder oder; keins von beiden* eût été plus simple.

Ne dirait-on pas, à ces impasses, deux ponts jetés sur un abîme qu'il serait plus naturel de ne pas franchir du tout? Pour plus de preuves qu'il ne s'agit pas de musique, d'une idée musicale, on rencontre des indications de coupures, faites dans un accès de philanthropie par l'auteur en personne qui, en effet, pouvait désespérer de la patience et des forces du voltigeur assez osé pour suivre sa trace. Ces coupures autographes reviennent évidemment à dire : « Tu n'y perdras rien, si l'haleine te manque, si la tête te tourne, si les bras te tombent; tu peux en rester là : le tour sera fait tout de même ». Si l'auteur ajoute si peu d'importance au fruit de ses entrailles, il est naturel que le public l'imite en cela. Ce n'est plus de l'artiste, c'est de l'acrobate, dont le mérite sera toujours contestable, parce qu'en fait d'équitation-voltige le plus for' le dernier venu seul a raison. Une fois placé sur ce ma. heureux terrain des difficultés, ne faut-il pas au public les plus périlleuses barrières à sauter pour occuper son attention fatiguée ?

Le pianiste du jour veut étonner; n'aurait-il pas tout à gagner à vouloir faire plaisir? mais non! l'éphémère succès du moment reste tout, et les *puffiers* (passez-nous l'expression) nous ayant habitués au puff, le puff est devenu une condition de l'existence du pianiste. Nous avons le passage-puff, le trille-puff, une innombrable foule de puffs : le puff amusant, le puff ennuyeux, oh ! très ennuyeux! *Pale or red? Nay, very pale* (*Hamlet*).

Et ne vous y trompez pas : le puff suppose, par le temps qui court, beaucoup de talent, bien que les esprits distingués soient réduits à en pleurer à l'ombre, et à désespérer des gloires de l'art. Le puff vient de trouver le chemin des livres théoriques mêmes, dans le manuel général de musique de M. Stern, orné de vingt et un portraits en pied de lauréats du Conservatoire de Paris. Cette iconographie, dont l'à-propos ne se découvre pas dans un traité d'harmonie, montre ces intéressants jeunes prix, qui embouchant un trombone, qui enroulé, à la façon d'un psylle, de l'ophicléide couronné! Cela s'appelle aujourd'hui un manuel *général* de musique, et se couvre de signatures d'hommes éminents qui le recommandent à l'enseignement; aumône qui ne leur coûte rien et que le public paye fort cher à leur place. Le texte de ce manuel, si peu général qu'il semble bien plutôt s'adresser aux seuls pères et mères des lauréats couronnés, est une redite de tel autre ouvrage du genre au choix. Comme Cherubini se fût gardé de signer un canard pareil !

La masse de tous les publics est ignorante. Développer le goût, faire généralement comprendre le beau, est chose difficile; mais, faudra-t-il éternellement abreuver le Chinois d'opium, parce qu'il en a pris l'habitude, et que cette consommation est avantageuse pour le détaillant?

Nous avons le *pianorama* musical, le voyage pour piano dans quelques-unes des parties méridionales de l'Europe, le reste des *pianorama* suivra; aussi deux pianistes, se rencontrant aujourd'hui sur le *turf* de leurs concerts, doivent-ils éclater de rire, en se regardant l'un l'autre. « Un homme avale une grenouille vivante, il finit par avaler une couleuvre; il mâche de l'étoupe enflammée, il en vient à se plonger une épée au fond du gosier. Eh! le tour de force, on sait où il commence, on ne sait pas où il s'arrête. Il ne faut pas toucher au tour de force, quand on est un vrai poète, et pour peu que l'on soit un *grand* artiste. » (J. Janin, *Débats* du 3 mars 1851).

Espérons que les ovations transatlantiques, décernées à Jenny Lind, auront comblé la mesure de l'absurde; ce sera un service que le *rossignol suédois* aura rendu. Le puff-Lind, plus qu'autre chose, est venu prouver l'état de profonde maladie des pays qui prétendent marcher aujourd'hui à la tête de la civilisation.

II

HAYDN, MOZART, BEETHOVEN, WEBER, MENDELSSOHN

Alles fängt in der Kunst der Töne, wie in jeder. von den *Sinnen* an : Aber der *Anfang* is nicht das *Ende*.

ROCHLITZ.

Il est heureusement un domaine où l'on peut vivre heureux sans être si fort en selle sur un piano; où la difficulté ne fut point inventée; où, quand elle existe, elle n'est que le corollaire des idées qu'elle exprime. Ce domaine est celui que Mozart, Beethoven et Weber plantèrent d'immortelles pour consoler le cœur humain du présent, pour dorer son passé, pour le faire espérer dans l'avenir. Leurs inspirations, ce sont nos douleurs comme nos plaisirs, et les sonates de Beethoven, dont nous allons nous occuper en détail, sont comparables à une vaste galerie de tableaux, racontant tout cet amour, tout ce bonheur que Dieu permit indifféremment à toute créature humaine *d'espérer*. Les sonates de Beethoven racontent l'aventureuse carrière que l'homme parcourt ici-bas, qui les succès, qui l'espoir, qui les déceptions; bien différentes en cela des exercices d'escamotage de nos concerts, au bout desquels peut se trouver le renom, mais jamais le bonheur. Mozart a doté le piano de chefs-d'œuvre qui ne sauraient prendre un âge. Nous citerons les deux fantaisies que nous avons nommées, une troisième en *ut* mineur (adagio), une quatrième en *ré* mineur ; deux rondeaux (romance, andante), fleurs qu'on dirait écloses sous le toucher velouté de Chopin. Cette romance pour piano de Mozart (*mi bémol*) est l'aïeule de notre romance sans paroles à nous; la grand'mère des nocturnes possibles et impossibles qui suivirent; elle créa le genre où depuis furent conquis tant de trophées. Rendons donc à Mozart ce qui est à Mozart. On trouve une première fois dans son rondo-andante (*la* mineur) la précieuse et riche guipure des ornements de Chopin. La plupart des Adagio et Andante de Mozart, dans ses sonates pour piano seul, sont autant de scènes dramatiques sans le lever de la toile. Mais c'est sa fantaisie et sonate en *ut* qui est l'*Habeas corpus* du piano. En fixant les destinées du piano, cette grande page prépara les voies aux Broadwood, aux Erard. Aussi ces fabricants-artistes devraient-ils réserver la place d'honneur de leurs salons dorés à cette *magna charta* de l'instrument qui, reconnaissant, fit leur fortune.

L'adagio de la fantaisie et sonate de Mozart est quelque *Scena ed Aria* pour piano; un air de donna Anna de plus. Cet adagio n'a rien de symphonique, il se suffit. C'est la calme majesté de Saint-Pierre de Rome dont le souvenir a pu revenir à Mozart. Beethoven ne traita pas l'adagio ainsi. Ses chants sont les personnages de ses *drames symphoniques* (*dramatis personœ*), dont le rôle est toujours subordonné à l'idée première. Un adagio de Bethoven est, le plus souvent, le nœud où l'action de Son sujet se complique : l'adagio de la fanaisie et sonate de Mozart, l'épisode d'une cantilène dans ses accidents L'exécution de cette œuvre hors ligne exige la connaissance approfondie de *tous* les styles. Nous la croyons la plus considérable pour piano *seul,* car les productions de Beethoven qui l'égalent ou la surpassent en intérêt, ont un caractère trop symphonique pour lui être assimilées comme musique proprement dite de *piano*. Le dernier morceau de la fantaisie et sonate montre déjà le formidable usage des syncopes auxquelles Beethoven était appelé à créer une sphère d'action nouvelle. Ce finale passionné est un allegro assai, 3/4 *ut mineur,* rempli d'intentions dramatiques, 310 mesures dont la durée doit être juste de trois minutes. Avec combien plus de droit que la sonate de Clementi n'aurait-il pu s'appeler *Didone abbandonata?* mais il n'est pas dans la nature des maîtres de divulguer aux yeux de tous le fond de leur secrète pensée. Ce morceau, le pianiste devrait savoir le dire comme on récite une ballade, comme on déclame une scène de haute tragédie. On apprend une langue pour apprécier les chefs-d'œuvre qu'elle a produits. En serait-il autrement de la musique? Que de professeurs pourtant, qui laissent ignorer cette œuvre capitale à l'élève et l'ignorent encore eux-mêmes! Nommons encore de Mozart un thème à quatre mains en *sol* varié, dont les imitations comptent par milliers. Il est effrayant de penser aux efforts tentés depuis en ce genre; aux *commandes faites* de thèmes variés, aux Gelinek de tous les temps, aux Latour, aux Hers, aux Hünten, aux Czerny qui inventèrent la musique livrable les jours de poste. Tout ce papier réglé est à l'ingénue création de Mozart ce que les eaux minérales factices sont, comparées aux sources vives qui reflètent le ciel des Pyrénées. L'intérêt qui s'attache au thème varié de Mozart, c'est de voir le génie se faire enfant, hanter le commun des hommes et traiter son monde d'égal à égal tout en restant *Mozart.* Jamais les grands maîtres de l'art ne dominent autant le monde que dans leur déshabillé, au saut de leur lit, loin de leur toilette d'apparat. Citons l'andante et le rondo de la sonate à quatre mains en *ut* de Mozart; le premier taillé sur l'antique, l'autre la plus rieuse, la plus charmante enfant de ce monde. Ce rondo est l'origine modeste de ce qu'on a appelé de nos jours berceuse (*Wiegenlied*); seulement la berceuse de Mozart a survécu à la génération qui la vit naître, tandis que nos berceuses à nous ne bercent au fond personne. Ce rondo est tout un musée de traits, de charmants passages. S'il devait être entre les mains des élèves, il est digne encore d'être joué par les virtuoses, à cause de la finesse de ses intentions et de cette fleur de bon goût qui le recommandent à l'amateur comme à l'artiste.

Cherchons encore dans Mozart. Voici une cinquième fantaisie (*ut* majeur), adagio et andante maestoso (*fuga*). Cette fugue et cette grandiose introduction, on la dirait à l'adresse de Liszt, tant il faut un athlète pour la vaincre; c'est comme un vaisseau de ligne toutes voiles dehors, qu'il s'agirait d'arrêter tout court du bras. Mais Liszt n'ouvre pas toutes les lettres à son adresse et il ne *veut* pas toujours; il est certain seulement que, quand il *veut,* il peut pour tout le monde, et quand il *peut, lui,* personne ne *peut plus rien.* Comme expression, le sentiment d'une extrême tendresse prédomine dans Mozart; ses chants sont comme un fleuve roulant à pleins bords; nappe argentée que rien ne trouble et qui, heureuse *d'être* et de refléter les cieux, ne s'agite pas à l'idée de l'infini, où elle aussi est attendue et doit aller se perdre. Le cachet de Mozart est une création primitive, qui est sa propre loi, qui *devine* où elle ne *saurait* pas, qui *crée* où elle ne se *souviendrait* plus.

Nous avons dû nous arrêter à Mozart, ce Crésus des idées musicales; ne fut-il pas continué, puis surpassé par Beethoven, l'infatigable Titan, comme l'appelle M. Berlioz ?

La musique instrumentale de Mozart a aujourd'hui quelque chose de l'âge d'or; de plus ingénument naturel mais aussi de plus restreint que le cercle d'idées réveillées par le génie de Beethoven. Nous avons 39 sonates de Mozart pour piano et violon. Personne ne traita plus heureusement ces deux instruments si opposés l'un à l'autre. Les sonates en *fa* et en *sol* avec les variations, la sonate en *la* avec la fugue qui peut le disputer aux sonates pour piano et violon de Bach; la sonate en *la,*

6/8, sont encore au jour d'aujourd'hui des trésors inépuisables. L'andantino de la sonate en *si bémol* pourrait être chanté par Mario à l'Opéra. On trouvera les sonates citées dans les 15ᵉ, 16ᵉ, 17ᵉ et 18ᵉ cahiers de l'édition Haslinger (*Klavier-Werke von Mozart*). Un grand nombre de sonates de Mozart pour piano et violon, il est vrai, ont vieilli et n'ont même jamais joui d'une jeunesse bien brillante; quelques-unes ressemble à ces joujoux qui attirent notre intérêt parce qu'ils ont occupé l'enfance d'un grand homme. Comme effet produit par les deux instruments, nous plaçons les sonates d'élite de Mozart pour piano et violon au-dessus de celles de Beethoven. Mozart faisait un avec le violon; il faut reconnaître à Beethoven moins d'identité avec l'instrument. On remarque dans Beethoven les différences de style de ses trois manières, mais non pas comme dans Mozart une graduation de talent. Le plus grand maître seul aurait pu écrire les premiers trios et quatuors de Beethoven : différence essentielle avec Mozart et qui ne s'explique pas seulement par l'âge plus avancé de Beethoven au moment de son début dans la carrière d'auteur, mais parce qu'il commença par se placer sur le terrain créé à l'art par Mozart avant d'en reculer plus tard les limites. Les dix chefs-d'œuvre pour piano et violon qu'on connaît à Beethoven offrent moins un ménage uni des deux instruments que des débats entre puissances rivales. C'est le caractère des sonates pour piano et violon de sa seconde manière, surtout des deux plus importantes d'entre elles : de la sonate dédiée à Kreutzer et de la sonate en *ut* mineur, dédiée à l'empereur Alexandre. Les éditions modernes retranchent l'intitulé donné par Beethoven à la première : « Sonata per Pianoforte et Violino, scritta in un stilo molto concertante quasi d'un Concerto; » intitulé qui avait l'avantage d'en écarter les enfants. Il est du plus haut intérêt de reconnaître dans cette composition hors de proportion les généralités du style de la sonate pour piano et violon de Mozart en *la* (6/8). Le rôle important que les deux auteurs font jouer au piano dans ces sonates doit être partagé entre eux, et il est juste de dire qu'on trouve dans le finale de Beethoven (537 mesures) le style rythmique du premier allegro de la sonate de Mozart; que les proportions du finale de Mozart (presto 4/4, 427 mesures) sont antérieures à ce que Beethoven tenta dans d'aussi grandes proportions. L'adagio de la sonate de Mozart n'a pas été surpassé, et ne pouvait l'être. Comment cette belle production est-elle si peu connue quand la sonate de Beethoven est entre toutes les mains? Après avoir rendu à Mozart ce qui est et sera toujours à Mozart, nous dirons que les secondes parties de ses allegro se prévoient presque toujours et sont loin d'avoir les riches développements des idées de Beethoven, toujours et partout *imprévisible.* — Une seconde partie de Mozart ne dit rien que la première n'ait dit, et de quelque génie que brille son travail intermédiaire, on pourrait à la rigueur, et sans se tromper de beaucoup, l'indiquer d'avance. Une seconde partie de Mozart est une thèse dont il est sûr de sortir victorieux; il semblerait que Beethoven n'ait seulement rien fait, quand il n'a fait que sa première partie. C'est la spontanéité des épisodes, a observé M. Fétis, qui distingue Beethoven. Cet art lui est particulier. On a écrit contre l'inconvénient de répéter les premières parties dont la fin, si elle est calculée pour reconduire au début du morceau, ne saurait l'être encore pour préparer sa continuation; difficulté tournée plutôt que vaincue par les collages des *prima e seconda volta.* On a comparé les *reprises* qui font de la seconde partie un appendice de la première, à un orateur qui réciterait deux fois la majeure partie de son discours avant de le continuer. Ces questions touchent au fond même de la législation de l'art et ne sauraient trouver une place dans cet essai. Nous nous bornerons à dire que le génie de Beethoven pénétra le piège et s'en affranchit dans ses derniers quatuors dont les allegro sont d'un jet et ne présentent ni parties ni reprises. Le quatuor en *fa* mineur et la 9e symhponie sont le triomphe de cette émancipation d'un patron généralement accepté, mais qui ne renfermait pas de germe vital. Ce changement capital des idées reçues fut une nécessité du génie de Beethoven et non point le fait d'une innovation à tout hasard. On en trouve les premiers exemples et les développements successifs, dans les sonates de P. Op. 54, 57, 90, 101, 109, 110.

Mozart a laissé 33 symphonies; 6 fixent encore toute l'attention des artistes : de ces six, deux sont des productions de premier ordre et le resteront à jamais, la symphonie en *ut* avec la fugue et la symphonie en *sol* mineur. M. Oulibischeff apprécie, dans sa Biographie de Mozart, ces deux symphonies avec une grande intelligence de leur beauté, puis il trouve de *l'exagération, des incongruités* et *énormités harmoniques* aux symphonies de Beethoven (V. 3. p. 267). Les 24 parties employées dans le passage du scherzo au finale de la symphonie en *ut* mineur lui semblent exorbitantes; l'anticipation de l'harmonie, M. Oulibischeff la qualifie « *de miaulement odieux, de discordance à déchirer l'oreille la moins sensible* » (V. 3, p. 268). « Vienne un compositeur, s'écrie-t-il, qui remplace les timbales par des coups de canon, et ce compositeur détrônera Beethoven avec *un peu de poudre* et beaucoup de talent » (V. 3, p. 269). L'enthousiasme de M. Oulibischeff pour Mozart a, comme tout enthousiasme sincère, quelque chose de touchant; mais convenait-il de faire de Mozart une espèce de Dalaï-Lama en dehors duquel il n'y a plus rien? fallait-il, en réclamant pour Mozart le « *suum cuique* » (V. 3, p. 266), oublier le second membre du précepte justinien : le « *neminem lœde* »? On peut regretter que des jugements aussi entiers fassent tache dans un livre qui mérite de l'art, dont la partie biographique et quelques critiques, celle du Requiem et des opéras surtout, occupent une place honorable dans la littérature musicale. (Voir les débats du 27 mars 1849.)

Ce chapitre du livre de M. Oulibischeff n'est pas digne de son noble enthousiasme pour Mozart, dont la patrie ut celle de Beethoven — l'infini : affligeant exemple du danger des études exclusives et des erreurs de l'esprit par la préoccupation d'une idole. Pour arriver à pareille opinion sur le plus grand génie symphonique du monde, M. Oulibischeff procède on ne peut plus systématiquement. Une poétique de la musique à son usage le conduira, d'erreur en erreur, à l'arrêt qui prononce l'indignité des symphonies de Beethoven hormis la première (V. 3, p. 235-249). Voici le raisonnement de M. Oulibischeff : « Toute poésie se divise entre le moi et le non-moi, entre le monde extérieur et l'individualité du poète; entre le fait matériel et l'impression morale. La musique envisagée dans son principe, indépendamment de ses applications, la musique pure, correspond à la poésie analytique, contemplative, individuelle ou intime, celle où l'épanchement domine à la place de l'action, de la description, du récit. Que si l'on descendait maintenant des genres aux espèces, des divisions générales aux subdivisions particulières, on trouverait que la symphonie est le corrélatif de l'ode, l'une étant le dernier terme et l'essor le plus élevé de la musique pure, l'autre l'essor le plus élevé de la poésie lyrique ou expansive. » (V. 3, p. 233). Nous ferons observer que toutes choses se divisent généralement entre le moi et le non-moi, formule qui établit que deux ne font pas un. La seconde proposition est plus contestable. Nous ne connaissons aucune raison à la symphonie de correspondre à la poésie *analytique, contemplative, individuelle*, ou *intime,* plus qu'à tout autre genre de poésie. Pourquoi la symphonie n'aurait-elle point une portée plus universelle? pourquoi ne revêtirait-elle point un caractère assez objectif pour être non plus l'impression d'un individu, mais celle du grand nombre? Le raisonnement de M. Oulibischeff renferme une pétition de principe, à savoir, que la bonne symphonie c'est *l'ode,* la mauvaise (celle de Beethoven) le drame.

Pourquoi l'ode? pourquoi pas l'épopée, l'idylle, l'églogue, l'hymne? M. Oulibischeff n'a garde de nous le dire;

il trouve à la symphonie de Mozart le caractère de l'ode et se borne à en conclure que la symphonie ne peut et ne doit être que l'ode. S'attachant à prouver que le style symphonique de Mozart satisfait à ce programme, M. Oulibischeff inflige à celle de Beethoven le stigmate : « tendances de drame » (V. 3, p. 243). Le drame serait-il essentiellement malhonnête et régulièrement la Tour de Nesle? C'est, au contraire, un des traits distinctifs du génie de Mozart que d'être dramatique; c'est ce qui le rend si intéressant, ce qui le fait vivre, ce qui le fera vivre à jamais : rien de dramatique comme les adagio de Mozart. C'est au point qu'on s'étonne que la musique instrumentale de Mozart (quatuor en *ré* mineur, quintette en *sol* mineur, quatuor de piano en *sol* mineur), ne se passe point en chair et en os, sur les planches d'un théâtre. Dans ses inductions d'un premier principe faux, M. Oulibischeff arrive à établir que la symphonie est destinée à *ouvrir* un concert (pourquoi pas à le terminer?), que ses *dimensions* doivent se *proportionner* à la durée d'un concert *public* (pourquoi pas privé?), à laisser aux *solistes* le temps de se produire. Les symphonies de Mozart elles-mêmes n'auraient donc pas visé plus haut? Nous les trouvons faites pour tuer le type de l'égoïsme en musique, le soliste. Curieux soliste qui viendrait se produire après la fugue de la symphonie du Jupiter tonnant, trempant son public comme le tremperait une bonne grosse pluie d'Italie. Qu'entendrez-vous après cette averse où la fugue est abordée avec une franchise, comme si Mozart eût écrit sous la dictée du destin! une flûte, un hautbois, un piano? Autant vaudrait une guitare! Nous comprenons la symphonie autrement; nous trouvons qu'elle est libre comme l'air, et non point une ode; qu'elle n'a besoin de faire place à rien, ni à personne, cette personne fût-elle un soliste. Nous trouvons qu'elle est la plus complète expression de la musique instrumentale, qu'elle en est le triomphe; qu'à ce titre elle a le droit de prendre au public ce qu'il a de temps à donner, sans se soucier *d'ouvrir* un concert plutôt que de le clore. Aussi bien, et à cause même de son importance, la symphonie est généralement réservée aujourd'hui à la seconde partie d'un concert; usage dont le Conservatoire de Paris et la Société philharmonique de Londres ont donné l'exemple depuis 1827. Les symphonies de Mozart s'en trouvent aussi bien que celles de Beethoven. Faire de l'ode le « critère » du style symphonique équivaut à revenir posthumément à l'ancienne école française de la critique qui assimilait toute chose à la mythologie ou tout au moins aux Grecs et aux Romains. On se passe aujourd'hui de ces démonstrations, sans penser à malice; sans Horace, sans Boileau, sans Jean-Baptiste Rousseau, l'on comprend et apprécie, Dieu merci! une symphonie de Beethoven. M. Oulibischeff aussi parle des Grecs, de leurs odes chantables, parce que leur chant n'était qu'une déclamation mesurée, ce qui le conduit à s'écrier, au sujet des chœurs de la neuvième symphonie de Beethoven : *quelle pitié* et *quelle misère!* (V. 3, p. 246). Tournant dans un cercle vicieux, M. Oulibischeff vient à se demander si la symphonie *pouvait* seulement dépasser, dans ses tendances *futures,* l'analogie poétique qu'il lui a reconnue, d'accord en cela avec les théoriciens *d'autrefois?* (V. 3, p. 234). La symphonie aurait-elle été inventée par Sulzer ou quelque autre magister pour être clouée à son apogée par Mozart? N'est pas symphonie tout ce qui en porte le nom. Bocchérini et Pleyel, eux aussi, ont écrit des symphonies, voire même des symphonies *périodiques.* M. Oulibischeff dit que la symphonie la plus *volumineuse* de Mozart a 934 mesures, et que la symphonie héroïque en a 1,900. Il y a différentes manières de parcourir les cieux, Mozart y emploie 934 mesures, Beethoven y séjourne plus longtemps, voilà tout.

Dans son ouvrage en 3 volumes, M. Oulibischeff ne dit mot des compositions de Mozart pour piano seul et pour piano avec accompagnement, sans lesquelles le génie de Mozart ne saurait être apprécié dans son ensemble; il ne parle ni des quintetti pour instruments à vent, ni de la grande sérénade pour 13 instruments à vent, ni de plusieurs des plus importants quatuors. On peut avoir lu tout le livre, sans connaître l'existence de la ravissante sonate de piano en *si bémol* 3/4, ce *donec gratus eram tibi* de la musique instrumentale; sans connaître davantage la fantaisie et sonate. Qui voudrait nier cependant qu'on trouve dans les sonates d'élite de Mozart quelque chose de la perfection de la forme, de la symétrie de la Grèce de Périclès? Il y a du Parthénon dans la construction de tel adagio, et quelque grand que fût le génie de Beethoven, il faut convenir qu'il ne connut pas ce calme bonheur du monde antique qui aurait pu être la patrie de Mozart. On ne surpasse pas l'architecture grecque; après elle il n'y avait de possible que le style dont l'unité est un symbole, l'ordre gothique. Beethoven opposé à Mozart est comme la personnification de ce style qui, sans manquer du sentiment de la perfection des lignes simples, créa le pays fantasque du gothique fleuri.

Nous n'avons pas la critique du livre de M. Oulibischeff à faire; mais nous avons cru devoir nous y arrêter parce que nous appartenons au même pays et que nous avons pu partager les mêmes impressions. Dans peu de villes on joue Haydn, Mozart et Beethoven mieux qu'à Saint-Pétersbourg, nulle part avec plus de culte, avec un goût plus sûr dans les distinctions à établir dans ce grand répertoire. M. Oulibischeff a eu sur nous les avantages des loisirs et de la fortune, deux bonnes choses. Nous n'en espérons que plus que M. Oulibischeff voudra revenir sur son livre, en combler les lacunes, et nous donner ce catalogue critique tant désiré de l'œuvre de Mozart, tel que l'état des documents, dont on dispose à cet effet, le comporte. Ce travail difficile, M. Oulibischeff le doit à Mozart, afin de mettre ses lecteurs en garde contre les productions du grand homme, quand il n'était qu'un « enfant prodige » et non pas encore un sujet d'admiration de tous les temps. Les compositions de Mozart ne portent pas de chiffres d'œuvre; on est réduit à les désigner, comme on désigne les crus des grands vins, d'après les années, en se conformant au catalogue autographe, malheureusement fort incomplet, publié par André à Offenbach et qu'on trouve dans le livre de Niessen. M. Oulibischeff n'a fait qu'additionner les totaux de ce catalogue sans entrer dans aucun travail critique.

L'amateur peut se méprendre, rien que de très naturel jusque-là. Nous entendons bien invoquer ce bénéfice pour nous-mêmes; mais de là à vouloir corriger les princes de la pensée musicale, il y a loin, et l'amateur peut être sûr de perdre ses avantages qui sont un enthousiasme et des impressions moins conditionnelles peut-être que n'en éprouve quelquefois l'artiste, toutes les fois qu'il prendra le ton de docteur contre les maîtres. C'est ce que M. Oulibischeff a fait, p. 329, v. 2, en s'arrêtant étonné à une modulation de Mozart, si hardie, dit-il, qu'il n'oserait en assumer la responsabilité. Mais cette responsabilité, Mozart l'a bien déjà assumée. Une septième (*fa dièse, la dièse, ut dièse, mi naturel*) suivie d'un accord de sixte (*fa, la, ré, la naturels* à l'octave). Cette progression, M. Oulibischeff la trouve *fort singulière;* ajoutez, dit-il, que la septième monte et que la sensible descend, ce qui n'est pas moins singulier. Il serait difficile de s'abuser davantage en harmonie. Il n'y a de septième qu'une apparence facile à pénétrer. Nous n'en ferons pas la démonstration, parce que nous l'avons entendu faire par M. Damcke, musicien éminent, qui se propose de faire l'analyse du passage de Mozart dont le sujet intéresse trop le monde musical pour laisser subsister une erreur. J'espère qu'on en fera autant pour le mien. M. Oulibischeff dit encore que la progression qui l'étonne si fort est la seule du genre dans les œuvres de Mozart, c'est une erreur. Lisez plutôt la première page d'une œuvre capitale de Mozart pour piano seul; la progression y est d'un aussi magnifique effet que dans le récitatif d'Idoménée. Nous n'indiquerons pas plus cette œuvre qui est entre les mains de tout le monde, parce que nous ne voulons point prévenir

M. Damcke. Connaissant aussi incomplètement son sujet, il est permis de douter que M. Oulibischeff connaisse davantage Beethoven et ait été qualifié de faire une seule bouchée de ses symphonies. M. Oulibischeff blâme, entre autres, la longueur de la symphonie héroïque; il n'en connaît pas la préface? La voici : « Questa sinfonia essendo scritta *apposta* piu *lunga* delle *solite,* si deve eseguire piu vicino al principio ch'al fine di un academia e poco doppo un overtura, un'aria ed un concerto accioche, sensita troppo tardi, non perda per l'auditore gia faticato dalle precedenti produzione, il suo *proprio proposto* effetto. »

La symphonie héroïque équivaut à la découverte d'un style symphonique inconnu jusque-là. C'est là la rupture ouverte de Beethoven d'avec l'ancien monde de la symphonie, le commencement d'une ère nouvelle de l'orchestre. Plan, cadre, formes et idées, tout y est nouveau. Mais comme toute première et audacieuse tentative dans les arts, la symphonie héroïque n'a ni la perfection de détails, ni l'unité, ni la mesure dans la force, qu'on trouve dès la quatrième symphonie de Beethoven jusqu'à la dernière. Ces symphonies, le dernier mot de l'art instrumental aujourd'hui, et qui, aux temps de leur auteur, passaient pour le fait d'une folle témérité, la symphonie héroïque les a rendues possibles.

Voilà le point de vue auquel il convient d'apprécier cette œuvre exceptionnelle. Sans la symphonie héroïque, pas de symphonie en *ut mineur*, parce qu'il y a commencement à tout. La singulière et diffuse prolixité du finale, qu'on comparerait aux eaux-fortes de Robert, n'a pas d'autres causes. Beethoven y combat rudement l'infini. il ne maniait pas encore la massue du finale de la symphonie en *ut mineur*. On découperait une douzaine de morceaux de haut style dans ce désordre du génie, dans cette ébauche de tout ce dont Beethoven pouvait se sentir être capable. Et qui jamais rêva pareil premier allegro, un scherzo semblable? On aimerait à lire en tête de ces morceaux tout exceptionnels le texte du chœur des Machabées de Hændel : *See the conquering hero comes,* car héros il y a. Le premier allegro de la sonate pour P. et V. en *ut mineur,* dédié à l'empereur Alexandre, atteint seul peut-être à la tumultueuse fougue, à l'élan guerrier de ce style qu'à bon titre on appellerait héroïque et qui n'a été égalé par personne.

Le prodigieux bourdonnement des basses, par lequel le scherzo débute, rappelle ces abeilles fabuleuses du monde antique qui butinaient de l'or. Le trio est à lui seul un poème. Il semble proclamer le triomphe des douleurs de ce monde, *in ardua virtus!* Aucun trio de menuet de l'ancienne école n'en approche. Le rythme à la brève même, qui à la reprise du scherzo vient à choquer les trois temps, restera une grossièreté immortelle. C'est à l'orchestre de la société des concerts de Paris qu'il faut entendre relancer ce morceau. Le détaché de ces archets, l'égalité des entrées, l'entrain et la sagesse en même temps de cet orchestre, passent toute idée qu'on pourrait s'en faire. Au bout de vingt ans d'un souvenir constant, cette exécution nous paraît encore l'effet de quelque hallucination. La symphonie héroïque était destinée à avoir pour intitulé le nom de Bonaparte. On connaît tous les détails à ce sujet (v. op. 55 du Catalogue).

Il est vraiment incroyable après cela que M. Fétis ait pu reproduire le conte que voici (*Biog. des Mus.,* art. B). *On dit* que le second morceau était achevé et n'était autre que le colossal début du dernier mouvement de la symphonie en ut mineur, quand on vint annoncer à Beethoven que le premier consul venait de se faire nommer empereur. Sa pensée changea alors de direction; à l'héroïque mouvement il substitua la marche funèbre. Son héros lui semblait déjà descendu dans la tombe ; au lieu d'un hymne de gloire, il avait besoin d'un chant de deuil. Le grand mouvement en *ut* fit peu de temps après naître dans la tête de Beethoven le projet de la symphonie en *ut mineur.*

Rarement critique dénatura à ce point des faits notoires et jugea plus légèrement, disons plus médiocrement, une œuvre importante. La symphonie héroïque n'aurait eu que deux morceaux? à quelle circonstance attribuer alors le scherzo, le finale? La symphonie en *ut mineur,* on la devrait à un morceau écrit pour la symphonie héroïque ? Non ! le génie se trouve d'autres raisons pour créer, il ne procède point ainsi. Les premiers morceaux de la symphonie en *ut mineur* ne sont point un collage dû au dernier, une idée venue après coup. Cette manière de voir rapetisse le génie au manœuvre, l'art au métier de fabriquer des *morceaux,* comme on confectionne des pièces de marqueterie.

Et faut-il aller bien loin pour expliquer la présence d'une marche funèbre dans un ouvrage qui porte au front la marque de Bonaparte ?

Aux yeux du monde antique dont Beethoven aimait à personnifier les idées (v. op. 97 du cat.), la mort se mêlait en tout à la vie, on ne l'en séparait point; la marche funèbre était donc à sa place au milieu même des splendeurs du héros, et cette idée était hautement poétique, elle opposait le *fatum* aux grandeurs humaines (ἡ μοῖρα).

La critique en tous genres a progressé. On n'est plus de l'opinion de Voltaire, que le premier génie dramatique du monde, que Shakspeare est une espèce de sauvageon sans goût? Il y a loin aujourd'hui de la critique de Voltaire, de Montesquieu lui-même, aux Guizot, aux Villemain, aux Poujoulat, aux Thierry en France, aux Ranke, aux Schlosser, aux Niebuhr en Allemagne.

La critique artistique aussi a marché. Personne ne trouve plus surprenant que Beethoven ait surpassé Mozart en musique instrumentale, quand même il fut hypocondriaque; car il n'y a pas jusqu'à ses infirmités physiques qui n'aient été une occasion pour arguer de l'impossibilité où il se trouvait de bien faire (v. 3, p. 235 du livre de M. Oulibischeff).

On juge l'artiste sur ses œuvres, et non point sur les

difficultés qu'il avait à surmonter pour les produire. Si rien que pour avoir écrit *D. Juan,* Mozart se fût placé au rang des esprits les plus éminents de tous les temps, Mozart est encore le génie le plus complet de la musique, par sa supériorité dans tous les genres; jusqu'à sa merveilleuse science infuse — le côté faible de Beethoven en tant que style sévère. Le travail le plus ardu de Mozart est encore une émanation naturelle de sa nature, et l'ensemble de son œuvre présente la plus surprenante union des trésors de l'imagination et des plus pénibles acquisitions de l'école. Aucun grand écrivain n'a produit plus de banalités. Les ouvrages les plus importants de Mozart en sont seuls entièrement exempts. Un grand nombre de ses concerto, de ses sonates et thèmes variés pour piano, quelques symphonies, quatuors et quintetti ne sont que la solde hâtive des deniers d'éditeur dont le grand homme avait besoin pour vivre.

Nous sommes loin de trouver beau *tout* ce que Beethoven a écrit. Quelques rares sonates indiquées dans notre travail ; un assez grand nombre de *thèmes* variés pour piano, quelques *Lieder,* l'ouverture des *Ruines d'Athènes,* ce qu'on rencontre de style sévère proprement dit dans Beethoven, à l'exception de la fugue du quatuor en *ut,* qu'on peut assimiler au mérite de l'ouverture de la *Flûte magique* elle-même; les deux sérénades, op. 8, 25; le trio et sextuor pour instruments à vent, op. 87, 51 ; le sextuor de violon, op. 71; tout cela est faible à la manière de ce qu'il y a de faible dans Haydn, dans Mozart. Les fugues des sonates op. 106 et 102 sont d'effroyables grimoires; les fugues pour deux violons, alto et violoncelle, op. 133, 137, sont entachées de l'afféterie d'une recherche scolastique dont le secret fut refusé à Beethoven. Ces fugues ne coulent pas de source. Quelle différence avec la fugue de Mozart pour deux violons, alto et violoncelle en *ut mineur!* La fantaisie pour piano, orchestre et chœurs appartient dans son ensemble au grand style de Beethoven, mais le solo de la flûte et du basson semble plutôt varier l'air : *Er hat sich einen Jux gemacht!* que le sublime motif de l'allegretto. Il est vrai que ce rococo n'étonne si fort que parce qu'on le rencontre dans Beethoven, l'auteur le moins vulgaire qu'il soit possible d'imaginer. Aussi et à l'encontre de Haydn et de Mozart ne lui connaît-on pas *un* quatuor, pas *une* symphonie *médiocres.* Comme les personnages de l'histoire qui sont des personnifications d'idées, les symphonies de Beethoven ont une âme, renferment un cosmos d'idées convergeant à cette âme : aussi doit-on les considérer comme des événements de l'histoire universelle, et non point comme des productions musicales de plus ou moins de mérite.

Bien loin d'être affaiblie, leur importance ne fait aujourd'hui que grandir. Pendant les trente premières années environ de ce siècle, nous, la génération actuelle, nous n'avons pas voulu les connaître; de gaieté de cœur nous avons été les cendres qui recouvraient cette glorieuse Pompéji. C'est à partir de 1827, où le Conservatoire de Paris joua pour la première fois la symphonie héroïque, que ces colosses ont fait le tour de l'Europe. Du vivant de Beethoven, Hoffmann avait apprécié les symphonies, mais il prêchait dans le désert et il n'a parlé en détail que de la symphonie en *ut* mineur (A. M. Z., 1810, p. 650). M. Berlioz les a analysées dans son *Voyage musical.* On ne se lasse pas de relire ces pages auxquelles nous voudrions seulement le double de leur étendue. Espérons que M. Berlioz reprendra ce travail en le complétant de la symphonie : « La victoire de Wellington à Vittoria », et d'une appréciation générale de la place occupée par Beethoven dans l'histoire symphonique, dont il est le sommet.

Passons à Charles Marie de Weber. Weber, le preux champion du piano moderne, réussit à affranchir l'instrument du royaume uni de l'orgue et du clavecin, fondé par Haendel, les Bach, Haydn et Mozart, pour en faire le piano tout seul. Weber se prit d'un véritable amour pour le Piano dont méconnu, hué même, il entreprit chevaleresquement la délivrance définitive. A Weber la dixième au lieu de la timide tierce dans les basses : une manière nouvelle, riche, de disposer l'harmonie au piano; à Weber, cette chaleureuse invention, ces trésors d'amour, de foi, de saint enthousiasme, auxquels le piano suffira, qui ne lui feront plus jalouser les instruments de l'orchestre. Mozart avait dit au piano : *habeas corpus ;* Weber lui dit : *habeas animam!* Weber ne marche l'égal ni de Mozart ni de Beethoven, mais sa musique de *piano* est un degré de plus, en ce qu'il agrandit les ressources de l'instrument et lui interdit cet air piteux qui semblait demander l'aumône à l'orchestre, dont le piano paraissait n'être que le domestique de confiance. On prendrait assez souvent les sonates de piano de Mozart pour des cartons de quatuor, les sonates de Beethoven pour des cartons symphoniques, quand les quatre sonates de Weber sont le piano, sa plus belle expression en tant qu'instrument. En d'autres termes : Le piano de Mozart est le clavecin perfectionné de Haydn, le piano de Beethoven, la conquête de l'orchestre par le piano, instrument nouveau et terrible. Le piano amoureux, l'aimable piano de Weber, exagéré dans ses moyens, est devenu notre piano à nous, le piano olympique, le piano monté à mort par un peuple nouveau venu, forcé déjà à rebrousser chemin, parce que le terrain des difficultés vient à manquer. L'importance de la musique de piano de Weber ne fut bien reconnue qu'après sa mort. On doit à Liszt d'avoir fait triompher le nom de Weber en l'inscrivant en tête du répertoire de ses concerts. Les contemporains de Weber n'avaient rien compris aux dixièmes de sa main gauche, aux octaves qu'il employa le premier en rapides figures. Les *magister,* de leur côté, avaient appuyé sur la médiocrité de son travail, au lieu de s'arrêter au charme des idées et à la manière noble et franche dont elles sont proposées. Nous avons entendu dire à Hummel et répéter depuis par le nombreux public qui, sa vie durant, a juré par Hummel : Que la musique de piano de Weber était une musique incongrue, mal bâtie, mal doigtée, injouable. Les dixièmes et les octaves de Weber, prodiguées aujourd'hui à la moindre transcription, furent accueillies avec cette méfiance et ce sentiment haineux que les hommes vouent à toute chose inusitée. La réduction pour piano du *Freischütz,* dans laquelle Weber traita l'instrument à sa manière, souleva un haro général. D'aucuns la prirent pour une mystification du degré de leur mécanisme. Un petit nombre de personnes y reconnurent un chef-d'œuvre comme il fallait en attendre d'un pianiste comme Weber, traduisant pour son instrument la grande œuvre de sa vie. Cette réduction fait en quelque sorte partie de l'œuvre de piano de Weber; elle appartient à l'histoire de l'instrument. « La manière de Weber d'écrire les réductions pour piano a quelque chose de particulier et d'original, tandis que la réduction viennoise est traitée tout à fait à la vieille manière et dans les vieilles ornières ». (*Hoffman.*) On se rappelle qu'après les succès de l'opéra, il prit une rage à l'Europe entière de *pianotter* le *Freischütz;* la partition de piano de Weber y mit bon ordre; il s'agissait d'avoir la main grande et d'être radicalement guéri d'octavophobie. Les regrets de difficulté, les protestations contre l'impossibilité de prendre une dixième sont un souvenir de notre propre jeunesse. Ce déchaînement contre Weber comme pianiste fut calmé par la réduction anodine de Leidesdorf du *Freischütz* qui suivit de près celle de Weber. On finit par arranger cet opéra climatérique, s'il en fut, pour tous les âges, pour enfants, adultes, vieillards, pour tous les instruments, pour deux czakans, enfin. L'auteur du libretto, Kind, a fait un livre curieux (*das Freischützbuch*), qui en raconte les aventures, toute une odyssée. Les lettres de Weber qui accompagnent le livre sont du plus haut intérêt : elles sont l'histoire latente des misères du theâtre allemand. Quant au pianiste dans Weber, il était bien entendu qu'il n'avait pu bien faire que dans le *Freischütz;* ce fut un parti pris, et il n'y eut pas jusqu'à *Lauska,* professeur de piano, à Berlin, dans les premières années de ce siècle (encore Weber lui avait-il dédié la ravissante sonate en *la bémol!*) qui ne lui jetât la pierre. La Providence se venge parfois de l'aveuglement des hommes; elle chargea Liszt de jouer la sonate dans un concert à Berlin (1841). Comme Mozart et Beethoven, Weber commença par être pianiste; comme Beethoven, il excellait surtout dans l'improvisation libre, si différente de l'improvisation sur motifs proposés. Beethoven choisissait le caractère d'une personne pour en faire le sujet d'une improvisation. (*Wegeler,* p. 80.)

Les grands jours des pianistes voyageurs, inaugurés par Hummel, n'étant pas encore à point, Weber frappa inutilement aux portes de presque toutes les villes d'Allemagne. Le récit qu'il nous en a laissé en écrivain consommé, intéressera l'amateur et instruira l'artiste (œuvres posthumes de *C. M. von Weber*). On y lit entre autres : « Aubergiste, vous voulez donner un concert? La servante qui est allée chercher un pot de bière me l'a dit. — Ma salle vide parce que des chiens savants étaient arrivés et que plusieurs musiciens y étaient allés pour gagner 42 kr. de plus. Mais la pensée d'Emilie me fait bien jouer. » Pour avoir une idée de ces temps, il faut lire les articles de l'*Allgemeine musikalische Zeitung*, qui jugea Weber avec la prévention et l'aveuglement dont elle accueillit Beethoven. Dans ce Père la Chaise de la critique musicale (50 volumes in-4°) commençant à l'année 1798, on suit les deux artistes à travers les difficultés puériles de la vie. Là reposent les ossements fossiles des concerts donnés depuis cinquante ans en Europe, à côté de curieuses données de toutes sortes, de traités théoriques capitaux et des plus grandes niaiseries. Mais revenons à Weber. Ami du plaisir, le bonheur de Weber est le bonheur de cette terre; il le saisit où il *peut* et en parle sans vergogne, bien différent en cela de Beethoven qui n'est pas *un* homme, mais la personnification de *tous les hommes,* avec leurs fautes, leurs mérites, leurs infortunes, leur bonheur et surtout avec leurs espérances. Dans Beethoven, le dernier mot n'est jamais dit. Il n'habite pas ce monde; il en savoure parfois les délices; en partage volontiers les erreurs; il nous élève plus haut. Nous trouvons le caractère général de Beethoven dans le dualisme du mérite, des ardentes aspirations de l'homme et du sort infime qu'il plaît souvent à Dieu de lui accorder ici-bas.

Toute grande nature ne comporte pas un antagonisme. L'âme de Mozart ne livre jamais bataille; *acceptant* le monde, elle est naturellement heureuse. Mozart est tendre quand Beethoven est passionné, il subit quand Beethoven exige; en paix avec le monde, il arrive à Mozart d'être satisfait; il l'est même le plus souvent, et si les sombres profondeurs de l'infini l'attirent, il aime à se rejeter dans ce monde qu'il quitta avec regret parce qu'il put le chérir. Il y a du « Laocoon » dans Beethoven. On lit dans les lettres de Reichardt, ouvrage oublié aujourd'hui : « Haydn tire le quatuor de la source pure de la nature aimable et originale; il est en conséquence resté unique sous le rapport de la naïveté et de l'humeur enjouée. Sa nature plus énergique et son imagination plus riche donnèrent au quatuor une extension plus grande ; Mozart exprima dans beaucoup de passages les sentiments les plus profonds et les plus sublimes de sa nature intime; il construisit son palais dans les jardins riants et fantastiques de Haydn. Beethoven s'était logé de bonne heure dans ce palais, et il ne lui resta, pour exprimer sa nature propre dans sa forme à lui, qu'à construire la tour hardie, imposante, a laquelle personne n'oserait risquer d'ajouter une pierre de plus sans risquer de se casser le cou ».

Cette comparaison a longtemps contenté les musiciens, la tour surtout souriait à qui n'aimait pas à monter. Elle implique une erreur qu'il est important de relever, l'erreur que Beethoven n'aurait fait qu'achever ou exagérer l'œuvre de Mozart ; Beethoven comme Mozart, Mozart comme Haydn, créèrent chacun un cosmos d'idées; constructions de fond en comble et non point l'achèvement de l'édifice commencé par un autre. Reichardt est l'expression naïve des opinions exclusives de son temps, quand il croit en avoir dit assez, en réclamant pour Beethoven l'honneur de la construction d'une espèce de *cheminée-tour* sur le palais de Mozart. Il était dans le génie de Beethoven d'être moins compris de son temps que ne le fut Mozart. En le comparant à Haydn, Reichardt trouve de la mélancolie à Mozart. La mélancolie est bien le fait de Beethoven. Mélancolie à part que le morceau du sixième quatuor, appelé *la Malinconia*, et où, de marche en marche, l'on suit la basse qui descend dans un tombeau. Haydn, cet Hérodote de la symphonie et du quatuor, naïf et ingénu comme le père de l'histoire, nous a aussi bien laissé des adagio d'une élévation d'idées qui serait par trop à l'étroit dans le « Kiosk » de Reichardt, dont s'accommoderait tout au plus tel menuet ou finale de quatuor ou de symphonie. Haydn aussi éleva un palais, la demeure d'une âme pieuse et sereine, mais d'où fut exclue la chimère du poète que Mozart célébra, que Beethoven poursuivit à outrance. Les amours de Haydn finissent par des hyménées.

Nous aurions voulu demander à Reichardt s'il connaît Rome, s'il n'eût pas mieux aimé dès lors loger Haydn au *casino detto Madama*, Mozart à la *Villa Pamphili*, Beethoven au *palazzo Farnese?*

Un dernier mot sur Weber. L'amour de Weber est celui de *Max* et *Agathe*, l'amour pour *le bon motif*. La femme que Beethoven célébra ne s'est pas encore rencontrée, elle est comme cette mystérieuse inconnue qui régna un jour au cœur de l'Asie et dont *Marco Polo* entendit parler dans ses voyages. Weber a mis en musique tout un peuple. Ce qui distinguera toujours le *Freischütz* de tout autre opéra, c'est qu'il est l'Allemagne en musique et non plus un libretto. Il semble dans les destinées du génie allemand de se retrouver en quelque sorte au fond des mœurs domestiques de la plupart des peuples de l'Europe; de là le succès universel de cette partition à part. Le caractère général de Weber est une sensibilité exquise, mitigée par l'esprit chevaleresque. C'est le charme de ses compositions pour piano. Beethoven n'est pas, comme Weber, le chevalier du piano; ses destinées étaient marquées ailleurs et ses symphonies se réflètent dans ses sonates, comme les hautes Alpes se mirent dans les lacs qui s'étendent à leur base.

MENDELSSOHN

Giudico che sia impossibile senza offendere molti di descrivere le cose de tempi suoi.

MACHIAVEL

On ne peut parler de la musique moderne sans parler de Mendelssohn-Bartholdy. En prononçant le nom de Mendelssohn, on arrive aux austères figures de Hændel et Bach, dont la religion lui fut transmise de bonne heure par Zelter. Le fond de leur pensée est cette inébranlable conviction dans la valeur imaginée de l'élément purement rationnel de la pensée humaine qui ne saurait remplacer la grâce. C'est la même volonté de fer, la même logique, la même science. Hændel et Bach furent avant tout « docteurs », titre que l'Université de Berlin crut devoir conférer à Mendelssohn.

L'esprit de Mendelssohn aussi tient de la célèbre *Thomas-Schule* de Leipzig dont le Paracelse du clavecin, le grand Sébastien Bach, fut un jour le *cantor*. Cette qualification peu traduisible, rappelle le pédagogue d'autrefois, les tyrans de l'école, le *magister*, le *Barbe-Bleue* de l'enfance de nos pères, le *Thomaner*, comme on dit encore aujourd'hui à Leipzig. Nourri de sévères traditions, Mendelssohn commença par goûter à la moelle de lion de la science, qui est restée le fond de son talent.

Une nature comme celle de Beethoven dut échapper à

un mode d'éducation que nous appellerons volontiers *municipale,* et qui est généralement celle des villes d'Allemagne.

Quand on est Beethoven, on l'est sans avoir été *Thomaner.* Beethoven n'en eût pas moins été le roi des réunions des membres de la famille Bach, où l'on a compté jusqu'à 150 musiciens du nom de Bach, tous plus ou moins *cantor,* et qui ont laissé des archives musicales recueillies à Berlin. Beaucoup d'entre ces Bach devaient mieux savoir faire une fugue que l'auteur de la *Symphonie pastorale ;* mais entre un *pensum,* fût-il parfait, et Homère, la *Thomas-Schule* elle-même admet des différences. Le style fugué exige de longues et laborieuses études, une connaissance approfondie du contre-point que l'amateur ne saurait acquérir sans cesser d'être amateur, pour ne plus rien être du tout. Il est dès lors naturel que les personnes qui ont exploré ces landes, remué la scolastique poussière des bouquins théoriques, pioché, à la sueur de leur front, sur le terrain du canon et de l'imitation, y voient pour cela même le salut du monde. La fugue est l'île de Monte-Cristo des innombrables amours-propres en musique, pour l'amateur toujours, souvent pour l'artiste. Les personnes dont Hændel et Bach sont la constante préoccupation ne comprennent le plus souvent rien à la mission de ces grands hommes, qui fut de créer à leur art un côté rigoureusement didactique. Le style sévère est au style libre ce que la glose d'Accurse fut aux idées qu'elle entreprit d'expliquer sans les comprendre. Les Du Cange sont les fossoyeurs, ils ne sont point la vie. Sébastien Bach, le génie incarné de la fugue, n'a pas noté si petite *sarabande* sans penser à malice, sans ajuster quelque *canon* de petit calibre. Bach est le phénomène le plus complet de ce style, comme Mozart en est le plus gracieux et le plus populaire. S'ensuit-il que la fugue soit quelque chose de bien phénoménal? Nous ne le pensons pas. La fugue ne sera jamais qu'un problème susceptible d'être résolu avec génie. L'avis d'un contrepointiste consommé qui a passé sa vie dans la fugue, qui aurait pu se trouver plus d'une raison pour y voir l'unique voie de salut en musique et qui a mieux aimé être vrai, est une trop honorable exception des idées exclusives du métier et du « *jurare in verba magistri* » pour que nous ne rendions pas au lecteur le service de le reproduire. On lit dans un article de M. Fuchs de Saint-Pétersbourg, *sur le classique en musique* « La fugue, comme morceau de musique complet, est nécessairement imparfaite par suite des règles rigoureuses prescrites au compositeur. Déjà la première introduction est monotone et des duretés désagréables résultent fréquemment de l'entrée trop hâtive du compagnon (*comes*). Cette difficulté vaincue, la fugue n'en présente pas moins rien de nouveau après les 9 ou 12 premières mesures, parce qu'on sait d'avance ce qui doit venir. Combien, dès lors, ne devient pas impossible l'arrangement rythmique ! Aucune période ne peut être convenablement séparée, parce qu'avant qu'elle ne se forme une autre voix rentre avec le même thème, et un nouveau rythme commence avant que le premier ait pu être terminé. Les règles n'admettent pas les repos qu'il faudrait. Pas de nuances, pas de piano, pas de forté; sans ces nuances, le rythme est insensible. Cette imperfection est surtout remarquable dans les fugues pour piano, moins dans celles pour instruments à cordes et dans celles pour orchestre. Il n'arrive malheureusement que trop rarement qu'une nuance soit indiquée. De là vient que l'effet de cette musique n'est pas beaucoup meilleur que celui produit par trois ou quatre personnes parlant à la fois sur le même objet, chacun disant des choses raisonnables, mais la conversation restant inintelligible parce que l'un ne cède pas la parole à l'autre. La fugue ne remplit donc pas les conditions que l'on exige d'une œuvre classique; il lui manque la beauté naturelle et la clarté. Elle possède l'unité, mais elle n'a pas l'attrait et la diversité. Comme produit de la raison, la fugue ne peut être soumise aux variations du goût, mais l'époque où la fugue valait quelque chose comme pièce de musique est passée et ne saurait revenir. Qu'on ne confonde pas le moyen avec le but; le but reste un morceau dans le style libre, bon, arrondi, logique, dicté du cœur. »

La merveilleuse ouverture de la *Flûte enchantée,* la fugue du quatuor de Beethoven en *ut* ne sont si belles que parce qu'elles n'empruntent rien que son allure à la fugue pour conter leurs poésies.

Si la fugue n'est point et ne saurait être le but, le style fugué est, au contraire, une épice précieuse, un tonique indispensable aux textes qui aigriraient sans cela. Beethoven en a fait un usage admirable dans l'allegretto de la symphonie en *la,* dans le finale du morceau symphonique : *la Victoire de Wellington à la bataille de Vittoria,* où le *God save the King* est traité en *dux* et en *comes,* en duc et pair. Mendelssohn est trop près de nous pour être jugé sans qu'on blesse des susceptibilités de contemporains. Nous partageons, autant que personne, le respect qu'un esprit de cette valeur commande, mais nous croyons que l'élément hébraïque, qu'on connaît à la pensée de Mendelssohn, empêchera sa musique de devenir l'acquisition du monde entier sans distinction de temps et de lieux. La nature hébraïque, puissante, riche autrefois, n'est plus aujourd'hui qu'un élément usé de l'histoire; elle différera toujours trop de la pensée chrétienne pour pouvoir devenir un principe constitutif dans les arts. Les Juifs marchent souvent au premier rang quand il s'agit d'acquérir des facilités mécaniques ou d'appliquer avec esprit des connaissances positives. Cela tient à ce que le savant est bien plus l'écho fidèle de sa science que l'expression d'une individualité, tandis que l'exécutant, le compositeur surtout, ne *peuvent* et ne *doivent* exprimer que leur *propre nature.* Or, personne ne contestera que le tour de la pensée hébraïque ne porte un cachet à part et ne soit exclusif des idées du grand nombre. Nous entendons constater un fait et non point le déprécier. Que si l'on nous objectait : Que savez-vous de la musique hébraïque qui n'est seulement pas venue jusqu'à nous? nous répondrions : Il n'y a plus, il est vrai, d'Hébreux, mais il y a encore des Juifs, et les psalmodies de la synagogue sont des types qu'on retrouve dans la musique de Mendelssohn, comme l'esprit juif tel que nous venons de le caractériser est pour quelque chose dans sa pensée. Toutes les fois que la pensée de Mendelssohn n'est point hébraïque, elle respire les félicités de la vie domestique allemande, telle que Leipzig la lui avait faite. Existence exclusive, contente d'elle-même, coloriée, il est vrai, des tons chauds d'une sentimentalité exquise, mais qui ne lui permet pas toujours de s'élever au-dessus du cercle d'idées d'une ville, d'un public donnés. Si les villes d'Allemagne ne sont plus bouclées sur les reins par des murailles, elles le seront longtemps encore par l'esprit de coterie et de caste qui en est l'âme.

Comme l'a dit un des nombreux poètes restés inconnus :

Da schlægt jeder Bæcker und jeder Bader
Sich selbst die poetische Ader.
Da fællt kein Sperling vom *Rathhausdach*,
So schallt ihm eine *Nænie* nach.

Mendelssohn ne s'élève pas toujours au-dessus de cette atmosphère comprimée de la cité et de l'édilité allemandes; il est le plus souvent l'expression exclusive du foyer, mais il en est la plus sympathique, la plus généreuse, il l'élève jusqu'à lui.

L'existence allemande a son intérêt, bien qu'elle soit essentiellement *minuscule* de sa nature. Le passé y joue un plus grand rôle que le présent. Qui dit passé, dit poésie; *le passé n'est-il pas la jeunesse de notre imagination ?*

Les Allemands font une large part à l'élément romantique de la pensée humaine. Les localités allemandes elles-mêmes sont romantiques. La cave où *Faust* goûta de toutes sortes de vin à Leipzig, existe. Dans la nouvelle de Hauff, la statue de Rolland descend sur le coup de minuit de son socle, pour aller prendre, tout comme un autre, la *goutte,* dans la célèbre cave de vin de Brême. Les héros de Hoffmann et de Chamisso vendent au diable en personne, l'un *son ombre,* l'autre la faculté de se refléter dans une glace (*Spiegelbild*). Existence à part, honnête, heureuse de sa belle naïveté.

L'esprit allemand fait bande à part. Il y a loin de ce *microcosme* à Beethoven, planant en aigle au-dessus des vicissitudes humaines. Aussi Beethoven est-il le *Prophète*, Mendelssohn le *Khalife-successeur*, dans le *pachalik d'Allemagne*. En d'autres termes : Haydn, Mozart et Beethoven sont la pensée humaine dans son universalité ; ils sont citoyens du monde; Mendelssohn est le plus fort d'un pays à une époque donnée. La part de talent est décidément plus grande en lui que la part de génie. A Leipzig, on fait de Mendelssohn un Beethoven; étrange illusion dont nous trouvons l'explication dans le fanatisme de l'homme pour le *moi*. Parce que Mendelssohn a vécu parmi nous; parce qu'il semble nous appartenir encore, d'aucuns en font leur dieu, en ne faisant en cela que la préface de l'éloge de leur propre mérite présent, quelquefois futur, parce qu'il leur semble plus facile d'égaler un contemporain que d'égaler un génie dont la renommée a consacré le nom dès longtemps et à jamais.

Weber aussi tient à l'Allemagne, à son existence de petite ville; mais il en franchit du moins volontiers l'octroi, pour chevaucher dans les campagnes. Son invention en est plus spontanée, plus aventureuse que celle de Mendelssohn, laquelle est moins une nécessité de son être que le résultat de sa forte et saine pensée. Aussi, la facture de Mendelssohn est-elle supérieure au travail de Weber, dont la musique de chambre paraît être parfois le fait d'un dilettante-miracle. Mendelssohn est toujours et partout le musicien consommé. Weber n'atteint aux plus hautes cimes de l'art que dans ses ouvertures, reconnues reines aujourd'hui; les ouvertures de Mendelssohn resteront également ses plus beaux titres, des chefs-d'œuvre dont il sera difficile d'approcher.

La partition du *Songe d'une nuit d'été* est peut-être ce

qu'on a de lui de plus original. Le scherzo et la marche-entr'actes peuvent être assimilés aux plus belles productions des plus grands maîtres. Ces splendides morceaux égalent ce que Beethoven a d'imprévu, d'exubérant, de saisissant pour tous les âges, pour toutes les conditions de la vie. Le souffle shakspearien a passé dans l'ouverture. Une inspiration aussi franche, aussi complète, ne se rencontre guère deux fois dans la vie d'un homme. La musique du *Songe d'une nuit d'été* est la poétique effusion des impressions du jeune âge de cette haute intelligence, de cette âme chaleureuse qui s'appela Félix Mendelssohn-Bartholdy.

Mendelssohn occupe une place hors ligne dans la musique de chambre. Le quatuor en *la mineur* bâti sur sa mélodie : *Ist es wahr?* est une intime et délicieuse conversation des quatre instruments sur l'amour dans les données germaniques. Déclamatoire, d'une exquise sentimentalité dans ses intentions, d'une forme nouvelle, reposant sur un motif dont les quatre morceaux du quatuor sont les développements; sans division en parties dans le premier allegro; d'un caractère symphonique dans le finale, ce morceau, nonobstant sa secrète connexité avec le quatuor *en la mineur* de Beethoven, fit concevoir les plus grandes espérances. On crut l'auteur destiné à *continuer* Beethoven. Il faut dire que cette espérance ne s'est pas réalisée. Mendelssohn est resté talent, magnifique talent; il n'a pas la vitalité des princes de la musique. On dirait ces vers de Gœthe écrits pour Mendelssohn :

« So bei Pythagoras, bei den *Besten*.
Sass ich unter zufriedenen *Gästen*.
Ihr Frohmahl hab' ich unverdrossen
Niemals bestohlen, immer genossen. »

Mendelssohn n'a pas fondé d'ère. *Er steht noch im Schacht Beethovens,* écrivions-nous en 1829 à un ami après avoir fait la connaissance de Mendelssohn à Londres. Mendelssohn, cependant, est le seul auteur dont les quatuors puissent se jouer avec effet après les quatuors de Beethoven lui-même. Mendelssohn nous y parle si sympathiquement de nous, des temps auxquels nous appartenons avec lui! Le quatuor en *ré majeur,* un des plus brillants qu'on possède, vrai haut fait de premier violon, emprunte tout juste au style symphonique ce que ce style peut donner au quatuor. Cette tentative avait été faite par Beethoven. On trouve les *tremoli* de Mendelssohn même dans quelques rares adagios des quatuors de Haydn (30e quatuor *sol mineur,* 49e *mesure* du Largo). Beethoven ouvrit de bonne heure aux *tremoli* la porte de l'allegro (51e mesure du premier allegro du quatrième quatuor, *ut mineur*). Ils y sont à leur aise, dès le quatuor en *fa mineur* jusqu'au dernier.

Le premier allegro du second quatuor en *mi bémol* de Mendelssohn, s'échappant comme une fusée d'un mordant grupetto, est un morceau capital. Son énergie, la passion que respire sa phrase mélodique, écrite dans la simple gamme; la variété et l'intérêt de ses intentions, tout en fait un rival des grands allegros de Beethoven. Le scherzo 6/8 est d'une facture qui, à la seule exception du triumvirat de la musique instrumentale, surpasse en originalité tout ce qu'on a écrit dans ce style. Mendelssohn est incontestablement le quatrième *grand* maître du quatuor. L'allegro du célèbre ottetto est un morceau de premier ordre; le tour hébraïque du scherzo parut nouveau; il ne sera jamais une vérité en musique, par la raison que cet élément de la pensée de Mendelssohn n'est ni une nécessité, ni une exception suffisamment motivée, mais le fait d'une individualité trop exclusive pour avoir le droit de s'imposer. On dirait un feuillet arraché au *Talmud,* pour servir de signet dans un livre qui traite de toute autre chose.

Le piquant scherzo du quatuor en *la mineur,* affranchi des tics hébraïques de l'auteur, en reçoit une valeur de plus. Le rythme binaire, appliqué au scherzo qu'on pouvait croire condamné à perpétuité à la mesure à trois temps à cause de sa parenté avec le menuet, n'a pas été employé par Mendelssohn le premier. Cette innovation importante appartient à Beethoven. Les *épisodes* à deux temps, proposés avec la rapidité de *dissolving views,* dans le scherzo de la sonate de piano (op. 127), du quatuor en *la mineur* (op. 132 — 4 mesures), de la symphonie héroïque (4 mesures) — analogie curieuse), de la symphonie pastorale, mais surtout les scherzi à deux temps des sonates de piano en *mi bémol* (op. 31) et en *la bémol* (op. 110), avaient installé, avant Mendelssohn, le rythme binaire dans le scherzo. Il n'avait fallu rien moins pour cela que l'autorité de Beethoven, l'ascendant du génie qui tranche les questions et empoigne l'école elle-même, parfois, pour la porter plus loin. Outre les exemples cités, on trouve dans les scherzi de Beethoven à 3 temps, de constantes combinaisons de la mesure à deux temps.

Il n'est pas sans intérêt de remarquer que les quatuors de Mendelssohn ont, généralement parlant, un caractère plus symphonique que les quatuors de Beethoven. Ce qu'il y a de symphonique dans ceux-ci se réduit à la seconde partie du premier allegro et au finale du quatuor en *mi mineur,* à la fugue du quatuor en *ut,* au finale du quatuor en *fa mineur,* à quelques exemples dans les derniers quatuors. Qu'il dut être difficile pour Beethoven de s'abstenir du style symphonique !

On ne peut seulement pas dire que l'élément symphonique domine dans ces cinq *derniers* quatuors, et cela est d'autant plus remarquable, qu'ils datent d'un temps où Beethoven avait très décidément pris son parti sur le qu'en dira-t-on, qui ne l'avait jamais beaucoup gêné, et que, par le quatuor (op. 127), il venait d'ouvrir au quatuor une route nouvelle, qui l'approchait de la symphonie par une plus grande liberté dans le cadre.

Les trios et quatuors de piano de Mendelssohn, les deux sonates et les variations sur un motif original pour piano et violoncelle, sont ce qui a été écrit dans ce style de plus capital, depuis la mort de Beethoven. Les concertos de piano, le concerto de violon, le caprice pour piano avec accompagnement d'orchestre sont des chefs-d'œuvre du goût le plus épuré. Les trios de Mendelssohn sont même, en tant que piano, un degré de plus que les trios de Beethoven, tout comme les sonates de Weber sont, en tant qu'instrument, un degré de plus que les sonates de Beethoven. Nous ne parlerons pas des *oratorios,* qui exigeraient une analyse spéciale; nous dirons seulement que la prédilection de Mendelssohn pour la musique d'église a fait faire au style symphonique et au quatuor des pertes dont les oratorios ne sont point la compensation. La place de Mendelssohn ne fut, pas plus que celle de Beethoven, marquée à l'église. Mendelssohn s'y ressent de cet élément purement rationnel qui se suffit et ne connaît point la grâce.

On a deux opéras de Mendelssohn : *les Noces de Gamache,* œuvre de sa jeunesse, et une opérette posthume (*Liederspiel*) en un acte; *Die Heimkehr aus der Fremde,* qu'on vient de représenter à Londres, sous le titre *Son and Stranger.* M. Berlioz en a apprécié le mérite (*Débats* du 12 août 1851). Ce dernier petit ouvrage, tout de circonstance, date de 1829; nous l'avons vu naître, voyant son auteur si bien appelé Félix, tous les jours, à Londres, chez Moschelès, qu'il affectionnait particulièrement. Mendelssohn fut un des plus grands pianistes de son époque, si riche en pianistes; c'était encore un des hommes les plus cultivés et les plus modestes. Sa musique pour piano seul (*sonate* en *mi majeur, rondo capricioso, Lieder ohne Worte, caprices* et *variations*) est d'une valeur réelle, mais nous ne lui connaissons pas *un seul morceau* dont on soit tenté de faire le compagnon de toute la vie, à l'exemple de telle production de Mozart, de Beethoven, de Weber.

Mendelssohn appartient à la musique instrumentale ; il est acquis aux terrains si profondément labourés par Beethoven. Digne fils de sa pensée, il conjure, comme Hamlet, l'esprit de son père : *a worthy pioneer!*

Mendelssohn est un genre; il a créé des idées, il les exprime dans la langue de Beethoven. Cette nature d'élite aura marqué une époque de transition qui portera son nom et pourrait bien conduire l'art à une nouvelle vérité. fort lointaine sans doute encore.

Nous ne contestons point le mérite de quelques esprits distingués entre les compositeurs contemporains du piano, nous n'admettons seulement pas l'importance de leurs productions comme idées qui dépasseraient les limites d'un piano, pour se soutenir au point de vue de l'intérêt musical en général. Un petit nombre des compositions de Chopin, l'Ariel du piano moderne, résisteraient à l'épreuve d'un arrangement pour orchestre, à une présentation dans le beau monde de la musique. Le critérium de la beauté d'un morceau de piano ne consiste sans doute pas en ce qu'il doive se prêter à être arrangé pour d'autres instruments, mais encore un morceau de piano doit-il pouvoir rivaliser avec le répertoire de l'orchestre et du quatuor comme intérêt musical. Elève et ami de Chopin, nous aurions pu nous trouver plus d'une raison d'être d'une opinion contraire. Nous avons mieux aimé être vrai : *amicus Plato, magis amica veritas.* Comme les élégantes gravures : *l'Etoile d'amour, Fleur des salons,* Chopin réveille un vif intérêt; il ne disserte pas de l'âme du monde. Hummel, le Carlo Dolce du piano, n'est point non plus un cosmos musical comme Haydn, Mozart, Beethoven. Les concertos de Hummel, le rondo en *la* avec orchestre, son septuor, le quintette, sont au nombre de ce que la musique de piano possède de plus pur, de plus parfait comme forme, comme travail. Hummel créa une virtuosité au piano qui conserve sur la virtuosité moderne l'avantage de poser en principe l'urgence des idées. Cette invention proprement dite est aujourd'hui remplacée par la *figure* qui est à l'idée ce que le bel esprit est au fond de la conversation; par le passage, par le simple aspect à la mode donnée à la notation, par d'autres remplissages. spirituels souvent, mais qui ne sont pas encore la musique. Hummel avait du moins la conscience de son art et le prenait au sérieux. On jouit généralement de nos jours d'une petite fureur de faire son chemin, non pas parce qu'on est musicien, mais quoiqu'on soit musicien. Mozart répondit à un éditeur qui lui recommandait d'étre plus populaire : « De cette façon je ne gagne rien, je meurs de faim et cependant je m'en moque! » Ce désintéressement n'existe plus. On daigne bien être artiste; mais artiste, on aspire généralement à être autre chose. L'esprit des temps en est-il la seule raison? Les artistes ont-ils foi dans l'art? Y en a-t-il beaucoup qui aient assez de vocation pour y voir une noble et généreuse mission? La profonde altération du goût en général est sans doute le fait des temps, mais les artistes ne concourent-ils pas à faire les temps ce qu'ils sont ?

« L'artiste, dit Schiller, est, il est vrai, le fils de son temps, mais tant pis pour lui s'il en est en même temps l'élève et le favori! Comment se gardera-t-il des vices de son époque? Qu'il donne à ses contemporains ce dont ils ont besoin et non pas ce qu'ils louent. »

III

LES TROIS STYLES DE BEETHOVEN

Tria juncta in uno.

Il doit vous être arrivé d'entendre dire : Quel compositeur que Beethoven, dont les trois trios pour piano, violon et violoncelle, opéra 1, sont le premier ouvrage! il y a là une distinction à faire. Ces trios sont le premier ouvrage *publié,* mais non pas la première composition de Beethoven (comp. la lettre *f* de la 3e section du Catalogue). Il est fort probable, au contraire, qu'à l'exception des six quatuors, la majeure partie des compositions de Beethoven comprises entre l'opéra 1 et l'opéra 18, existaient déjà au moment de la publication des trios. Nous exceptons les quatuors opéra 18, parce qu'il est à supposer que si Beethoven avait eu produit cette œuvre capitale, qui inaugura une ère nouvelle dans la musique de chambre, il eût commencé ses publications par les quatuors, lesquels, si vous y joignez les trios pour instruments à cordes, la première et la seconde symphonie, le septuor et quelques sonates pour piano seul et avec accompagnement, sont la fine fleur du style de sa première manière. Beethoven choisit sans doute les trios de piano pour sa première publication, parce qu'il attachait à cette composition le plus d'importance d'entre celles qu'il avait produites jusque-là. Il se plaça ainsi du coup l'égal de Haydn et de Mozart, dont la musique de piano ne possédait même rien qui pût être comparé à ces trios, où tout était nouveau et l'est en quelque sorte encore. Beethoven lui-même ne les surpassa pas dans ce style qui, en consacrant le respect pour les traditions que Haydn et Mozart avaient transmises au monde musical, montra une richesse d'idées inconnue jusqu'alors dans ce style. Elever le piano, qui était encore clavecin (*cembalo*), à cette hauteur; montrer une abondance d'idées telle que chaque morceau a l'air de regretter, pour ainsi dire, de finir, quand une fin de morceau dans Haydn et le plus souvent dans Mozart, surtout dans les finales de leur musique de chambre, rend ce qui lui reste de vie sous l'éperon des répétitions, des imitations, des canons, des mutations, et transformations, c'était faire une révolution dans l'art et s'en déclarer le dictateur. Comme nous parlons de style, il ne sera pas superflu de préciser le mot. Le style c'est l'homme, a dit le *Haydn des naturalistes*. Appliqué à la musique, le style est la modalité de l'emploi des moyens qui concourent à exprimer l'idée du compositeur.

Le travail intermédiaire dans Haydn, dans Mozart, leur manière, en un mot, d'entreprendre une idée, d'épuiser sur elle les ressources de la mélodie, de l'harmonie et du rythme, n'est pas exempte de fatigue et montre parfois cette monotonie qui est le fait de tout précepte d'école, le précepte fût-il parfait, l'école fût-elle un classique modèle. Dans Beethoven, au contraire, l'idée ne succombe jamais, c'est la forme qui se montre impuissante, parce que l'idée la déborde. De là les formes nouvelles de ses seconde et troisième manières. M. Fétis (*Biographie des musiciens*, article *Beethoven*) a exprimé un côté des plus caractérisés de Beethoven, en observant que ce qui le distingue, c'est la spontanéité des *épisodes* par lesquels il suspend l'intérêt qu'il a fait naître, pour lui en substituer un autre aussi vif qu'inattendu. Cet art lui est particulier, dit M. Fétis. Etrangers en apparence à la pensée première, ces épisodes occupent d'abord l'attention par leur originalité puis, quand l'effet de la surprise commence à s'affaiblir, Beethoven sait les rattacher à l'unité de son plan et fait voir que dans l'ensemble de sa composition la variété est dépendante de l'unité.

A considérer l'œuvre de piano de Mozart, il semblerait que le piano parût à Mozart, quoiqu'il fût pianiste, et peut-être parce qu'il était pianiste, un trop pauvre hère et de trop médiocre maison, pour mériter qu'on lui confiât le plus précieux de ses trésors. Mozart aima donc mieux s'adresser au quatuor, à la symphonie, au style d'église, à l'opéra; il confia fortuitement au piano l'interprétation des plus belles choses, par accident, quand il lui fallait faire un morceau de piano. Beethoven ouvrit amoureusement au piano le plus caché de son âme, jugeant la *symphonie* une trop grande entreprise pour la tenter plus de neuf fois pendant une vie de cinquante-sept ans. Haydn et Mozart composaient des symphonies comme ils composaient autre chose; Beethoven la regardait comme la majeure affaire de son existence, comme le triomphe du style auquel il attacherait à jamais son nom. Par ses symphonies, abstraction faite de musique et rien qu'à les considérer comme édifices d'idées, Beethoven marche l'égal des plus grands esprits que l'histoire de l'humanité connaisse. Comme Napoléon, Beethoven est déjà invraisemblable, on le prendrait parfois pour un mythe. Pour comprendre toute la portée de son génie, il faut aussi savoir se mettre dans la position d'un compositeur dont les contemporains sont *Haydn* et *Mozart*. Qu'il était difficile de se frayer là une *troisième* route! de ne point subir en esclave des influences qui paraissaient être la seule vérité possible. Singulier phénomène que le XVIIIe siècle qui, à de courts intervalles, voit naître Gluck (1714), Haydn (1731), Mozart (1756), Beethoven (1770), Weber (1786) en Allemagne ; Grétry (1741) et Méhul (1763), en France ; Pergolèse (1707), Cherubini (1760), Rossini (1789) en Italie !

Le chant, l'idée mélodique, prédomine jusque dans la musique instrumentale de Mozart, témoin son incomparable quintette pour piano et instruments à vent. Il y a dans cette production d'élite, un grandiose, un goût si pur, des sentiments si nobles, une si profonde conviction de la force du génie, une si sage mesure en toutes choses, que Beethoven écrivit évidemment sous l'influence du chef-d'œuvre existant son quintetto à lui pour piano et instruments à vent. C'est la même donnée : *introduction, allegro, andante, finale.* Pas de scherzo, quand il dut en coûter à Beethoven de n'en pas écrire, à lui qui y excellait; qui, dans cette forme surtout, pouvait espérer de l'emporter sur le héros du jour; qui en avait déjà produit qui sont, aujourd'hui encore, le modèle du genre (premiers trios de piano, trios pour instruments à cordes, op. 9).

A voir le fini, l'atticisme des trios opéra 9, on prendrait les premières compositions de piano de Beethoven pour le fruit hâté de ses vacances, tant il paraît avoir mis toute son âme dans ces trios pour instruments à cordes. On les nommerait son *Spozalizio;* ils ont la grâce, les couleurs, la douce mélancolie du célèbre tableau de Raphael, abandonnées plus tard par Beethoven pour les grandes toiles, et les lignes hardies de sa seconde manière dont on assimilerait le style à l'exubérante invention, à la brosse indomptée du peintre de la *galerie Médicis* du Louvre.

Le trio de violon opéra 3, en *mi bémol,* composé en 1796, antérieur de deux ans aux trios opéra 9, n'a pas le même mérite; il présente les divisions, le patron, les tonalités mêmes du trio pour violon, alto et violoncelle de Mozart : deux menuets, andante, adagio, deux allegros. Il fut dans la destinée de Beethoven de vivre un temps sous l'influence du style de Mozart, dont il est, dans ses premières compositions, la plus complète expression, bien plus que la copie. Première et seconde symphonies, septuor, les six premiers quatuors, les quatre trios de violon, les quatre premiers trios de piano, les trois premières sonates pour piano et violon op. 12, les deux premières sonates pour piano et violoncelles op. 5, les dix premières sonates pour piano seul.

L'histoire montre constamment le spectacle, que l'homme appelé à porter l'art plus loin, à le fixer pour longtemps dans ses destinées, résume le génie du plus grand de ses prédécesseurs, et commence par en être l'apogée avant de s'engager dans des voies qui l'élèveront plus haut. Mais il est surtout un phénomène dans Beethoven qu'il importe de constater, qui seul le fait comprendre, c'est qu'en lui, il y a trois Beethoven, très différents entre eux. Comme Raphael et Rubens, Beethoven a une première, une seconde, une troisième manière, parfaitement caractérisées toutes les trois. Ces différences de style, ces directions de sa pensée, ces transformations capitales de son génie, sont les *assises* de son œuvre. Il importe de les étudier dans leur enchaînement, de les suivre dans les influences qu'elles exercent les unes sur les autres, pour peu qu'on ait à cœur de distinguer et de comprendre. En faire l'analyse, faciliter plus généralement l'étude du grand maître, tel est le but que nous nous proposons dans cet essai.

Si un ouvrage de la jeunesse de Mozart est inférieur à une production de ses années de force et de pleine maturité de son génie, l'homme n'en est pas moins resté le même, le talent seul a grandi. Il en est autrement de Beethoven. Si ses premières productions respirent le génie de Mozart; si, hôte pasager du divin maître, il semble, pour un temps, faire partie de sa maison, vous trouverez, en cherchant bien, une première note d'inquiète mélancolie, et comme des plans de conquérant là où vous pensiez rencontrer la note tendre de Mozart, et ainsi jusqu'à la troisième symphonie de Beethoven, jusqu'au septième quatuor dédié au comte Rasoumovski, jusqu'aux trois sonates pour piano et violon, dédiées à l'empereur Alexandre, jusqu'à la sonate pour piano seul, opéra 22, qui dans notre analyse des sonates est la limite de la première phase du génie de l'auteur, de sa première manière. A partir de là, le géant de la musique, comme l'appelle M. Berlioz, se prendra à se bâtir une ville à lui qui ne ressemblera à aucune autre; cité sans nom, trop vaste à habiter pour tout autre que lui, et qui ne suffira seulement pas à abriter les trésors de cette haute intelligence, ardente à démolir autant que féconde à réédifier. Beethoven écrira six symphonies, au nombre desquelles se trouvent les colosses que le lecteur a déjà nommés : *la troisième symphonie jusqu'à la neuvième exclusivement ;* les trois quatuors op. 59, dédiés au comte Rasoumovski; le quatuor en *mi bémol,* op. 74. Le vol de l'aigle atteindra au quatuor en *fa mineur*, dernière limite de style de la seconde manière, auquel appartiennent encore les deux trios de piano op. 70; le trio en *si bémol,* ce taureau Farnèse du piano; la sonate pour piano et violon, dédiée à Kreutzer, qui n'y vit que du feu; la pastorale-sonate pour piano et violon en *sol* op. 96, les trois sonates pour piano et violon, dédiées à l'empereur Alexandre, dont la seconde, *ut mineur,* est comme une page brûlante de l'esprit chevaleresque qui anima la grande époque des guerres contre Napoléon :

« Je reconnais les héros rayonnants, les fils des dieux, Alexandre et Frédéric-Guillaume. » (HOFFMANN, *Vision sur le champ de bataille de Dresde,* p. 226.)

Seize sonates pour piano seul, op. 26 jusqu'à op. 90, compléteront ce répertoire déjà si riche.

Plus de charmilles au bon endroit dans la seconde manière de Beethoven, de quinconces espacés par les tyrannies de l'école; le maître méprise les jardins, il lui faut des parcs, le langage du silence de la forêt; les maisons seront devenues des châteaux, la vie du musicien sera l'existence variée, élevée des puissants de la terre. Beethoven contemplera le monde des hautes régions de la pensée humaine. Il sera sa loi à lui, *princeps legibus solutus est.* La mesure à deux temps, presque exclusivement réservée jusque-là aux finales, trouvera désormais place au premier allegro (symphonie en *ut mineur,* pastorale, avec chœurs). Plus d'andante à reprises, à tant de mesures dans ses subdivisions; plus de menuet à patron immuable, plus de cadastre en un mot; mais une création nouvelle, l'allegretto de Beethoven (sonate en *ut dièse mineur,* quatuor en *fa mineur,* sonate en *fa,* op. 10, en *mi majeur,* op. 14). Le scherzo ne sera plus, comme dans les six premiers quatuors encore, un *intérim* de menuet ; le scherzo de Beethoven est à lui seul un répertoire, il ne sera plus tenu à un trio. On y distinguera bien une troisième partie, mais cette *tertia pars* ne portera pas plus le nom de trio qu'elle n'en aura la délimitation rigoureuse consacrée par l'usage. Le trio du menuet de Haydn, de Mozart en est une dépendance obligatoire. Cette espèce de jardinet de l'ancienne cage à menuet, que les maîtres ornèrent souvent de leurs plus gracieuses fleurs, non seulement se mesurait sur la taille du menuet, il en adoptait encore la tonalité. Le menuet et son trio échangeaient toutes sortes de politesses en *mineur* et *majeur.* Le menuet se présentait-il en *majeur,* le trio jugeait convenable de se mettre en *mineur;* le menuet était-il en *mineur,* le trio se passait un temps de *majeur.* Le menuet de la sonate de piano de Haydn en *ut dièse mineur* est un exemple remarquable de ces petits bonheurs de trio.

Beethoven jugea, dès l'adoption du style de sa seconde manière, que ce commerce d'intimité avait assez duré. La troisième partie du scherzo en *fa* de la symphonie en *la,* est en *ré;* la troisième partie du scherzo de la symphonie pastorale est à deux temps, celle du scherzo en *fa* du dernier quatuor (op. 135) en *la majeur.* Les proportions plus grandes données à cette troisième partie (quatuor op. 74); les combinaisons de la mesure à deux temps dans le menuet et scherzo à trois (4e symphonie, *mineur* du scherzo du grand trio de piano en *si bémol*); les scherzo franchement à deux temps dans les sonates op. 31, n° 3, op. 110; les épisodes à deux temps dans les scherzo des quatuors op. 127, 132 et de la symphonie héroïque (*alla breve,* 4 mesures); l'épisode à quatre temps dans le prodigieux scherzo de la symphonie avec chœurs; tous ces exemples sont le fait d'un style rythmique nouveau, d'une émancipation définitive du patron du menuet de jadis. Beethoven ne quitta pas pour cela légèrement un ancien ami; il laissa plus d'une fois la carte au menuet avant de l'abandonner (quatuor en *ut* avec la fugue, 8e symphonie, sonates op. 22, 31, n° 3; sonate pour piano et violon, op. 30, n° 3). Tour à tour tendre, sévère, passionné ou timide, l'allegretto prendra aussi bien toutes les formes. Il sera quelque fervente prière dans le quatuor en *fa mineur,* et passera sans interruption d'une contemplation séraphique dans un morceau qui remplacera le scherzo, scherzo dont l'accent héroïque et l'allure concentrée n'ont pas reçu de nom en musique et que son intitulé : *Allegro assai vivace ma serioso,* devrait dorénavant désigner, car il n'a pas et ne peut avoir son semblable.

Appeler allegretto un ordre d'idées connues jusque-là sous un autre nom, n'eût pas été la peine; l'allegretto de Beethoven est une sphère d'idées nouvelles dans de nouvelles formes. Il sera et andante et scherzo dans le trio de piano en *mi bémol* (op. 70), andante dans la septième et huitième symphonie, dans le quatuor en *fa mineur*. Comment saisir ce protée? Dans la symphonie en *ut mineur,* dans la symphonie pastorale, le scherzo renoncera à son nom, mais non point à sa nature; il ne se contentera plus d'être quelque fantastique et merveilleux tableau sans divisions prévisibles (scherzo du quatuor en *fa,* dédié au comte Rasoumovski; du quatuor op. 74); sans interruption, pompeusement, le scherzo conduira à un ordre d'idées plus vastes, plus élevées encore, au finale qu'il aura splendidement préparé. Le scherzo sera le phénix renaissant des cendres de l'ancienne école, s'élançant libre aux cieux! Les gravures de Della-Belle, rares aujourd'hui, portent cet intitulé charmant de naïveté : *facétieuses inventions d'amour et de guerre;* les scherzo de Beethoven aussi sont mille *inventions d'amour et de guerre,* deux choses qui vont trop bien ensemble pour qu'on n'ait plaisir à les voir accoler. L'extension donnée par Beethoven au scherzo ouvre un si vaste champ à l'imagination que la chose paraît toute simple aujourd'hui, bien qu'elle soit une des plus importantes conquêtes réalisées par la musique instrumentale. Qu'il y a loin du scherzo de Beethoven au menuet de Haydn, de Mozart! c'est une terre nouvelle dont on doit signaler la découverte dans l'histoire de l'art. Le scherzo de Beethoven fut peu osé d'abord; il commença par être le cadet du menuet (quintette en *ut,* premiers trios et quatuors). Il en conserva longtemps le patron, avant de montrer au grand jour le style et l'allure émancipés du scherzo de la seconde et de la troisième manière. L'appréciation détaillée des métamorphoses subies par le scherzo entre les mains de Beethoven exigerait un travail spécial, que nous nous bornons à indiquer; mais nous donnerons au pianiste-amateur le conseil d'élire domicile dans les scherzi de l'œuvre de piano, indépendamment même des sonates auxquelles ces scherzi appartiennent; de se découper un *répertoire-scherzo* que l'amateur pénétrera, et qui lui apprendra plus du maître que les morceaux à l'étude desquels ne suffirait ni son temps ni son mécanisme. Que si l'on se sentait plus de sympathie pour l'adagio, les adagios des sonates de piano formeraient un répertoire qui ne le céderait point en intérêt à l'autre Le pianiste aussi a tout à gagner au précepte : *apprendre quelque chose et y rattacher le reste.* Non omnia possumus omnes.

Les formes de la sonate n'existeront plus rigoureusement dans le style de la seconde manière; un seul morceau, au fond, sera toute la sonate (op. 90) et une très belle sonate. L'adagio sera désormais quelque immense complainte (quatuor en *fa,* op. 59), une suppliante adresse de l'humanité (quatrième symphonie), une scène du paradis où ceux qui s'aimaient ici-bas se rencontrent heureux (quatuor en *mi mineur*). L'adagio ne finira seulement plus toujours, sa dernière note sera déjà la première du finale quatuor en *fa,* op. 59), grand trio de piano en *si bémol,* sonate de piano en *fa mineur,* op. 57; comparez l'allegretto du quatuor en *fa mineur* et le coda du menuet du quatuor en *ut* avec la fugue. Ici un finale étalera le pompeux défilé de la création dans son ensemble (symphonie en *ut mineur*), là un festin où le poison s'est glissé dans les coupes, et dont les convives, surpris par la mort, se couronnent une dernière fois de fleurs (symphonie en *la*). Et ainsi des sonates, car rien n'est ni plus petit ni plus grand dans Beethoven, dans un sens absolu; tout se tient, tout est *un, l'homme dans sa lutte avec le monde.*

Personne ne contestera à Beethoven, riche à millions dans la sphère des idées, le droit de traiter son monde outre mesure, d'en faire plus que des hommes une fois qu'ils sont chez lui. De là une exubérance d'idées dans laquelle on a voulu voir un reproche (Tiek, *Musikalische Freuden und Leiden*).

Mais tous les trésors de ce monde donnent-ils assez de bonheur pour ne plus rien désirer au-delà? L'infini n'existerait donc pas pour tout le monde? De là la troisième et dernière transformation du génie de Beethoven, la symphonie avec chœurs, à laquelle irait l'inscription du télescope d'Herschel : *cœli munimenta perrupit*; l'adagio de cette symphonie, qu'on appellerait les agapes de la musique instrumentale; les derniers quatuors, qui ne sont autre chose que le tableau de la vie du juste, des souvenirs de son passage sur terre, souvenirs confus comme le sont les souvenirs d'une chose aussi fragile et aussi multiple que l'humaine existence une fois qu'elle est restée en arrière de la route. Le maître écrira les cinq dernières sonates de piano dans ce style de mystique révélation, qui est toute sa troisième manière. Les idées de Beethoven, telles que ce style tout exceptionnel les présente, sont toujours compliquées; elles sont la manifestation de sa pensée, quand elle appartenait à une vie exceptionnelle s'écoulant en dehors de l'existence réelle. Une surdité complète le séparait alors des impressions extérieures, il ne reproduisait plus l'humanité, le monde, tels qu'ils sont, mais tels qu'il voulait qu'ils fussent, ou qu'il les supposait être. Solitaire habitant de la vaste cité qu'il élevait sans cesse, que sa surdité entourait de hautes falaises au pied desquelles expiraient pour lui les agitations du monde, sa pensée dut se compliquer du conflit de ses souvenirs et du monde fantastique de son âme; fruit d'une immense méditation dont il n'y a pas d'exemple, la troisième manière de Beethoven n'a plus la spontanéité des deux premières, mais elle a et aura à jamais l'intérêt de montrer le génie aux prises avec les réalités. Tout en s'appuyant sur les données de notre sphère d'impressions, Beethoven la dépasse et la continue au-delà des limites qu'elle a pour nous. Cette existence en dehors de nos réalités a bien sa grandeur; l'existence des hommes, perdue pour le maître, il semblerait le voir la chercher et l'appeler à lui dans des accents qui, direz-vous, auraient dû fléchir le sort. Le nombre même des notes que Beethoven croyait entendre et qu'il n'entendait plus dut augmenter; n'aime-t-on pas *immodérément* un bien *perdu à jamais?* En d'autres termes, il y a beaucoup plus de notes dans la troisième manière de Beethoven, parce qu'il n'y en avait plus du tout pour lui. Les marches heurtées parfois de l'harmonie, les secousses qu'on lui connaît, n'ont pas d'autre cause. Une certaine recherche, la recherche du génie toutefois, remplaça l'essor primesautier de l'idée; un parti pris, profondément médité, les impressions de la jeunesse du cœur. L'ouïe devait être plus pour Beethoven que toutes les sensations humaines réunies pour un autre. Ses biens à lui étaient là, et lui avaient été ravis. *Che faro senza Euridice?* tel est le cri de ses derniers accents! L'incertitude s'empara alors de son âme; il arrivait à Beethoven de douter de sa mission; il cherchait des voies inconnues ; il se voyait destiné au style d'église (messe en *ré*). On trouve, dans les productions de la troisième manière, comme un vague et immense désir de l'artiste de se surpasser, des tonalités moins usitées (quatuor en *ut dièse mineur*); une plus grande fréquence de transitions (*Gloria* de la messe en *ré*); des combinaisons étranges, des idées qui sembleraient s'exclure. L'intérêt répandu dans les épisodes l'emporte désormais sur l'importance de l'idée première, sur l'ensemble de l'œuvre; la sympathique limpidité des idées n'est plus. Beethoven tailla ses derniers ouvrages dans les chairs vives de ses souvenirs pénibles, mais non point sans les offrir en holocauste à Dieu. Il se complut dans un plus formidable déploiement des ressources scolastiques de l'art. Il y a parfois alors du *Paracelse* en lui.

Tous les biographes rapportent que Beethoven cachait le plus qu'il pouvait son infirmité dans laquelle il avait le malheur de voir une honte, au lieu d'y reconnaître la volonté de Dieu que le génie le plus complet de la musique instrumentale s'élevât encore au-dessus des infirmités de la nature humaine, en montrant ainsi aux hommes le chemin de leur vraie patrie.

La place occupée par Beethoven dans l'histoire de l'humanité peut être assimilée à celles de Shakespeare, de Michel-Ange. Sa pensée est sévère, comme le Moïse de Buonarotti, sans ignorer pour cela la grâce de Sanzio; elle fait la part des individualités, mais son élément panthéiste l'emportant, elle aussi sait s'écrier : *All is true!* L'esprit de Beethoven est un abîme, qui gagne en profondeur avec l'âge. Quant aux sentiments, l'amour prédomine :

« Beethoven n'était jamais sans un amour et presque toujours il en était fortement impressionné. » Wegeler, p. 42.

Aussi, faut-il avoir beaucoup aimé pour le comprendre.

On peut appliquer à la plupart de ses ouvrages la légende du moyen âge, où le diable dit, en abordant un peintre, qui dessinait un arbre : « *Vous êtes amoureux,* signor pittore, sans cela vous ne verriez pas cet arbre ainsi. »

La jeunesse, la beauté ont des avantages qu'on ne balance pas; le cœur le plus riche, le savoir, le génie n'y peuvent rien. Beethoven aima toute sa vie malheureusement, parce qu'il aima dans les classes élevées de la société. Cette circonstance est la principale clef de son œuvre complexe, la véritable base fondamentale de ses sublimes idées. Rejetées, parce qu'elles étaient incomprises, les supplications passionnées de ses chants furent dès lors pour la fée, qui n'a plus rien de terrestre.

L'objet aimé se transforma en ardent mirage, qui fuyait toujours (*appasionato* du finale du quatuor en *la mineur*).

M. Scudo (*Revue des Deux-Mondes,* 1er octobre 1850) confond entre beaucoup de choses, auxquelles nous nous arrêterons en temps et lieu, les métamorphoses de style de Beethoven, avec les périodes établies par Schindler, p. 9, dans sa vie. Ces périodes, M. Scudo les compare à la jeunesse, à la maturité, à la décadence, « comme on le remarque dans tous les hommes de génie, ajoute-t-il, qui ne sont pas morts trop jeunes, comme le Tasse, Raphaël et Mozart ».

Singulière décadence que la symphonie avec chœurs, la messe en *ré,* les derniers quatuors, les dernières sonates! Raphaël aussi bien, quoique mort à l'âge de trente-sept ans, a eu *trois* manières; il n'est pas permis à un critique de l'ignorer. Ne commença-t-il pas par continuer le Pérugin, avant d'être le Peintre de la fusion des styles de Vinci et de Buonarotti ? Sa troisième manière n'est-elle pas représentée par le *Spasimo,* par la Transfiguration? Nous relevons cette erreur de M. Scudo, parce que nous avons parlé, à propos de notre sujet, des trois manières qu'on connaît à Raphaël.

M. Scudo a reproduit, dans un langage élégant, une partie du livre de Schindler, mais non point sans en altérer les faits. Jamais Beethoven ne pensa à se laisser mourir de faim, pendant un séjour en Hongrie, au château de la comtesse Erdœdy, parce qu'il aurait aimé la comtesse sans espoir. M. Scudo aura été trop charmé de trouver un Ugolino du Nord, pour aller encore aux enquêtes. Voici la vérité de son récit, mythologique s'il en fut : Madame Erdody avait fait élever, dans son parc, un temple rustique, sous l'invocation de Beethoven, qui, de son côté, et pour ne pas être en reste, lui dédia les deux trios de piano, opéra 70. De cette ovation champêtre, dans les mœurs d'Allemagne, il y a loin à l'artiste près d'expirer volontairement de faim sur le bord d'un fossé, comme le raconte M. Scudo. (Voyez Schindler, p. 68.)

Un écrivain plus riche en idées, aussi fort en style, non moins abondant en erreurs, est l'auteur anonyme du livre *De Rembrandt à Beethoven, Paris* 1850, qui fait de Beethoven un Proudhon musical, quand il saute aux yeux qu'il fut le plus aristocrate de tous les artistes, comme nous le prouverons dans un chapitre à cet effet, reposant sur des preuves que nous croyons être irréfragables ; M. Fétis est le premier auteur qui ait établi trois classes de compositions de Beethoven (*Biographie des musiciens,* p. 111). Il faut regretter qu'il ne soit pas entré à ce sujet dans de plus grands détails.

La seconde période s'étend, pour M. Fétis, de la symphonie héroïque, opéra 55, jusqu'à la symphonie en *la,* opéra 92, exclusivement. Cette division ne comprend, comme on voit, que le style symphonique. Le quintetto de violon en *ut,* opéra 29, les trois sonates de piano, opéra 31, les trois sonates pour piano et violon, opéra 30, dédiées à l'empereur Alexandre, compositions *antérieures* à la symphonie héroïque, ne sont pas moins la manifestation de ce style de la seconde manière dans une autre sphère d'action seulement; elles sont aussi bien l'affranchissement de plus en plus complet des données auxquelles appartiennent les premiers trios, op. 1, 3, 9 et 11, les premiers six quatuors, la première symphonie, et même le septuor, et la seconde symphonie, ouvrages placés sur l'extrême limite du style de la première et de la seconde manière.

M. Fétis trouve au trio de piano en *si bémol,* opéra 97, et à la symphonie en *la,* opéra 92, les *premiers* symptômes de la troisième manière. Ces symptômes sont aussi prononcés, s'ils ne le sont pas davantage, dans une composition antérieure, dans la sonate de piano, opéra 54 ; dans le quatuor en *fa mineur*, opéra 95, portant un des signes caractéristiques de ce style au front, l'absence de reprise dans l'allegro, qui y est d'un seul jet. La symphonie en *la* est assurément bien plus l'expression la plus complète du style symphonique de Beethoven de sa seconde, de sa plus grande manière, qu'elle n'appartient à la troisième, dont nous ne pouvons lui reconnaître aucun symptôme, si ce n'est dans la complaisance avec laquelle Beethoven séjourne dans le fouillis des développements harmoniques et rythmiques de la seconde partie de l'allegro, et dans quelques passages du finale. La symphonie en *la* est la sentinelle la plus avancée du style symphonique de la seconde manière, comme le septuor et la seconde symphonie sont la clef de voûte de la première ; elle est le pont jeté de la seconde à la troisième. Le prodigieux trio de piano en *si bémol* est dans les mêmes conditions; il est une des hautes cimes de la seconde manière. Le mineur du scherzo cependant, entr'ouvre bien, peut-être, une première fois, les acopalyptiques abîmes du style de la troisième manière, *abyssus abyssum invocat.* La symphonie avec chœurs, seule des symphonies, est le fait de la troisième manière, comme les cinq derniers quatuors, les cinq dernières sonates de piano, la messe en *ré,* l'ouverture opéra 124, et non pas *les dernières ouvertures,* comme dit M. Fétis, car l'ouverture des *Ruines d'Athènes,* opéra 113, du *Roi Etienne,* opéra 117, et l'ouverture, opéra 115, sont bien au nombre des dernières, et ne montrent pas la *moindre* trace de ce style. Nous réservons un chapitre aux erreurs de M. Fétis, touchant le *catalogue* de l'œuvre de Beethoven, nous le prouverons en chiffres. M. Fétis caractérise la troisième manière ainsi : « Les *redites* des mêmes pensées furent poussées jusqu'à l'excès; le développement du sujet alla quelquefois jusqu'à la *divagation;* la pensée mélodique devint moins nette, à mesure qu'elle était plus rêveuse; l'harmonie fut empreinte de plus de dûreté et sembla de jour en jour témoigner de l'affaiblissement de la mémoire des sons; enfin Beethoven *affecta* de trouver des formes nouvelles moins par l'effet d'une soudaine inspiration que pour satisfaire aux conditions d'un plan médité. Les ouvrages faits dans cette direction des idées de l'artiste composent la troisième période de sa vie et sa dernière manière ». Nous combattrons ce verdict de M. Fétis, où le faux se mêle au vrai. Ce n'est plus être dans la question et se placer au point de vue étroit toujours exclusif, de l'école, que de juger les idées sur les formes qu'elles revêtent, sur le bagage qu'elles traînent à leur suite.

Mein guter Herr, ihr seht die Sachen,
Wie man die Sachen eben sieht;
Wir müssen das *gescheidter* machen,
Eh' uns des Lebens Freude flieht.
FAUST.

IV

LES SONATES DE PIANO

Tout art est là de sa propre autorité, pour chasser la mort et conduire l'homme au ciel.
BETTINA.

Les sonates de Beethoven sont l'homme, comme les paysages de Calame sont la nature, *toute* la nature, et non plus seulement un point donné. Qu'on se rappelle la collection des vues de Calame intitulée : *Sites divers de paysages;* autant de sonates de Beethoven. Ce lac, pour avoir été imaginé, n'en est pas moins le lac des hautes régions de la nature alpestre. Qu'il est profond! Que cette onde calme est fière de cacher de pareilles profondeurs! Quel silence dans cette solitude! Les grands Calames représentant les quatre saisons, sont de tous pays, de tous les hommes. Cet arbre séculaire ombrage les pompes de l'été, il est un symbole; ce jardin s'épanouissant aux plaisirs est le temple de *tous* les bonheurs, comme cette forêt d'hiver un emblème de douleur.

Tel aussi est Beethoven. Ses douleurs, ses joies, ses triomphes, ses déceptions, sont de tous les temps, de tous les hommes. Beethoven est la nature même des choses dans des conditions qui ne varient point. *Une* dans sa conception, sa musique est multiple dans ses détails, variée dans les moyens, une dans sa pensée. On peut pour son abord la comparer à une grande dame qui ne saurait recevoir toujours. Ne faut-il pas une assiette d'esprit analogue aux situations des œuvres de l'artiste pour se les assimiler?

Avant d'aborder les sonates, nous nous arrêterons aux tonalités qu'on observe dans l'œuvre de Beethoven.

La tonalité de *ré* paraît avoir été sympathique à Hændel comme à Mozart, celle de *sol* pourrait avoir exercé des charmes sur Haydn. On peut dire de Beethoven qu'il affectionne les tons robustes et les préfère à l'échelle trop *diésée* ou *bémolisée,* et ce n'est assurément pas parce que l'ancienne école n'admettait guère plus de trois accidents à la clef, mais parce que Beethoven va au but sans détour, ce qui ne l'empêche pas d'être amoureux de la forme et de la couleur. On dirait, en variant un mot de Mozart, « si le feu sacré n'est pas dans la composition, les *dièses* et les *bémols* ne l'y mettront pas ».

On connaît à Beethoven *une* sonate de piano en *fa dièse majeur,* op. 78, d'un moindre intérêt, quelques épisodes seulement de cinq et six dièses à la clef (op. 106, 77, tableau de la bataille de Vittoria), deux ouvrages importants en *ut dièse mineur* (quatuor op. 131, Sonata quasi fantasia), quatre en *fa mineur* (ouverture d'*Egmont,* quatuor op. 95, les sonates de piano op. 2, op. 57). Comparez un beau prélude pour piano en *fa mineur* (n° 29, seconde section du Catalogue) et l'introduction au second acte de *Fidélio,* remarquable lever de toile instrumental.

Beethoven aima mieux la tonalité d'*ut.* Ses plus importantes compositions se partagent *ut, fa, si bémol* et *mi bémol,* l'*ut* l'emporte toutefois en fréquence. Deux symphonies, dont une du plus grand style (*ut mineur*), la première messe, sept ouvertures (*Prométhée Coriolan,* les trois ouvertures en *ut* de *Léonore,* ouvertures, op. 115, 124), deux quatuors (op. 18, n° 4; op. 59), le magnifique quintette (op. 29), un remarquable trio pour instruments à cordes (op. 9, n° 3), un très beau trio de piano de la première manière (op. 1); la fantaisie pour piano, chœurs et orchestre; deux concertos de piano, dont l'un (*ut mineur*) du plus grand style; un concerto concertant pour piano, violon et violoncelle, avec accompagnement d'orchestre; la deuxième des trois sonates pour piano et violon, dédiées à l'empereur Alexandre; une sonate pour piano et violoncelle (op. 102, n° 1), qui abuse peut-être de l'élément vague de la troisième manière; cinq sonates de piano, dont deux du plus grand style (op. 53, 111), et trois de la première manière (op. 2, n° 3; op. 10, n° 1 ; sonate pathétique) ; une belle polonaise pour piano, dédiée à l'impératrice Elisabeth de Russie, op. 89, et un trio, sans intérêt, pour deux hautbois et cor anglais; toutes ces productions sont en *ut* (*majeur* et *mineur*).

Beethoven eut encore une préférence marquée pour la tonalité d'*ut* comme relation (adagio des sonates en *mi bémol,* op. 7, 12, épisode en *ut* de la sonate en *mi bémol, op.* 27, adagio de la sonate en *sol,* op. 31, du quatuor en *sol* (second), marche funèbre de *Prométhée* et de *Fidélio*)

Au nombre de toutes ces compositions en *ut,* l'ouverture du ballet de *Prométhée,* la sonate de piano dédiée à Haydn, op. 2, n° 3, l'adagio excepté, le premier concerto de piano, sont, relativement parlant, seules des productions de moindre intérêt.

Encore la manière de faire valoir le piano à la 67e mesure du largo du premier concerto est-elle déjà l'école moderne du piano. Les largesses faites par Weber à l'instrument, les accompagnements riches ont été devancés par Beethoven dans ce remarquable épisode d'une composition des temps de sa jeunesse et de sa première manière.

On a trouvé à la première symphonie le style de Haydn. L'accord imparfait par lequel elle débute, le motif de l'allegro qui martelle les mêmes croches, contredisent plutôt le style archaïque de Haydn dans la symphonie qu'ils ne l'imitent. Il était dans la nature de Beethoven de peu goûter Haydn, de lui préférer le caractère énergique et plus passionné de Mozart. L'introduction de la seconde symphonie de Beethoven, l'allegro, le larghetto surtout, reproduisent le génie de Mozart dans ce qu'il a de plus mélodieux, de plus sympathique. Beethoven y est la continuation de Mozart, il n'en est pas la copie, comme on a voulu le prétendre. Le finale de la seconde symphonie est le pont jeté de Mozart à Beethoven. L'étendue de ce finale, les proportions données à ses développements, les quatre temps réservés jusque là aux premiers allegros, tout en fait le morceau le plus considérable de la symphonie, au contraire de Haydn et de Mozart, dont les finales sont assez souvent ce qu'il y de plus faible. Nous disons d'ordinaire. Personne n'ignore que le finale de la symphonie de Mozart en *sol mineur* est un chef-d'œuvre; que le finale de la symphonie en *ut,* qu'on a surnommée le Jupiter tonnant, n'a été égalé par personne. La verve de ce morceau hors ligne, l'intérêt qu'il conserve jusque dans sa dernière note, en font un monument qui clôt dignement une grande page de l'histoire de l'art, l'époque de la fugue, impossible aujourd'hui, parce qu'elle n'est plus dans les mœurs. Rien ne dure dans les arts que ce qui est intimement lié à la vie. Dans les idées, on ne revient jamais entièrement au passé. Il fut impossible à Beethoven de revenir bien sérieusement à la fugue, et on lui a reproché de ne pas savoir en faire, que c'était le temps dans lequel il vivait qui n'en faisait plus. La belle fugue du quatuor en *ut,* dédié au comte Rasoumovski, est un fait isolé, une exception qui ne prouve rien pour le style de Beethoven en général. Ses symphonies sont la musique de libretti dont il a gardé le secret, des drames en musique instrumentale. De là leur unité, leur intérêt. Une fugue, le produit de combinaisons dialectiques, ne pouvait être l'affaire de Beethoven. A ses yeux un finale était son dernier acte. Les symphonies de Haydn et de Mozart ne sont point la mise en scène d'une idée : elles se contentent de réunir en faisceau quatre morceaux de musique instrumentale dont le quatrième peut avoir moins d'importance, parce qu'il est le quatrième, tandis que les quatre parties d'une symphonie de Beethoven sont les diverses faces sous lesquelles se déploie son idée. Un finale important, pas assez apprécié encore, est le finale de la huitième symphonie. Ce grand morceau est écrit dans les formes symphoniques les plus émancipées de Beethoven. Dans ce pêle-mêle d'une foule haletante. on croirait voir surnager de temps à autre quelque couple de danseurs effarés aussitôt disparus, et les timbales accordées *à l'octave* de précipiter cette ronde échevelée.

Le septuor, le sévère et grandiose quatuor, op. 74 du second style de Beethoven, le quatuor, op. 127 de sa troisième manière, la symphonie héroïque, un grand trio et un charmant quintette pour instruments à cordes, op. 3 et 4, le quintette pour piano et instruments à vent, deux trios de piano, op. 1, op. 70, un incomparable concerto de piano, op. 73, une sonate pour piano et violon, op. 12 de la première manière, quatre sonates pour piano seul (op. 7, 31, n° 3; op. 27, n° 1; op. 81) le septuor de violon, op. 81 sans grand intérêt et de la première manière, voilà ce qu'on a de Beethoven en *mi bémol.*

Il y a deux sonates en *la bémol,* op. 26 et 110. Il n'y a ni de quatuor, ni de symphonie de Haydn, de Mozart, en *la bémol.* Cette tonalité vague n'alla pas à Beethoven. On la rencontre une seule fois dans les symphonies (*ut mineur* — andante), dans le trio de menuet du quatrième quatuor et du quintette, op. 4, dans l'allegretto du trio de piano en *mi bémol,* op. 70, dans l'adagio des quatuors, op. 74 et 127, du quintette et des trios en *mi bémol,* op. 4, 3, 1, dans les adagios de deux compositions importantes en *ut majeur* et de trois en *ut mineur* (premier concerto de piano, concerto concertant pour piano, violon et violoncelle, sonate de piano, op. 10, sonate pathétique, sonate pour piano et violon, op. 30). On trouve le *la bémol* une seule fois dans les *Lieder,* op. 98. La marche funèbre et le mineur des variations de la sonate, op. 26, sont les seuls exemples de *sept bémols* à la clef. Beethoven dépasse le quatrième et le cinquième *bémol* dans les mineurs des variations des trios de piano, op. 1, n° 3, op. 11, du septuor; dans quelques épisodes des derniers quatuors (lento du quatuor, op. 135, scherzo des quatuors, op. 127 et 130), dans l'introduction de l'oratorio : *le Christ au mont des Oliviers;* andante de la sonate, op. 57, allegretto des sonates, op. 7, 10, n° 2; op. 27, n° 2, scherzo du trio de piano, op. 97, sonates, op. 106, 110, mineur des variations pour piano et violoncelle sur un motif de la *Flûte magique* (n° 6, seconde section du Catalogue).

Beethoven n'eut pas en trop grande estime le ton de *la majeur*. Il écrivit, il est vrai, dans ce ton une de ses plus belles symphonies, mais seulement un quatuor de sa première manière, animé *festino,* qu'on dirait se passer entre quatre amis causant gaiement musique. Deux sonates pour violon et piano, op. 12, n° 2, op. 30, n° 1, une sonate pour piano seule de la première et une de la troisième manière, op. 2 et 101, une sonate pour piano et violoncelle sont en *la majeur,* mais ce ton se rencontre assez souvent dans les *Lieder,* trois fois dans *Fidélio* et deux fois dans le mélodrame le *Roi Etienne,* comme remarquable transition, dans le finale du trio de piano op. 97; dans le *Sanctus* et dans l'*Hosanna* de la messe en *ut,* dans un *Lied* et entr'acte d'*Egmont*. Mozart remue dans *Don Juan* la poussière des cimetières en *ré mineur,* Beethoven creusa une fosse en *la mineur* (duo de la prison dans *Fidélio*). Tout le monde se rappelle le mystérieux allegretto en *la mineur* de la septième symphonie, tableau de nuit éclairé par la douce lumière du majeur. Un musicien italien en dit un jour : *E una cosa qui fa stupore!* Les vers de Schiller : *Nadowesische Todtenklage* iraient à l'allegretto en *la mineur* du quatuor en *ut* avec la fugue. Une gracieuse production du premier style de Beethoven, la sonate pour piano et violon op. 23, le premier morceau de la sonate pour piano et violon, dédiée à Kreutzer, et le quatuor op. 132, sont en *la mineur,* dont il n'y a pas *un* exemple dans l'œuvre de piano (1). Dans le finale du quatuor, Beethoven

(1) Voy. le trio du scherzo de la sonate de piano en *ut* et en *la*, op. 2, la sonate pour piano et violon.

fait tenir à cette langoureuse tonalité le langage le plus passionné. Le *la mineur* avait été quasi honni jusqu'à Beethoven. Haydn et Mozart avaient tout au plus confié au *la majeur* quelque *amoroso* de pastorale allégresse (cinquième quatuor de Mozart). La sonate de piano de Mozart en *la mineur* est le seul morceau important de l'ancienne école dans ce ton. Il n'y a pas un morceau en *la mineur* dans *Don Juan, un seul* dans *Figaro*. Ce ton, le plus imparfait à cause de l'imperfection de ses relations harmoniques, acoustiquement parlant, a été employé par Mendelssohn dans le style de la symphonie. Beethoven traita dans sa septième symphonie le *la majeur* à l'estompe et fit passer l'ancien galant par un bain de douche dans le finale de cette immortelle conception. Le *mi majeur* lui sourit peu. Dans l'orchestre il ne s'adressa qu'une fois à ce ton (ouverture de *Fidélio*). Le couple débauché de don Juan et de Léporello défie en *mi majeur* la statue du commandeur. Par le contraste de la situation dans le cimetière, cette tonalité y fait dresser les cheveux. Comme Mozart (*in diesen heil'gen Hallen*), comme Bach qui réserva le *mi majeur* à ses plus saintes extases, Beethoven exprima dans ce ton des sujets contraires à son caractère brillant mais vulgaire. Quatre adagios séraphiques de Beethoven sont en *mi majeur* (trio de piano en *sol* op. 1, trio en *sol* pour instruments à cordes op. 9, quatuor en *mi mineur,* concerto de piano en *ut mineur,* comparez l'air de Fidélio : *Komm', Hoffnung*). Beethoven avait été bien conseillé par son génie en écrivant pour son opéra trois ouvertures en *ut*. Ces belles conceptions furent cependant trop au-dessus de l'intelligence des contemporains pour qu'il ne fût obligé, en désespoir de cause, d'enlever pour ainsi dire leurs suffrages par un morceau brillant, par une quatrième ouverture (*mi majeur*) qui est un quatrième chef-d'œuvre, mais qui n'est plus l'abîme de l'ouverture en *ut* avec le grand trait des violons dans la péroraison, œuvre qui le dispute à l'*Inferno du Dante,* la plus grandiose ouverture peut-être écrite pour le théâtre.

On rencontre le ton de *mi majeur* quatre fois dans trente-deux sonates de piano (op. 14, 90, 109, adagio de la sonate en *ut* op. 2, dans les *Lieder* op. 82, 83, dans l'adagio de la sonate pour piano et violoncelle en *la majeur,* comme transition dans le scherzo du trio de piano op. 97). Beethoven ne traita qu'une seule fois le *mi mineur* (quatuor op. 59), mais on peut dire que ce fut pour tout le monde. (V. encore l'allegro de la sonate de piano, op. 90.)

Beethoven n'aurait point écrit une symphonie en *sol,* c'est une de ces choses qu'on sent sans pouvoir trop les prouver. Il était trop fort pour que le tour de son esprit allât au *sol,* et dans les symphonies il lui importait d'être fort. Nous rencontrerons deux sonates de piano en *sol* dont la première (op. 14) est une délicieuse bluette, dont la seconde op. 31) est surtout remarquable par le grand adagio en *ut.* Les deux sonates faciles et la sonatine en *sol* (op. 49, 79) n'entrent pas en ligne de compte. Il y a un seul quatuor de Beethoven en *sol,* l'adagio en *ut* est le morceau saillant de cette composition de la première manière. Les deux sonates pour piano et violon en *sol* op. 30, 96) sont du plus grand style, la sonate op. 50 respire une pastorale allégresse; le second morceau dans les deux sonates est en *mi bémol,* les rondos modulent en *si majeur* (comparez la marche triomphale en *sol* du *Roi Etienne*); c'est déjà beaucoup pour Beethoven qu'on ne devine jamais. Il y a trois exemples de *sol mineur* dans tout l'œuvre de Beethoven (scherzo de la sonate pour piano et violon, op. 96, avec un épisode en *mi bémol,* andante de la sonatine, op. 79, avec un épisode en *mi bémol,* le premier morceau de la sonate facile, op. 49, également avec un court séjour en *mi bémol*). Mozart exprima en *sol mineur* une symphonie du plus grand style, un des plus beaux quintettes pour instruments à cordes qu'on possède et un quatuor pour piano, violon, alto et violoncelle.

On a encore de Beethoven, en *sol majeur,* un trio de piano, op. 1, et un trio pour instruments à cordes, op. 9, tous deux de la première manière ;l'adagio dans les deux trios est en *mi majeur.* Le motif du premier finale de la *Somnambule* rappelle un peu l'adagio du trio, op. 9. Le rondo pour piano en *sol* n° 2, seconde section) et le rondo capricioso posthume op. 129) présentent encore tous deux un épisode en *mi majeur;* le premier allegro du grand trio de piano en *si bémol* un épisode en *sol.* La transition en *si bémol* dans le finale du trio en *sol,* op. 9, regardée par les contemporains comme une monstruosité, est aujourd'hui une délicieuse surprise.

Une importante composition en *sol* est le quatrième concerto de piano, qu'on entend rarement, parce qu'il lui faut un pianiste qui sache sacrifier son individu à l'effet produit par le morceau. Les quelques mesures en *mi mineur* du concerto (andante con moto) sont autant de perles formant une espèce d'intermezzo préparant délicieusement le rondo en *sol* et qui débute en plein *ut,* comme le finale du quatuor en *mi mineur* et le rondo en *sol* de la sonate pour piano et violoncelle, op. 5. Ce rondo est comme un *Trinklied* trinqué entre le piano et l'orchestre. On a imité la bachique rudesse et la structure des tutti; les passages de l'allegro du concerto se retrouvent en quelque sorte dans les concertos de Hummel, ils sont le point de départ de la *bravoure* du piano moderne, bien qu'ils soient moins brillants que les passages de Hummel qui font valoir davantage le pianiste. Le *Benedictus* de la messe en *ré* et le larghetto du concerto de violon sont en *sol.* Le larghetto respire la suave poésie des Géorgiques de Virgile, les félicités champêtres, *felix Campania!*

Il n'y a point de paroles pour décrire ce tableau :

Formosam resonare doces Amaryllida sylvas !

Dans ce concerto, qui est pour le violon ce que les concertos de piano de Beethoven sont pour le piano, un poème commençant dès la première note du tutti, l'instrument concertant n'est point le fanfaron jongleur de nos concerts, il se contente d'être le *primus inter pares* des instruments de l'orchestre dont le timbalier parle le premier (quatre *ré solo* résonnant *pp* sur tous les temps de la mesure de 4/4). Ces *ré* qui monteront d'un demi-ton sont déjà tout l'allegro dont le premier tutti remplit d'abord de ce respect qu'on ressent involontairement en voyant l'étincelle divine éclairer le génie de l'homme. L'expression recueillie des instruments à vent, qui dès la seconde mesure répondent au frémissement de la timbale, en fait un morceau dans le style de l'église : c'est l'orchestre allant à la messe. Ce concerto résout le difficile problème de donner à l'instrument concertant une occasion de se montrer sans l'isoler de l'intérêt inspiré par l'ensemble du morceau. Le fils aîné de l'orchestre, le violon, en est le héros, mais seulement parce que ses cadets l'ont chargé de prendre la parole. Ils l'entourent de leurs soins, l'encouragent de leurs sourires, l'interrompent par plaisir de l'entendre. Ce concerto commence par être de la musique avant d'être un concerto, il fait époque dans l'histoire de la musique concertante. Nous en avons parlé avec détail dans un livre anonyme : *Aus dem Tagebuch eines Livlaenders.* (Wien, bei Gerold.)

On a trouvé à redire au rondo, on a prétendu que le motif en appartenait au violoniste *Klement* pour lequel Beethoven écrivit le concerto. Cette opinion n'a rien de probable. Il n'était assurément pas dans la nature de Beethoven d'admettre la pensée d'autrui dans une de ses œuvres. Les rondos des deux premiers concertos de piano montrent d'ailleurs une analogie dans l'expression avec le motif du rondo. La manière supérieure d'ailleurs dont le rondo est traité à l'orchestre en fait un morceau d'une grand animation.

Deux symphonies sont en *fa majeur;* l'une est la symphonie pastorale, c'est tout dire. On a deux quatuors en *fa majeur* dont l'un (op. 59) du plus grand style, une sonate pour piano et violon (op. 24), une pour piano et cor (op. 17), deux sonates seulement pour piano seul (op.

10, 54), un sextuor sans intérêt pour instruments à vent (op. 51).

Beethoven écrivit en *si bémol :* la quatrième symphonie, deux quatuors dont le second, dans le style de la troisième manière (op. 130), semble raconter quelque rêve apocalyptique, un charmant trio pour piano, clarinette et violoncelle, le grand trio pour piano, violon et violoncelle (op. 97) deux sonates pour piano seul (op. 22, op. 106). La description du trio (op. 97), qu'on devrait appeler tout court le *grand,* une analyse de ce *monumentum œre perennius* ne peut être que l'objet d'une monographie qui aurait besoin d'être le fruit d'une existence des plus remplies et des plus hautes capacités en tous genres.

Beethoven écrivit en *ré majeur* la seconde symphonie, un beau quatuor (troisième) de sa première manière, un trio pour instrument à cordes op. 9), un trio de piano (op. 70) de sa plus grande manière, une sonate pour piano et violon (op. 12) de la première et une pour piano et violoncelle (ou violon) (op. 102) de la troisième manière. Cette dernière compte peu de sympathies; l'adagio toutefois est d'une sombre mais remarquable beauté, d'une puissance d'invention extraordinaire. Voilà bien la forêt de Norma et le sacrifice druidique, les caramelles Bellini près. Le finale-fugue de la sonate est injouable, c'est un épouvantail; jamais la fugue ne réussit moins à personne.

Deux sonates de piano seulement sont en *ré majeur* (op. 10, op. 28), une en *ré mineur* (op. 13); trois morceaux remarquables, dont deux appartiennent à des pièces en *ré majeur* (comp. le quatuor en *ré majeur,* op. 18); sont encore en *ré mineur,* le passionné adagio du premier quatuor (*fa majeur*), le largo de la sonate de piano op. 10) et le largo 2/4 du trio de piano (op. 70), qui est sans exemple en musique. Weber puisa évidemment à cette source l'élément infernal du *Freischütz.* On trouve de ces abîmes entre deux riantes campagnes, dans les pays de montagnes (*Via mala*). Les deux plus importants ouvrages dans le style de la troisième et dernière métamorphose du génie de Beethoven sont en *ré mineur* et *majeur* (symphonie avec chœurs, seconde messe). Le jour viendra où ces grandes conceptions aux proportions les plus inusitées, seront plus généralement appréciées.

Les deux sérénades (op. 8, op. 25) sont en *ré majeur*, l'une pour violon, alto et violoncelle que la célèbre Thérèse Milanello affectionnait de jouer en public, l'autre pour violon, alto et flûte. Ces pièces présentent entre autres deux thèmes originaux ingénument variés dont on prendrait le motif en *sol* pour un enfant de Haydn, le motif en *ré* pour un enfant de Mozart. A ce titre, l'on ne saurait en recommander assez l'étude rendue facile par l'arrangement pour piano à quatre mains publié par Cranz. A l'exception des thèmes variés et de quelques traces évidentes de génie, ces sérénades sont au nombre de ce qu'il y a de plus faible de la première manière de Beethoven, de moins original, de plus ostensiblement imité. On prêterait volontiers une harpe ébréchée à l'intrada de la sérénade (op. 8) qui commence et clôt la pièce avec un rococo invraisemblable dans une composition infime de Beethoven. Cela dut s'exécuter en plein air dans le jardinet de quelque guinguette allemande, un dimanche qu'on y jouait aux quilles.

Plus qu'un mot sur la seconde symphonie (*ré majeur*). A sa vigueur, à la franchise de son allure, au rythme émancipé de son scherzo, elle fait pressentir les colosses qui suivirent. Quand Beethoven rêva le rêve doré du larghetto (*la majeur*), le doute lui était inconnu il n'était point encore meurtri par le contact de la vie, il ne combattait point, il se laissait vivre. Il y a comme le parfum d'un premier amour dans ce larghetto.

Nous adressons le lecteur, pour plus de détails sur les tonalités employées par Beethoven, au Catalogue.

Une analyse de la manière dont Beethoven comprit l'harmonie ne pourrait être que l'objet d'une étude spéciale et ne pourrait entrer dans le cadre limité de cet essai. Nous nous bornerons à dire que Beethoven fut grand dans l'emploi des *moyens,* comme il fut grand dans les desseins auxquels ils servirent. Beethoven reconnut dans la partie technique de son art un alphabet propre à exprimer ce qu'il est donné à l'homme de pénétrer de la vie, de la nature, du cosmos qui l'entoure.

Un livre qui traiterait de la science de Beethoven aurait à distinguer en lui l'harmoniste, le contre-pointiste, l'instrumentiste, à faire valoir l'auteur auquel le style rythmique doit sans contredit le plus. Les exemples suivants, choisis au hasard, suffiront à montrer le parti qu'un livre théorique pourrait espérer retirer de cette mine féconde en enseignements, en acquisitions de toutes sortes pour la tête et le cœur. Tout le monde connaît le finale du trio de piano en *si bémol,* op. 97. Après avoir épuisé sur le motif présenté d'abord en *mi bémol,* jusqu'à l'arrière-ban de l'appareil rythmique et mélodique, Beethoven lui trouve un côté nouveau en harmonie et le précipite dans un presto 6/8 en *la majeur.* Ce n'est point pour formuler une transition assez inattendue, mais pour déployer son motif sous d'autres conditions harmoniques avant de l'abandonner à un coda tout chargé d'électricité et qui en aura raison.

C'est l'idée qui est tout pour Beethoven, le travail vient en second ordre, le travail est au service de l'idée, un moyen de la faire triompher une fois de plus. Aux prescriptions de la grammaire, aux formes, Beethoven insufflera la vie; l'étincelle électrique animera le cadavre, les moyens deviendront eux-mêmes des individualités, une marche de l'harmonie revêtira une personnalité, elle sera une idée, la vie. Dans Beethoven, tout procède de l'idée première, tout retourne à cette idée; ce qu'il lui faut, c'est que son motif triomphe, cette goutte qui chez lui creuse la pierre. Il l'a dit lui-même : « Du foyer de l'enthousiasme je laisse échapper la mélodie, haletant je la poursuis, je la rejoins; elle s'envole de nouveau, elle disparait, elle plonge dans une foule d'émotions diverses, je l'atteins encore; plein d'un ravissement fougueux, je la saisis avec délire; rien ne saurait plus m'en séparer, je la multiplie dans toutes les modulations, et au dernier moment je triomphe enfin de ma première idée musicale. *C'est là la symphonie.* Oui, la musique est le lien qui unit la vie de l'esprit à la vie des sens, la mélodie est la vie sensible de la poésie ». (Paroles de Beethoven rapportées par *Bettina,* p. 85).

Les motifs de Beethoven renferment déjà en germe les combinaisons rythmiques, harmoniques et mélodiques qui s'ensuivront. Le motif du premier allegro de la symphonie pastorale est un exemple remarquable de cette épreuve du feu d'un motif. Ce motif se compose de quatre mesures dont chacune, prise par l'auteur à part, isolée de son ensemble mélodique, deviendra un motif à son tour, à savoir la première mesure du motif à la 54e mesure de l'allegro, la seconde à la treizième de la seconde partie, la troisième et la quatrième à la 55e. Beethoven terminera son tableau, comme il l'avait commencé, par les quatre mesures réunies; autant de points de vue de sa riante campagne. On détaillerait ainsi l'allegro de la troisième, quatrième et neuvième symphonie. La symphonie en *la* nous fournirait un autre exemple de la portée du travail de Beethoven. Le premier allegro procède d'une figure rythmique formulée par une seule note vingt-quatre fois répétée avant l'entrée du motif. C'est de cette figure que le morceau recevra son caractère. A la 62e mesure de la seconde partie, cette note isolée se doublera d'une seconde mineure. Au choc des basses contre ce nœud noué par les instruments à vent, c'est la souris qui accouchera de la montagne, au rebours du proverbe; la note intérieure (*la*) se ruera sur la note haute (*si bémol*) et se confondra avec elle; le second choc l'en séparera, mais rien que pour la pousser d'un pas en avant, et ainsi de secondes en unissons, d'unissons en secondes, quand on attendrait que la note inférieure accouplée descendît à la tierce au lieu de monter. Cette progression qui parut aux professeurs une raison suffisante pour la mettre à l'index de leurs conservatoires (V. op. 92) a la force d'un coin qu'on dirait à chaque coup s'avancer d'un pouce de plus vers le cœur du motif à travers l'obstacle qui l'en sépare. Dans les profondeurs de ces basses qui voudraient sauter à la gorge du motif, dans ce fouillis du travail le plus ardu, brille la lumière vivifiante de la pensée, de l'idée, de la vie. On ne tarirait pas à compter les richesses de la science de Beethoven se métamorphosant en poésie entre ses mains. Cette science est tout infuse et Beethoven n'a si bien fait que parce qu'il était génie et non point parce qu'il était un savant musicien. Le génie devine la grammaire et la change au besoin, il ne s'en souvient jamais, l'eût-il apprise. De là les oublis et autres peccadilles qui, dans un tel homme, ont encore de quoi intéresser. Voyez les progressions de quintes dans la quatrième variation du cinquième quatuor (2e et 3e mesure, parties du violoncelle et du second violon, *la-mi, fa dièse-ut dièse*) dans l'andante de la sonate de piano en *fa mineur,* op. 57 (sixième mesure), réjouissez-vous une bonne fois d'une *septième qui monte* (dernier quatuor 50e—53e mesures de l'allegro, partie du violoncelle). Les exigences didactiques pesaient peu à Beethoven, témoin le *si dièse* vingt-quatre fois répété dans les violoncelles, qui n'ont pas le *si,* tandis que dans la partie de l'alto, le *si dièse* est écrit *ut : premier allegro de la symphonie en la.* Dans l'adagio du quatuor en *ut dièse mineur,* il y a *si dièse* dans la partie de l'alto et *si dièse* dans la partie du violoncelle. La 55e mesure de l'adagio du quatuor en *la mineur* (*Canzona di ringraziamento*) montre une progression d'un magnifique effet dans laquelle une neuvième monte pourtant d'une tierce (*si, ré*), n'est point traitée en dissonance, mais usurpe avec avantage l'allure indépendante d'une consonnance. Gerber dit avec raison qu'après Bach et Haydn le nouveau en harmonie n'était plus possible. Une octave que nous appellerons deux fois diminuée, écrite par Beethoven, est cependant une chose nouvelle (157e mesure du finale du quatuor en *la* mineur; le violoncelle a *si dièse,* l'alto *si bémol*). Ces quelques exemples des franchises beethovéniennes dans le droit harmonique *strict* pâlissent devant l'énigme posée dans l'allegro de la symphonie avec chœurs (quatrième mesure après le second ritardando de la seconde partie) où l'on rencontre l'accord de quarte septième, neuvième dans le quatuor et l'accord de quarte sixte dans les flûtes et hautbois, cumul qu'on a taxé de faute de copiste, que les chefs d'orchestre, en Allemagne, ont plus d'une fois accommodé à leur usage. La figure intermédiaire des clarinettes et des bassons rapproche cependant les disparates, leurs flots harmonieux émoussent en quelque sorte le tranchant de ce glaive. On ne saurait admettre l'hypothèse d'une inadvertance dans un ouvrage de cette valeur, le dernier mot du style symphonique du grand maître, l'apothéose de l'idée de la symphonie dans la marche de l'esprit humain fournie jusqu'à ce jour. On appliquerait à cette énormité en harmonie le mot de Gœthe au sujet de la seconde partie de son *Faust* : « J'y ai tant accumulé de mystères que les générations à venir seront encore occupées à les déchiffrer ».

Nous aurions atteint notre but si ces quelques vagues indications pouvaient engager quelque esprit distingué à traiter dans un ouvrage spécial ce qu'on appellerait les selves harmoniques de Beethoven.

Aimez-vous les travaux d'Hercule? — ouvrez le finale de la symphonie en *la* (78e mesure avant la fin) — vous verrez 39 mesures de point d'orgue sur le *mi* des contrebasses, élevées aux plus sublimes expressions rythmiques et mélodiques dans les parties. Quels abîmes d'harmonie que l'introduction du quatuor op. 74, du quatuor en *ut* avec la fugue! — quelle magie dans la reprise du motif, dans la seconde partie de l'allegro du troisième quatuor! Un savant travail vient de vous conduire en plein *ut dièse majeur;* le violoncelle et l'alto tiennent encore l'*ut dièse* à vide que le *la* naturel du motif vient déjà s'y mêler. Cette entrée est cependant toute dans les conditions du motif, l'*ut dièse* étant la sensible de *ré majeur;* mais le génie seul s'avise de ces choses; c'est l'œuf de Colomb.

On rencontre la même harmonie à la rentrée du motif dans la seconde partie de l'allegro de la seconde symphonie.

Beethoven est le créateur d'un style rythmique nouveau. Il faudrait un volume pour conter ses victoires sur ce terrain. L'instrumentation de Beethoven créa aussi bien un monde nouveau à l'orchestre — il y sait et peut tout. Il n'y eut pas jusqu'à la petite flûte (marche turque des *Ruines d'Athènes,* finale de la symphonie en *ut mineur,* ouverture d'*Egmont*) *à* laquelle il ne marquât sa place dans l'histoire.

On en dirait autant des autres instruments dont il n'y a pas un qui n'ait gardé une trace profonde de la main du souverain maître de l'orchestre. Nous ne dirons qu'un mot de la timbale pour renouer ainsi les extrémités de l'orchestre que personne ne sut *remplir* ainsi, comme l'a si bien dit M. Fétis. La timbale ne dépassait pas la quinte; Beethoven lui donna l'octave (huitième symphonie, finale; neuvième symphonie, scherzo). A peine la timbale semblait-elle renfermer un élément musical : elle se contentait de renforcer les tutti. Beethoven a fait de la timbale une individualité de l'orchestre (concerto de piano en *ut mineur,* fin de l'allegro; (concerto de piano en *mi bémol,* fin du rondo; adagio de la quatrième symphonie; ouverture en *mi majeur* de *Fidélio* où la timbale dit une fois le motif, marche de *Fidélio* bâtie sur deux notes de la timbale, *fa, si bémol;* orage de la symphonie pastorale; allegro du concerto de violon, introduction du second acte de *Fidélio fa mineur,* où la timbale est accordée en quinte diminuée; *la naturel, mi bémol*).

Les saxhorns et les saxophones (soprano, ténor, alto, basse et contre-basse), toutes ces recherches et inventions mécaniques de nos jours, bien que couronnées de succès (V. les *Débats* du 27 novembre 1851), me paraissent plutôt être autant de symptômes de la décadence des temps qu'un progrès obtenu dans l'instrumentation. On multiplia en tout temps les moyens quand le but devenait plus difficile à atteindre. Il en est comme de l'argent. Plus il augmente, plus sa valeur intrinsèque diminue.

Faisons de ces indications choisies au hasard quelques applications à l'usage de l'amateur. Il y a des personnes qui croient qu'il suffit de se conformer aux règles dans ce qu'elles appellent leurs compositions pour *produire* : c'est comme un chasseur qui croirait avoir fait bonne chasse pour avoir régulièrement chargé son fusil. On peut rire des harmonistes qui, à propos des génies de la pensée musicale, prêchent de mettre la bourre après la poudre. Quiconque ne reçut point le rayon de grâce de l'invention, ne produira rien dans les arts, fût-il, sous le rapport du savoir, un Pic de la Mirandole, et le directeur d'un conservatoire.

Castil Blaze corrigea Gluck, accommoda le *Freischütz* et finit par composer l'opéra *Pigeon vole ou Flûte et poignard,* lequel pigeon ne vola pas jusqu'à la fin de sa première représentation à Paris. Le récit de la mort de cet oiseau — *avis rara* — dans le *Voyage musical* de M. Berlioz, t. Ier, p. 138, est une des plus réjouissantes lectures qu'il soit possible de faire. M. Fétis a cru devoir corriger Beethoven. L'entrée du cor en *ut* sur une pédale de *fa* (huitième mesure du finale de la symphonie pastorale) révolte le directeur du conservatoire de Bruxelles (p. 124 du *Traité d'harmonie*). Proposant très sérieusement *une,* voire deux corrections qui font d'une idée poétique une chose vulgaire, M. Fétis a la modestie de dire : que *ménagée ainsi,* l'entrée du cor eût été *excellente.* L'idée de Beethoven est comme un accident de terrain dans ce tableau de la vie champêtre. M. Fétis aime mieux la rase campagne; chacun son goût, nous trouvons d'ailleurs naturel que la manière de composer de Beethoven différât de celle de M. Fétis.

L'orage vient de cesser, un hymne de reconnaissance lui succède comme l'arc-en-ciel suit la rafale. Ce joyeux tumulte de toutes les voix de la campagne qui s'entrecroisent est rendu par le passager cumul des tonalités d'*ut* et de *fa* où le *sol* est une dissonance de neuvième retardant la dixième (la tierce à l'octave supérieure) dans l'accord parfait, dissonance préparée d'ailleurs par la quinte du ton d'*ut*. En répétant cette anticipation de l'harmonie trois fois dans le morceau, Beethoven avait sans doute son idée et savait ce qu'il faisait.

Comment ! lors même que la pluie est tombée, que l'orage a grondé au-dessus de vos têtes; comment! trempé jusqu'aux os, vous avez encore le courage de parler pédales, et vous emportez avec vous le spectre de votre classe ?

Le sérieux avec lequel M. Fétis fait place à Beethoven sur la banquette de son conservatoire, est on ne peut plus réjouissant. On n'est pas Newton pour savoir son arithmétique. M. Fétis dit dans la préface de son *Traité d'harmonie* qu'à neuf ans déjà, il était harmoniste d'instinct. Cet instinct le sert peu quand il qualifie de phrase *malencontreuse* qui *gâte* une des plus belles conceptions de Beethoven (p. 49 du *Traité*) l'*aparté* de la flûte, du hautbois et de la clarinette dans l'andante de la symphonie en *ut mineur*. En nous faisant de ces confidences, M. Fétis nous paraît être en contradiction manifeste avec ce qu'il appelle dans la préface de son *Traité* la nature *sérieuse* de son esprit. Qu'un harmoniste soit préoccupé d'exemples d'écritures à l'usage de ses élèves, rien de plus naturel; mais extirper des œuvres du génie un passage en l'isolant de son ensemble, revient au puéril plaisir que prendrait un anatomiste à arracher un nerf pour le montrer entre une pincette sur une feuille de papier blanc. On peut s'étonner après cela que M. Fétis ait négligé de corriger l'entrée du cor dans la seconde partie du premier allegro de la symphonie héroïque et le long cumul de la tonique avec la dominante à la fin du scherzo de la symphonie en *ut mineur*, ingénieux artifice qui, en massant les matières combustibles, prépare l'immense explosion du finale (comparez l'ouverture de *Fidélio* en *mi majeur* deux mesures avant la rentrée du motif, p. 24 de la partition, édition Breitkopf). L'effet en est tel que le procédé peut se passer de démonstration. Il n'en est pas ainsi de la fameuse entrée du cor dans la symphonie héroïque qu'on corrigea à Paris, le petit bonheur de tous ceux qui, ne pouvant s'élever aux hauteurs où plane le génie, aiment à en médire terre à terre. Voici le *corpus delicti* de ces criminalistes. Les premiers et les seconds violons font entendre seuls un trémolo composé des deux notes *si bémol, la bémol,* fraction de la septième sur la dominante de *mi bémol.* Un cor qui a l'air d'entrer deux mesures trop tôt vient y mêler le motif de l'allegro (*mi, sol, mi si*). Qu'on juge de l'effet de l'accord de la tonique et de l'accord de la dominante entendus à la fois! effet d'autant plus extraordinaire que le cor prime le tremolo et qu'on ne s'explique plus lequel des trois a tort, parce que tous les trois ont raison et bien raison. Le *sol* du cor qui vient heurter le *la bémol* (2e mesure) choque, nous dirons, effraye l'oreille. L'intention de cette entrée jugée prématurée par l'ouïe est marquée au coin du génie. C'est quelque lointain écho du motif de l'allegro qui vient flotter là, éperdu — *in gurgite vasto.* Ces choses sont le sourire de la chimère du poète, sourire déplacé sur toute autre bouche et dont il est absurde d'exiger qu'il doive se laisser conserver dans l'esprit-de-vin, dans un bocal à l'usage des conservatoires. Cela ne s'imite pas et ne doit point s'imiter; cela se trouve ou ne se trouve pas sous la plume du génie. Ries raconte (p. 79) qu'en assistant à la première répétition de la symphonie héroïque à côté de Beethoven, il manqua en recevoir un soufflet pour s'être involontairement écrié : Le cor s'est trompé.

Nous avons fait cette digression pour indiquer le rôle secondaire que la dialectique musicale joue une fois qu'on préfère l'esprit à la forme, la pensée au chiffre, quoique Leibnitz qui, comme beaucoup de grands hommes, comme Napoléon, n'entendait goutte à la musique, en fasse l'arithmétique de l'âme : « musica est exercitium *arithmeticæ* occultum nescientis *se* numerare *animi* ». (Epistolæ, cap.

VI). Le génie n'exclut pas le savoir, mais le savoir n'implique point le génie. Beethoven avait du savoir, quoique certes le génie l'emportât en lui. On le présenta, en 1786, à Mozart, jeune encore (il avait seize ans) déjà célèbre par ses improvisations. Les grands artistes oublient souvent de se mettre au niveau des personnes qui n'ont pas encore touché aussi haut qu'eux. Le *quisquis prœsumitur bonus* devait être inconnu à Mozart, car l'homme qui a passé par tous les degrés de la vie avant d'en atteindre le sommet, ignore généralement ce sentiment généreux, naturel seulement aux personnes qui n'ont qu'à naître pour être quelque chose dans le monde. Mozart ne croyait pas aux improvisations du jeune Beethoven; il lui proposa un motif de fugue chromatique qui renfermait le contre-sujet d'une double fugue, tout en traitant le jeune homme un peu en bagatelle. Quel ne dut pas être le dépit de Beethoven qui déjà pouvait sentir se remuer en lui la symphonie en *ut mineur!* Le génie seul a le droit de se fâcher, le talent doit se dire : j'attendrai. Aussi le génie comprend-il avec la rapidité de la foudre. Beethoven pénétra le piège, renversa le motif et en fit une double fugue en règle. Mozart dit alors aux musiciens qui l'entouraient : « Vous entendrez parler de ce garçon, vous autres! » Nous tenons ce récit du vénérable abbé Stadler, témoin oculaire de l'entrevue de ces deux incomparables génies. Si Mozart avait connu le style de la seconde manière de Beethoven, il fût resté peut-être longtemps incrédule, mais son esprit supérieur n'eût pas manqué de reconnaître un aigle dont le vol atteignit à de plus hautes cimes que lui en musique instrumentale. Mozart finissait une ère, Beethoven en commençait, impatient et à lui seul, une autre.

On peut avancer, pour dire un mot de plus des tonalités, que Beethoven ne néglige point le ton relatif le plus proche, mais qu'il s'en affranchit tout aussi volontiers. L'adagio du concerto de piano en *ut mineur,* de la sonate en *ut majeur* (op. 2) *est en mi majeur;* l'adagio du concerto en *mi bémol* est en *si majeur;* l'adagio de la sonate en *mi bémol* (op. 7) en *ut majeur;* l'adagio de la fantaisie pour piano, orchestre et chœurs, en *ut,* est en *la;* l'adagio de la sonate en *si bémol* (op. 106), en *fa dièse mineur.* Le second morceau du quatuor en *fa mineur* est en *ré majeur,* l'adagio de la sonate pour piano et violon, op. 12 (*mi bémol*) est en *ut majeur.* L'adagio d'un très beau quatuor de Haydn en *mi bémol* est en *si majeur* (fantasia); l'adagio d'un quatuor en *ré* en *fa dièse majeur;* un quatuor de Haydn, *un seul,* en *sol mineur,* présente un adagio en *mi majeur;* enfin l'adagio d'une sonate de piano en *mi bémol* de Haydn est en *mi majeur.* Le spectre de ces deux dernières infractions des relations tonales dut effrayer le bon Haydn jusque dans sa tombe. M. Scudo dit: « Haydn ne s'écarte jamais beaucoup du ton principal ; il fait de petites excursions dans tous les tons les plus voisins et revient vite au bercail, tout joyeux et tout fier d'avoir osé faire un si long voyage ».

On trouva après la mort de Beethoven, dans ses papiers, des notices autographes sur sa manière d'envisager l'harmonie. Le chevalier Seyfried les a publiées avec une notice biographique sur Beethoven peu exacte, où l'on lit entre autres : Le chef-d'œuvre de Mozart semblait être à Beethoven la *Flûte magique,* parce que là Mozart s'était montré vraiment compositeur *allemand,* tandis que *Don Juan rappelait* trop la manière italienne; Beethoven *d'ailleurs* ne concevait pas qu'on *rabaissât la sainteté de l'art au scandale d'un pareil sujet.* M. Fétis a traduit en français cet ouvrage (*Etudes de Beethoven*), dont il vient de paraître une nouvelle édition à Leipzig (1851). Nous croyons que l'auteur de *Fidélio* n'eût pas été fâché d'avoir commis le scandale de *Don Juan.* M. Fétis, répétant en français l'assertion de Seyfried, qui n'est pas exacte (*de Wegeler, supplément,* 1845, p. 16), nous fait l'effet d'un ingénieur se promenant avec une aune patentée sous les merveilles de Luxor : « Ne vous gênez donc pas, cher Tom Pouce, restez près de nous, s'il vous plaît, prenez quelque chose, faites-nous donc le plaisir de dire quelque chose ». (*Hoffmann*). La vérité au sujet du mot de Beethoven est qu'il dit à Rellstab : « Je ne pourrais composer des opéras comme *Don Juan* et *Figaro,* j'ai le dégoût de ces genres de sujets; » ce qui n'impliquait aucun blâme de Mozart. Rellstab comprit en homme d'esprit l'idée de Beethoven et reconnut la différence capitale qui distingue son génie du génie de Mozart. Rellstab s'exprima ainsi à ce sujet (*Weltgegenden,* Bd 3) : « Beethoven aime surtout à s'élever au-dessus des sens; Mozart est surtout grand quand il plonge en plein milieu de la vie sensuelle, dans les folies et les passions du cœur des hommes ». On voit que Seyfried est un *testis ex auditu* dont le témoignage est récusé. Madame d'Abrantès (*Mémoires, p.* 29), qui ne brille pas par la critique en matière d'histoire, est venue broder à son tour la charmante filigrane que voici sur le mot de Beethoven qui était sans doute moins sa conviction intime qu'un de ces avis énoncés à un visiteur sous l'impression du moment. Madame d'Abrantès dit « Beethoven n'aimait pas Mozart. Voilà ce que je ne puis lui pardonner. C'est une faute! C'en est une, selon moi, parce qu'elle annonce un manque de goût. La raison pour laquelle il condamnait *Don Juan* était une véritable bouffonnerie. Il prétendait que Mozart ne devait pas prostituer son talent (c'est son mot) sur un sujet si scandaleux ». De tous les compositeurs, Beethoven estimait Hændel, Mozart et Sébastien Bach le plus. Le témoignage de Ries à cet égard est irrécusable. Ries dit (p. 34) : « Si je le trouvais avec de la musique en main, je pouvais être sûr qu'elle était la composition d'un de ces trois coryphées ». Nous laissons là cette controverse qui accuse *Beethoven* de n'avoir pas compris le premier opéra du monde. M. Fétis a encore corrigé Mozart, dûment, magistralement corrigé, et il est loué par un biographe de Mozart, par M. Oulibischeff (vol. 2, p. 255). Dans l'introduction du quatuor de Mozart en *ut* (adagio 3/4, 22 mesures), M. Fétis veut que le *la* naturel de la seconde mesure et le *sol* de la sixième soient attaqués sur le troisième temps, au lieu de l'être sur le second, lequel mignon changement ferait disparaître la fausse relation, rendrait le dessin de l'imitation plus correct et produirait une harmonie *très agréable,* dit M. Oulibischeff. S'il est ingénieux au premier chef d'avoir reconnu une *erreur* dans une intention évidente du plus grand génie mélodique, harmonique et contrepointiste du monde, la corection proposée a le mérite de cacher une monstrueuse naïveté sous les traits d'une assez grande modestie, de la modestie d'une *noire.* Avancer une entrée d'une noire, ce n'est point demander trop, dirait-on; on irait cependant loin avec ce système qu'on prendrait pour la variante de ce mot de vaudeville : « J'ai été marié, il est vrai, mais si peu, si peu! »

Etre Mozart et avoir eu la coupable idée de se moquer des conservatoires, d'enchâsser un rubis entre des relations prétendues fausses? J'ai joué, ajoute M. Oulibischeff, et je jouaierai toujours l'introduction ainsi *corrigée, désormais* admirable et sublime du commencement jusqu'à la fin, *grâce à l'heureuse correction de M. Fétis.* La manière de M. Oulibischeff de jouer Mozart est un *argumentum ad hominem* inadmissible. Le premier violoniste du monde parlerait ainsi qu'il n'aurait pas raison contre Mozart. Des procédés pareils de correction ressemblent à une grosse main calleuse qui se promènerait sur les ailes d'un colibri pour en utiliser les couleurs en fresques sur les murs d'un conservatoire. La *Gazette musicale universelle* de Leipzig elle-même s'émut de ce que M. Fétis eût pris la peine de corriger Mozart en harmonie, elle se mit à prouver par *a plus b* qu'il avait tort pour le fond et peu raison dans la correction proposée que Perne et Leduc avaient déjà jugée (*Allg. mus. Zeit.,* 1831, p. 493). Haydn, qui se connaissait peut-être ausi bien en harmonie que M. Fétis, Haydn interrogé avait répondu : « Si Mozart a écrit cela, il avait ses bonnes raisons ». L'article de la gazette conclut : « Il est probable que Mozart lui-même était flatté en secret de la beauté réelle, du sens profond de ce passage ». Hippocrate dit oui, Galien dit non. Aussi la question n'est-elle pas là, et faut-il seulement espérer que M. Fétis vive assez pour reconnaître que le directeur d'un conservatoire, eût-il cent fois raison contre les maîtres, aura toujours à gagner à se taire, parce qu'on a mauvaise grâce en morigénant le génie et qu'on abdique à ce jeu l'artiste pour la blouse de l'ouvrier en intervalles. M. Fétis serait le plus fort harmoniste des deux hémisphères qu'on ne lui poserait pas avec moins d'avantage cette question : « Y aurait-il seulement des Fétis sans les génies qu'ils enseignent et qu'ils devraient assez respecter pour n'en point faire posthumément leurs élèves? » Le docteur ès-musique ne devrait pas perdre de vue ce pasage remarquable de profondeur de la célèbre Bettina (*Gœthe et Bettina,* traduction de Séb. Albin, Paris, 1843, p. 156) : « Le désordre que la partie *magique* de l'art cause toujours chez les bourgeois est arrivé à son comble ». Zelter (le Fétis du temps; il y en a toujours un), Zelter ne laisse passer la douane qu'à ce qu'il comprend, et pourtant la véritable musique ne commence que là où le raisonnement s'arrête. Comment ces esprits de traverse éternellement destructeurs avec toutes leurs bonnes intentions, qui exigent la compréhension dans l'art, ne voient-ils pas qu'ils dégradent l'essence sublime du langage divin en voulant lui faire exprimer ce qu'ils comprennent, c'est-à-dire des choses communes? Que jamais ils n'ont eu de révélation, puisqu'ils n'ont jamais eu à faire avec ses envoyés, l'inspiration et l'imagination? Que l'homme inspiré est tout autre! Plein d'une confiance secrète, il cherche et il trouve un monde qui ne se laisse pas définir, qui fait bien sentir à l'âme son effet, mais qui lui cache son origine; et le génie, jusqu'alors perdu dans une contemplation déréglée de lui-même, apparaît soudain dans toute sa maturité; il se produit à la lumière du jour sans s'inquiéter si les profanes le comprennent, lui qui parle avec Dieu! Singulier destin du langage musical de ne pas être compris! *Le savant en musique est toujours une bûche en face du génie en musique. La science ne comprend tout au plus que ce qui existait déjà, mais non pas ce qui existera ;* elle est suffisante à délivrer l'esprit de la lettre et de la règle. Tout art est là de sa propre autorité; mais quand le bourgeois vient se mettre en faction devant l'art et s'ingérer de prononcer en maître sur son sort, c'en est fait de l'art, il a la tête rasée : alors ce qui devait être inspiration libre, volonté indépendante, devient ouvrage d'horlogerie; alors on a beau écouter, croire, espérer; il n'en résulte rien. On n'arrive à l'art que par des chemins barrés au vulgaire, par le chemin de la prière, de la discrétion du cœur, par la confiance en la sagesse éternelle et même en ce qui est incompréhensible. Nous restons au pied de la montagne inaccessible, et pourtant ce n'est qu'en haut qu'on apprend à connaître les délices qu'il y a à respirer.

Le contemporain est ainsi fait; s'il aime le génie, il l'aime de loin. Comme l'a encore dit Bettina : « Le théoricien se choisit un point de vue d'où il abaisse ses regards sur ce pauvre univers ». Weber lui-même ne sut échapper au ridicule de corriger sérieusement Sébastien Bach, cette *Sorbonne* en harmonie (*Webers Schriften,* Bd. 2, p. 44).

Dans son opiniâtre chasse après les impuretés des maîtres, M. Fétis a rencontré une fois juste. Dans le feuilleton du *Temps* (février 1830), M. Fétis fit la remarque que dans le troisième morceau de la symphonie en *ut mineur* il y a deux mesures qui rompent le rythme de la phrase principale, lorsque ce thème revient après *la majeur,* faute d'impression contre laquelle Beethoven réclama auprès des éditeurs de la symphonie qui n'en instruisirent le public qu'en juillet 1846 (*Allgemeine musikalische Zeitung*), M. Fétis, qui pouvait ne pas avoir pris connaissance de la lettre de Beethoven, avait dit : « que si Beethoven avait rompu à dessein et par originalité méditée le rythme périodique si bien établi au commencement du morceau, cette originalité forcée était puérile et que ces deux mesures surabondantes étaient de mauvais goût ». Nous avons vu que pour toute originalité méditée il y avait une faute du graveur. Montrez donc à un opérateur la plus petie membrane à couper, qu'il ne verra plus autre chose dans le plus beau corps du monde! M. Fétis est l'auteur d'une biographie alphabétique des musiciens, ouvrage très utile, mais inférieur en critique au livre de Gerber (*Tonkünstler-Lexicon*) qui en est l'origine. La langue allemande étant peu pratiquée en France, il arrive que les ouvrages allemands y sont moins connus que le *Zend-Avesta* ou *Confucius* et qu'on n'a qu'à les traduire pour passer en France pour un auteur original. M. Fétis a eu raison de profiter du livre de Gerber, mais c'était bien le moins que de consulter encore d'autres sources pour son article de Beethoven dans sa Biographie des musiciens. M. Fétis n'aurait pas alors avancé qu'on ne connut à Beethoven aucun attachement de cœur, quand le contraire est la principale clef de son œuvre; il n'eût pas commis l'erreur de dire que Beethoven s'adressa en 1826, par l'entremise de Moschelès, à la Société philharmonique de Londres pour en obtenir une avance de cent livres sterling sur le produit d'un concert à donner à son bénéfice. La lettre de Beethoven à Moschelès du 22 février 1827 nous a été conservée (*Schindler*, p. 185). Beethoven souffrait alors depuis trois mois de l'hydropisie, qui l'enleva un mois plus tard. Et que dit-elle cette lettre, écrite sur le lit de mort de l'artiste, et non pas en 1826? Elle formule modestement la prière que la Société philharmonique veuille donner suite à l'offre qu'elle lui avait faite, il y avait quelques années, d'arranger un concert à son bénéfice, maintenant qu'une maladie mortelle l'enchaînait et lui rendait le travail impossible. Moschelès répondit au nom de la Société : « La Société vous prie d'accepter de sa part cent livres sterling pour pourvoir à vos besoins pendant votre maladie; elle est toute prête à vous rendre des services ultérieurs et vous engage à lui en demander s'il y a lieu » (*Schindler*, p. 187). Ces faits notoires, irrécusables, n'ont pas empêché M. Fétis d'accuser Beethoven d'indélicatesse, de lui jeter jusque sur son lit de mort le reproche : « qu'on ne peut voir dans ses inquiétudes et dans les démarches qu'elles lui suggèrent qu'un exemple de ces bizarreries qui signalèrent toute sa vie ». Le mécontentement, dit M. Fétis, se changea *presque* en indignation quand on sut qu'on avait trouvé après la mort de Beethoven, dans un *vieux coffre* qui appartenait à l'artiste, des billets de banque pour dix mille florins ». Il n'y eut point de vieux coffre d'aucune espèce, un coffre étant un meuble parfaitement incompréhensible pour Beethoven. Il y eut la misère de 10,232 florins qui se composaient :

1° Des cent livres sterling de la Société philharmonique de Londres trouvées intactes;

2° Du produit de l'encan du mobilier de Beethoven et de sa musique, dont la ville de Vienne n'empêcha pas la dispersion. Haslinger y acheta cent florins les œuvres complètes de Hændel (40 volumes in-folio, édition de Londres) qui valaient vingt fois autant, et dont Stumpf facteur d'harpes à Londres, avait fait hommage à Beethoven;

3° De sept actions de banque. Voyez *Schindler,* p. 165, 186, 191.

L'origine des actions de banque remontait à l'année 1825. Beethoven vendit à cette époque la messe en *ré,* mille florins ; la symphonie avec chœurs, six cents ; le quatuor op. 127, cinquante ducats ; le quatuor op. 131, quatre-vingts ducats; l'ouverture op. 124 ensemble avec les op. 121, 122, 126, 128 (V. le catalogue), cent trente ducats. Cette somme de mille six cents florins et de deux cent soixante ducats, Beethoven la regardait comme la propriété inaliénable du fils mineur de son défunt frère Charles qu'il avait adopté. Il se priva plutôt de tout que d'y toucher. C'est d'un homme à sentiments aussi peu égoïstes, aussi honorables au point de vue de la vie privée, que M. Fétis a fait un harpagon à vieux coffres.

V

LE COIN DU FEU DU PIANISTE

Was die Liebe den Menschen, das ist die Musik den Küusten.

MARIA WEBER.

Nous entendons ouvrir ici une parenthèse pour le petit nombre de personnes qui liront cet essai en faisant la part de l'art et des sentiments artistiques dans la vie. Rien ne ressemble moins à une sonate de Beethoven qu'une autre sonate de Beethoven. On reconnaît Beethoven à l'ensemble du style, jamais à un souvenir. Dans trente-deux sonates pour piano seul nous ne trouverons pas une redite, et ainsi des autres productions de Beethoven. En quoi une des symphonies de Beethoven ressemble-t-elle à une autre? Elles se ressemblent comme le *Roi Lear* ressemble à *Othello, Hamlet* à *Roméo et Juliette.* Il en est tout autrement de Mozart dont les compositions peuvent être envisagées comme une longue avenue conduisant au château habité par *Don Juan.* Les vestiges de ce Capitole de la musique dramatique sont innombrables dans les productions de Mozart, dans celles pour piano surtout *Don Juan* était la glorieuse fin à laquelle tendait cet esprit d'élite qu'on dirait avoir été le favori du génie de la musique. Au contraire de Beethoven, on rencontre dans Mozart des passages, des figures, des marches d'harmonie absolument les mêmes dans un grand nombre de ses compositions. Un exemple choisi dans deux de ses plus importants ouvrages établira le fait. La péroraison du premier allegro de la fantaisie et sonate et celle du finale du quintette pour piano et instruments à vent sont identiques. On retrouve aussi dans la musique de chant de Mozart les mêmes tournures et traits vocalisés. On se rappelle les airs de la reine de la nuit et l'air de donna Anna, *forse un giorno,* l'air de Tamino et l'air de la Comtesse dans le *Mariage de Figaro.*

Si l'opéra de *Don Juan* est le fond de la musique de Mozart, le *Freischütz* est incontestablement le fond de la musique de Weber. Les compositions de Weber pour piano seul, son quintette pour clarinette et instruments à cordes, la sonate pour piano et clarinette, ou l'épisode en *sol* du grand air de Max (*jetzt ist wohl ihr Fenster offen*) se trouve une première fois esquissé; le trio pour piano, flûte et violoncelle, dont le finale est bâti sur l'entrée de la petite flûte du *Trinklied* de Caspar; le quatuor pour piano et instruments à cordes, toutes ces chaleureuses compositions tiennent du *Freischütz,* elles sont l'enfance, l'âge juvénile de l'œuvre capitale de Weber.

Le quatuor et le trio de Weber ont pendant vingt ans conservé pour nous le même intérêt, nous leur devons bien des moments de bonheur sans regret. Qu'importent quelques banalités, quelques défauts, auprès de généreuses idées d'un attrait toujours renaissant? Ces ouvrages sont le fait d'une riche et heureuse nature qui n'avait d'autre prétention que de déverser là le trop-plein de son cœur. La musique de chambre de Weber est le répertoire de l'intimité, le coin du feu du pianiste. Mais Weber ne saurait être compris que par le petit nombre de personnes qui préfèrent le rêve qui rend heureux à une occasion de se montrer. Le trio et le quatuor de Weber sont le laisser aller de l'artiste, et non point le produit de son pénible labeur. Tout y est vie de l'âme, et leurs difficultés d'exécution elles-mêmes sont peu voyantes. La partie de flûte du trio a été remplacée, dans l'édition parisienne des œuvres complètes de Weber, par une partie de violon dans laquelle Weber n'est pour rien. La flûte est de rigueur; on n'a jamais mieux traité l'instrument, mais il lui faut un artiste consommé tout comme à la partie du violoncelle et du piano. L'habitude que Weber avait des octaves et des intervalles éloignés, quelques passages mal doigtés ont longtemps empêché ses compositions de devenir la propriété du dilettante. « L'amour-prodige », une fois qu'il consent à jouer de la bonne musique, aime mieux Mendelssohn, parce qu'il fait d'une pierre deux coups, il joue de l'excellente musique et ajoute à cet avantage celui de montrer ce que ses dix doigts peuvent parcourir de notes et de touches, tandis qu'il n'est que la personnification d'une idée collectivement exprimée dans Weber. Jouer Weber, c'est rêver mille folles tendresses loin de la vie bourgeoisement faite. Le solo d'alto dans l'allegro du quatuor est la musique des visions amoureuses de Hoffmann. Les contes de cet « auteur-musicien » profondément méprisé de l'amateur-prodige, sont le monde de Weber, la revanche de l'artiste des réalités de la vie.

Le quatuor de Weber nous paraît, malgré la médiocrité du travail et quelques formes vieillies, le plus intéressant de tous les quatuors de piano, celui qui fait le mieux valoir l'instrument sans le violenter, sans le noyer sous un déluge de notes comme le quatuor en *si mineur* de Mendelssohn, dédié à Gœthe. La musique de Weber date d'un temps auquel les fébriles agitations de nos jours étaient inconnues, où la place que la société vous avait marquée vous contentait, où l'artiste restait artiste. Ces temps, si peu éloignés de nous, semblent, par la différence des mœurs, être aujourd'hui le moyen âge. Un fait les peindra. Le voyage d'Italie avait, dans les premières années de ce siècle, plus d'intérêt que n'en a le tour du monde aujourd'hui. Le bonheur, la poésie étaient là! Les personnes qui avaient vu Rome devenaient des personnages au retour. Mozart et Gœthe parlèrent leur vie durant de la vie éternelle, que leur pensée ne cessa pas d'habiter. Quand on n'y parvenait pas (Schiller, Beethoven, Hoffmann, Weber), on y avait aspiré toute sa vie. Il y a de la « Mignon » de Gœthe dans la fin de l'allegro du quatuor de Weber :

Dahin mögt'ich mit dir,
O mein Geliebter, ziehn

Il y a du Gessner dans l'andante (*Schæfers Klage*) du trio. C'est le site d'Interlaken, une vie calme et heureuse. « La vue d'un site pittoresque est pour moi comme l'exécution d'une œuvre musicale, » a dit Weber. Nous plaignons les dévastateurs du piano moderne que M. Berlioz appelle *tourmenteurs d'ivoire,* qui mesurent à l'aune de leurs passagères prétentions ces reliques d'un temps qui n'est plus.

Le monument de Beethoven est une idée et non point un ouvrage, l'idée de la symphonie, idée inépuisable, car elle embrasse tout. De là l'impossibilité de donner la préférence à une de ses grandes productions, d'en désigner une qui soit l'assomption de son génie, son *Don Juan,* sa création, son *Freischütz!* L'infini ne se détaille pas; Beethoven est toujours *tout.* Que s'il faut se prononcer, car il est des personnes qui veulent qu'on se confesse, nous dirons que la symphonie pastorale nous paraît être l'ouvrage le plus hors ligne. Quel poète, quel écrivain, fit jamais mieux comprendre une idée que le premier allegro de cette symphonie? Jamais la fantaisie humaine ne parcourut plus beau pays que dans ce tableau du contraste des villes et des champs. Cette symphonie est encore un ingénieux correctif de la musique imitative dans les données du bon Haydn. La campagne pour Haydn, c'est le chant du coq; dans la cantate « des quatre saisons », on entend dans l'air de *Simon* japper les chiens après la pièce de gibier pourchassée; la timbale un coup de fusil dans l'ouverture de *la Chasse du jeune Henri* de Méhul. La symphonie pastorale est la vérité idéale : là s'épanouissent les champs de l'Elysée. Ce qu'on y rencontre d'imitatif n'est plus la *matière,* mais rien qu'un *souvenir* terrestre. Quel est l'artifice qui dès le début de l'allegro vous fait écrier: Mais c'est la campagne et son ciel bleu, la vie simple, contente des champs? *Rus evolare!* Les premières quatre mesures s'arrêtant à un point d'orgue ont déjà résumé la nature agreste. Une exposition aussi ingénue, une image aussi vraie, aussi idéale en même temps, à ce point concentrée, nous semble tenir de la merveilleuse simplicité répandue dans la nature même que l'ouvrage reproduit. Le génie seul résume ainsi. L'andante ne peut se décrire. Heureux quiconque le contempla sur les bords de l'Arno, en Touraine, partout où vivent les types de ce merveilleux paysage. Cet andante est la nature dans son repos, alors que le murmure des eaux et le mouvement de la feuillée est tout ce qui lui reste de vie sous les feux de l'été. Par la manière dont le comprend l'orchestre du Conservatoire de Paris, ce morceau est pour ainsi dire devenu sa légitime propriété. Nous avons vu Tulou et Vogt, deux artistes de premier ordre, regarder comme une importante et périlleuse affaire le dialogue entre la flûte et le hautbois qui à la fin de l'andante fait souvenir du rossignol et de la caille, spirituelle moquerie de l'ancienne musique imitative qui a trouvé place dans cette idylle. La manière pénétrée dont les instruments à cordes répondent à la plaisanterie en fait justice, aux yeux de Beethoven du moins. Rien dans aucun maître ne nous semble approcher de l'ordonnance de ce poème symphonique, de sa profonde unité, de la perfection de ses détails, de son goût, de cette merveilleuse faculté qui fait des sensations de l'âme et des conceptions secrètes de l'esprit des sujets appréciables, ignorât-on le programme.

Les compositions des maîtres ne sont autre chose que la forme que revêt pour eux quelque belle et généreuse idée dans les signes ayant cours en musique. Autrefois, il fallait avoir trouvé une idée pour trouver de l'argent chez un éditeur; aujourd'hui, si vous êtes en renom, vous êtes le plus souvent payé pour avoir, une fois de plus, signé de votre nom un certain nombre de notes plus ou moins barrées, nulles peut-être, mais d'une exécution difficile. Un morceau du genre porte cet intitulé emprunté à la géographie et aux mystères maçonniques : « *Niagarafall,* charakteristische Fantaisie von *Leopold v. Meyer, Meister der pennsylvanischen Freimaurer-Loge,* Wien bei Hasslinger. » Nous avons l'*Ajax* de Kalkbrenner, *étude pour piano,* les *Scènes familières caractéristiques* pour piano de Reissiger, la *Sérénade érotique* pour la main gauche de Willmers. De ces maladies du piano la *Fantaisie-Thalberg* est devenue endémique. Et ainsi du roman, du répertoire dramatique, de la plupart des produits de l'esprit de nos jours. Ce qui étonne, les événements les moins vraisemblables ont généralement remplacé le vrai. L'art dramatique, le roman, ne sont plus le correctif de la vie. A moins de trois hommes rouges (*le Fils du Diable*), de quelques empoisonnements, d'évasions fabuleuses, de millions toujours facilement gagnés, et une foule de sbires pour bouquet, la foule n'accourt plus au théâtre, parce qu'on l'a habituée à la vue du sang, et qu'il est plus facile de réveiller dans l'homme la bête que de le faire croire à sa dignité. Ce goût profondément gangrené, le corollaire du nivellement de toute chose en France par l'argent; ce goût détestable a aussi bien, et à peu d'exceptions près, envahi la musique. Dans les concerts aussi, la foule recherche l'étonnant, l'invraisemblable, les trois hommes rouges. La seule digue à opposer à ces profanations serait une culture plus grande, plus générale de l'esprit des artistes, laquelle devrait prendre pour le moins autant de place dans leurs occupations que l'apprentissage du mécanisme d'un instrument. Quand Chopin s'intéressait à un élève, il lui demandait : Que lisez-vous ? L'artiste ayant à exprimer la vie, c'est-à-dire tout, devrait aussi tout savoir. Qui ne sait rien, n'exprimera rien. Liszt et Chopin eussent été des hommes éminents sans avoir touché à un piano. Les personnes qui, à force de macérations, ne seront parvenues qu'à avoir *autant de doigts* que Liszt ou Chopin, en seront donc par cela même un peu plus éloignées que par le passé. Cultivez les doigts, mais ne les cultivez pas aux dépens de votre esprit, qui peut avoir la prétention de les valoir. Liszt est une plume des plus distinguées. Combien peu, de tous ceux qui ravagent aujourd'hui le piano, auraient pu écrire ou seulement penser le mot plein de distinction dont il accompagne sa partition de piano de la symphonie pastorale!

Si l'esprit de Beethoven était des plus cultivés, son écriture créa le problème d'un hiéroglyphe nouveau; mais quelle distinction ne trouve-t-on pas dans ses lettres? Sch., p. 259; Bettina, p. 91.

Weber a laissé un livre remarquable, que l'artiste comme l'amateur ne sauraient assez étudier : *Hinterlassene Schriften von Carl Maria von Weber.* L'éducation non musicale de Mozart fut négligée, comme l'était alors l'éducation. Les lettres de Mozart à sa famille, pour ne pas être des productions littéraires, renferment cependant des trésors d'idées recueillis par l'esprit de ce grand homme dans un constant et consciencieux commerce avec lui-même. Ces lettres devraient être une des hautes études de tout musicien (Biogr. de Mozart de Niessen; M. Oulibischeff ne reproduit pas les lettres). Mozart fut le fils du foyer, Beethoven vécut isolé; Mozart voyagea, il vit Rome et Paris; ses peines, ses plaisirs, il les contait aux siens dans cette précieuse collection de lettres venues jusqu'à nous. La vie de Beethoven se passa tout entière dans ses ouvrages; il ne connut point les joies de la famille. Ses joies de famille, c'étaient ses motifs. Ces différences expliquent les différences du génie des deux grands hommes. Il y aura toujours une biographie de Mozart à écrire; la biographie de Beethoven est consignée dans son œuvre. On y découperait dix biographies à la façon du *Louis Lambert* de Balzac.

Le marchand de musique Schlesinger, à Berlin, a édité avec *la dernière pensée musicale,* un portrait en pied de Beethoven qui, bien plus que la belle gravure d'Artaria dédiée à l'archiduc Rodolphe, et la lithographie qui le représente travaillant dans un jardin au *Credo* de la seconde messe, retrace l'étrangeté de son extérieur. Il suffit d'un coup d'œil sur ce portrait pour se dire que Beethoven ne pouvait être compris des contemporains qui le voyaient passer, son chapeau bosselé en tête, comme on regarderait un *Kraken*. Des débardeurs le rencontrant dans une de ses fréquentes promenades solitaires, avec ce regard qui lisait dans les cieux, se rangèrent avec respect. On devrait perpétuer le dessin de Schlesinger déjà assez rare, car avant qu'il ne soit peu, il sera parfaitement invraisemblable qu'un costume, un air, une figure, un homme pareils, aient bien réellement existé.

Quel contraste avec Mozart qui porta l'épée, les cheveux poudrés et ce fameux habit brodé qui revint si souvent dans ses lettres! Timide amant de mademoiselle Aloïse Weber, dit M. Berlioz (*Débats*, 27 mars 1849), Mozart fut refusé avec dédain, parce qu'il n'avait point d'argent et qu'il portait un habit *rouge*. « Dans le fait, ajoute M. Berlioz, pour une jeune fille tant soit peu prédestinée à devenir une *diva*, si n'avoir pas d'argent était un crime, porter un habit rouge devait être un vice honteux. »

Une étude de Beethoven est une étude d'idées et non pas la préoccupation oiseuse de quelques sons plus ou mois propres à égayer la digestion d'un dîner aux Bouffes. Si Beethoven est le prince de la musique instrumentale, il eût été aussi bien un homme extraordinaire à toute autre place dans le monde. Pas de lettre morte en lui; tout est triomphe de l'esprit sur la matière; ses grands ouvrages ne le cèdent pas aux chefs-d'œuvre de la poésie, de la peinture, de la sculpture. L'étude d'un pareil génie est donc nécessairement une occupation plus fertile en résultats pour l'esprit et le cœur que d'aucuns le pensent. Riches et pauvres, grands et petits retrouvent leurs impressions dans sa musique. Son génie les devina tous, quoique son existence fût misérable. On peut à bon droit appliquer à Beethoven ce que l'antiquité pensa des belles-lettres : «*Hæc studia secundas res* ornant, *adversis* perfugium ac solatium præbent. » Traduction libre : L'art reste fidèle; les passions trahissent.

Bien que Beethoven résumât les idées de toutes les classes de la société, il avait toute sa vie été lui-même en contact avec les sommités sociales, et présenté à plusieurs têtes couronnées. Les dédicaces de ses ouvrages le prouvent assez. Beethoven dédia à l'impératrice Marie-Thérèse, femme de François Ier, empereur d'Autriche (septuor), au roi de Prusse Frédéric-Guillaume II (deux sonates pour piano et violoncelle), au roi Maximilien Joseph de Bavière (fantaisie pour piano, orchestre et chœur), à l'empereur Alexandre (trois sonates pour piano et violon, op. 30), à l'impératrice Elisabeth (polonaise pour piano, op. 89, et l'arrangement pour piano à quatre mains de la symphonie en *la,* Steiner à Vienne), au prince-régent d'Angleterre George IV (symphonie, *la victoire de Wellington à Vittoria*), au roi de Prusse Frédéric-Guillaume III (neuvième symphonie).

Beethoven dédia à l'archiduc d'Autriche-Rodolphe : deux concertos pour piano; le trio pour piano, violon et violoncelle en *si bémol* qui, du nom du diamant des rois d'Oude, pourrait s'appeler *la montagne de lumière;* la messe en *ré,* que la génération à venir appréciera peut-être comme nous apprécions déjà les symphonies. Beethoven dédia au célèbre Louis-Ferdinand, prince de Prusse, le concerto de piano en *ut mineur;* au prince régnant de Lobkowitz, duc de Raunitz, les premiers six quatuors et le quatuor, op. 74; au prince Kinski la messe en *ut;* au comte de Browne les trois trios pour instruments à cordes, op. 9; au prince Lichnowski les trois trios pour piano, violon et violoncelle, op. 1; à la princesse Lichnowski les variations pour piano et violoncelle sur un thème de Hændel; à la comtesse Thun le trio pour piano, clarinette et violoncelle; à la princesse d'Odescalchi les variations pour piano sur un motif original, op. 34;

à la princesse d'Esterhazy les trois marches à quatre mains, op. 45; au comte Lichnowski les variations avec une fugue, op. 35; au comte Fries le quintetto en *ut;* au comte Rasoumovski trois quatuors; au baron Stutterheim le quatuor en *ut dièse mineur;* à la baronne de Browne la sonate pour piano et cor; au prince Galitzine trois quatuors. Voyez au Catalogue : opéras 23, 24, 43, 56, 69, 70, 94, 96, 98, 134. Nous retrouverons dans les dédicaces des sonates les grands noms de l'aristocratie autrichienne.

Les éditions modernes ne reproduisent pas toujours les dédicaces. Le libraire croirait vieillir sa marchandise en y attachant les noms de l'histoire — comme si l'histoire avait un âge.

Les symphonies ne font point exception : la première s'adresse au célèbre baron van Swieten, l'ami de Haydn, de Mozart, de Beethoven, auteur du texte de *la Création, des Quatre Saisons;* la seconde au prince Lichnowski; la troisième au prince Lobkowitz; la quatrième au comte d'Obersdorf; la cinquième collectivement au prince Lobkowitz et au comte Rasoumovski; la sixième aux mêmes; la septième au comte Fries. Des deux ouvertures en *ut,* op. 115, op. 124, la première est dédiée au prince Radzivil, la seconde au prince Galitzine. Trois dédicaces seulement appartiennent à des musiciens : à Haydn (trois sonates pour piano seul, op. 2); à Salieri (trois sonates pour piano et violon, op. 12); à Kreutzer (sonate pour piano et violon, op. 47); une à Gœthe (op. 112); deux à des amis appartenant aux moyennes classes, à Oliva (variations, op. 76), à J. Wolfmaier (quatuor, op. 135). Ces faits parlent assez haut pour faire douter que l'artiste fût républicain dans ses idées, comme on a voulu le prétendre en le jugeant sur son goût pour la république de Platon, livre idéaliste, un Jérôme Paturot grec qu'un esprit de la trempe de Beethoven savait être très inexécutable. C'est la part de l'imagination qui l'intéressait dans ce rêve utopique d'un homme supérieur. Beethoven suivait de trop près Haydn et Mozart : « Il n'avait rien à espérer des artistes contemporains qu'il avait trop distancés pour en être compris. » Les hautes sphères sociales, habituées au contraire à être elles-mêmes l'exception, furent moins alarmées par ce qu'il y avait de nouveau dans sa nature. Il en advint que les succès qu'il eut de son vivant, Beethoven les obtint surtout dans l'aristocratie viennoise.

L'être privilégié existe; la nature elle-même reconnaît des races. Dans l'art comme dans les autres sphères de l'activité humaine, il y a, il y aura toujours et quoi qu'on fasse, des aristocrates. La forme et le nom en varient — le fait reste. Beethoven fut aristocrate, très aristocrate, et cela si naturellement qu'il ignorait l'être. Horace fut plus aristocrate que son superbe patron en écrivant les vers : *odi profanum vulgus et arceo.* Beethoven dit un jour : « Abgeschlossen soll der *Burger* vom höheren Menschen sein und *ich bin unter ihn gerathen.* » Sch., p. 277. (L'homme supérieur ne doit point être confondu avec le bourgeois et j'ai été confondu avec lui.) Ce mot caractéristique, extrait des cahiers dits de *conversation,* dont se servait Beethoven à cause de sa surdité, est on ne peut plus authentique; toute la vie de l'artiste d'ailleurs en est la paraphrase.

Résumons dans quelques traits la vie si simple de cet homme si extraordinaire, ce sera résumer cette introduction.

VI

ESQUISSE BIOGRAPHIQUE

Es ist so schön das Leben tausend Mal leben.

BEETHOVEN.

Louis van Beethoven naquit en 1770, à Bonn, sur le Rhin, d'une famille de pauvres musiciens dont il était destiné à inscrire le nom obscur au rang des plus illustres que l'histoire de l'esprit humain connaisse. Son père était chanteur à la chapelle de l'électeur Maximilien Frédéric, intelligent amateur de musique comme tous les enfants de Marie-Thérèse, comme son frère l'empereur Joseph, le magnanime protecteur de Mozart. Le père de Beethoven décida d'en faire un musicien dès l'âge de sept ans. Cet acte d'autorité paternelle rencontra juste. L'enfant s'y prêta de la meilleure grâce. Le futur auteur de l'ouverture de *Coriolan* se vit avec plaisir installé aux combles de l'habitation paternelle où il eut à travailler son violon, entouré de paperasses de musique, avec une grosse araignée pour toute compagnie. L'araignée glissait le long de ses fils pour se poser sur le violon du petit musicien toutes les fois qu'il en jouait. La mère de Louis, ne connaissant point la passion de l'insecte pour son fils, l'écrasa. Ce fut fait du premier amour de Louis. (Aranéologie de Quatremère Disjonval.) Beethoven niait habituellement le fait; il disait que son râclage eût bien plutôt mis en fuite toute l'histoire naturelle. L'enfant trouva dans la famille des de Breuning de Bonn ces premières poétiques impressions de la vie qui décident en nous de tant de choses, ces mirages de l'imagination qui sont le bonheur du jeune âge. Ce temps dut être pour Beethoven ce que le limpide larghetto de sa seconde symphonie est devenu depuis pour le monde. Le petit Louis trouvait dans la famille patricienne des de Breuning ce qu'il ne voyait point sous le toit paternel, une position relativement élevée, une vie aisée, choses instinctivement sympathiques à l'enfance. Il fut bientôt l'enfant gâté de la maison : il y passait la plus grande partie du jour, quelquefois la nuit, ce qui, au point de vue des mœurs allemandes, équivaut à une adoption en dehors du Code. Dieu veillait sur l'âme à laquelle il avait confié de conter un jour aux hommes la symphonie pastorale. Ce fut dans cette excellente maison, dont l'urbanité et la culture étaient faites pour décider d'une vocation, dont les écrits de Schiller et de Gœthe étaient les pénates, que l'enfant entrevit comme des lueurs de sa glorieuse destinée ; déjà Beethoven croyait dans son génie. Cette croyance ne le quitta plus. Il dit en 1810 : « Je suis de nature électrique, c'est pourquoi ma musique est si admirable. » *Bettina,* page 157).

L'homme fort de la famille des Beethoven, pluriel invraisemblable aujourd'hui, était le grand-père paternel de Louis. Chanteur, il avait obtenu des succès au théâtre dans l'*Amore artigiano,* dans le *Déserteur*. Ce grand-père, d'origine hollandaise, était le parrain de Louis, qui lui marquait une grande déférence. Quand la mère de l'enfant, dont le nom de demoiselle était Marie-Madeleine Kewerich, voulait faire fête à son fils, elle lui contait quelque chose de son grand-père. Ce brave homme était loin de penser que le petit ferait un jour mieux que l'*Amore artigiano* et *le Déserteur*.

Le compositeur de *Fidélio* reçut les premières notions en musique de son père, qui le traitait avec rigueur et dont la conduite paraît n'avoir pas été très régulière, puis de Pfeiffer, hautboïste et directeur de musique inconnu. Van der Eder lui apprit à toucher de l'orgue. On ne connaît pas ses maîtres de piano dont Beethoven devint une des illustrations du temps. A quinze ans, Beethoven fut organiste de la chapelle électorale de Bonn, concurremment avec Neefe. Ce service ne lui pesait pas, l'orgue était des plus petits, les fidèles ne l'apercevaient seulement pas : il se cachait modestement dans un coin de l'église qui n'était pas beaucoup plus grande; le jeune organiste entrait même assez rarement dans cette espèce de boîte à petite flûte à l'usage de la symphonie en *ut mineur*. Beethoven dut cette première et dernière place occupée par lui, au comte Waldstein dont il attacha plus tard le nom à un chef-d'œuvre (V. op. 53). Ami de l'électeur, le plus brillant seigneur de sa petite cour, le comte avait jugé Beethoven, quoiqu'il ne fût point enfant prodige, à la manière de Mozart. Il avait bien, à l'âge de dix ans, produit trois sonates (lettre *f*, 3e section du Catalogue); il avait tenu parole à Heller, chanteur en renom, auquel il avait proposé de le dérouter par un accompagnement de sa façon, quand il chanterait les lamentations de Jérémie qu'on avait l'habitude d'exécuter à la chapelle électorale pendant la semaine sainte; il avait joué à vue un trio de Pleyel avec le célèbre Bernard Romberg et le père de Ferdinand Ries, sans que personne se fût aperçu qu'il manquait deux mesures dans la partie du piano de l'adagio que Beethoven avait suppléées, mais tout cela ne pouvait faire crier au miracle. Le comte Waldstein ne perdit pas pour attendre. Il est des esprits lents en comparaison d'autres, mais qui ne s'arrêtent plus une fois qu'ils déploient leurs ailes.

Le comte obtint que Beethoven serait envoyé aux frais de l'électeur à Vienne pour être dirigé par Haydn, le plus grand musicien du monde à cette époque. Beethoven arriva âgé de vingt-deux ans à Vienne, en 1792, pour ne plus quitter ce centre du mouvement musical de l'époque. Il y avait entrevu Mozart à un voyage précédent, l'hiver de 1786 à 1787. Cette grande lumière venait de s'éteindre.

La nature limpide et calme de Haydn donnait exclusion au caractère remuant et indompté du singulier élève que le sort lui avait valu dans la personne de Beethoven. Maître et élève ne firent pas longtemps bon ménage. Un jour que Beethoven s'en revenait de chez Haydn, son cahier d'études sous le bras, il rencontra Schenk, le compositeur du *Dorfbarbier,* opéra-comique en vogue alors. Schenk s'enquit des progrès du jeune homme auprès de l'illustre maître et se mit à feuilleter son cahier d'études. A son grand étonnement, il y reconnut des fautes de composition que Haydn n'avait pas corrigées. Beethoven conçut aussitôt les plus violents soupçons. La paix était troublée, son âme inquiète reconnut un crime de lèse-fidélité. Il profita du second voyage de Haydn en Angleterre pour ne plus remettre les pieds chez lui. Haydn le fit cependant pressentir s'il ne voulait pas s'appeler son élève dans l'intitulé de ses premières publications. Beethoven refusa en disant qu'il avait bien pris quelques leçons de Haydn, mais qu'il n'en avait rien appris. La scission devint irréparable à la fameuse soirée du prince Lichnowski (V. op. 1), où Haydn conseilla à Beethoven de ne point publier le trio de piano en *ut mineur,* chef-d'œuvre de sa première manière, l'aube d'un jour nouveau dans la musique de chambre.

Beethoven travailla l'harmonie avec Albrechtsberger, un contre-point à face humaine; Salieri dirigea ses études de musique lyrique; tous deux disaient de l'élève, qui devait tant surpasser ses maîtres, qu'il lui avait fallu apprendre plus tard et à ses dépens ce qu'il avait si opiniâtrement refusé d'accepter sur parole.

Plus de trente ans s'étaient passés depuis la découverte de Schenk dans le cahier d'études de Beethoven. L'artiste oublie vite, parce qu'il vit dans l'avenir. Beethoven avait d'ailleurs complètement perdu de vue Schenk, lorsqu'il en fit la rencontre dans la rue, en 1824. Se jeter à son cou, verser des larmes de reconnaissance sur la poitrine du sexagénaire, fut l'affaire d'un instant. Comme sa musique, le caractère de Beethoven avait de ces épisodes de sublime effusion. Il venait peut-être aussi de mesurer, en cet instant, la distance qui séparait le cahier d'études de l'écolier, de l'auteur de la symphonie avec chœurs qu'il venait alors de terminer.

Ce que la famille des de Breuning avait été pour Beethoven à Bonn, le prince Lichnowski, qui logea l'artiste dans sa maison, le fut à Vienne. Ce n'est pas cependant que Beethoven oubliât jamais ses amis de Bonn. Il écrivit dans l'album de Lenz de Breuning, en 1797 : « Je n'oublie point ici les jours de Bonn. » *Wegeler*, Nachtrag, 1845, p. 26.

La princesse Lichnowski fut une seconde mère pour Beethoven qui disait qu'elle eût voulu le mettre sous verre, pour que personne n'y touchât « On a voulu m'y élever avec une sollicitude de grand'mère, » disait-il encore. Mais on ne faisait point facilement ménage avec Beethoven. Il s'exprima un jour ainsi : « Comment rentrer à trois heures et demie? m'habiller un *peu* mieux (mich etwas besser anziehen, m'habiller *beaucoup mieux* eût sans doute été plus juste), me raser, mais je n'y tiendrais pas. » *Wegeler,* p. 33. Un jour, Beethoven entendit le prince ordonner à son valet de chambre de servir Beethoven le premier si le prince et lui venaient à le sonner à la fois. Loin d'être touché de cette attention, Beethoven se donna à l'instant un domestique à lui seul. Chez le prince Lichnowski s'essayaient les productions nouvelles de Beethoven qui avait la haute main sur le quatuor appelé plus tard le quatuor Rasoumowski, composé de Schupanzig, de Sina, de Weiss (alto) et de Kraft (violoncelle) ; Beethoven touchait du prince 600 florins par an, quand le roi de Westphalie, Jérôme Bonaparte, lui fit faire l'offre d'une place de maître de chapelle aux appointements de

600 ducats (1809). L'archiduc Rodolphe, le prince Kinski et le prince Lobkowitz résolurent alors de conserver Beethoven à l'Autriche, en lui constituant une rente annuelle de 4,000 florins, tant qu'il n'obtiendrait pas un emploi d'un traitement équivalent, à la seule charge que Beethoven ne quitterait pas les Etats d'Autriche. Beethoven accepta. Dans cette généreuse entreprise, l'archiduc était pour 1,500, le prince Kinski pour 1,800 (V. op. 86), le prince Lobkowitz pour 700 florins. On se rappelle qu'à la suite des guerres contre Napoléon, le papier-monnaie de l'Autriche subit une dépréciation extrême. La rente de Beethoven ne conserva, depuis la patente financière du gouvernement autrichien (1811) qu'un cinquième de sa valeur. Les amis de l'art qui la lui avaient constituée en dédommagement d'une place qu'il refusa pour cette raison, ne l'élevèrent plus à sa première valeur. La mort du prince Kinski, dont les héritiers étaient loin d'être animés des mêmes sentiments, et la banqueroute du prince Lobkowitz forcèrent Beethoven à un procès à la suite duquel il conserva 300 florins du seul prince Kinski, lesquels, ajoutés à 600 florins que lui consentit de nouveau l'archiduc, portèrent sa rente à 900 florins (600 thalers) qu'il garda jusqu'à sa mort. Mozart ne parvint à 300 florins de pension que trois ans avant sa mort, encore cette somme était-elle le fait de la munificence de l'empereur Joseph et non point une rétribution (traitement d'attente sur la cassette). La rente de Beethoven se payait tous les quatre mois. A chaque terme, il fallait à l'artiste une attestation de vie signée par l'autorité ecclésiastique, preuve que les chefs-d'œuvre qu'il produisait, fournissaient pour le moins aussi bien. Il chargeait d'ordinaire de cette formalité quelque ami. Un jour, il adressa à Schindler ces quelques mots en lui laissant deviner ce dont il s'agissait : « Certificat de vie, le poisson vit, vidi, curé Romuald. » La plus profonde perturbation de la vie de Beethoven fut son procès avec la veuve de son frère Charles, caissier à la banque d'Autriche. Ce frère lui avait légué par

testament la tutelle de son fils mineur, que la mère ne voulut point abandonner à son beau-frère. Cet épisode de la vie de l'artiste rentre dans les proportions microscopiques de l'existence allemande dont nous avons effleuré les petites misères poignantes dans notre chapitre de Mendelssohn. Ainsi, on prenait assez communément à Vienne la particule hollandaise *van* dans le nom de Beethoven, pour la particule nobiliaire allemande *von,* surtout en écrivant par abréviation : L. v. Beethoven. Beethoven porta son affaire devant le tribunal connaissant d'affaires entre nobles. Le tribunal exigea la production de ses titres de noblesse. Beethoven porta la main au cœur et à la tête. On pensa bien que cette preuve ne put prévaloir en matière de juridiction. L'affaire fut renvoyée par-devant le magistrat de Vienne. Le croirait-on? ce renvoi, qui n'avait rien que de très naturel, blessa profondément Beethoven. Il prétendit qu'un tribunal exceptionnel eût à connaître des affaires du génie, idée oubliée par le Digeste. Nous avons déjà rapporté le mot qu'il dit à ce sujet : « L'homme supérieur ne devrait point être confondu avec le bourgeois. »

Les procès sont une matière à soucis dont l'artiste doit bien se garder, parce que les procès découvrent trop les côtés nus de la vie. Mozart ne but point à cette coupe amère. Le procès de Beethoven empoisonna son existence. Il ne connut plus que consultations, incertitudes et déboires, auxquels sa nature nerveuse et irritable n'était que trop sensible. Il est des personnes qui imaginent que le tribunal saisi de leur affaire n'en a plus d'autres, et qui croient poser aux yeux de l'univers quand elles plaident en première instance. Beethoven crut son honneur engagé. Enfin il l'emporta par voie d'appel après trois arrêts qui, à ses yeux, durent avoir l'importance de trois symphonies. Que n'eût-il composé au prix de triompher plus tôt! De symphoniste, Beethoven s'était improvisé avocat: il se faisait très fort en matière de tutelle, il écrivait lui-même ses pièces. C'était une chose qui le caractérisait que de mettre toute son âme dans tout ce qu'il faisait. Beethoven fut tout entier au procès. Dans son recours d'appel (7 janvier 1820), on lit ce passage dont le mérite de la pensée est aussi grand que le mérite du style : « Je ne connais pas de devoir plus sacré que la surveillance à exercer sur l'éducation de l'enfance. Les devoirs d'un tuteur ne peuvent consister qu'à choisir ce qui est bon et à ordonner ce qui convient. »

Ulpien n'eût pas pensé plus juste. Il semblerait que la Providence elle-même eût choisi l'avocat de Beethoven dans la personne du vénérable Bach, doyen de la faculté de droit de l'Université de Vienne. Cet esprit distingué sut faire la part de l'artiste dans son client. Il le laissa surtout libeller les pièces du procès. Tout autre procédé eût pu rendre Beethoven fou. Bach s'exprima à ce sujet : « Aucun trait de cette grande âme ne doit être perdu, parce qu'il prouva qu'à une imagination inépuisable on peut joindre un noble cœur. » Le procès dura quatre mortelles années. Il pourra avoir valu au monde la perte d'une symphonie ou de quelque autre ouvrage aussi important. Les gloires tiennent à cela. — O curæ hominum! —

Il est triste de penser qu'un événement infime comme le procès d'une tutelle ait pu arrêter dans son cours ce vaisseau de haut bord. Voulant loger chez lui son neveu Beethoven se crut de force à organiser un ménage! La timide lettre qu'il écrivait à ce sujet à un sien voisin dont l'histoire a eu l'ingratitude d'oublier le nom, est une des plus curieuses consultations culinaires qu'on ait faites depuis l'invention du feu de cuisine. On lit dans cette pièce magistralement divisée en points :

1. Que donne-t-on à manger à deux domestiques, soir et matin; quantité et qualité?
2. Combien souvent leur donne-t-on de rôti (le rôti : *Braten*, est le nœud de l'action culinaire allemande, l'adagio du menu infime).

3. Leur dû, les domestiques l'ont-ils en commun avec les maîtres ou bien peuvent-ils se cuisiner autre chose?
4. Combien compte-t-on de livres de viandes pour trois personnes?

On a jeté à Beethoven le reproche de la sordidité. L'homme se réfugie assez naturellement dans l'intérêt d'argent après le naufrage des autres intérêts. La vie n'était plus rien à Beethoven, elle ne lui avait jamais été grand'chose. Quel intérêt aurait pour lui le commerce du monde? écrit Bettina à Gœthe, pour lui que le soleil levant trouve à l'œuvre sainte et qui, au soleil couchant, en détourne à peine les regards pour les jeter autour de lui? pour lui qui n'oublie même pas la nourriture de son corps, que le torrent de l'inspiration emporte rapide *loin des bords plats de la vie ordinaire?*

L'argent fut quelque chose pour Beethoven du moment que l'existence de son neveu fut devenue la sienne. Il thésaurisait pour lui, pour le jeune homme qui portait son nom. Ce neveu, le principe hostile de la seconde moitié de la vie de l'artiste cruellement puni pour avoir exagéré les devoirs d'un oncle, désola les dix dernières années de son existence. Beethoven faillit perdre la raison le jour que l'Université de Vienne expulsa de son sein, pour cause d'inconduite, ce fils adoptif sur lequel il avait concentré l'impérieux besoin d'aimer qu'il ressentit toute sa vie. Le dernier amour du maître était mort du moment qu'il vit son neveu abandonner la carrière littéraire pour entrer dans l'armée autrichienne (V. op. 131 du Catalogue).

Beethoven passa sa vie dans la haute aristocratie viennoise. Il connut les plaisirs de la danse qui étaient dans les mœurs simples de l'époque où l'on dansait encore au piano, mais, chose incroyable! il ne parvint pas à danser en mesure (*Ries,* p. 120). Ses mouvements étaient gauches, il cassait d'ordinaire les choses auxquelles il touchait ;

aucun meuble chez lui et moins que tout autre un meuble de prix était à l'abri de ses attaques; que de fois son encrier tomba dans le piano près duquel il travaillait ! Beethoven fit intégralement partie des maisons des Lichnowski, des Lobkowitz, des Browne, des Brunswick, des Erdœdy, des Thun. Son illustre élève, l'archiduc Rodolphe, donnait l'exemple. Artiste, il traitait le plus grand artiste du temps comme il devait être traité, comme un élu des largesses divines. Beethoven avait fait ses conditions avec le prince; il désirait être seul avec lui dans sa leçon d'harmonie et de piano. Le prince observa la consigne. Beethoven ne rencontrait chez lui que l'archiduc Charles, le héros d'Aspern, que l'archiduc Rodolphe savait lui être sympathique. Quelque charme que l'intimité de personnes de cette distinction exerçât sur l'esprit de l'artiste, la seule idée que la leçon approchait suffisait pour le rendre malade. Il était cependant impossible qu'on usât de plus de ménagements. L'archiduc signait ses billets à Beethoven : « Votre amical et dévoué élève ». Il le suppliait de ne point se déranger de Baden où Beethoven passait d'ordinaire l'été, si l'état de sa santé pouvait en souffrir (1823). Beethoven resta incorrigible dans ses répugnances. S'il fut excusable en cela, c'est que l'idée qu'on pût enseigner l'harmonie devait paraître invraisemblable à l'auteur de la symphonie pastorale. Jamais Beethoven ne réussit à se faire à la moindre gêne. L'invitiez-vous à dîner, il ne vous pardonnait pas d'avoir été tout un jour l'esclave de votre heure. L'heure pour lui — c'était un motif. Il avait encore la singulière idée qu'on mange quand on a faim. Un grand jour cependant arriva où il donna à dîner chez lui aux dames Sonntag et Unger. Ce dîner cachait la machiavélique pensée de faire trouver plus supportables à ces dames les difficultés de leurs parties dans la symphonie avec chœurs et de leur prouver qu'il était de toute impossibilité d'y changer quelque chose.

Beethoven réussit à se persuader qu'il avait envie du mariage (1810); il n'était pas mariable et ne se maria point. C'est dans sa vie incolore mais sobre de cabaret qu'il préférait à la table de ses nobles amis; c'est en ne pas désemparant des salons de la haute noblesse de Vienne qu'il put expérimenter la vérité des vers du Dante:

> Tu proverai sicome sa di sale
> Lo pane altrui e come duro cale
> Lo scender e'l subir per altrui scale.

On n'est pas impunément génie; mais n'est-il pas heureux qu'il y ait des riches, des personnes placées dans des positions exceptionnelles, quand avec les 75 centimes par tête des communistes le plus petit trio deviendrait impossible?

Beethoven connut Gœthe ; l'archiduc le présenta aux grands personnages du congrès de Vienne; le comte Rasoumowski, ambassadeur de Russie près la cour de Vienne, à l'empereur Alexandre et à l'impératrice Elisabeth. Beethoven avait déjà dédié une belle œuvre à l'empereur Alexandre (V. op. 30), il composa pour l'impératrice une polonaise (op. 89; comparez op. 97). On voit que Beethoven connut ce que le pouvoir, la richesse, l'esprit et la beauté produisent de plus complet. Son œuvre est la reconstruction de ce cosmos.

Les maîtres achetèrent cher le privilège d'être posthumément pour nous une source de plaisirs. Il n'y eut sorte de déboires que Mozart n'éprouvât à la suite de ses opéras. Il fallut un ordre de l'empereur Joseph pour mettre à la raison les chanteurs récalcitrants, inspirés en cela par l'intrîgant Salieri lors de la première représentation des *Noces de Figaro* (*Niessen,* p. 492). Ces mesquines intrigues, ces misérables tracasseries, *Fidélio* les renouvela pour Beethoven. Il n'est peut-être pas de persécution plus sensible que celle obstinément exercée dans les petites choses. Beethoven avait recomposé son opéra et en avait changé le nom d'Eléonore en Fidélio (V. op. 72) que le jour de la nouvelle représentation les affiches annoncèrent

Eléonore. Beethoven ne sut jamais d'où était parti ce coup qui laissa le théâtre désert. Quand il fut sûr de l'imprimeur d'affiches, le moment favorable avait passé. On proposa à Beethoven de composer un opéra pour mademoiselle Sontag (*Mélusine,* texte de Grillparzer, 1823), on pensa pour lui à la ballade de Schiller : « *die Burgschaft* ». Le baron Biedenfeld fut chargé par l'entrepreneur de l'opéra italien de Vienne, Barbaja, d'arranger la ballade en libretto d'opéra en trois actes sur les textes des poésies fugitives de Schiller. Beethoven goûta fort l'idée, mais il voulut que Weigl composât le second acte, la fête de noce du sujet. Il dit pour s'excuser : « Cette bienheureuse gaieté me plaît ». (*Bienenfeld,* opéra-comique, page 216). Barbaja avait formé le plan de relever l'opéra allemand et d'en monter un tous les ans concurremment avec les opéras italiens. Un *pasticcio* de ce genre ne pouvait être son affaire. Beethoven abandonna, de son côté, tout projet d'écrire un opéra en se souvenant de *Fidelio*.

Nous avons dit que Beethoven ne quitta pas Vienne. Un voyage de courte durée à Berlin excepté, sa vie fut circonscrite entre Vienne et la banlieue. Quelle différence avec l'existence des artistes du jour, qui prétendent que chaque heure soit pour eux un triomphe ou un roman. Nous avons des chemins de fer en toutes choses; en sentiment, nous allons plus vite que nos pères; allons-nous plus loin?

Les trois dernières années de sa vie, Beethoven vécut isolé. Sa surdité, complète alors, fut la cause première de cet éloignement. Rossini, d'un autre côté, était devenu l'idole du jour. Vingt-neuf habitants de Vienne (pas seulement trente), noblesse et mezzo cetto, se réunirent alors tardivement (1824) dans une adresse pour prier Beethoven de faire entendre dans un concert la symphonie avec chœurs et la messe en *ré*. Quoique touché de la démonstration, l'artiste, blessé par l'oubli dont il avait été si longtemps l'objet, hésita; enfin il accepta. Autant l'adresse avait été pompeuse, autant les questions de local et d'arrangement, laissées à la charge de l'artiste, l'excédèrent; autant le résultat du concert fut honteux pour l'adresse. Il resta 420 florins (1050 francs) pour Beethoven de la recette. La répétition du concert valut 800 florins de perte à l'administration du théâtre, 500 florins bon argent (1250 francs) à Beethoven, et cela parce que cette somme lui avait été garantie. On eut de la peine à la lui faire accepter. Le premier concert avait cependant donné lieu à une scène qui avait de quoi faire augurer mieux du second. La symphonie avec chœurs, dirigée par *Umlauf*, venait de finir. Beethoven tournait en ce moment le dos au public; il n'entendait pas plus les applaudissements de l'auditoire qu'il n'avait entendu la musique. Mademoiselle Unger, toute sous l'impression du moment, tourna alors vivement Beethoven du côté du public et lui montra du doigt ses transports. On eût dit d'une étincelle électrique. L'enthousiasme ne connut pas de bornes. Ce concert, dont le résultat mesquin fut une source de profonds chagrins pour Beethoven, fournit une preuve de l'irritabilité de son caractère. Le comte Lichnowski (V. op. 90), le violoniste Schupanzigh et Schindler s'étaient donné le mot de se rencontrer chez Beethoven, d'arrêter les conditions du concert par écrit et de les lui faire signer pour triompher de ses indécisions. Ce plan réussit, mais l'instant après, Beethoven, interprétant l'innocent complot au plus mal, écrivit les trois billets suivants :

« Au comte Lichnowski,

« Je méprise les faussetés. Ne venez plus me voir; le concert n'a pas lieu (Falschheiten verachte ich. Besuchen Sie mich nicht mehr. Akademie hat nicht statt). »

« A Mr. Schupanzigh.

« Ne venez plus chez moi. Je ne donne pas concert. (Besuche *er* mich nicht — ich gebe keine Akademie) »

Le cumul de la seconde et troisième personne dans *besuche er* est on ne peut plus injurieux et ne s'emploie en allemand que de maître à domestique, et encore. »

« A Mr. Schindler.

« Vous ne viendrez me voir que quand je vous ferai chercher. Pas de concert. (Besuchen Sie mich nicht mehr bis ich Sie rufen lasse. Keine Akademie). »

L'extrême irritabilité de Beethoven provenait en grande partie de ses souffrances physiques. Dès 1797, il sentit un affaiblissement des organes de l'ouïe. On lit dans une lettre adressée à son ami, le docteur Wegeler (juin 1800) : « Mon ouïe s'affaiblit de plus en plus depuis trois ans. Au théâtre, je suis obligé de m'appuyer contre l'orchestre pour comprendre l'acteur. Je n'entends pas les sons élevés des instruments et des voix, lorsque je suis un peu éloigné. J'ai souvent maudit mon existence. Plutarque m'a enseigné la résignation. Je veux braver ma destinée, quoiqu'il y ait des moments où je suis la créature de Dieu la plus malheureuse ».

D'autres souffrances compliquèrent sur la fin de sa vie l'état de siège dans lequel sa surdité le tenait vis-à-vis du monde. Beethoven n'eut point la consolation de voir veiller l'amour au chevet de sa couche. Les faits suivants peindront l'isolement auquel il se voyait abandonné. Rentré malade à Vienne (décembre 1826), Beethoven envoya chercher les médecins Braunhofer et Staudenheim. L'un fit répondre que Beethoven logeait trop loin pour qu'il pût aller le voir, l'autre se fit inutilement attendre. Il fallait que le garçon d'un café tombât malade pour que Beethoven obtînt un médecin. Voici comment. Le neveu de Beethoven se souciait peu de son bienfaiteur, qui avait encore été le bienfaiteur de son père en secourant ce dernier de dix mille francs *pour lui rendre la vie plus douce,* disait-il. Ce jeune homme n'avait pas voulu se déranger pour aller chercher un médecin, il en avait donné commission au marqueur du café où il avait l'habitude de jouer au billard. Le marqueur n'en avait rien fait, une indisposition l'ayant conduit à l'hôpital. Là, il s'en souvint et parla de Beethoven au professeur de clinique Wawruch. Wawruch accourut aussitôt chez Beethoven. Il le trouva seul, sans médecin. Beethoven avait cependant un frère dans une position relativement aisée, le fameux apothicaire qu'on vit à Vienne promener sa stupide apathie dans un landau à quatre chevaux. L'artiste avait fondé la pharmacie qui avait tant profité à Jean Beethoven. Ce frère ne voulut seulement pas donner un peu de foin à Beethoven quand les médecins lui recommandaient des bains de foin. Se connaissant en herbes, il dit que le foin de sa propriété à lui n'était point assez bon.Logeant un temps à côté même de Louis dont il avait dit qu'il n'irait jamais aussi loin que lui, Jean ne le voyait seulement pas, il se contentait de lui envoyer le jour de l'an sa carte : Jean van Beethoven, propriétaire (Gutsbezitzer). Louis écrivit sur le revers : Louis van Beethoven, propriétaire de cervelle (Hirnbesitzer). Il appelait encore ce frère, mangeur de cervelle (Hirnfresser; *Schindler,* p. 160). La nature robuste de Beethoven triompha quelque temps des secousses au physique et au moral. Son neveu aussi le quitta pour rejoindre son régiment. L'amour que lui avait porté Beethoven aurait pu se changer en haine, le compositeur d'*Adelaïde* en fit son héritier. La maladie de Beethoven avait été une inflammation des poumons, l'hydropisie suivit, quatre ponctions furent faites au malade, qui dit pendant l'opération : « Mieux vaut perdre de l'eau par le ventre que d'en produire par la plume ». Les soins de Wawruch et du célèbre Malfatti furent impuissants, Beethoven succomba le 26 mars 1827. La sympathie générale s'éveilla alors, un magnifique enterrement fut la reconnaissance de Vienne.

De tous les maîtres, Mendelssohn et Weber furent les musiciens dont l'esprit était le plus cultivé. L'originalité de Haydn fut d'être un simple, dit l'auteur anonyme de la *Foi nouvelle cherchée dans l'art.* Les lettres de Mozart montrent une touchante ignorance de tout ce qui n'est pas son art. Elles sont le fait d'un homme qui est enfant en toutes choses, hormis une seule. L'Italie fut pour Mozart une page de musique à lire. Beethoven fut plus instruit. On a exagéré cependant le degré de son instruction. J'en conclus que le génie peut se passer de culture, mais qu'il est fort dangereux de se trouver soi-même assez de génie pour se passer de culture. Beethoven savait un peu de latin, très peu (*Wegeler,* p. 9). Il n'écrivit point lui-même l'intitulé en latin de la messe en *ré* (V. op. 123) et eut besoin d'une traduction littérale pour en composer le texte. Il savait très peu l'italien (il ne savait que lire l'italien). Les échantillons de son français sont du créole (voyez le grotesque projet de sa lettre à Cherubini, *Schindler,* p. 126, 266).

Le style allemand de Beethoven a de l'énergie, il est coloré, poétique dans sa concision, mais non pas toujours exempt des hoquets de la langue de Vienne. On a des lettres de lui qui mériteraient de porter des chiffres d'œuvre (voyez dans Schindler les lettres à Juliette, à son neveu, la lettre à Wegeler, 29 juin 1800, traduite dans le *Journal des Débats* du 20 mars 1838, les passionnées lettres à Bettina où l'on lit : « Ta dernière est restée posée pendant toute la nuit sur mon cœur et m'a rafraîchi. Les *musiciens* se permettent *tout.* Dieu, comme je vous aime! Ton très fidèle ami et *frère sourd* Beethoven (1812). »

La pureté des principes de Beethoven, l'élévation de ses idées se réflètent dans ce passage de son testament fait après une première grande maladie (1802) et qui s'adresse à ses frères : « Recommandez la vertu à vos enfants; elle seule rend heureux, non l'argent. Je parle d'expérience : c'est la vertu qui m'a soutenu dans la misère. Je lui dois, outre mon talent, de n'avoir pas mis fin à mes jours par un suicide ».

Beethoven aimait Shakespeare; il connaissait les classiques grecs et latins, non pas comme ses poches qu'il ne connaissait pas, mais comme ses partitions, et c'est beaucoup dire. Plus d'une fois il s'inspira des idées de l'antiquité (V. op. 97). Le Coriolan de Plutarque donne la main au Coriolan de Beethoven. L'étude des classiques en traduction, comme les lisait Beethoven dans leur ensemble, est la bonne, celle qui profite au sentiment du beau en nous. L'enseignement devrait aviser à un moyen terme entre l'étude de la langue des classiques et l'étude du beau dont ils sont l'impérissable modèle. La préférence d'un esprit de la trempe de Beethoven pour la littérature ancienne donne à réfléchir. Les latinistes et hellénistes acceptent les classiques comme l'anatomiste accepte le cadavre. L'âme devrait cependant avoir son tour après le corps, la physiologie l'emporter en pareille matière sur l'anatomie. *Stat media via!* Beethoven suivait la politique. La gazette d'Augsbourg (*Allgemeine Zeitung*) dévora une partie considérable de son temps. Ses goûts étaient simples : de l'eau, le vin du pays, un peu de vin d'Ofen, de la bière, une pipe de tabac le soir. Le souper était la reprise par bribes du dîner. Ses préoccupations gastronomiques portaient sur un seul point, le café. On ne lui connut pas d'affaire qu'il traitât avec plus d'importance. Il lui fallait soixante grains de café par tasse. Il les comptait un à un, la mesure la plus exacte pouvant faire une erreur de trois ou quatre grains. Beethoven ne travaillait que jusqu'à son dîner. Il se couchait à dix heures et se levait avant le jour.

Bettina, ce Louis Lambert féminin, nous a conservé quelques pensées de Beethoven sur son art et la place qu'il y occupait à ses yeux, qui en disent plus que les faits peu importants de sa vie incolore. On lit dans une lettre de Bettina à Gœthe (1810) : « Je ne crois pas me tromper en disant que Beethoven marche en tête de la civilisation humaine. Et qui sait si jamais nous le rejoindrons? Puisse-t-il seulement vivre jusqu'à ce qu'il ait donné la solution de la sublime énigme de son esprit! Alors il nous léguera sûrement la clef d'une initiation qui nous permettra de monter d'un degré de plus vers la béatitude. Je crois à un charme divin, élément de la nature spirituelle. Ce charme, Beethoven l'exerce dans son art, tout ce qu'il t'en dira est de la magie pure; chez lui, tout arrangement procède simplement de l'organisation d'une existence supérieure, et lui-même sent qu'il est le fondateur d'une nouvelle base par laquelle la vie spirituelle se révèle aux sens. Lui-même ne dit-il pas : Dès que j'ouvre les yeux, je me prends à soupirer, car ce que je vois est contre ma religion et je méprise le monde qui ne comprend pas que la musique est une révélation plus sublime que toute sagesse, que toute philosophie; qu'elle est le vin qui inspire les créations nouvelles! Moi je suis le Bacchus qui pressure pour les hommes ce nectar délicieux; c'est moi qui leur donne cette ivresse de l'esprit, et quand elle a cessé, voilà qu'ils ont pêché une foule de choses qu'ils apportent avec eux sur le rivage. Je n'ai pas d'amis, je suis seul avec moi-même; mais je sais que Dieu est plus proche de moi dans mon art que des autres. J'en agis sans crainte avec lui, parce que j'ai toujours su le reconnaître et le comprendre. Je ne crains rien non plus pour ma musique, elle ne peut avoir de destinée contraire; celui qui la sentira pleinement sera à tout jamais délivré des misères que les autres traînent après eux.

« L'esprit tend à une universalité sans bornes, où tout dans tout forme un lit au sentiment, qui prend sa source dans la pensée musicale simple et qui sans cette fusion de tout dans toutes choses, s'évanouirait inaperçu. *C'est là l'harmonie, c'est là ce que mes symphonies expriment ;* la fusion des formes diverses s'y précipite en un seul courant vers le but. Alors on sent que dans tout ce qui est spirituel, il y a quelque chose d'éternel, d'infini, d'insaisissable; comme un enfant, j'ai une soif inextinguible de recommencer ce qui me semblait terminé par le dernier coup de timbale, ce dernier coup par lequel j'empreins violemment mes jouissances et mes convictions musicales dans l'âme de mes auditeurs. La musique est l'unique introduction incorporelle au monde supérieur du savoir, de ce monde qui embrasse l'homme, mais que celui-ci ne saurait à son tour embrasser. Il faut avoir le rythme de l'esprit pour comprendre l'essence intime de la musique. Elle est le pressentiment, l'inspiration des sciences célestes, et les sensations que l'esprit en éprouve sont la corporification de l'entendement. Quoique les esprits vivent de musique comme on vit d'air, c'est encore une chose à part que de comprendre la musique avec l'intelligence ; mais aussi, plus l'âme y puise sa nourriture, et plus cette intelligence vient à se développer. Peu d'êtres sont appelés à ce degré de félicité. Ainsi qu'il y a des milliers de gens qui se marient par amour et chez lesquels l'amour véritable ne vient jamais à se révéler une seule fois, quoiqu'ils fassent tous le métier de l'amour, ainsi des milliers de gens cultivent la musique et n'en ont pas la révélation. Comme art, la musique a pour base le sens moral : *La musique est un terrain dans lequel l'esprit vit, pense et invente.* La philosophie n'en est qu'un dérivé, qu'une décharge électrique; la musique seule apaise le besoin de tout rapporter à un principe primitif, et quoique l'esprit ne parvienne pas à maîtriser ce qu'elle lui fait engendrer, il est heureux dans sa création; toute véritable production artiste est indépendante; elle est plus puissante que l'artiste qui l'a créée, elle retourne à sa source, à la divinité, et n'a d'autre rapport avec l'homme que de témoigner de l'intervention divine en lui. La musique enseigne à l'esprit les relations harmoniques. Une pensée détachée porte en elle le caractère de la généralité, de la communauté en esprit, et c'est pourquoi toute pensée musicale fait inséparablement partie de l'harmonie entière, qui est l'unité ».

On a douté de l'authenticité de ces paroles. Il ne faut pas oublier que personne des contemporains n'eût été de force à les penser. Tout dans la lettre de Bettina porte d'ailleurs le cachet de la vérité, jusqu'à cette phrase :

« J'ai lu ma lettre à Beethoven. Ai-je vraiment dit tout cela, fit-il? Alors c'est que j'ai eu une extase. L'expression *dann hab' ich einen Raptus gehabt,* expression familière en allemand, était habituelle à Beethoven (*Wegeler,* p. 27, 35). On la rendrait en français par tic, elle ne signifie point extase.

Nous terminerons cette rapide esquisse biographique, dont il faut savoir lire les détails dans l'œuvre du maître, par le portrait de Beethoven. Beethoven était de taille petite plutôt que moyenne, d'une constitution ramassée et robuste. Son énorme tête, ses cheveux épais, du soin desquels il se remettait à la nature, le distinguaient d'entre tous. Il avait le front ouvert et imposant. Ses petits yeux lançaient des éclairs dès qu'une idée s'emparait de lui ou fixaient immobiles le premier objet venu. La vie semblait alors se retirer de son être pour faire place à l'idée, sa taille même en paraissait grandir. Les inspirations le prenaient partout, en compagnie, dans la rue. Il se passait dans ce moment quelque chose de si extraordinaire en lui, qu'on s'arrêtait pour le voir passer, bien qu'il ne fît aucun mouvement de la tête ou des mains. Peu de personnes ont vu sourire Beethoven. Le sourire de Beethoven était incomparable, on eût dit d'une douce lumière éclairant les abîmes de la pensée qu'on lisait sur l'ensemble de ses traits endoloris.

Ce qui distinguait l'homme distingue encore son œuvre, l'élément humain, élément d'affections et de souffrances, le fond de la religion chrétienne.

FIN DE L'INTRODUCTION

ANALYSES

DES

SONATES DE PIANO

PREMIÈRE MANIÈRE

1re SONATE JUSQU'A 11e SONATE

In aller Kritik, bretreffe sie Worte, Erklærung, Aechtheit, Composition oder Kunst, wird nach aller Verfeinerung des Gedankens und Gefühls, die Empfindung eigener Persönlichkeit den Ausschlag geben.

TIEK, *Vorrede zu den gesammelten Schriften von Lenz.*

Beethoven est le seul compositeur dont les chiffres d'œuvre (opéras) présentent un véritable intérêt, parce qu'ils servent à marquer les époques de transformation de son style. Les chiffres *ronds* 20 et 100 suffisent pour se guider. La première manière s'étend de l'œuvre première jusqu'à l'œuvre vingtième (le septuor); la seconde, de l'œuvre vingtième jusqu'à l'œuvre centième, à la presque seule exception des deux premières symphonies op. 21, 36. Passé l'opéra 100, on trouve la troisième manière, à l'exception des ouvertures op. 113, 115, 117, 138, de quelques morceaux pour le chant (op. 108, 112, 116, 118, 121, 122, 128), de quelques variations (op. 105, 107), d'un rondo (op. 129) sans intérêt, appartenant à une époque antérieure, publié après la mort de Beethoven, comme l'ouverture op. 138 (V. les chiffres du Catalogue). Ce moyen mécanique de distinguer dans Beethoven ne doit point dispenser d'une étude de la portée de ces divisions et des compositions sans chiffre d'œuvre (seconde et troisième sections du Catalogue). Ces chiffres *ronds* ne comprennent pas non plus *strictement* la musique vocale de Beethoven dont nous envisageons l'*Adélaïde* (op. 46), comme le passage de sa première à sa seconde manière en tant que style vocal; comme la plus heureuse conquête du maître sur le terrain du chant; *Fidélio,* les *Lieder* (op. 82, 83, 84), *le Christ au mont des Oliviers* (op. 85) et la messe en *ut* procèdent de sa seconde manière; les chœurs de la neuvième symphonie, la messe en *ré* de la troisième. Le génie de Beethoven fut tout instrumental, les métamorphoses de son style se dessinent donc moins dans sa musique vocale; l'étendue donnée à un *Lied* sera le plus souvent ce qui constituera une autre manière de traiter le chant (V. au Catalogue l'opéra 95, 98); les violences faites à la voix, l'extrême difficulté, sinon l'impossibilité de l'exécution, seront les symptômes de la troisième manière dont nous venons de voir les exemples les plus remarquables se réduire à deux.

Nous suivrons maintenant dans les sonates de piano ces divisions. Les trois premières sonates (comparez la lettre *f,* troisième section du Catalogue), dédiées à Haydn, l'impeccable juge du temps, écrites vers la fin du règne de Haydn en musique et le commencement du règne de Mozart, sont de prime abord ce torrent qu'on sent devoir devenir fleuve et s'appeler à la fin de sa course *Rhin* ou *Danube.* On a prétendu que l'adagio surtout était la spécialité de Beethoven (Berlioz, V. music., p. 361), ce qui serait plus vrai pour Mozart dont les productions datant des premières années de son enfance même recèlent déjà des traces de génie dans les adagios. Le génie de Beethoven, également fécond dans toutes les formes de la musique instrumentale, paraît, il est vrai, avoir trouvé parfois *plus d'attrait* à un adagio; mais on en dirait autant des scherzi. Les premiers allegros, les finales sont-ils inférieurs pour cela? La nouveauté, l'intérêt des idées de Beethoven sont plutôt tels qu'il est impossible d'établir de ces préférences. Le caractère de son invention est d'être naturellement primitive. Il s'empare de vous avant que vous ayez eu le temps de vous rendre compte des moyens d'action employés. Ce qu'on sent à l'audition de ces ouvrages, c'est que toutes choses sont là à leur place et qu'elles y sont comme elles doivent l'être. L'idée que telle phrase ou dessin gagnerait à être traité ou énoncé autrement, ne vous vient seulement pas. Le pire qui puisse arriver à Beethoven, c'est qu'on dise: « Cela ne me plaît pas, je ne comprends pas cela », ce qui ne prouverait rien, le morceau pouvant être au-dessus de l'intelligence d'un individu donné. La puissance de l'invention de Beethoven et sa fantaisie peuvent ne pas être comprises. On ne saurait y corriger, modifier, retoucher.

Les adagios de Beethoven, surtout ceux de sa première manière, ne sont pas plus beaux que les adagios de Mozart, l'infini étant *essentiellement un;* ils sont seulement *autres;* le cadre a grandi, les couleurs sont augmentées, le tableau représente toujours ce qui *est,* ce qui *sera* toujours, l'homme, la fantaisie humaine. *Les temps changent, l'homme reste.* Beethoven reprenait l'art où Mozart l'avait laissé; il le chargeait sur ses puissantes épaules pour le porter plus loin. Il traînait là une toison bien riche. Les adagios de la plupart des sonates de Mozart pour piano seul, de la 31e, 39e et 39e sonates pour piano et violon, qui resteront à jamais des chefs-d'œuvre ; l'adagio de la grande sérénade pour treize instruments à vent (1), le larghetto du quintette pour piano et instruments à vent, du quintette de clarinette, les adagios des quatuors et quintetti pour instruments à cordes, des principales sympho-

(1) Cette composition en sept morceaux a peut être donné à Beethoven l'idée de la surpasser dans son septuor, excepté l'adagio qu'on ne surpassait pas. La sérénade a été mise en quintette de piano par Schwenke.

nies de Mozart, ne le cèdent pas aux adagios de Beethoven, ni à rien de ce que le génie de l'homme ait créé dans les arts. Beethoven se posa l'égal de Mozart, dans la musique de piano du moins, par les trois sonates op. 2 et surtout par les adagios de ces sonates. Ce n'est pas peu dire. Sa manière de traiter le clavecin du temps est même très supérieure à la manière de Mozart. Un artiste qui, au début de sa carrière, commence par égaler le plus grand génie qui eût existé jusqu'à lui est sans exemple dans l'histoire. Nous hésitons à placer les premiers adagios de Beethoven à côté des adagios d'*élite* de Mozart et de Haydn; aussi savons-nous quelle revanche Beethoven prit dans le quintette en *ut* et le quatuor en *fa,* op. 59; dans la sonate pour piano et violon en *ut mineur,* dédiée à l'empereur Alexandre; dans l'adagio de la symphonie en *si bémol.* Qu'on se rappelle les notes mystérieuses de l'adagio de la symphonie, pointées d'abord par les seconds violons, répétées par le basson, par la timbale, et qui ôtent alors comme une dernière toile de dessus ce tableau des félicités de l'Empyrée. Vous souvient-il du calme qui, sur les ailes du principal chant, descend dans votre âme? Non! Mozart ne toucha pas aussi haut, et il n'est pas étonnant que la flûte à laquelle Beethoven confia de ramener le chant « arc-en-ciel » de l'adagio se sente anoblie, et ne veuille plus de Gabrielsky; le basson qui joua un rôle dans cet adagio n'est plus un basson, mais un foudre de guerre. Beethoven individualisa les instruments et en fit des puissances auxquelles il confia l'exécution des plans de batailles qu'il entendit livrer aux erreurs du monde dans ses symphonies.

Beethoven, dont les trois trios de piano, op. 1, dédiés à son *ami* le prince Lichnowski, comme Haydn fut *l'humble client* des Esterhazy, marquent les commencements, trios qui ne se faneront point, inouïs de hardiesse en 1795; Beethoven qui les continua par les trois sonates, op. 2, dépassa le seuil de toute école au point qu'il dut faire trembler les *magisters;* aussi tremblèrent-ils et n'y virent-ils que du feu. Haydn, le grand Haydn, auquel s'adressait la dédicace de ces sonates, les rendit avec un sourire au jeune Titan, en lui disant: « Qu'il ne manquait pas de talent, mais qu'il fallait encore s'instruire. » Tant il est vrai que le génie est éprouvé en ce monde. Beethoven venait de surpasser Haydn et d'égaler Mozart.

L'adagio (*fa majeur*) de la première sonate (*fa mineur*) est justement célèbre, il est tout chant, tout soleil, bien qu'il pourrait ne pas atteindre aux adagios des trois trios de piano dont nous venons de parler, et que Beethoven semble avoir posés comme de nouvelles colonnes d'Hercule, non point pour marquer la fin de la course, mais pour faire comprendre le point *d'où* il entendait *l'entreprendre*. Le trio du menuet de la première manière présentait un passage en doubles notes si incommode, que Beethoven crut devoir en marquer le doigter, espèce de demande en *venia patrocinandi* qu'il adressa aux *magisters* du temps pour ne point trop les courroucer. Il existe peu de doigters de Beethoven. Dans les œuvres du génie, rien n'est sans intérêt. Citons ces quelques doigters. Il y en a un dans le premier allegro de cette sonate en *fa mineur*. La main droite parcourt rapide la gamme de *fa mineur* (*ut, fa, la bémol; ut, fa, la bémol* à l'octave). Beethoven marque le premier *ut* du pouce (il était difficile d'imaginer un autre doigt), le *la bémol* à l'octave, du quatrième doigt. Quand nous disions qu'il voulait se faire venir bien des coureurs de cachet en Allemagne qui n'était pas encore unie: il leur allonge bien le coup de lanière de cette gamme ascendante, mais il y met des formes et un doigter. Vous trouverez encore un doigter dans le premier allegro du trio de piano, *ut mineur,* op. 1, où le feu roulant du passage en doubles croches paraissait une énormité en ces tranquilles jours de musique en corset régulièrement lacé. Dans le scherzo de la sonate pour piano et violoncelle en *la,* op. 69, dans l'arioso de la sonate, op. 110, le changement du troisième doigt sur une note *syncopée,* tenue par le quatrième, produit un effet, comme en produirait un violon, effet qu'on ne s'explique pas sur le piano et qui pourrait en augmenter les ressources. Il semblerait qu'on ne s'en est seulement pas aperçu jusqu'à présent.

Il y a un doigter dans les sonates de piano, op. 101 (finale), op. 106 (premier allegro), op. 78 (finale). Il y en a dans quelques ouvrages de moindre importance, presque toujours quand il n'en est pas besoin; (v. le n° 1 de la seconde section du Catalogue). Beethoven aimait à envoyer ses compositions dans le monde sans cette sorte de passeports pour les passages incommodes qu'elles pouvaient contenir, ce dont il n'avait nul souci, planant calme et solitaire dans l'éther, comme l'aigle des Andes, à des hauteurs au-dessous desquelles les autres créatures ne trouvent plus que l'asphyxie et la mort (Berlioz, *Voy. musical*). Comme les romanistes de l'école de Bologne qui ne disent mot dans leurs gloses sur les interprétations difficiles et qui s'étendent avec une singulière complaisance sur les textes que tout le monde comprend, Beethoven ne marqua pas de doigter là où l'on en aurait désiré le plus. Que lui importaient les *dragomans* chargés de traduire ses poèmes pour l'oreille?

De nos jours, à force de monter le piano, on a fini par marcher dessus à son aise, et les quelques doigters de Beethoven se trouvent être aujourd'hui tout juste ceux qu'il ne convient pas d'employer. Cet avantage remporté d'un mécanisme perfectionné, est incontestable. Il serait seulement à désirer que les pianistes ne se frotassent pas *toujours* d'huile en gladiateurs prêts au combat, parce qu'il a fallu courir un peu pour en arriver là.

Le finale de la première sonate (prestissimo, *fa mineur*) est un morceau si franc, si dramatique, qu'il n'en existait pas dans le temps qui pût lui être comparé; aussi, les sympathies qu'il compte lui furent-elles acquises bien après sa publication, et le doux sourire de Haydn s'arrêta-t-il surtout sur cette coulée de lave qui parut généralement être une indécente monstruosité. Pour plaire *en ces temps-là,* il fallait *batifoler* et ne rien incendier. C'est alors qu'on avait un fauteuil d'honneur dans les concerts, comme Haydn que les plus grandes dames de Vienne y conduisaient en lui baisant parfois la main, quand personne n'offrit à Beethoven le moindre petit escabeau, si peu rembourré qu'il fût.

Le premier allegro (*la majeur*) de la seconde sonate, d'une coupe hardie et incisive, prélude, par la franchise et l'imprévu de son plan, par les développements symphoniques de sa seconde partie, aux compositions de la seconde partie, aux productions de la seconde manière de Beethoven. Ce morceau est déjà en quelque sorte affranchi des traditions de l'ancienne musique de chambre. Le mouvement en est vif (2/4 *allegro vivace*) et les traits en triolets de doubles croches de 12 à la mesure sont d'une si grande rapidité, qu'on aimerait s'y voir essayer le mécanisme des pianistes du jour. Il convient assez de partager ces traits de basse entre les deux mains aussi souvent que la main droite est libre, afin de leur donner le plus de son possible. On fera bien d'intervertir les rôles, de donner à la main droite ce qui est à la main gauche, et même à la main gauche ce qui est à la main droite, pour peu que l'on désire approcher de l'effet que ce morceau produirait sous les archets d'un orchestre. Dans peu de compositions, le doigter à employer joue un rôle plus important. L'ancienne école, dont le piano (*cembalo*) était et plus facile et plus maigre, n'aimait pas à confondre les parties et ne mêlait point les rôles que l'usage s'était plu à partager, une fois pour toutes, entre les deux mains. Quand la basse parlait et que les autres parties comptaient des pauses, la main droite était condamnée à l'inaction pour mieux accuser ces partages. Ce n'est plus aujourd'hui une considération, toutes les fois que l'effet obtenu par un emploi volontaire des deux mains est plus grand sans qu'aucune partie du morceau en pâtisse. La figure très précipitée des triolets en doubles croches du premier allegro, notée dans le système de la main droite, sera toujours, et quoi qu'on fasse, saccadée, dure, sans liaison, si la première note de chaque « grupetto » n'est pas donnée à un doigt de la main gauche, si les deux autres notes du groupe ne sont point rapidement continuées par le cinquième et le pouce de la main droite. La croche qui couronne les traits ascendants de la basse (triolets en doubles croches) rebondira mieux, enlevée qu'elle pourrar l'être par la main droite, que tintée par le pouce de la main gauche arrivant épuisé au terme de sa course. Il y a quelques rares sonates de Haydn et de Mozart dont le premier allegro est à deux temps, mais c'est presque toujours pour être plus batifolant, pour être plus faible. Quand un premier morceau de Beethoven est à deux temps, c'est pour concentrer son idée, pour serrer comme dans un étau l'appareil des moyens destinés à l'exprimer; c'est pour être plus fort. Tel est l'allegro de cette sonate, tel le « Kyrie » de la messe de Beethoven en *ut,* tel le premier morceau de la symphonie en *ut mineur,* de la symphonie avec chœurs. La première partie de l'allegro de la sonate en *la* finit par trois accords sur la dominante, répétés au commencement de la seconde partie; suivent deux mesures de silence, le *mi* du médium résonne seul, puis ce *mi* avec la tierce *mineure* et la quinte, puis encore le *mi* seul, suivi de l'irruption du motif en plein *ut majeur* qui brise en cataractes ces digues. Cette transition, marquée au coin du génie quoique fort simple, montre la secrète analogie des tonalités relatives *plus* la manière de s'en servir. Le ton mâle d'*ut* relève le *la majeur.* On peut regretter seulement que le piano ne suffise pas à remplacer les trémoli des archets d'un orchestre auxquels les instruments à vent jetteraient avec bien plus d'effet le motif. Après quelques développements en *mineur* où la dixième en appogiature disparaît presque dans les secousses des basses sur les temps faibles et restera une difficulté d'exécution, un chant, qu'on dirait s'exhaler de quelque chanson russe, prépare délicieusement la reprise du motif en *la majeur.* Ce premier allegro est déjà l'œuf d'où éclôt l'aigle de la symphonie en *la.*

L'adagio (3/4 largo appasionnato, *ré majeur*) est tout un petit *oratorio* et rappelle la majestueuse manière de Händel, que Beethoven mettait au-dessus de tous les compositeurs, dont il disait qu'il aurait voulu s'agenouiller tête nue sur son tombeau. (*Ries,* p. 84; *Schindler,* p. 170, 2. *Nachtrag.*) Trouver en ces temps, dans une composition à l'humble adresse du piano qui était encore clavecin, un morceau de ces proportions, mais c'était effrayant, comme le serait un bon et véritable boa étendu de son long sur les chemins râtelés de nos jardins. C'était épouvantable et surtout *condamnable:* Haydn *d'ailleurs* l'avait laissé penser. Cet adagio égalait pourtant les messes de Joseph et de Michel Haydn. Le chevalier Seyfried a arrangé cette page magnifique pour orchestre (Morceaux choisis de Beethoven, arrangés pour gr. orchestre). Le scherzo (*la majeur*) serait à sa place dans une boîte à musique. C'est une bluette charmante, qui flatte l'oreille, et qu'il faudrait employer pour convertir les personnes qui prétendent qu'il n'y a que du savant dans Beethoven. Le chant passionné du trio (*la mineur*) a le caractère des chansons russes. Il est probable que Beethoven devina cet élément slave. Le thème russe qu'il traita beaucoup plus tard dans l'allegretto (scherzo) du quatuor en *mi mineur,* et cet autre dont il défraya le finale du quatuor en *fa,* lui avaient été fournis par le comte Rasoumowski auquel s'adresse la dédicace du quatuor. Le nombre des chansons russes connues en Allemagne est aujourd'hui même restreint. Beethoven composa cette sonate en 1796; il avait vingt-six ans. L'on devait à peine connaître alors en Allemagne *une* ou *deux* chansons russes. Cette manifestation de l'élément slave dans Beethoven n'est pas sans intérêt.

Le rondo (*la majeur*) a sept pages. Ses développements se prévoient. Le motif et le second membre de son dessin mélodique seuls sourient du sourire de Beethoven. Ce rondo est au fond épuisé à la 12e mesure, il en présente 189 dans le rythme de 4/4.

Le *mineur* est assez banal; dès la première note on

voit comme à travers un *judas* ce qui va suivre, chose presque sans exemple dans Beethoven : *les charmes de Paris, les charmes de Londres* et d'autres localités; le rondo inoffensif, le rondo *Kalkbrenner-Moschèles* est le collatéral de cet enfant naturel du jeune âge de Beethoven. Ce rondo rappelle la manière de Field, auquel il est antérieur. Field a même montré une invention supérieure dans son rondo en *la* de 49 mesures (1), dans quelques nocturnes, ce qui ne l'a pas empêché d'aller emplir sa petite cruche à la source féconde de Beethoven. C'est ainsi qu'on prendrait le charmant petit rondo pour piano en *sol* de Beethoven (voy. le n° 2 de la seconde sect. du Cat.) pour une composition de Field, tant ce dernier l'a imité. Le premier nocturne de Field, malgré quelques naïvetés harmoniques et rythmiques, ravissantes d'ailleurs, est le père du nocturne moderne. Chopin lui-même nous a souvent exprimé cette opinion. Les *concertos* de Field au contraire sont des *epistolæ ad familiares* s'adressant aux pianistes de son école, dont la génération est éteinte quoiqu'elle ait été en quelque sorte continuée par Chopin. Field prouva qu'on peut être grand dans un petit genre; son toucher, sa phrase n'ont été égalés par personne, mais un genre n'est pas un *cosmos* comme en créèrent Haydn, Mozart, Beethoven; un genre périt.

La troisième sonate (*ut majeur*) est très distancée par les deux premières, excepté l'adagio et le scherzo. Le premier allegro est une espèce de toccata brillante, sa facture est une fusion du style de Haydn avec le style de Mozart. Cet allegro ne vise pas bien haut tout en avouant d'assez grandes prétentions dans son pompeux

(1) Composé à Moscou. édité par Simrock, à Bonn, sous l'intitulé : *Rondeau favori* ; ce délicieux petit morceau refleurit après un long espace de temps à Milan (chez Ricordi) sous ce nom : « *le Midi, rondeau précédé d'une pastorale*, nouvellement composée par l'auteur à l'occasion de son concert donné au théâtre de la Scala » La pastorale, c'est l'ancien rondeau favori avec des changements dans les traits qui en font une filigrane de piano. Quant au rondeau, il n'y a qu'une pompe pneumatique pour fournir un vide plus complet ; et le croirait-on ? l'intitulé *le Midi* a trait à une pendule sonnant midi, système de plaisanterie en vogue autrefois, abandonnée aujourd'hui.

début. La maniere dont le chant y est traité avec un accompagnement de note sur note, est ce qui se trouve dans Beethoven de plus ostensiblement imité des sonates de piano de Mozart; la phrase triomphante à la 21e mesure fait souvenir de certains accents de *Don Juan*. Ce morceau est le seul où Beethoven ait trouvé le temps de penser au piano, au pianiste; le seul où l'on reconnaisse des passages (160e mesure) qui n'ont d'autre prétention que d'être des passages religieusement répétés sans changement aucun dans la seconde partie, à la bonne place, à la place prévisible et prévue. Cet allegro est moins un allegro de Beethoven qu'une honnête haquenée émérite provenant des haras de l'ex-clavecin. Les passages de l'allegro, imités, perfectionnés par la milice des compositeurs pour piano qui envahirent les premières années de ce siècle; ces passages ont fourni leur contingent à la *bravoure* du piano, pauvre calomnié qui ne se connaissait pas tant de courage. On trouve vers la fin de l'allegro une cadence en sixtes; Beethoven paraît y avoir balancé s'il fallait faire du clavecin un maître ou un valet. Cette cadence présente le danger que Gulliver ne se prenne à éternuer et à occire dès lors ce peuple nombreux. On sourit en lisant cette page des temps mythiques de l'auteur de la symphonie pastorale, de cet appareil dressé pour tuer une mouche. Comme il était impossible à Beethoven de ne pas innover un peu et quand même, quatre mesures avant la cadence on voit une notation inusitée jusqu'à lui et qui, au moyen de syncopes, figure les notes d'une gamme comme autant de parties intégrantes de la marche de l'harmonie. Cette notation se retrouve dans le finale de la sonate en *ut dièse mineur* et dans le premier allegro de la sonate en *fa mineur*, op. 57. A la 13e-15e mesures, avant la fin de l'allegro, on remarque de brusques entrées s'arrêtant sur les temps faibles, puis une mesure de silence. Cette intention se retrouve absolument la même à la 29e mesure du premier allegro de la sonate en *ut mineur* op. 10. C'est le seul exemple d'une redite proprement dite dans les sonates et qu'on peut expliquer par un oubli de Beethoven de l'usage déjà fait d'une intention ainsi caractérisée.

On s'arrête devant l'adagio de la sonate en *ut* (*mi majeur* 2/4) comme devant la Vénus de Milo du Louvre, mû par un sentiment de respect pour la puissance de la beauté. Cet adagio éleva le clavecin du temps à une expression élégiaque. Dans le *mineur,* la main gauche vient se poser sur la main droite, comme l'ancienne école aimait à l'employer, pour déclamer une phrase passionnée qui, se déployant trente-quatre fois sur les temps faibles de la mesure, passe par les aspects les plus divers avant de terminer sa carrière dans la reprise du majeur. Cette phrase dramatique, parlante, se rapproche de l'expression touchante du *lacrymosa* du Requiem de Mozart. Cet admirable morceau emprunte les pompes du style d'église et les rend accessibles au piano. Les divers timbres des instruments de l'orchestre relèveraient beaucoup les entrées opiniâtres du *mineur,* les timbales et les trompettes compléteraient l'expression triomphante de la grande entrée si inattendue en *ut majeur.* Le chevalier Seyfried en a fait l'essai (morceaux choisis de Beethoven, arrangés pour gr. orchestre). Cet adagio (82 mesures) est au nombre de ce qu'il y a de plus beau dans les sonates de piano de la première manière. On fera bien de le jouer indépendamment de la sonate. Le scherzo, *ut majeur,* est folâtrement enjoué avec une légère teinte de mélancolie dans le trio (*la mineur*). Le finale (allegro assai 6/8 *ut majeur*) est une espèce de rondo *à la chasse,* sans qu'on ait jamais pris la peine d'expliquer à quoi l'on y chassait; le rondo *à la chasse* n'en a pas moins été tué. La franchise avec laquelle est proposé le chant *hallali* que sonnent les trompes, l'ampleur de l'harmonie, qui de *fa* reconduit en *ut,* épisode plein de mouvement auquel se mettent à mordre les basses; cet épisode montre la trace du dix *cors* égaré dans les haldes du clavecin de Beethoven. Observons encore dans le finale une façon nouvelle d'accompagner le chant. Supposez un accompagnement en doubles croches, sur la tonique d'*ut majeur*. Au lieu d'*ut* et de *mi* pour le premier groupe en doubles croches, de *sol* pour le second et de la répétition de ce *grupetto :* la troisième double croche passera à l'octave d'*ut,* le quatrième groupe d'acompagnement deviendra *sol* et *mi,* la main gauche accompagnera en sens inverse et le mouvement des doigts ne sera plus du cinquième au pouce, mais du pouce au cinquième. Cette manœuvre de la main gauche force l'exécutant à concentrer son attention sur la figure, stimule les basses et les empêche de s'endormir. Le pouce est le pivot de ce mouvement; il s'agit de tirer de ces empêchements des étincelles électriques sur tous les temps de la mesure. Beethoven employa plus tard cette figure d'accompagnement dans le rondo du concerto de piano en *mi bémol.*

A l'exception du rondo de la sonate en *la* et des deux allegro de la sonate en *ut,* tout dans ces trois premières sonates appartient et appartiendra toujours à la musique et non plus au seul répertoire du piano. L'adagio en *ré* de la sonate en *la,* l'adagio en *mi majeur* de la sonate en *ut* en sont les morceaux hors ligne. Il ne reste qu'à rassembler un orchestre et des chanteurs et à donner le signal, l'oratorio est tout trouvé.

Ces trois sonates, que Ries appelle l'œuvre d'un géant, (p. 125), sont, avec les trois premiers trios de piano, la première manche gagnée par Beethoven dans le combat de rivalité qu'il eut à engager contre Haydn et Mozart.

Sonate en *mi bémol majeur*

Opéra 7 (4e sonate). — Dédiée à la comtesse Keglevics.

Cette composition est déjà à mille lieues des trois premières sonates. Le lion y fait trembler les barreaux de la cage où le tient encore enfermé une impitoyable école! — Si le premier allegro (6/8) jette des gerbes de feu, il faut reconnaître dans le *largo con gran expressione* (*ut majeur* 3/4) *l'avènement d'un ordre de choses nouvelles* dans la musique de chambre. Ce beau morceau est un oratorio de sainte extase à l'adresse du piano. On dirait une larme tombée des yeux de la Madeleine dans la vallée de misère habitée par les hommes. Un de ces moments où l'homme se sent plus près de Dieu, les trésors de la foi inspirèrent cette scène.

Le troisième morceau, scherzo, est bien la plus joyeuse compagnie qui fût jamais réunie au bord du lac, sur la pelouse verte, à l'ombre des vieux arbres, aux sons du galoubet champêtre. Nous ne sympathisons pas avec le trio (*mi bémol mineur*). Il ne va pas à ces accents tendres et enjoués à la fois, pas plus que le trio du menuet de la sonate en *ré* (op. 10) ne va à ce menuet, rêveuse chanson de page amoureux la première fois. Dans la symphonie pastorale, qui n'est autre chose que la nature agreste exprimée en sons, il semblerait voir sauter en l'air les sabots des paysans à l'entrée des deux temps qui figurent le trio du scherzo. C'est que là aussi éclate la foudre et arrive l'orage; mais ici, où le scherzo caressait de gracieuses figures vues comme au fond de l'eau, et jetait à peine une note mélancolique dans toute cette gaieté, comme ces points noirs qui parcourent le ciel azuré de l'Espagne, pourquoi ce lugubre mineur en arpèges? cette voix d'airain à côté de la gaieté champêtre? — Nous l'avons déjà dit : en ces temps-là *on cultivait* fort le *trio* du menuet ou scherzo, et on le cultivait de préférence en mineur quand sa légitime moitié, le menuet ou scherzo, avait été proposée en majeur. Il fallait donc bien à Beethoven saupoudrer tout cela. «*Hoc volo, sic jubeo, sit pro ratione voluntas* », lui soufflait l'école. Les « *magisters* » n'ont-ils pas de tout temps siégé en héros sur leurs banquettes et su contenir le « *homo novus?* » Le motif du rondo (*poco allegretto e grazioso*) est un chant des plus ingénus, des plus tendrement suaves. Il respire cette foi dans les affections, qui est le bonheur du jeune âge. Beethoven lui-même n'exprima plus tard que les regrets de l'avoir perdu. Le mineur du rondo, reposant sur une figure de triples croches qui soulèvent les basses, parcourent tous les registres et ramènent enfin radieux le chant, est un peu comme un enfant qui tourmenterait un hanneton et ne cesserait qu'après lui avoir arraché jusqu'à la dernière jambe; l'école, en un mot, se reprend à y faire sa besogne, elle pressure sa thèse jusqu'aux derniers sucs. Ce mineur refroidit, mais le changement enharmonique du motif qui s'épanouit avec un redoublement de tendresse console. Aujourd'hui l'on abuse du genre enharmonique : Mozart l'employa rarement (finale de la symphonie en *mi bémol,* adagio de la 38e sonate pour piano et violon); Beethoven n'en a fait usage qu'avec un merveilleux à-propos (rondo du concerto de piano en *ut mineur,* scherzo du quatuor en *fa* (op. 59), ouverture d'*Egmont,* andante de la symphonie pastorale, premier allegro, 80e mesure, de la sonate pour piano et violon en *ut mineur* (op. 30).

Trois Sonates, *ut mineur, fa majeur, ré majeur*

Opéra 10 (5e 6e et 7e sonates). — Dédiées à la comtesse de Browne.

Comme les trois sonates op. 2, voilà encore trois sonates réunies en un faisceau, tout un monde d'idées portant un seul chiffre d'œuvre, et notre « *torrent des hautes Alpes* » de bondir, de parcourir de riantes campagnes que personne n'avait encore aperçues, de s'approcher, par mille détours, du point qui lui donnera son nom en l'entraînant dans la seconde métamorphose du génie de Beethoven.

Le premier allegro de la sonate en *ut mineur* est le premier hors ligne des sonates pour piano seul; il ne marche pas, il bondit. C'est une esquisse symphonique qui vous coupe la respiration à plaisir. Faut-il être ingambe pour suivre cette chasse? Oh! ils n'y vont pas de main morte, ils savent fouiller le taillis et faire lever la bête (dixièmes *ré, fa, si naturel, ré*). Entendez-vous après le silence d'une mesure résonner ce son de cor, demandant réponse, venant des profondeurs des bois? en voilà subitement un second qui lui répond, et de bien près encore (*mi bémol, ré bémol*); il en part alors de tous côtés, et de ce concert s'élève un dessin mélodique pénétrant, à longues aspirations, et la course de reprendre. Ce « *grupetto* » de trompes de chasse arrivant à deux fois après un silence, quand on n'attend rien de semblable et qu'on est content de reprendre haleine, ce petit orchestre d'instruments à vent » qui se répondent, suspendus à un fil dans l'air; c'est délicieux, c'est nouveau, c'est loin de la sonate « *Que me veux-tu?* » de Diderot, avec laquelle tant de personnes confondent Beethoven.

L'adagio (*la bémol majeur*) est un morceau pompeux et simple à la fois. On le dirait s'échapper des tuyaux d'un orgue. Il y a là de ce fini qui est le propre du vers de Racine; c'est poli comme l'acier, sauf le trait en quadruples croches qu'il s'agit de précipiter dans son ascension en volute gracieuse, sans triolets, sans *accrocher,* sans tenir cette surface resplendissante comme les glaces de Venise aux formes arrondies. Cet adagio est à deux temps; sur la première croche de l'acompagnement du trait dont nous parlons (*la bémol, si bémol,* seconde majeure) se trouve posé un groupe de onze quadruples croches, marquées douze parce que Beethoven envisageait la croche d'accompagnement frappant sur le silence comme la première quadruple croche. Il lui voulait évidemment un rythme régulier, point de triolets qui heurtassent l'accentuation des temps forts de la mesure. Le second groupe de ce trait ascendant, reposant sur la seconde croche de l'acompagnement (*la bémol, si bémol,* seconde majeure) se compose de six quadruples croches et d'une double croche. Ces six quadruples croches doivent s'écouler régulières comme feraient des croches dans un rythme de trois quarts d'un mouvement rapide, l'*ut* au-dessus des portées, c'est-à-dire la double croche finissant le trait, devant seule être introduite par *fraude,* pour ainsi dire.

L'oreille ne s'en aperçoit point, car l'*ut* (une double croche) syncope un autre *ut*, et l'accompagnement frappe sur le silence produit par la syncope. Le premier groupe doit s'écouler de même et comme feraient douze double croches dans un rythme de 3/4 d'un mouvement rapide.

On voit des barbares aux doigts déliés trouver le moyen de se laisser choir sur cette surface unie, comme dans un escalier tortueux qu'ils descendraient quatre à quatre. Ils marquent six groupes à trois notes, en prenant pour base du premier triolet la note d'accompagnement frappant sur le silence. Habitués à parcourir indifféremment le plus de notes possible, ces abeilles ouvrières sans sexe du piano, qu'on ne saurait honorer du nom de pianistes, une fois leur note donnée, ne voient-ils plus rien au-delà quand rien n'est indifférent dans les grands maîtres, auxquels la note *surnuméraire* des modernes était inconnue.

Le finale de cette sonate en *ut mineur* est un prestissimo 4/4 d'un extrême entrain. C'est un carton symphonique et le chant y éclate en zigzags comme l'éclair dans une nuit voilée d'orages.

Ce morceau incisif, bref (122 mesures), haletant, d'une extrême vigueur, se prête à être dit séparément de la sonate. Il est du nombre de ceux que tout pianiste devrait savoir par cœur en faisant un choix dans Beethoven de ce qu'il y a de plus caractéristique et de plus facile en même temps à loger dans la mémoire. Le motif du premier allegro (2/4) de la seconde sonate (*fa majeur*) nous rappelle cette *fleur bleue au cœur d'or* que le poète Novalis chercha toute sa vie sans jamais la cueillir, mais les riches développements que Beethoven prodigue d'ordinaire à ses phrases mélodiques ne viennent pas. Cet allegro est maigre, sa seconde phrase ne serait point déplacée dans quelque opéra bouffe et n'appartient point à l'idée fondamentale du morceau. On dirait, dès la 30e mesure, un duo, une altercation survenue entre le comte Almaviva et le barbier. C'est dans la troisième phrase de l'allegro que Rossini pourrait avoir trouvé son

Figaro qui, Figaro là; dessin mélodique de trois croches, proposé sur le temps faible de la mesure, accompagné d'un roulement de doubles croches en triolets aboutissant à un trille dans le grave. Les développements en mineur de la seconde partie, grêles et maigres arpèges, ne laissent pas deviner le génie de Beethoven. Ces remplissages ont tant modulé qu'ils finisssent par ramener en *ré majeur* le motif exprimé d'abord en *fa;* cette entrée est d'une délicieuse fraîcheur, on dirait une goutte de rosée tombée dans le calice d'une fleur. Le reste n'est qu'une redite par manière d'acquit des premiers développements.

Vient le scherzo (*fa mineur*) un des plus beaux de l'œuvre de piano du maître. On dirait la scène du *Blocksberg* dans *Faust.* Les voyageurs nocturnes qui y arrivent ont une étrange façon. Les morts vont vite et quelles plaintes ils gémissent! Enfin le silence se fait; un majestueux majeur (*ré bémol*) à grandes lames d'harmonie réunit tout ce monde, le maître à eux tous prend la parole. Cette grande voix est une puissante phrase mélodique dans le grave qui offre bientôt les aspects les plus divers et atteint au *fa aigu*, après avoir fouillé les profondeurs des basses. Ce majeur, figurant en trio du scherzo, rappelle le grand style rythmique de la « symphonie héroïque ». Le fréquent emploi des syncopes, les combinaisons de la mesure à deux temps, forcées, par les entrées des basses sur les temps faibles, à se faire place dans la mesure de trois temps, ne laissent pas affaiblir un instant l'intérêt. Ce morceau, que Beethoven lui-même ne surpassa guère depuis dans les sonates, porte le simple intitulé *allegretto.* Nous l'avons nommé scherzo parce qu'il appartient à ce patron par les proportions corrélatives de ses divisions et la nature de son rythme. Il est scherzo à la manière de ce qu'on nomme ainsi dans la symphonie en *ut mineur* dont les premières mesures, comme l'a dit M. Berlioz (*Voyage musical,* p. 303), *quoiqu'elles n'aient rien de terrible, causent cependant cette émotion inexplicable qu'on éprouve sous le regard magné-*

tique de certains individus. Le scherzo de la sonate en *fa* appartient déjà à la seconde, à la grande manière de Beethoven. Ses proportions sont encore limitées, sa portée est déjà immense. La sonate où fut enfoui ce joyau est, au contraire, un produit du jeune âge de Beethoven, et même un des plus faibles. Le finale (presto 2/4) est un fugué sans intérêt auprès du scherzo. Ce finale est au scherzo ce que pouvaient être, comparées au génie de Beethoven, les personnes qui, par les hasards de la vie, logèrent un jour sur le même carré que lui, à Vienne! Nous avons appelé le scherzo une scène du *Blocksberg*. D'autres comparaisons en rendraient aussi bien le sens mystérieux. Aussi le propre de la musique, nous croyons devoir le dire pour l'intelligence de cet essai, n'est-il point de devenir matériellement palpable, mais de réveiller les idées *analogues* à celles que le compositeur voulait exprimer. « La Musique ne peut ni ne doit donner toujours au sentiment une direction déterminée » (mot de Beethoven. *Sch.*, p. 291, 1. Nachtrag). La musique a atteint son but pourvu qu'elle ait fait surgir une idée poétique dans l'exécutant, dans l'auditeur. La même musique peut très bien donner des pensées de tristesse à l'un, des pensées de gaieté à un autre; c'est une affaire de circonstances secondaires, étrangères à l'art, et ce vague même est un des titres de la musique à l'élément de l'infini qui en est l'âme. Ce qu'il importe, c'est qu'une idée ait présidé à l'œuvre du musicien. Cette idée trouvera son écho. Elle peut subir mille métamorphoses dans l'âme du public, pourvu qu'elle en subisse. *Sensit puer; salva est res!* Elle n'en subira pas, elle ne dira rien, si le compositeur n'avait rien à dire.

La troisième sonate (*ré majeur*) est une des plus symphoniques. Le premier morceau (presto *C*) jaillissant comme une fontaine et le finale présentent le caractère de la seconde manière, un autre ordre d'idées que les sonates que nous venons de parcourir. Le chiffre d'œuvre de cette sonate est cependant trop reculé pour la ranger dans la seconde manière. Le premier morceau est fougueux, étincelant de verve, le largo (*ré mineur* 6/8) on ne peut plus lugubre. Lire ce largo, c'est soulever une pierre tumulaire. Il comblerait la mesure de la douleur humaine si les adagios de la seconde et troisième manière ne nous attendaient pas. Les *grupetti* de triples croches sont d'un effet tout dramatique. Une douleur poignante, sans espoir, fait seule entendre des sons aussi déchirants! Il y a du Laocoon dans ce largo. Les divers timbres de l'orchestration rendraient cette grande scène plus intéressante encore, et elle est si belle que l'instrumentation se ferait d'elle-même. On demanda un jour (1813) à Beethoven pourquoi il n'avait pas mieux aimé indiquer dans les sonates les idées qu'elles étaient censées exprimer. Il n'en était pas besoin, dit-il, les *temps* étaient plus poétiques (on dirait que les temps ne sont jamais poétiques, mais qu'ils l'ont toujours été); tout le monde, poursuivit Beethoven, comprenait que ce largo est un tableau de la mélancolie, que les deux sonates op. 14 retracent le combat entre deux principes opposés. *Sch.*, p. 198. Le menuet de la sonate en *ré* nous a toujours paru être quelque candide exhortation de page amoureux la première fois, toute une ballade d'amour enfantin d'une confiance sans bornes dans l'objet adoré. Nous ne voulons pas *blâmer* le trio, toujours est-il qu'il est difficile, sinon impossible, de le faire cadrer avec le menuet auquel il semble ne pas appartenir.

Arrêtons-nous au finale, un des morceaux les plus extravagants de Beethoven. Si vous désirez connaître tout ce dont il est capable poussé à bout de patience, déployez ce finale, espèce d'Orlando furioso. Il respire une conscience de force, une conviction de tout ce qu'il est permis au génie *d'oser;* il montre un dédain d'antécédents qui équivaut presque à l'abus des plus éminentes qualités. Comme le piano dut trembler quand ce cauchemar fut composé pour lui! Pour peu qu'on revienne au morceau, on l'aimera à cause même de son étrangeté, et c'est là assurément un grave sujet de réflexion pour le pianiste assez bien inspiré pour voir autre chose dans l'art que l'acomplissement d'une formule. Quelle humiliation que de n'avoir qu'une main à donner à cette furibonde phrase mélodique à laquelle les basses parviennent à peine à jeter quelques notes d'accompagnement. On dirait en variant un mot de Shakespeare : un royaume pour vingt violons de la société des concerts de Paris ! On rencontre, vers la fin du morceau, des entrées à réponses sur les temps forts de la mesure parcourant inquiets, et sous une pluie d'étincelles enharmoniques, tous les registres, frappant à toutes les portes, distribuées assurément, dans la pensée du maître, entre tous les combattants de l'orchestre jusqu'au timbalier. Cette grande phrase a rendu de bons services à plus d'un opéra à sujet « infernal ». La reprise de l'idée fondamentale après l'avant-dernier point d'orgue est accompagnée d'une figure de basse en sons inverses d'une difficulté extrême d'exécution. Il s'agit de sauter une bonne fois treize touches du piano. Pour ce *salto-mortale* de *clown* on vous accorde un quart de soupir, et tirez-vous de là. Le moindre retard et vous comptez des malheurs sans nombre, la *phrase* n'existe plus. Cette monstrueuse improvisation, le croirez-vous? Beethoven l'appela « rondo! » par dérision sans doute des « Kalkbrenner », des rondos *gages d'amitié* qu'il devait pressentir en voyant faire autour de lui les Sterkel, les Wölfl, pygmées dont aucune note ne vit plus et que les contemporains opposaient à Beethoven. Le contemporain est singulièrement aveugle; Wölfl était le Thalberg du temps qui aura toujours ses partisans. Nous n'ignorons pas que Kalkbrenner, que nous avons nommé comme on nomme une maladie sans en nommer les variétés, est l'auteur de l'*effusio musica,* du rêve, du fou, *scène dramatique pour piano,* dans laquelle un jeune artiste, trompé dans ses premières affections de cœur, texte Kalkbrenner, *exhale* à son piano un élégant désespoir en triples et en quadruples croches, alternant ingénieusement entre la dominante et la tonique. Il existe un traité de prélude de Kalkbrenner *à l'usage des pianistes*. En musique même il n'y a qu'une vérité. Il est ingénieux d'avoir inventé une harmonie à l'usage des pianistes. Que n'entreprendront seulement pas les pianistes une fois que Kalkbrenner leur aura appris à préluder! Un prélude, ne pouvant se passer d'une idée, est ou une composition ou rien du tout; restait le *Prélude-Kalkbrenner* que les honneurs du brevet sans garantie du gouvernement français attendent peut-être. On a vu plus étonnant. En 1829, j'entendis Kalkbrenner jouer au Conservatoire de Paris un concerto en *la majeur* de sa composition après la symphonie en *la* de Beethoven. Jamais corps céleste ne disparut aussi complètement par une éclipse que ce concerto du fermier général des élégances du piano, exercice de 1829. Quelques jours plus tard, j'allai voir Kalkbrenner en compagnie de Liszt. Pensant encore à son échec en *la*, il nous fit complaisamment la démonstration de ce qu'il appelait une marche de quintes dans la finale de la symphonie. Kalkbrenner qui, vingt ans plus tard, est allé passer l'été à Ischia, aura été vexé d'y retrouver la symphonie en *la*, étendue à ses pieds, suspendue sur sa tête, dans les flots azurés de cette mer, dans ce ciel sans nuages. O vous tous qui exercez la vente du manuscrit de piano : si vous le faites pour pouvoir habiter l'île enchantée, il faut bien vous absoudre.

Sonate pathétique, *ut mineur*

Opéra 13 (8e sonate). — Dédiée au prince Lichnowsky

Nous voudrions ne pas avoir à parler de cet ouvrage après les flétrissures qu'il a subies pendant cinquante ans dans les pensionnats et autres institutions où l'on n'apprend *pas* le piano. Le nom de Beethoven y résonne-t-il d'aventure? la dame du logis sort, non sans peine, de dessous des cahiers richement reliés un papier *écorné* qui n'eut pas seulement les honneurs de la sépulture en maroquin. Livré au naturel, son sort fut d'être dépecé par les élèves, comme l'âne mort à la barrière du Combat dans le roman de J. Janin. Du plus loin que vous voyez le cahier, vous vous écriez effrayé : « Madame, c'est la pathétique! — Oui, monsieur, c'est *Beethoven!* » fait-elle avec un sourire capable. Prenez alors la poste, l'omnibus même qui viendrait à passer, mais n'entendez pas une timide et charmante enfant, les cheveux roulés en spirale, vous servir la « pathétique » au sucre d'orge. Une pauvre petite et inocente créature vient-elle de passer par les exercices de Cramer, aventure-t-elle un pied timide dans les rondo de Czerny, remplace-t-elle une camarade autrement *forte* (expression consacrée) dans le petit tambour « exécuté à six mains, » un jour de gala du pensionnat, la *pathétique,* le cahier redouté, devient inévitable, et la petite bouche rose, qui jusque-là ne connut que les flûtes au lait les jours ordinaires et les dimanches soirs une bavaroise, doit désormais s'ouvrir grande à cette tranche de pain bis au gros sel qui lui arrive entre la prière du matin et une leçon de géographie. C'est pis quand c'est une personne adulte qui vous joue la sonate, et surtout fort compromettant pour elle, car elle ne saurait en venir là que par un dévouement extrême pour votre personne. Comment les hommes peuvent-ils aimer *cela?* se dit-elle. Si c'est une pianiste renommée, une de celles qui méprisent souverainement quelques misérables noires, quelques simples croches; c'est sans salut; il n'y a qu'à s'exclamer avec le Kreissler de Hoffmann : « Dieu! que je voudrais qu'il poussât des mains dans les gants que cette dame promène sur le piano! » Le martyre fini, ouvrez-vous le cahier *pour vous distraire,* vous y lisez : *soigneusement revue, corrigée et doigtée par Czerny* (édition Cranz); c'est le coup de foudre! Czerny *corrigeant* Beethoven quand il n'a fait que revoir les *épreuves* d'une *trentième* édition. N'entrons point dans les détails de la sonate pathétique, doigtée par Czerny et même par Greulich, métronomisée par Moschelès et qui n'échappera pas le chloroforme.

Hâtons-nous de dire qu'elle est simplement magnifique, que les nuées de sauterelles qui en dévastèrent jusqu'au jour d'aujourd'hui l'adagio ne purent en détruire la calme grandeur. Son style mélodique rappelle l'adagio de la sonate en *ut mineur,* op. 10, et la belle phrase à la 22ᵉ mesure, qu'on dirait être un solo de clarinette, un épisode de la cavatine d'Agathe de *Freischütz.* On dirait le motif du rondo un peu trop batifolant à côté de l'héroïsme de la sonate; c'est qu'il faut savoir l'élever à une expression pathétique, dont il est aussi susceptible que le finale du quatrième quatuor de Beethoven (*ut mineur*) dont le caractère s'en approche. Ce rondo se jouera encore que les professeurs de piano qui l'enseignent auront passé à l'état de rentiers aux Batignolles, montagne Sainte-Geneviève, ailleurs. N'oublions pas la phrase syncopée du rondo (78ᵉ mesure) qui n'a d'égale que l'épisode du finale du septuor, alors que la contrebasse se met à marcher *pizzicato* sur la tonique de *la bémol,* comme on ferait sur une traînée de poudre fulminante.

Quand le pensionnat en arrive là, il explique la fugue (!) à ses *internes.* Notez encore que ce titre de *pathétique* ne flatte pas médiocrement les jeunes cœurs, enchantés de la permission d'être pathétiques un petit quart d'heure. A l'encontre des créations que Beethoven chérissait bien autrement, la sonate pathétique se concilia d'abord la faveur générale et la conserve. *Habent sua fata libelli !*

Il y aurait un intéressant parallèle à établir entre l'introduction (*grave*) et l'introduction de la *dernière* sonate, op. 111. Toute la vie de l'artiste, abreuvée d'amertumes, est comprise entre ces deux péristyles d'une architecture sans nom. Ces extrêmes sont en quelque sorte exprimés par les disparates qui séparent la tonique (premier accord de l'introduction de la sonate pathétique) de l'accord de septième diminuée qui, d'un bond en arrière, saute de *mi bémol* à *fa dièse,* au début de la sonate, op. 111. On a une sonate pathétique de Lipawski qui rappelle le style de la sonate de Beethoven dans les choses secondaires, dans la notation, dans les accompagnements, dans la manière d'entre-couper un allegro de quelques mesures d'un adagio épisodique, dans le patron et la disposition, dans l'intitulé enfin. On a supposé que cette sonate, rare dans le commerce de la librairie et que nous avons vue dans la bibliothèque du prince Odoewski à Saint-Pétersbourg, est antérieure à celle de Beethoven; on a dès lors voulu la considérer comme une œuvre de haute originalité, parce que Gerber dit que Lipawski *florit* vers 1790, alors que Beethoven n'avait pas seulement composé ses trois premières sonates (1796). Mais il y a erreur. La *Gazette musicale universelle* de Leipzig analysa la sonate de Lipawski en novembre 1805, la sonate de Beethoven en février 1800. Cette différence de dates entre les articles de la gazette en établit une entre les dates des sonates. Les articles de la gazette ne coïncident pas toujours, il est vrai, avec l'époque de la publication des compositions dont ils rendent compte, mais ils ne sont guère en retard que pour les ouvrages les plus importants, exigeant des analyses détaillées. La gazette parle bien à l'année 1799 des compositions de Beethoven, op. 10, 11, 12 que nous savons dater de la même année; pourquoi en aurait-il été autrement de la sonate de Lipawski, de la sonate de Beethoven, dont le chiffre d'œuvre 13 suit l'opéra 12, comme 1800 suit 1799? Gerber cite des variations de Lipawski, op. 23, qu'il dit dater de 1803, puis la sonate pathétique de Lipawski qui est opéra 27, sans en indiquer l'époque. Si l'opéra 23 de Lipawski est déjà postérieur de trois ans à l'année où la gazette analyse la sonate de Beethoven, son opéra 27 l'est nécessairement davantage. Il faut en conclure que la sonate de Lipawski est une imitation du style de Beethoven; d'ailleurs, la sonate de Lipawski ennuie, la sonate de Beethoven intéresse; Lipawski en resta là, Beethoven créa le cosmos d'idées qu'on lui connaît et dont la sonate pathétique n'est qu'un échelon.

Sterne a divisé les voyageurs :

en voyageurs désœuvrés,

en voyageurs par nécessité,
en voyageurs vaporeux,
en voyageurs innocents et infortunés,
en voyageurs simples.

Il convient de distinguer dans le public de la sonate pathétique qui, assez souvent, paye pour toutes les autres:

Les indifférents,
Les ennuyeux simples,
Les ennuyeux avec circonstances aggravantes,
Les affreux et

quelques bonnes âmes trouvant moyen d'interrompre le bruit des cuillers à thé, des tasses et autres ustensiles faisant en certaines localités concurrence à la sonate pendant qu'on l'y exécute. Cette sonate devient alors une des hautes études de patience du pianiste. L'exécutant qui, loin de sauter à la gorge de l'individu qui résume le plus fidèlement l'auditoire composé d'une des catégories ci-dessus mentionnées, sait, au contraire, accueillir avec un sourir les éloges qu'on lui prodiguera — car ces publics-là ont la cruauté de dire qu'on les amuse — ce pianiste est le véritable premier prix dont Kalkbrenner fut le classique et imperturbable modèle.

Nous remplacerons le scherzo qui manque dans la sonate pathétique par un mot de Chopin. On sait que l'aversion de se faire entendre n'était surpassée dans Chopin que par celle que lui inspirait une invitation à dîner. Un jour, l'artiste fut pris au dépourvu : il fallut obéir à une dame et accepter à dîner. Chopin se vengea à sa manière du dîner en y touchant le moins possible. Enfin il allait avec joie recouvrer sa liberté quand l'amphitryon, qui poussait l'abus d'une imagination féconde jusqu'à croire que l'artiste lui devait quelque chose, lui demanda d'un ton capable de *leur* jouer *un petit morceau.* Grande fut la stupeur de Chopin, cette exorbitante proposition de jouer un petit morceau ne pouvait lui être faite dans des circonstances plus fâcheuses, l'après-dînée étant l'heure climatérique de l'artiste, l'heure où il lui est presque permis de se croire un homme comme les autres. Rassemblant tout ce qu'il put trouver de fiel dans son charmant corps frêle, à bout de patience, Chopin soupira plus qu'il ne fit cette réponse : « Ah! madame, j'ai si peu mangé! » Un scherzo dans la sonate pathétique n'eût pas mieux dit.

Deux Sonates, *mi majeur, sol majeur*

Opéra 14 (9e et 10e sonates). — Dédiées à la baronne de Braun.

Ces délicieux petits ouvrages reposent de l'héroïsme de la sonate pathétique. La phrase en blanches du premier allegro de la sonate en *mi majeur* simplement accompagnée s'élève légère, comme la première alouette du printemps s'élance joyeuse au ciel. Il y a dans ce morceau comme un premier beau jour après les rigueurs de l'hiver. Qu'elle est insinuante et mélancolique à la fois la figure en doubles croches à laquelle répond celle exactement pareille de la basse, dans le premier allegro de la sonate en *sol!* On dirait la querelle de deux amants d'accord sur le fond, divisés pour le moment. Aussi, après quelques armistices et la reprise des armes, la paix arrive-t-elle, heureuse; les groupes opposés ne font plus qu'un et les deux fortunés finissent-ils par naviguer de conserve comme deux fleuves confondus dans un même cours. L'histoire vous paraît-elle vulgaire? C'est que vous ne connaissez pas les trésors du cœur de Beethoven. Après le point d'orgue de la seconde partie de l'allegro, le motif présenté à la neuvième mesure de la première partie se trouve être modulé sur la dominante d'*ut* au lieu de rester dans la tonique de *sol;* c'est comme un parfum. L'andante arrive comme la raison, qui arrive souvent trop tard. L'andante prêche le *sentiment* et le prêche si bien qu'il finit par être *raisonnablement* aimable. Mais pour ne point effrayer le sentiment, vous pouvez lui laisser encore un instant sa folâtre mousseline de la course à travers champs de tantôt, avant de l'enfermer dans le justaucorps de l'andante où il va être varié *le sentiment.* Le scherzo qui, cette fois, clôt la sonate, grillon qui dut figurer au char d'une fée, sauterelle qui ne connaît que son pré et ses fleurs, le scherzo est un morceau de bonne gaieté qui n'a pas d'âge et ne saurait en prendre. Le morceau finit comme si le poète soufflait sa lampe. Nous conseillons aux exécutants de prendre la dernière note du second doigt de la main *droite* et les deux *avant-dernières* avec le pouce et le troisième doigt de la main gauche. On soufflle mieux la lampe!

La sœur jumelle de cette gracieuse et modeste production, la sonate en *mi majeur,* la première de l'opéra 14, est une fière patricienne auprès de cette rieuse et folâtre enfant. Si la sonate en *sol* rappelle les petits tableaux de l'école flamande : une plaine, une mare d'eau où nagent quelques plantes grasses, puis rien, et qui savent cependant captiver la pensée, la sonate en *mi* ressemble à une des grandes dames de Van Dyck dont le visage est frais et rose autant que le maintien austère et grandiose. Nous ne voudrions pas toutefois du rude escalier de doubles croches en tierces à la cinquième mesure de l'allegro. Nous concevons que des artistes éminents parviennent à faire de ce passage raboteux une pente douce; mais il ne faudrait rien moins que le quatuor des frères Muller pour en faire une chose gracieuse. Ce trait, remplissage oiseux, on le retrouve dans l'allegro du quatuor en *ut* avec la fugue (34ᵉ mesure). Mais là, du moins, il est motivé et forme une espèce de trait pour le violoncelle qui rappelle un passage de l'allegro du grand quatuor en *ut* de Mozart (35ᵉ mesure).

L'allegretto de la sonate (*mi mineur*) paraît être mécontenté de la tant haute condition de l'allegro. Il la pleure en *mineur* et l'espoir ne lui arrive que dans l'entrée en *ut majeur* qui figure comme trio et que Beethoven appela *Maggiore.* C'est un peu dans cet *espoir-là* que Weber pourrait avoir trouvé le trio des paysans-chasseurs du *Freischütz : Oh lass' Hoffnung ;* ou bien, tous les ˀirs se ressembleraient-ils? Beethoven, qui paraît avoir affectionné de jouer la sonate, aurait fait de l'allegretto plutôt un allegro furioso. *Sch.*, p. 324. Le troisième et dernier morceau de la sonate (rondo, allegro commodo) ne présente plus d'intérêt. Beethoven n'y paraît en personne que dans la seconde phrase en blanches, aussi belle que le reste est banal, chose si rare dans les œuvres de cet auteur qu'on a presque plaisir à la signaler. Schindler (p. 223) ne parle avec quelque détail que des deux sonates opéra 14 qu'il eut le bonheur de travailler avec Beethoven (*Conversations-Heft,* p. 280). Ces sonates seraient l'exposition de deux principes opposés l'un à l'autre dont Beethoven aurait appelé l'un le principe suppliant (*das bittende*), l'autre le principe récalcitrant (*das widerstrebende Prinzip*). Cet antagonisme en petit format viendrait à cesser, pour la sonate en *sol,* dans les trois dernières notes du scherzo en formulant un *oui* (*ja*) de la part du principe récalcitrant vaincu dans ses résistances. Cette version, nous la trouvons un peu matérielle. Le principe récalcitrant fait aussi bien sa paix à la fin du premier allegro de la sonate en *sol* sans attendre pour cela le dernier morceau, lequel pourrait à peine passer pour présenter les idées de l'allegro par bribes.

Nous ne partageons pas davantage la manière de voir de Schindler quand il dit que la sonate en *fa mineur,* opéra 2, la sonate en *ut mineur,* opéra 10, la sonate pathétique et la sonate quasi fantasia en *ut dièse mineur,* présentent le même ordre d'idées que les deux sonates opéra 14, d'un bien petit style assurément, d'une facture bien inférieure, une fois qu'on les compare à ces sonates auxquelles il serait difficile de reconnaître les deux principes opposés, à moins de les voir dans les alternatives des chants et des figures et non plus dans l'expression de l'œuvre.

Grande Sonate en *si bémol*

Opéra 22 (11e sonate). — Dédiée au comte Browne

Ce grand ouvrage, d'un style plus élevé que les sonates précédentes, est tout une magnifique et triomphante épopée. Le premier allegro escalade dès les premières mesures, et par un entraînant crescendo, deux octaves du piano que les *grupetti* de ces doubles croches franchissent légers, de marches en marches, jusqu'au *si bémol* au-dessus de la portée. Cet allegro ouvre majestueusement comme un pylône conduit à un monument; ce monument c'est l'adagio (*mi bémol majeur*). Ses larges proportions (77 mesures dans le rythme de 9/8), la surabondance de ses incidents sont déjà *toute* la *grande,* toute la *seconde* manière de Beethoven. On trouve là de cette vague préoccupation de n'avoir jamais dit assez, de n'avoir jamais frappé ni assez fort, ni assez souvent, qui est un des traits caractéristiques de sa seconde manière; et on croit le géant épuisé quand il est à peine arrivé au milieu de sa course qu'il marque d'une riche et double figure d'accompagnement qu'il faut comparer à des torsades de fruits et de fleurs sur lesquelles une nouvelle idée mélodique vient se poser, semblable aux grappes qui envahissent les treilles d'Italie. Ces festons en doubles croches sont un peu ceux dont Weber accompagne le « grand air » d'Agathe alors qu'elle croit entendre le bruissement de la feuillée qui lui dérobe le bruit des pas de *Max*. C'est bien à cet adagio que peut s'appliquer ce que dit M. Berlioz des adagios de Beethoven en général (*Voyage musical,* p. 361) : « Cette étonnante faculté d'être *toujours nouveau* sans sortir du *vrai* et du *beau* se conçoit jusqu'à un certain point dans les morceaux d'un mouvement vif; la pensée, aidée alors par les puissances du rythme, peut, dans ces bonds capricieux, sortir plus aisément des routes battues, mais où l'on cesse de la comprendre; c'est dans les adagios, c'est dans ces méditations extra-humaines où le génie panthéiste de Beethoven aime à se plonger ».

Le premier allegro, régulièrement taillé, mesuré dans sa fougue, sobre d'épisodes, de tout ce qui n'appartiendrait pas à sa première idée mélodique, à son devis, accuse par là même le style de la première manière.

Signalons l'adagio comme le premier sur notre route du plus *grand* style de Beethoven. Griepenkerl l'a appelé les Cygnes (*die Schwäne*) et en parle ainsi : « Merveilleuse image de tous les désirs d'ici-bas, ils cherchent sous eux, de leur long cou altéré, les signes célestes, trompés par la douce illusion des flots qui les reflètent ». (*La Fête musicale,* roman, p. 74). Le menuet (*si bémol*) d'un style naïf et ingénu reconduit à Haydn! Le trio (*sol mineur*) présente un passage de main gauche à l'adresse d'un violoncelliste consommé; il fait souvenir de tel *haut fait* de basse dans les quatuors de Haydn (comparez le 32ᵉ quatuor). Le rondo, gracieux, insinuant, se rapprochant dans son expression du rondo de la quatrième sonate, respire le style mélodique de Mozart, sa grâce, le charme de ses périodes polies.

Cette splendide sonate, appelée à juste titre *grande,* écrite encore sous l'influence des suprématies de *Haydn* et de *Mozart,* a toujours été pour nous l'expression du dernier mot de ces génies, *plus* le monument de l'adagio qui les continue en reculant les limites de l'art. Nous l'avons dit, une certaine mesure en toutes choses, une abstinence de tout ce qui ne serait plus l'idée première d'un morceau, est le signe distinctif de la première phase du style de Beethoven. Propagateur de la foi *Haydn-Mozart,* il y marche confiant dans sa bannière! Fier de l'austérité de l'art, il se couvre encore pour un temps du mantelet que lui prêta l'école, mais qui ne saurait bientôt plus lui suffire.

Soumis au charme, il approchera des temps de sa seconde manière, il brisera le cadre consacré par le génie pour le reconstruire plus grand en mettant le feu au

Capitole *Haydn-Mozart.* Sur ces grandes ruines, Beethoven assoira la cité qui portera son nom. *Impavidum ferient ruinœ !*

Vous venez de nommer Haydn, Mozart ! Ils n'étaient cependant que les précurseurs de Beethoven; déjà le grand Mozart ébranla les vieilles formes, Beethoven les détruisit. Depuis Beethoven, la musique a une importance sociale ailleurs que dans la musique religieuse ». *Griepenkerl, la Fête musicale,* p. 13.

DEUXIÈME MANIÈRE

12e SONATE JUSQU'A 27e SONATE

Es giebt Kunst und Wahrheit und einen *unsterblichen* Ruhm, aber nur Wenige konnen das Höchste verkündigen! — Wie sehr wird das Grosse verkannt uud dem Falschen so oft nachgesetz! Wie findet oft das Geringe, und nicht bloss unter den Schwachen, *seine* Verehrer!

TIECK, *Vorrede zu den gesammelten Schriften von Lenz.*

Il serait difficile d'indiquer la sonate qui fut précisément la première de la seconde manière de Beethoven. Un si grand changement dans les idées du maître, un aussi complet affranchissement du passé ne put s'opérer en lui que lentement, au fur et à mesure que le terrain mis en friche *jusqu'à lui* se trouvait être insuffisant pour la puissante charrue dont il labourait les terres de l'art. Nous avons fait observer que la seconde phase du style de Beethoven, sa grande manière, la pousse la plus vivace, la plus entière de la pleine sève de son génie dans laquelle l'essor de ses idées est constamment ascensionnel, se trahit parfois dans un seul morceau de ses sonates. Ainsi la sonate pathétique appartient bien à la première manière; l'adagio, le rondo ne sortent point du cadre des deux derniers morceaux analogues de la fantaisie et sonate de Mozart, quand les longues tenues de l'allegro de la sonate pathétique (fin de la première partie) et toute sa facture font déjà souvenir de la sonate pour piano et violon dédiée à Kreutzer (fin de la première partie de l'allegro) et que le *Grave* est aussi bien un premier programme de la seconde manière, en ce qu'il est le noyau de l'idée et non point une introduction. Il n'y a pas de sonate qui, dans son ensemble, soit aussi franchement la première de la seconde manière, comme la symphonie héroïque est la première symphonie dans les données de ce style, comme le sont les trois quatuors dédiés au comte Rasoumovski comparativement aux six premiers. L'œuvre de ces quatuors est le château fort de la musique de chambre. Il lui faut les exécutants de premier ordre les plus éprouvés; l'amateur à la douzaine qui se croirait à leur hauteur pourrait se flatter de n'avoir pas moins d'imagination que leur immortel auteur. Ces quatuors sont un gant jeté au passé de l'art, à son présent, à son avenir. Qui, jamais, pourra se flatter d'égaler ces trois chefs-d'œuvre concourant à en former *un seul* d'un style entièrement nouveau? Il ne faudrait rien moins pour cela que d'être à Beethoven ce que Beethoven fut à Mozart, le créateur par droit du génie d'un cosmos d'idées et de formes nouvelles. Encore un style aussi nouveau n'aurait-il de vérité et ne prendrait-il rang qu'autant qu'il serait une émanation naturelle et intégrante de l'ensemble de l'œuvre de l'artiste, et non point un fait isolé s'adressant à un instrument donné ou à une seule forme de la musique. Aussi bien avant d'écrire pour le piano devrait-on avoir fait plus; ce n'est qu'après avoir dit beaucoup de choses à beaucoup d'instruments que vous pourrez espérer que ce que vous confierez à l'instrument de votre choix aura une vraie valeur. Les trois quatuors dédiés au comte Rasoumovski n'auraient pas été possibles sans les symphonies, sans les sonates de Beethoven dont ils marquent une conquête de plus, l'installation d'un style nouveau dans le quatuor, plus rebelle aux innovations que la sonate et la symphonie.

Depuis vingt ans nous voyons ces quatuors vivre à l'état d'esprits familiers dans deux maisons de Saint-Pétersbourg. Ils paraissent ne pas avoir d'âge et ne devoir pas en prendre quand, après les dispersions de l'été, on les retrouve avec le même intérêt à la même place. Il serait difficile de leur trouver une analogie en littérature; nous avons pensé à la trilogie de Schiller, car trilogie il y a autant que profonde unité. L'œuvre de ces quatuors est aussi grand que l'œuvre des symphonies, le cadre seulement est autre. Quand, il y a plus de trente ans, on joua la première fois à Saint-Pétersbourg le quatuor en *fa,* le solo de quatre mesures du violoncelle sur la même note au début du scherzo excita une hilarité générale, on prit l'auteur en pitié, on voulut voir la partie du violoncelle afin de constater une énormité aussi peu vraisemblable. En ces temps de la carrure et du patron immuables, on ne concevait rien à cette manière de faire dialoguer les instruments; ce fantastique semblait inadmissible, Haydn en eût fait une maladie, Mozart ne l'eût guère goûté. On ne va pas plus vite que le temps, les idées de Beethoven sont venues à point après sa mort. Ce scherzo sans divisions, sans parties, sans trio, est aujourd'hui une ravissante scène de féerie, quelque *songe d'une nuit d'été* rêvé par les quatre instruments. Les arrangements de ces quatuors pour piano à quatre mains peuvent donner une idée de leur contexture, de leur personnel, mais non point de leur mise en scène, de leur effet, de leur importance comme style de quatuor. Quelle monographie à écrire qu'une étude de ces trois quatuors !

Le parallèle des différences de style entre les six premiers quatuors et les quatuors op. 59, c'est-à-dire entre la première et la seconde manière de Beethoven, peut-être continué entre les trois sonates pour piano et violon dédiées à l'empereur Alexandre et les trois sonates pour les mêmes instruments op. 12; entre la sonate pour piano et violon dédiée à Kreutzer et celle dédiée au comte Fries (op. 47, op. 24), entre les quatre premiers trios de piano et les deux trios op. 70 et le grand trio en *si bémol*. Beethoven écrivit plus de sonates de piano que de symphonies, de quatuors, de trios, de duos. Il en résulte que les premières traces de sa seconde manière, les étapes du chemin qu'il parcourut pour y arriver, sont plus fréquentes dans les sonates. Les sonates de piano peuvent donc être envisagées comme l'itinéraire suivi par Beethoven dans les limites de l'art, afin de lui en donner de nouvelles. On voit que l'intérêt qu'elles inspirent s'étend dès lors, à titre de manifestation de la *pensée musicale,* à tous les musiciens, et non point aux seuls pianistes, auxquels Beethoven pensa très peu si toutefois il y pensa. Ce qui caractérise surtout la seconde manière de Beethoven, c'est la richesse des idées : point de redite; tout est toujours nouveau. On a prétendu que le principal motif du finale de la symphonie avec chœurs (93e mesure) est identique avec l'allegretto de la fantaisie pour piano, orchestre et chœurs. Le motif de la symphonie repose sur le temps fort, le motif de la fantaisie sur le temps faible; le premier descend de la quinte à la tonique, le second de la tierce à la dominante : différences capitales. Le mouvement des croches de la fantaisie étant à peu de choses près le mouvement des noires de la symphonie, la marche des deux motifs étant descendante, il en résulte cependant une certaine ressemblance plus apparente que réelle. Les motifs se ressemblent comme les sentiments d'exaltation et d'enthousiasme qu'ils expriment (comparez le texte des chœurs de la fantaisie). On a encore dit que le motif de la symphonie repose sur le choral de l'église protestante : « Freu' dich sehr, o meine Seele » (*Ortlepp,* p. 76). Cela n'est pas plus vrai, il n'était pas dans la nature de Beethoven d'asseoir deux importants ouvrages sur le même motif. On n'a pas encore remarqué que le motif de la fantaisie se retrouve tout à fait le même dans le *Lied:* «Seufzer eines Ungeliebten» (lettre *c,* quatrième section du Catalogue). Ce *Lied* est une œuvre posthume. Montrant en tout la facture de la première manière de Beethoven, le motif de la fantaisie s'y voit à l'état de dentition, affublé du falbala de quelques cadences aussi usitées qu'usées du temps, le motif y est loin du splendide aspect sous lequel il se déploie dans la fantaisie. Le fait n'en est pas moins curieux. Nous rencontrerons le squelette du menuet du septuor dans une sonate (op. 49) qu'il faut considérer comme une façon de calepin sur lequel Beethoven jeta le motif pour s'en souvenir en temps et lieux, la postériorité du chiffre d'œuvre de la sonate étant fortuite. Le seul exemple important d'une redite restera donc le chant proposé à la 77ᵉ mesure du finale de la symphonie héroïque, appartenant au finale du ballet de *Prométhée* (n° 16 de la partition) et encore à une contredanse de Beethoven (V. la musique de danse, troisième section du Catalogue).

En examinant les chiffres de ces trois morceaux et le caractère même du motif que Beethoven semble avoir tant goûté qu'il l'a encore traité pour piano seul (op. 35) sans indiquer sa provenance, on est conduit à penser que la contredanse en eut les prémices, que le motif passa par le ballet de *Prométhée* avant d'atteindre aussi haut que la symphonie héroïque.

Nous dirons, pour prouver au lecteur que nous avons fait attention aux moindres choses, que la figure de chant qui s'échappe de la pédale à la 71ᵉ mesure du premier presto de la sonate pour piano et violon, dédiée à Kreutzer op. 47, se retrouve dans la seconde ouverture en *ut* de *Léonore* (82ᵉ mesure de l'allegro) quant à l'aspect et au dessin des deux idées, très dissemblables d'ailleurs. Comparez encore la figure de la première mesure du grave du quintette pour piano et instruments à vent et celle du grave de *Prométhée* (n° 7 de la partition). Ces lointains rapprochements mêmes sont choses infiniment rares dans Beethoven, qui dans chaque production importante est pour ainsi dire un autre auteur.

On ne nous citera pas d'autre exemple d'une redite dans l'œuvre si considérable de Beethoven, quand les rencontres, les redites pures et simples, comptent par centaines dans l'œuvre de Haydn, de Mozart, de Weber. Le rôle du piano dans cette seconde manière dont nous allons examiner les sonates est de rester comme par le passé le simple moyen et non point le but, ce qui n'empêche pas le maître d'en faire valoir les ressources, de penser même à l'*Ossia* dont les modernes ont tant abusé. L'origine de l'*Ossia* remonte aux temps, mythologiques aujourd'hui, où tout piano n'était pas bien sûr de jouir de six octaves. Il y a un seul exemple d'un passage proprement dit à *deux éditions* dans l'œuvre de piano de Beethoven, c'est un accompagnement en arpèges, étendu dans la variante (*ossia*) à des intervalles plus espacés, plus sonores (13e et 33e mesures de la seconde partie du premier allegro de la sonate pour piano et violoncelle en *la,* op. 69). Les éditeurs de la sonate, MM. Breitkopf, nous ont répondu sur notre interpellation que l'*Ossia* est bien de Beethoven et non point le fait de l'éditeur, mais que le manuscrit original s'est égaré. On connaît les abus auxquels l'*Ossia,* dont la raison n'est autre que le manque d'étendue d'un piano, a donné lieu depuis. Tout l'esprit d'un morceau se réfugie souvent aujourd'hui dans un *ossia* quelconque. Griepenkerl l'a très bien dit : « hat es eine Zeit gegeben, wo die winzigsten Kleinigkeiten eine solche Hauptrolle gespielt? Was wird uns aufgetischt? Seiltanzerstückchen an denen die Schweisstropfen jahrelanger Mühen kleben ; *nirgends* der ewige Thau der Idee ».

S'il n'y a point ou presque point de redite dans Beethoven, on trouve encore moins le moindre emprunt fait à autrui. Peu de personnes assurément partageront l'opinion de M. Scudo. *Littérature et critique musicale,* p. 228) qui avance positivement, et comme si la chose avait passé à l'état de notoriété publique, que l'air de *batti,* de don Juan, *se retrouve* dans le quintette pour piano et instruments à vent. Un air qui consisterait en cinq croches qui se suivent, n'aurait l'air de rien. La seule ressemblance des deux motifs réside en ce que leurs premières cinq notes sont autant de croches d'une gamme descendante. A cela près, tout ce qui, musicalement parlant, peut établir une différence, en établit une entre le motif de Beethoven et le motif de Mozart et en fait des idées pour le moins aussi dissemblables que le sont les formes dans lesquelles les motifs sont proposés. Le motif de Beethoven est accompagné de la tonique, l'air de Mozart de la dominante; le premier repose sur le temps fort, le second sur le temps faible. On n'imaginerait seulement point des différences plus capitales. M. Scudo appelle cela *retrouver* un air de Mozart dans Beethoven! M. Scudo a une manière à lui de voir sur Mozart: il dit, p. 239, qu'on retrouve les strophes chantées par la statue du commandeur dans un chœur de l'*Alceste* de Gluck. C'est la réponse de l'oracle dans *Alceste* qui en fait souvenir; encore l'harmonie de Mozart fait-elle de ses strophes tout à fait autre chose. M. Scudo dit encore que Mozart *trouva ainsi le moyen de rendre hommage au génie de Gluck.* Ce serait un hommage de nouvelle invention, *l'hommage — vol.* Selon M. Scudo, l'accord de *ré mineur,* au commencement de l'ouverture de *Don Juan,* marquerait l'entrée de la statue au souper; c'est bien sur une septième diminuée que cette entrée si grandiose, si terrible, se fait. Cette erreur de M. Scudo à l'endroit d'un des plus beaux moments du premier opéra du monde est sans exemple dans les annales de la critique. J'en infère que l'erreur de l'amateur peut légitimement aller fort loin quand l'erreur du critique *ex professo* va *jusque-là.* J'entends invoquer ce bénéfice contre les personnes du métier qui, pour être très fortes en harmonie, croiraient avoir pu écrire beaucoup mieux ce livre, ce qui serait une erreur, pour cette raison du moins. Ne quittons pas légèrement M. Scudo et son livre si bien écrit d'ailleurs. On y lit, p. 185 : « L'air de *non piu andrai* était chanté par toutes les *Kellerine.* » *Kellerine,* pluriel sans doute de *Kellerina,* est un vocable charmant, nouveau, d'excellent goût, qui remplacera désormais l'affreux *hiatus* allemand : *Kellnerin,* que M. Scudo, on le conçoit, ne pouvait prononcer. Kellerino deviendrait le mâle de la variété; Kellerino, Kellerina est aussi doux que : *caro mio Mazetto, cara mia Zerlina!* »

M. Scudo s'écrie au sujet de *Don Juan :* « Qui croirait que cette musique est d'un Allemand? Mais cet Allemand c'est Mozart », ajoute M. Scudo. Hændel, Bach, Haydn, Gluck, Beethoven, Weber furent Allemands aussi; la qualité d'Allemand, à la supposer très malheureuse par elle-même, serait-elle, aux yeux de M. Scudo, exclusive de génie en musique? Cette idée aurait de quoi surprendre dans la bouche d'un critique. Qui croirait que la musique d'*Adélaïde* est d'un Allemand? à moins d'ajouter : Mais cet Allemand c'est Beethoven. C'est toujours quelqu'un, en Allemagne même.

Grande Sonate en *la bémol*

Opéra 26 (12e sonate). — Dédiée au prince Lichnowski.

Comme la symphonie en *si bémol,* cette sonate présente peut-être le plus d'unité entre ses parties, quatre chefs-d'œuvre concourant à en former un. Homogènes entre elles, elles n'en renferment pas moins chacun un ensemble d'idées qui leur est propre. Cette sonate, l'apothéose de la forme dans sa coïncidence avec l'essor de la pensée, pourrait être la plus parfaite des sonates de piano de Beethoven. Elle est l'expression de la force et de la mesure à garder dans la force. Comme les chefs-d'œuvre de la statuaire antique, cette composition multiple, et pourtant essentiellement une, semble marquer un de ces points de repos que fit l'esprit divin dans le développement des arts. Une invention aussi grande, aussi entière, vient du ciel, et elle vient une fois dans la vie de l'artiste.

Auprès de cette sévère simplicité, le précieux écrin des quatre sonates de Weber, la plus belle expression du piano en tant qu'instrument, n'est que le fait d'un dilettante-miracle.

On ne sait ce qu'il faut admirer le plus dans cette sonate, de la forme ou de l'idée! Elle n'est point symphonique comme la sonate en *ut dièse mineur* à laquelle la tonalité du piano ne suffit pas, dont le finale marque généralement l'agonie de l'instrument. La plus grande invention ne dépasse ici en rien les moyens d'exécution. La première partie se compose d'un thème original (3/8 *la bémol*) suivi de cinq variations dont chacune n'est qu'un ravissant chapitre du sujet qui a déjà captivé votre pensée. Ces variations, celles du septuor de Beethoven, les variations du quatuor en *la* de Mozart, celles du quatuor de Haydn sur l'hymne national autrichien, pourraient bien être les plus belles connues en musique. Le dessin mélodique de ce thème nous a rappelé ces jours d'automne qui, résumant les trésors de la belle saison, ont pour fond le regret de la voir passée, pour horizon l'espoir de la voir naître. Rochlitz y reconnut une histoire de village (*für Freunde der Tonkunst,* th. 1) : toute la vie d'un jeune cœur éclose sous le chaume, cachée sous les épis, bercée par les molles brises. Astéroïdes de la douce étoile du thème, ces variations nous semblent plus haut placées que les villageoises amours de Rochlitz. Si la campagne est leur théâtre, elles ne chantent ni un *curé,* comme le veut Rochlitz, ni *un village* si charmant qu'il pût être, mais bien tout ce qui respire, tout ce qui aime dans la nature. La dernière variation surtout est empreinte d'un calme qui n'est plus de cette terre. Elle amène vers la fin une phrase mélodique qui, pour ne pas être le thème, lui appartient cependant comme les cieux appartiennent à la terre. Cette phrase ineffable égale les lettres passionnées de la *Nouvelle Héloïse.* Elle est simple et vraie comme la grande nature qui inspira Jean-Jacques! Ces variations sont une vraie pierre de touche pour l'artiste. On sent d'abord si le pianiste qui les interprète est de race ou de sang croisé, un prix du Conservatoire ou un poète! Ce thème que les enfants jouent, les talents les plus complets savent seuls le dire. Qu'on nous permette ici une digression. Ce thème fut toute la vie d'un artiste qui avait nom Wehrstædt et passait en 1827 pour être le meilleur professeur de piano à Genève. On ne lui connaissait que les trois premiers exercices de Cramer et la sonate en *la bémol* de Weber dont il pressentait l'importance dans la musique de piano avant la renommée de Weber victorieusement établie par Liszt. J'ai entendu jouer les exercices de Cramer à Madame Pleyel qui les *enguirlandait* des traits sortis de l'école frivole de l'école de Kalkbrenner; à Cramer lui-même qui les jouait en fresques dont la touche dure éclaboussait ces délicieux pastels; à Adolphe Henselt, pianiste hors ligne, qui les joue avec un son puissant et comme on joue ce qu'on aime; Wehrstædt avait des détails ravissants. Aussi ne jouait-il que les trois premiers. Si par oubli il lui arrivait d'en jouer dans la perfection un autre, il ne manquait pas de dire : « Ah! je ne joue que les trois premiers! » Le premier de ces exercices même, qui ne présente que des gammes, avait un charme indicible sous ses doigts. Le thème à variations de la sonate en *la bémol* de Beethoven complétait ce petit répertoire dont Wehrstædt s'acquittait avec un fini vraiment incroyable. Si Liszt l'avait connu, il l'eût pensionné. Avons-nous besoin de dire que Wehrstædt était allemand? Original au possible dans ses manières, comme le Parthe et son cheval, il faisait *un* avec son chapeau qu'il n'ôtait jamais chez lui, à regret chez les autres. Le triste bouge qu'il habitait à Genève, vis-à-vis de l'église luthérienne, dont le pasteur Wendt était aussi excellent pianiste, dans une maison noire où la *bise* du lac s'engouffrait, où la musique semblait impossible, présentait un désordre qu'on imaginerait difficilement. Un jour que Wehrstædt me pria de ranger ce qu'il appelait *sa musique,* j'y trouvai une partie de timbales; c'était tout ce qui lui restait du concerto de piano de Ries, autrefois célèbre, en *ut dièse mineur.* Wehrstædt était très préoccupé des doigts effilés de ses mains délicates qu'il regardait comme la seule partie importante du corps humain. Cet *Emile* du piano, qui refusa de se naturaliser Genevois, n'était point sans culture, sans un grand fonds d'esprit naturel. Il commettait ce qu'on appelait à Genève *ses incongruités* avec l'innocence qui pare la fleur des champs. Les Genevois, dont la musique se passe dans des boîtes d'or, le voyaient passer impassible qui balançait distrait son chapeau sur la tête. Wehrstædt parlait peu et vous fixait de ses yeux bleus dans chacun desquels se lisait une sonate de Weber. Il envisageait la vie comme un court passage, pendant lequel il convenait assez d'exercer quelques *mesures* des *maîtres,* afin de les jouer un peu *proprement,* comme il disait. Il lisait peu, aimait Rousseau et détestait Voltaire dont il ne regardait jamais qu'avec dédain la campagne « des Délices aux portes de Genève ». Il mettait de la recherche dans l'emploi de la troisième personne de l'imparfait du subjonctif qu'il trouvait *convenable* dans une ville composée de pensionnats. Quand il fut me donner la leçon à trois francs de Suisse l'heure dans la pension du célèbre pasteur Bouvier, il s'assit, sans mot dire et le chapeau en tête, à côté de l'horrible piano de la pension, après m'avoir adressé un petit salut sec. J'ouvris la sonate de Beethoven. Me jetant un regard triste : « Pourquoi ce morceau? fit-il, pourquoi pas le galop de Herz? — Je l'aime, je l'ai beaucoup joué, dis-je. — Quel malheur ! Vous ne *pouvez* savoir ce que contient cette page! » Je me mis à la lui jouer comme on joue quand on a eu ce qu'on appelle *trop souvent* de bons maîtres : *En souris qui ne comprend rien à l'architecture de la grange qu'elle parcourt.* « Tenez », dit-il en me remplaçant au piano. Vous dire comment il joua, je ne le pourrais. Ses doigts se collèrent sur les touches à la façon dont se tenaient les deux frères siamois; le thème de Beethoven, le piano, l'homme faisaient un. Jamais je n'ai entendu pareil « ligato », une suite aussi profondément calculée des sons d'un piano, une expression aussi pénétrée dans un rythme plus sévère. Wehrstædt conclut qu'en suivant ses conseils, je pourrais espérer de jouer dans un an les huit premières mesures du motif *un peu proprement;* le crescendo à la neuvième (six doubles croches unisono) exigerait une nouvelle et sérieuse étude du crescendo en général et de celui-ci en particulier; quant à la contre-partie du motif, il me fallait renoncer à la jouer, dit-il, à cause du diabolique trille sur le *ré,* une étude de vingt ans ne lui ayant pas permis, à lui, de s'en acquitter toujours *proprement.* Ce trille, auquel on ne peut donner que le quatrième et le cinquième doigts de la main droite, pendant que le pouce et le second doigt sont occupés, est en effet sauvé, enlevé plutôt que déroulé comme il convient par les pianistes. Wehrstædt avait fait, des trilles des quatrième et cinquième doigts dans les positions empêchées, l'étude de sa vie! L'égalité du trille de Wehrstædt, l'ampleur du son, la prestesse de la terminaison, la force surtout avec laquelle le cinquième doigt attaquait le *mi bémol* qui suit, tenaient du prodige. Pendant un long séjour à Genève, Wehrstædt n'était pas allé voir Chamonix; c'est tout dire. Exercer ce trille, donner assez de leçons aux Genevois, disait-il, pour épouser dans un temps appréciable une grande inconnue de Berne dont il célébrait les charmes dans les sonates de Weber : telle fut l'existence de cet excellent homme, le plus inoffensif des êtres aimés.

D'accord en tout, nous ne différions que sur le Mont-Blanc. Wehrstædt ne comprenait pas qu'on pût aimer Weber et aimer encore le Mont-Blanc. Un an plus tard (1829) il me communiqua cette lettre qu'un ancien élève lui écrivait de Paris :

« Cher maître,

» J'ai entendu jouer la troisième sonate de Weber exactement comme vous m'avez si souvent dit de la rêver. Je l'ai vue, vous dis-je, je l'ai tenue, je l'ai touchée du doigt notre poésie en *la bémol!* Que la vie doit être belle si elle tient les promesses que cette noble composition en donne! Vous m'aviez recommandé d'aller trouver Kalkbrenner parce qu'il joue *proprement.* Le jour que j'allai me présenter chez lui, je lus sur une affiche jaune des boulevards : « *Concert du Conservatoire; Concerto « en mi bémol de Beethoven, exécuté par Franz Liszt.* » Le concert n'eut pas lieu, mais cette affiche me fit faire la réflexion, que l'homme qui joue en public, et à Paris encore, ce concerto que vous regardiez comme impossible, pouvait m'être plus utile que l'auteur de l'*effusio musica.* J'ai trouvé, après bien des recherches, un jeune homme de dix-huit ans, pâle, souffrant, et qui me parut si extraordinaire que je fus embarrassé de lui exprimer mon désir de travailler avec lui parce qu'il avait *voulu* jouer le concerto de Beethoven. Ne donnant pas leçon, on m'en avait prévenu, car on le connaît dans cette grande ville quoiqu'il vive *tout à fait retiré,* il me fit cependant asseoir à son piano, par politesse sans doute. Trouvant l'instrument horriblement dur, je lui jouai le seul chant de l'*invitation.* Il se leva aussitôt du coin où il était rêveusement assis, et me demanda avec intérêt ce que c'était. Il ne connaissait pas la musique de piano de *Weber* (1828) .Il me prit alors le cahier des mains, celui-là même que vous me connaissez, le tourna et le retourna, et se mit tout à coup à le déchiffrer d'une manière si extraordinaire et si ingénue tout à la fois, que je croyais rêver. Je vous affirme qu'il ne la connaissait pas, l'*invitation,* et que tout n'est pas mensonge à Paris, comme vous dites. Ce jeune homme *ne peut* mentir. Je lui parlai aussitôt avec chaleur de la troisième sonate de Weber. « Apportez-la, dit-il, il est » bien convenu que nous travaillons désormais ensemble, » les dimanches à deux heures ». Son jeu m'avait fait une telle impression que, pendant toute la semaine, je ne voulus rien voir de Paris, et ne fis que travailler notre sonate avant de revenir rue Montholon, où il loge. Je lui jouai le premier allegro. Il sourit de l'inégalité de mon trémolo au début de la sonate que vous dites être un lever du soleil, mais de ce sourire candide qui ne fâche personne. Bientôt, à l'entrée des fées, comme nous disions à Genève, au pas dansé par elles sur le gazon enchanté, vers la fin de la première partie de l'allegro, il me donna de nombreuses et franches marques de contentement. Je reconnus cela à des signes de tête qui, en faisant retomber ses longs cheveux sur le front, le recouvraient comme d'un manteau soyeux. Tout d'un coup il m'arrêta : « A quoi pensez-vous en jouant ce morceaux ? » fit-il précipitamment. — « A une belle Anglaise que j'ai vue au casino de Genève », répondis-je. Il se mit alors à jouer et à rejouer la première partie comme de ma vie, cher maître, je n'ai entendu jouer du piano, comme je n'en entendrai jlus jouer, je pense, car un pareil moment ne doit pas arriver deux fois dans la vie d'un homme. Il me semble depuis que j'ai toujours connu ce jeune homme pâle; aussi je lui dis ce que je pense de chaque mesure et il m'écoute avec douceur. Tout ce que je lui dis de vous, il le *fait,* en me demandant « si c'est cela? » avec une modestie dont je voudrais quelquefois pleurer; car c'est toujours la perfection des perfections. Je vous affirme qu'il ne connaissait pas notre sonate. Ce qu'il en dit par bribes, me semble mieux trouvé que ce que nous en avons pensé pendant des années. J'ai voulu lui laisser la sonate. « Je ne la veux pas dans ma maison », répondit-il spontanément, car tout en lui est spontané et l'affaire du moment; « rapportez-la, jouez-en un mor- » ceau, je vous le jouerai ensuite aussi bien que je pourrai, » je vous le promets ». Il me fait une peur que je ne puis vous dire; *il n'exerce pas!* On ne s'exerce donc pas au génie? Que voulez-vous? il y a le Salève, il y a le Mont-Blanc! pardonnez-moi ces souvenirs! L'idée de l'entendre le dimanche me donne la semaine des distractions dans mes autres études, et il m'est impossible de rentrer après Liszt, chez moi, rue du Dragon. J'aime mieux me promener dans Paris, au hasard! Liszt loge avec sa mère, excellente femme, mais qui ne m'aime pas. Elle dit que je fatigue son Franz. Que ne pouvez-vous, cher maître, voir les ressources dont ce jeune homme dispose sur son instrument! Il invente à l'instant des doigters autrement ingénieux que ceux sur lesquels nous avons pondu avec vous comme des poules sur les œufs. Il m'en a noté un qui facilite beaucoup le trait de basse dans le scherzo de la sonate en *la bémol de Beethoven,* op. 26, votre constante préoccupation. Il m'explique admirablement le thème à variations de cette sonate en disant qu'il me redoit une bonne connaissance. Il a dit de votre trille, dont je lui ai beaucoup parlé, que vous n'avez pas tort, mais qu'il ne désirait pas avoir raison. Je garde précieusement les cahiers où il consigne ses remarques avec un crayon qui peut le disputer à un balai. Quand, le dimanche suivant, je lui eus joué la seconde partie de l'allegro de Weber, il s'assit au piano avec un air de vainqueur; ses yeux dévorèrent le cahier, il ressemblait en ce moment au buste d'un triomphateur romain. J'étais tout entier à cette pensée : « Y aurait-il un homme au monde capable de lire *cela* la première fois? » Il feuilleta assez longtemps les quatre pages et les joua tout d'un coup comme si deux mille personnes l'eussent écouté, sans se permettre la moindre hésitation. Je compris qu'il se jouait le morceau à lui-même et non plus à moi. Je dois croire que jamais un artiste ne fut plus grand que ce jeune homme au moment de broyer ainsi notre sonate. Je le crus brisé par l'effort; il me dit, comme s'il se fût parlé à lui-même : « C'est peut-être cela ! excepté pourtant la reprise du » motif, » et s'adresant à moi : « *Là,* vous devez faire » comprendre que le rêve cesse et que la réalité n'est » pas *moins belle,* » mot qui peint admirablement, je trouve, la portée de l'allegro, et il rejoua du trémolo jusqu'à la fin! Si cette facilité est surprenante, la sagesse de ce jeune homme est tout à fait inconcevable! Après avoir *roulé* le dernier passage, au lieu de précipiter le mouvement, comme on n'est que trop entraîné de le faire, il sait, lui, s'arrêter au fort de la mêlée et regarder tranquille autour de lui pour juger par où il en sortira avec les honneurs de la guerre. Il ralentit le second motif contre lequel se précipitent en sens inverse les basses et rassemble toutes ses forces pour rester vainqueur jusque dans la dernière note! En sortant de chez lui ce jour-là, j'arrivai dans mes promenades jusqu'à la porte Maillot, ce qui est plus loin que votre porte Cornavin. Je m'attends à des choses entièrement neuves dans les autres parties de la sonate. Vous voyez que c'est la peine d'aller à Paris dont vous dites qu'il compte des dangers sans nombre pour les jeunes comme pour les vieux. Quand, notre sonate en main, je traverse tout Paris pour aller trouver Liszt, le diable, contre lequel on prêche tant et si bien à Genève, me prendrait sous le bras que je ne m'en apercevrais seulement pas! Et le diable m'a apparu dimanche dernier que je me rendais en omnibus chez Liszt, sous les traits charmants d'une jeune fille dont les yeux bleus auraient révolutionné vos vingt-deux cantons; mais ce fut inutilement, je continuai à lire dans ma sonate. Le *monsieur* qui dirige mes autres études me dit que Kalkbrenner et Herz sont les *grands* professeurs de Paris, *savent* et *peuvent* tout sur leur instrument, sans pour cela exalter leurs élèves. Il me fit comprendre qu'il me supposait avoir été dans un endroit qu'il nommait la *Chaumière,* et non pas chez un professeur de piano. Il faut vous dire que les Parisiens supposent une foule de choses. Bien que ce monsieur soit fort en latin, le mot de professeur, appliqué au jeune Liszt, me parut un syllogisme affreux. Je trouverais stupide qu'il y eût plus d'un Liszt, non pas dans Paris, mais dans le monde; je vous promets cependant d'aller voir Kalkbrenner. Adieu! »

Revenons à la sonate de Beethoven, op. 26. Le scherzo est incisif, spirituel, sombrement allègre. La seconde partie présente dans sa péroraison un trait de basse d'une grande difficulté dans un mouvement aussi rapide. C'est une coulée de violoncelles à laquelle répondent avec une indépendance parfaite les accompagnements morcelés que les violons continuent à y jeter. Confiée à l'orchestre, exécutée de toute la force des archets, cette entrée eût été formidable comme l'attaque à la baïonnette des basses dans le majeur du scherzo de la symphonie en *ut mineur* que M. Berlioz a comparé aux ébats d'un éléphant en gaieté. Le trio fait l'effet d'eaux montantes, menaçant d'engloutir le hardi nageur qui se fie à elles, mais rien que pour mollement le bercer et le rejeter dans le motif, imperturbable causeur qui reprend aussitôt.

Le troisième morceau de la sonate est la célèbre marche funèbre sur la mort d'un héros (*marcia funebre sulla morte d'un eroe, la bémol mineur*); elle ferait rêver combats et batailles au plus pacifique. Rien de plus lugubre, de plus grandiose. On y assiste aux funérailles des joies et des gloires de ce monde; des roulements de tambour, figurant le trio de la marche, saluent le cortège à son passage. Cette marche est la mère naturelle des marches funèbres composées et enterrées depuis sous la poussière des cartons des magasins de musique qui soldèrent en temps et lieux les frais de leur inhumation. La marche funèbre de Chopin fait exception; comme ces modestes violettes qui vivent heureuses au pied des hautes montagnes, elle vit à l'ombre du rocher assis par Beethoven sur les touches d'un piano, titanique expérience *in anima vili*. C'est un des morceaux les plus caractérisés qu'on connaisse. On a dit que Beethoven composa cette marche à l'occasion de la mort du prince Louis-Ferdinand de Prusse. Le troisème concerto de piano de Beethoven, op. 37, étant dédié à ce prince, il est impossible qu'une composition antérieure à ce concerto retrace le souvenir de la mort que le prince trouva au combat d'avant-poste de Saalfeldt, le 12 octobre 1806. La *Gazette musicale universelle* de Leipzig en parle d'ailleurs à l'année 1802, p. 650, quatre ans avant la mort du prince. Cette marche célèbre un héros qui ne fut jamais, mais qui sera toujours. Ce fut le dépit éprouvé par Beethoven aux éloges décernés à la marche funèbre de l'opéra *Achille* de Paër qui engendra cette belle conception. *Ries*, p. 80.

Le finale de la sonate (allegro 3/4) a l'allure sans frein, l'apparent décousu, le *brio* qui distinguent le style de la seconde manière de Beethoven, dans laquelle les idées font merveille par leur entourage, dans leur ensemble surtout, et peuvent être sûres d'échapper à l'enregistrement dans un album à titre de *première* ou *dernière pensée*. C'est là un morceau comme ii n'en avait pas été composé jusque-là, comme il n'en a pas été composé depuis, pas même par Beethoven. Reposant sur une figure chromatique, comme la flèche repose sur l'arc, on le dirait emporté par un souffle. Ces *grupetti* chromatiques, découlant vivaces de leur première note, s'arrêtent parfois et semblent vouloir refluer vers leur source. Cet allegro est d'une grande difficulté d'exécution. La main droite doit rester calme, quelque changeant terrain qu'elle parcoure, et il ne lui faut accuser aucun effort pour laisser échapper tous ces festons en doubles croches, autant de petites sources vives qui se cherchent les unes les autres. Cet *allegro* s'appellerait auourd'hui *Caprice, Toccata, Impromptu, Romance sans paroles, Pensée fugitive, romantique, Ballade, Exercice.* Cet allegro *tout court* est, en effet, tout ce que vous voudrez qu'il devienne sous vos doigts, c'est le kaléïdoscope magique du répertoire du pianiste, la panacée dont on guérit les maladies d'élèves, si le remède ne les emporte pas. Il se prête à être joué séparément de la sonate, dans un moment de colère. Il est voyant, chatoyant même, et le *pianiste-prestidigitateur* lui-même le promènera avec succès dans le manège à son usage. M. Alkan a bien joué dans un concert à Paris le rondo de la sonate en *ut* de Weber, publié depuis sous le titre de *perpetuum mobile!* Qu'eût dit Weber s'il avait pu savoir qu'un éditeur le jugerait digne de concourir posthumément au prix institué par l'académie de Londres pour la réalisation de ce problème en physique? Tel amateur qui ne doute de rien devrait avoir le finale de la sonate de Beethoven dans sa manche chaque fois qu'il lui importerait de montrer ses doigts sans que sa tête ait à chômer.

Sonate quasi-fantasia, n°s 1 et 2, *mi bémol, ut dièse mineur*

Opéra 27 (13e et 14e sonates). — Dédiées, la première à la princesse de Liechtenstein ; la seconde à la comtesse Juliette Guicciardi *(Sonata quasi-fantasia dedicata alla madamigella contessa Giuletta di Guicciardi.)*

Les sonates nous ont, à peu d'exceptions près, présenté jusqu'à présent les quatre parties traditionnelles : allegro, andante, scherzo, finale. En voici une, et c'est la célèbre *sonata quasi fantasia* en *ut dièse mineur,* qui n'en aura que trois, qui *commencera* par un *adagio* qui à lui seul sera une sonate, une scène au tombeau; *Tomba dei Scipioni!* Sous cette dalle reposent les grandeurs humaines; elle ne s'ouvre que pour en recouvrir une nouvelle. Qu'elle est difficile à soulever! La voilà qui se lève! Entendez-vous bruire la corde de *mi majeur?* le parfum des fleurs vient visiter le sépulcre!

Voici en quels termes M. Berlioz parle de la sonate, et nous regrettons qu'il n'ait parlé que de celle-ci (*Voyage musical,* p. 362) : « Il y a une œuvre de Beethoven connue sous le nom de sonate en *ut dièse mineur,* dont l'adagio est une de ces poésies que le langage humain ne sait comment désigner. Ses moyens d'action sont fort simples; la main gauche étale doucement de larges accords d'un caractère solennellement triste et dont la durée permet aux vibrations du piano de s'éteindre graduellement sur chacun d'eux; au-dessus, les doigts inférieurs de la main droite arpègent un dessin d'accompagnement obstiné, dont la forme ne varie presque pas depuis la première mesure jusqu'à la dernière, pendant que les autres doigts font entendre une sorte de lamentation; *efflorescence mélodique* de cette sombre harmonie. » Nous croyons que personne ne joue cette fantaisie bien nommée, comme la joue Liszt. M. Berlioz raconte « avoir cruellement souffert des trilles et des trémoli que Liszt y aurait placés et avoir versé des larmes d'enthousiasme *un autre jour,* quatre ans plus tard. L'inquiète conscience de sa force est le cachet du génie; il était permis à Liszt d'essayer de tout avant de se fixer! Un artiste comme lui peut vouloir broyer l'instrument, insuffisant pour exprimer une extase! il peut vouloir invoquer le malin lui-même et non seulement des *brigands* de trilles et de trémoli! » Liszt pressa et ralentit la mesure, dit M. Berlioz, troublant ainsi par des accents passionnés le calme de cette tristesse et faisant gronder le tonnerre dans ce ciel sans nuage qu'assombrit seulement le départ du soleil. Sans doute, le caractère dominant de ce morceau est le calme d'une tristesse sans bornes comme sans remède, et Liszt pourra bien, ce jour-là, avoir par trop laissé voir les abîmes qu'il recouvre; mais nous le croyons heureusement inspiré quand il réserve à la principale idée mélodique un mouvement lent, mesuré, en accidentant ses développements de mouvements plus chauds. Marcher 69 mesures d'adagio en métronome, — l'effet, la pensée intime de Beethoven, se refroidirait d'un mouvement ainsi contenu. Le dessin d'accompagnement reposant pendant douze grandes mesures sur la même pédale (*sol dièse*); employant quatre mesures pour gravir du grave jusqu'au *ré dièse* au-dessus des portées, confié qu'il est à un instrument dont la tonalité n'est pas riche; évidemment ce dessin de l'adagio peut-il être accéléré et faut-il lui tendre une main secourable dans cette *tant* pénible ascension qu'il s'y prend à deux fois? La reprise de la principale phrase dans le temps voulu, ralenti même, n'en sera que plus lugubrement solennelle. *Est modus in rebus;* n'est-il pas dit : « quasi *fantasia?* » L'abus, il est vrai, peut être ici à côté de la vérité musicale. On raconte à Vienne que Beethoven, amoureux de mademoiselle Guicciardi, aurait improvisé l'adagio sous la tonnelle d'un jardin. De là le nom de « Lauben-Sonate » comme l'appellent quelques exclusifs. Nous goûtons peu cette version de l'imagination viennoise qui, après le poétique « poulet rôti » et la « pâte molle » est ce qu'il y a de moins poétique au monde. Tout est convention à Vienne, et les artistes s'y croient très avancés quand ils mettent partout les points sur les *i.* On passe pour connaisseur à Vienne quand on appelle le trio de Beethovent en *ré majeur,* op. 70, le *Geister-Trio,* parce que la *Wolfsschlucht* de Weber a de la connexité avec le largo. L'Allemagne est ainsi faite. Le quatuor de Beethoven, op. 74, y porte le nom de « Harfen-Quartett, » à cause des « pizzicati » du premier allegro, et gare à qui ne l'appelle pas ainsi!

Schindler nous a conservé trois lettres de Beethoven, écrites à la comtesse Juliette de Guicciardi, à laquelle il dédia la sonate en *ut dièse mineur.* Datées de Hongrie, où Beethoven était allé chercher « aux eaux » un remède à sa surdité (1806), ces lettres auraient pu l'être de Clarence, de Montreux, et trouver une place dans la *Nouvelle Héloïse.* Voici quelques extraits :

« Mon ange, mon tout, mon moi! Je voudrais que nos cœurs fussent toujours serrés l'un contre l'autre; ma vie alors s'écoulerait sans soucis; quelque ardemment que tu m'aimes, je t'aime davantage; je ne puis que tout à fait pour toi ou pas du tout; avec quelle ardeur, avec quelles larmes je t'appelle, ma vie! »

Dix-sept ans plus tard (1823), les sentiments de l'artiste étaient bien changés. Voyez plutôt.

Beethoven avait désiré ravoir pour quelque temps la partition de *Fidélio.* Il avait chargé Schindler d'en parler au comte Galenberg, devenu le mari de Juliette Guicciardi, directeur des archives du théâtre impérial de l'Opéra. Dans une conversation par écrit — la surdité de Beethoven était déjà complète —, Schindler rend compte de sa mission échouée, p. 279. Après avoir demandé à Schindler en allemand s'il n'avait pas vu à cette occasion la comtesse, Beethoven écrit en français dans le cahier de conversation (*Conversationsheft,* nous copions littéralement) : « J'étais bien aimé d'elle *et plus que jamais son époux.* Il était pourtant plutôt son amant que moi » (Beethoven n'ayant été l'amant de personne, il est difficile de comprendre ce qu'il voulait dire, à moins de mettre une *s* au plutôt et de supposer que le comte avait aimé Juliette avant Beethoven).

« Par elle j'apprenais de *son* misère » (le masculin dans cette tournure allemande indique qu'il est question du comte).

« Je trouvais un homme de bien qui me donnait la somme de 500 florins pour le soulager. Il était toujours mon ennemi, c'était justement la raison que je *fasse* tout le bien possible. »

Schindler paraît n'avoir pas été à la hauteur de ce langage qui, de la part de Beethoven, était sans doute un souvenir dépité du grand monde. Il ne faut pas oublier qu'en Allemagne, on se croit obligé de parler français *quand même*. Ce tic, partagé par Beethoven, est tout à fait curieux; se croyait-il en français de la force de la symphonie en *ut mineur?* Schindler répond d'abord modestement en allemand : « Pour cela il (Galenberg) me disait : Beethoven est un homme insupportable par pure reconnaissance. » Puis, se ravisant et voulant se mettre au niveau de son interlocuteur, il continue en français : Est-ce qu'il y a longtemps qu'elle est mariée avec M. de Galenberg? » Beethoven : « Elle est née Guicciardi. Elle était l'épouse de lui avant son voyage en Italie. Arrivé à Vienne elle cherchait moi pleurant, mais je la méprisais. » Beethoven, on le voit, avait beau écrire en français, il pensait en allemand et en musique instrumentale. Cela aurait pu lui suffire.

Un mot d'avis aux exécutants de la sonata quasi fantasia. Le dessin mélodique de l'adagio est confié au *sol dièse* de l'accompagnement; *grupetto* d'une croche pointée (*sol dièse*), suivie d'une double croche qui amène *l'efflorescence mélodique,* chant pénétrant comme un parfum, procédant par blanches, grosses notes dont les têtes penchent comme ces fleurs dont le calice s'est empli de rosée pendant la nuit. On sent que cette ineffable entrée doit être indépendante des arpèges, qu'elle doit surnager libre, comme un cor dominerait un discret accompagnement. Or, il ne reste que le cinquième doigt de la main droite pour articuler cette plainte, et ce pauvre doigt est d'autant plus contrit d'en porter le fardeau, que les autres doigts de la main sont penchés sur les arpèges, circonstance qui ôte au cinquième doigt beaucoup des sentiments d'indépendance qu'il pourrait avoir acquis! Il arrive alors qu'au moment de faire vibrer la note pointée comme il convient et de phraser le chant, le pouce pointe de son côté, par pur amour fraternel pour le cinquième doigt, le *sol* de l'arpège, et *double* ainsi l'entrée de l'idée principale dans le médium, ce qui, comme vous pensez bien, porte préjudice au chant. Un moyen d'échapper à cette faute serait de partager les trois *sols dièse* et les entrées de même nature entre le quatrième et le cinquième doigt, aussi souvent qu'on le peut; mais on ne le peut pas toujours, et ce moyen présente le danger de répandre du trouble dans le ménage des *sols*. Reste à soulever la main, à la déployer en éventail vers la planchette du piano et à laisser tomber le cinquième doigt du plus haut qu'on peut. Liszt me fit observer cette difficulté en 1828. Le *jeune* âge n'a jamais tort; je disconvins vivement de mon tort, ne pouvant croire que tant de soi-disant excellents maîtres de piano m'eussent passé ce qui, en ce moment, prend à mes yeux les proportions d'un gros péché, et me paraissait être alors une négligence trop légère pour qu'on ne voulût me chercher chicane en la relevant. Liszt ne dit mot, mais à la prochaine entrée de la phrase où l'octave d'accompagnement allait résonner, il me saisit le pouce, rue Montholon, comme on ferait du pied d'un hanneton, et l'étreignit comme dans un étau : le *sol dièse* résonna libre sur son *Erard* comme le son argenté voilé de tristesse d'un cor. « Tenez, dit Liszt, c'est comme cela qu'il se tait, votre pouce. »

Le piano était alors pour Liszt l'envergure des ailes qui le faisaient planer sur l'océan des empyrées, loin du niveau et du contact du monde! Quel dommage qu'il faille en cette vie *atterrir,* comme disent les marins! Cette grande production de la sonate en *ut dièse mineur* devrait être interdite aux jeunes personnes qui, malheureusement, se piquent fort et souvent de l'épeler à leur façon. On les empêche bien d'entrer dans les tombeaux du cimetière de l'Est de Paris.

Rellstab compare cette œuvre à une barque, visitant, par un clair de lune, les sites sauvages du lac des Quatre Cantons en Suisse. Le sobriquet de *Mondscheins-Sonate* qui, il y a vingt ans, faisait crier au connaisseur en Allemagne, n'a pas d'autre origine. Cet adagio est bien plutôt un monde de morts, l'épitaphe de Napoléon en musique, *adagio sulla morte d'un eroe!* Liszt a nommé le second morceau de la sonate, une fleur entre deux abîmes (allegretto, *ré bémol majeur,* ton enharmonique de *ut dièse majeur*). Ce petit morceau (60 mesures avec le trio) est incomparable d'idée mélodique, de ressources d'harmonie, de rythme. Restreint dans ses proportions, il est comme cette goutte de rosée, qui réfléchirait une planète si elle venait à passer devant elle.

Nous connaissons depuis trente ans cette chimère du poète sans lui avoir découvert une ride. On ne doit comparer personne à Beethoven, nous le savons, un auteur pouvant avoir infiniment de mérite sans pouvoir encourir un parallèle de ce genre. Nous n'entendons pas comparer Hummel à Beethoven, mais nous parlerons de Hummel, pour mieux faire comprendre notre manière d'envisager la sonate en *ut dièse mineur* et son merveilleux allegretto. Il arriva à Hummel, *dans le scherzo* du septuor, de prendre l'impossible pour une originalité. L'étrange écart de la marche d'harmonie au début de ce morceau n'est qu'une gratuite recherche, et Hummel, qui appartient plutôt à l'école de Mozart, n'en eût rien fait, s'il ne se fût pas imaginé de pouvoir faire à son tour un peu de Beethoven. Si la facture du septuor restera un modèle, son invention n'est ni à la hauteur d'un morceau de premier ordre, ni seulement assez originale, le chant du premier morceau 63ᵉ mesure) étant identique à une idée de Beethoven antérieure au septuor (finale de la sonate pour piano et violon dédiée à Kreutzer, 62e mesure).

Nous savons que le septuor de Hummel est dans les doigts de tous les pianistes. Nous trouvons qu'il y est bien; seulement cela n'a rien à démêler avec le cercle d'idées réveillées par le génie de Beethoven, dont les étrangetés elles-mêmes sont motivées. Il y a des serpents dans la nature, il n'y en a pas dans les salons; le septuor de Hummel est un morceau de mœurs honnêtes, de manières agréables, bien élevé, auquel il est toujours curieux de se voir essayer un pianiste, mais voilà tout. Son scherzo fait l'effet d'un homme se donnant beaucoup de mal à passer pour être enveloppé des plus épaisses ténèbres et à s'y enrouler à plaisir de serpents,quoiqu'il se sache poser sous les feux des lustres d'une salle de concert. Ce scherzo, de la chair à piano, n'a que le nom de commun avec les scherzos de Beethoven. Si l'invention sur une grande échelle eût été le fait de Hummel, comme Beethoven il eût créé un *cosmos musical,* au lieu *des morceaux* de *piano* d'un style irréprochable, châtié, qu'on lui connaît et qui demeureront des exemples *d'écriture.* L'allegretto de la sonate en *ut dièse mineur* qui remplace le scherzo me fournit l'occasion d'admirer la justesse des vues de Liszt en musique. Je venais de le lui jouer, comme on écarte une petite difficulté quand une grande (le finale) vous attend. Liszt me demanda nonchalamment : « C'est facile, n'est-ce pas ? » J'avais dix-huit ans et répondis affirmativement. Eh bien, *non,* dit Liszt, c'est un morceau sur lequel on passe sa vie quand on est artiste; les spondées suivis de dactyles sont les entrées des instruments à vent de l'orchestre du Conservatoire de Paris; le dessin coupé doit se piquer comme savent piquer les violons du Conservatoire. » Et il se mit à jouer le scherzo comme eût pu le jouer le merveilleux orchestre. Les amateurs à la douzaine commettent régulièrement la faute d'accentuer dans ce morceau tout exceptionnel les entrées des *brèves* sur les temps forts de la mesure. La marche des basses dans les premières mesures de la seconde partie du trio a besoin d'être liée à la façon de deux violoncelles. Liszt (à l'âge de dix-huit ans) me trouva, à l'instant, le plus admirable doigter qu'il soit possible d'imaginer; il prit le premier accord (*ré naturel, la bémol*) du cinquième et du second de la main gauche, le second accord (*ré bémol, sol*) du quatrième et du pouce, le troisième accord (*ut, sol bémol*) du cinquième et du second, le quatrième accord (*si naturel, fa*) du quatrième et du pouce.

Les hussards et les pandours du piano se contentent de plaquer ces accords et croient avoir fait merveille quand ils en ont sabré la note. J'ai connu bien des pianistes de talent, mais j'en ai peu vu qui se doutassent de l'importance de lier cette suite d'accords. Le lecteur me passera-t-il un souvenir de plus? J'avais, en 1842, le bonheur de voir beaucoup Chopin à Paris. Que de fois, sur le chemin de la cité d'Orléans, exotique volière d'artistes où logaient George Sand et le spirituel caricaturiste Dantan qui mit dix doigts à chaque main de la figurine de Liszt; que de fois je comparais entre eux Liszt et Chopin, natures différentes se rencontrant dans le pays de l'infini! Chopin me permettait d'assister aux leçons qu'il donnait au petit Filtsch, âgé de onze ans, qu'il déclarait être un des talents les plus précoces qu'il fût possible d'imaginer. Hongrois, de parents pauvres, un riche propriétaire de son pays l'avait envoyé à Paris, pour être dirigé par Liszt et Chopin. Le jour où, accompagné par Chopin sur un second piano, cet enfant lui joua son concerto en *mi mineur,* je vis briller une larme dans les yeux de Chopin. Ce jour glorieux pour le petit Filtsch que madame George Sand embrassa avec effusion, Chopin nous invita à l'accompagner au magasin de musique de Schlesinger. Chopin parlait en général peu; on eût dit la parole un moyen trop grossier pour rendre les émanations de cette âme délicate. Son invitation fut tout un événement à nos yeux. Je me rappelle avoir mis comme par distraction mon manteau, ne pouvant croire à l'énormité d'une *proposition* quelconque faite par Chopin. Nous n'échangeâmes que quelques mots jusqu'à la rue Richelieu. Chez Schlesinger, Chopin se fit donner la partition de *Fidélio* et la mettant entre les mains de Filtsch : « Là, mon petit, dit-il avec une grande douceur, prends cela en souvenir de moi, tu l'as mérité aujourd'hui. » L'enfant, qui ne s'attendait à rien de pareil et se croyait déjà oublié, fondit en larmes. Filtsch est mort à l'âge de quatorze ans. Liszt dit à une soirée de la comtesse d'Agout, où Filtsch avait joué le morceau de la *Lucia :* « Quand ce petit voyagera, je fermerai boutique. » Un jour Meyerbeer, qui travaillait alors au *Prophète,* interrompit ma leçon chez Chopin. A Paris, les personnes qui ont le plus de plaisir à se voir se rencontrent le moins. Chopin fut ravi de la venue du célèbre *maestro.* « Puisque vous y êtes, dit Meyerbeer, en montrant le piano, restez-y pour l'amour de moi. » Chopin joua quelques mazurkas; celle en *ut* op. 33, n° 2, donna lieu à une discussion des plus vives entre les deux artistes, Meyerbeer prétendit qu'elle était à *deux* temps et non point à trois, Chopin fit tout ce qui était en son pouvoir pour combattre cette opinion que Moschelès lui avait déjà exprimée; il joua et rejoua la mazurka. C'est la seule fois que je vis sa figure pâle et étiolée s'enflammer; Meyerbeer persista. « Donnez-moi votre mazurka, dit-il enfin, j'en ferai la musique de quelque ballet d'opéra, vous verrez qu'elle est à deux temps. » Et *adhuc sub judice lis est.*

Ces souvenirs ont reçu leur consécration par la mort prématurée de Chopin, dont la dernière parole adressée à Franchomme et à la princesse Czartoryska, sa meilleure élève, son amie dévouée et l'exécutrice de son testament, fut : « Jouez toujours de *la bonne* musique, je l'entendrai. » La princesse Czartoryska nous a décrit les derniers moments de cette fine fleur du piano moderne que nous avons eu le bonheur d'avoir pour ami. Après mes leçons, Chopin me jouait ce que je lui apportais de musique des grands maîtres. L'allegretto de la sonate en *ut dièse mineur* de Beethoven eut son tour. La suite d'accords dont nous avons parlé, Chopin la lia, il est vrai, sur son beau piano de Pleyel ; mais rien que par les nuances du toucher. Je lui proposai le doigter de Liszt. « Ce doigter n'est pas de vous, n'est-ce pas? » fit-il avec sa petite voix si agréable. — « Il est de Liszt, » dis-je. — « Ah! lui, voyez-vous, lui a de ces idées dont un autre ne se doute pas. » Et Chopin se mit à essayer ce doigter. — « Mais on descendrait ainsi tout le clavier comme une écrevisse qui regagne sa rivière ; il est parfait votre doigter, je m'en servirai, fit-il. »

Revenons à la sonate en *ut dièse mineur*. La fréquente absence de signes d'expression, d'indications plus précises dans les compositions de Beethoven, est une des difficultés de leur interprétation. Les exemples de cette espèce d'incurie abondent; ainsi, le simple nom d'allegretto donné au second morceau de la sonate quasi fantasia est bien plutôt un symbole qu'un intitulé. L'indication vague *allegretto,* qui exprime ainsi une *forme* de la musique et non point un *mouvement* seulement, allait mieux à Beethoven, parce qu'il le laissait libre toutes les fois qu'il n'avait pas à exprimer les sentiments de gaieté et d'entrain dont le nom de scherzo réveille l'idée. Les allegrettos de Beethoven sont le plus souvent des épisodes remplis de douce tristesse et de cette secrète ironie même qui est souvent le fond de la pensée de Shakespeare et de Cervantès.

Employé le premier par Emmanuel Bach, plus souvent par Haydn, jamais par Mozart qui resta fidèle au menuet, que n'est devenu le scherzo sous les mains de Beethoven! Le coup de grâce porté à l'idée de la carrure et du patron, c'est dans la non-répétition de la première partie du scherzo qu'il faut le voir. (Allegretto de la sonate en *ut dièse mineur,* scherzos de sonates, op. 7, 26, 28, de la sonate pour piano et violon en *ut mineur,* op. 30).

La seconde partie est toujours à répétition; une seule fois, la seconde partie du *trio* d'un scherzo est expressément exemptée de la répétition (sonate op. 28). La non-répétition de la première partie du scherzo en fit un morceau qui ne se subdivisa plus en tant de points et d'applications. Cette émancipation de la forme en devint une pour l'idée par l'abolition successive de *toute division.* Il n'y a ni parties, ni trio, dans les scherzos des quatuors en *fa,* op. 59, en *mi bémol,* op. 74, de la sonate de piano op. 106. Le scherzo de Beethoven est un relief dans les plaines de la vie bourgeoise de la musique. Il y aurait un livre à écrire sur ce que Beethoven nomma allegretto. Quelle pouvait être son idée en notant l'allegretto-scherzo de la sonate en *ut dièse mineur?* Est-il seulement croyable que l'auteur de cet invraisemblable morceau dinât vers les une heure? fît tous les jours à pied le tour de la ville de Vienne et arrivât pendant un temps, sur le coup de six heures, au cabaret à l'enseigne des *Deux Chameaux* (!) près du Graben? Là s'asseyait, devant un broc de vin de Gumpolls-Kirsch (quel cru!), l'homme qui portait en lui la symphonie avec chœurs. Il aimait à rencontrer dans ce bouge enfumé un Français, le maître d'hôtel du prince Colloredo, auquel il parlait français, langue qui devait faire un singulier effet dans la bouche de Beethoven. Quoique répandu dans le grand monde de Vienne, Beethoven n'y avait pas pour cela son couvert mis, ce qui n'est pas d'ailleurs dans les mœurs allemandes. Il passa ainsi une grande partie de sa vie au cabaret. Ces mœurs simples n'existent plus, l'artiste veut être avant tout homme du monde. L'art a-t-il gagné à ce changement? Les artistes y gagnent-ils? Nous ne le pensons pas. Nous ne croyons pas qu'il y ait avantage pour l'artiste à expérimenter le côté matériel de la vie. Les conquêtes qu'il fait sur ce terrain périlleux nous semblent marquer autant de pertes. L'artiste vit dans le passé ou dans le futur; il ne doit avoir de rang, à ses propres yeux du moins, que celui qui lui reste à obtenir. Qu'est-ce donc pour lui que le présent? Supposez Beethoven à l'hôtel de mademoiselle Rachel tel que les journaux de Paris ont eu soin de le décrire : « avec ses divans discrets, ses fauteuils qui ne crient pas, ses tentures épaisses. » Qu'aurait trouvé à dire le pauvre géant en présence des neuf muses souriant du haut de leurs panneaux à l'actrice, avec leurs noms inscrits en *grec?* en présence du *merveilleux* enfant jouant sur une peau d'ours d'une blancheur éclatante? devant le lit enfin de mademoiselle Rachel que l'auteur de l'article dit avoir coûté une fortune?

Non, le génie sera toujours et trop modeste et trop fier pour s'entourer des oripeaux du luxe mensonger de la fortune parvenue. Pour être à son aise, il faut au génie le contraste des réalités et de ses rêves. La tâche du compositeur, de l'exécutant même, ne consiste-t-elle pas à construire son monde avec les données de sa fantaisie, en distribuant les beaux rôles à ceux qu'il aime? Que sont les réalités de la vie auprès des empyrées de l'artiste? L'art, dit George Sand, n'est pas une étude de la réalité positive, c'est une recherche de la vérité idéale. L'esprit l'emportera donc toujours sur la matière. Pline l'a dit il y a deux mille ans : *Intelligitur* plus semper quam *pingitur* et cum ars summa sit; tamen *ingenium* ultra artem est; » mot que les artistes devraient méditer. C'est en ce sens que les maîtres n'avaient pas besoin de se mêler à la vie pour l'exprimer dans leurs ouvrages. Mozart hantait le cabaret allemand et écrivit *Don Juan*. Il lui eût été difficile de se ganter juste. Personne jamais ne vécut solitaire comme Beethoven, qui ne reposait que quelques heures sans quitter ses habits. Il y avait supplice à loger au-dessous d'un appartement occupé par Beethoven, à l'entendre ébranler les planchers qu'il avait l'habitude d'arpenter nuit et jour. C'était sa manière de travailler. Existence de fakir. Qui le condamnait à pareil labeur? un maître sans pitié, le génie.

La manière de vivre ne donne pas le génie. Dans les arts, il s'agit d'être Christophe Colomb.

Ne confondez donc pas les vocations, les nécessités dans la sphère des idées, avec d'éphémères élucubrations de plus ou moins de mérite. Il faudra des siècles peut-être pour reproduire une nature comme celle de Beethoven, toujours incomprise des contemporains. Beethoven n'a au fond appartenu au monde matériel que pour y avoir promené sa vie durant, sans trop s'en douter, une redingote à brandebourgs. Tourmenté par le désir excessif de créer, il ne vendait ses compositions qu'à son corps défendant, pour vivre. On a de la peine à croire que les symphonies aient pu s'acheter.

Le bourgeois de Vienne s'étonnait de ce que Beethoven n'eût jamais moins de deux et assez souvent quatre logements à la fois. *Ries,* p. 113. Rien de plus naturel pourtant. L'homme qui trouve l'idée de la symphonie pastorale assis par une pluie battante dans un champ des environs de Vienne, qui rentre la nuit dans un de ses logements en disant à la *bonne* étonnée qui lui ouvre : *Enfin* je le tiens mon motif, » cet homme ne devait-il pas être à l'étroit dans les salons des Lichnowski, des Browne, des Brunswick et des Erdödy, tout autant que dans ses entresols à lui? Ne pouvant en reculer les limites, il en augmentait le nombre. Touchante erreur du génie; la symphonie en *ut mineur* était-elle logeable?

Nous avons visité quelques-uns des logements occupés autrefois par Beethoven, et nous n'y avons pas peu dérangé quelques respectables mères de famille. Nous leur disions le plus poliment possible, que voyageur et venant de loin, nous désirions visiter un seul instant un logis occupé jadis par un grand musicien; toutes répondaient en s'adressant comme par distraction à leurs alentours, à leurs enfants surtout : « Ah! c'est Beethoven. » Cet hommage implicite dans la bouche de gens simples nous a paru glorieux. Je m'arrêtais parfois dans les escaliers tortueux en bois en me demandant, si j'oserais monter, *si elle y était,* la symphonie avec chœurs? car chacune des *neuf* a dû avoir son logement. Ce nombre s'adressa-t-il aux muses?

Un jour, Gœthe vint voir Beethoven, qui trouva cette

visite aussi naturelle qu'il parut étonnant à Gœthe de la faire. Ils allèrent à la Bastey. Le bourgeois de Vienne aimait Beethoven sans le comprendre; on le saluait de toutes parts pendant cette promenade, et Gœthe d'ôter le chapeau, de s'étonner de cette excessive politesse à son égard. « C'est moi qu'on salue, » dit simplement Beethoven. Le séjour prolongé de Mozart et de Beethoven à Vienne a fait à cet Eldorado de la mehlspeise et de la valse la réputation d'un asile de la musique. Avoir laissé Mozart et Beethoven mourir dans la misère, avoir oublié d'encourager Schubert, voilà le plus clair de l'opinion musicale des Viennois pour lesquels Strauss a eu raison d'écrire sa *Eisele-Beisele* polka. Un compositeur de danse peut s'enrichir à Vienne, le génie le plus profond meurt dans le chagrin. *Ortlepp,* p. 71. « Que voulez-vous entendre? *Fidélio?* Ils ne peuvent le donner et ne veulent pas l'écouter. Les symphonies? Ils n'en ont pas le temps. Les concertos? Chacune serine ce qu'il a fait lui-même. Les solos? Il y a longtemps qu'ils sont passés de mode. » Lettre de Beethoven à Rochlitz de l'année 1822. *Für Freunde der Tonkunst,* t. 4, p. 355. Ce jugement porté par Beethoven sur Vienne est sans appel. Mais rien ne prouve plus le strabisme viennois du temps à l'égard de Beethoven que le fait notoire, que la société des amateurs de musique des Etats d'Autriche le nomma membre honoraire en 1823, après dix ans de son existence pendant lesquels plusieurs artistes, tant étrangers qu'indigènes, avaient reçu des diplômes d'honneur. Aussi Beethoven voulut-il renvoyer le sien et ne fit-il aucune réponse à la société. *Sch.,* p. 135. Diabelli paya à Schubert, « le roi des aulnes, » 2 fl. 30 kr. en lui reprochant *de venir trop souvent lui demander de l'argent.* Dans la ville où fut composée l'ouverture de *la Flûte magique,* cet impérissable traité de paix entre la science et les domaines de la fantaisie, on jeta le corps de Mozart dans une fosse commune dont on ne connaît plus l'emplacement. Vingt mille personnes suivirent le convoi de Beethoven, *Sch.,* p. 193; les artistes lui élevèrent un monument sur le cimetière du faubourg de Währingen où une rue porte son nom. On a élevé des statues à Beethoven, à Mozart. Il leur a fallu mourir pour vivre. Revenons de ces dures épreuves du génie, qui ont passé, à ses productions qui ne passeront pas.

Le finale de la sonate quasi fantasia, qu'on nommerait aussi bien fantasia quasi sonata, est une coulée de lave enflammée. A chaque sommet de son incessante ascension, deux coups de tonnerre éclatent et la rejettent à son point de départ. Un instant ce débordement fait halte; on le dirait exténué, mais c'est pour reprendre de plus belle. C'est là l'éruption spontanée d'un volcan que les traditions, l'école, les magisters, *le qu'en dira-t-on?* avaient inutilement contenu dans l'âme du poète pendant les trente ans qu'on s'était plu à l'abreuver de dégoûts, de chagrins.

Cette « sonate quasi fantasia » et la sonate op. 26 ayant été jouées par Liszt en public, tous les pianistes ont voulu avoir le tort de n'en pas jouer d'autre : ils ont sauté après Liszt, aussi empressés que les moutons de Panurge. On dirait tout autre sonate de Beethoven prohibée en public par les douanes. Les deux sonates subsistent aussi par un reste de pudeur dans le répertoire des élèves à prétentions. L'amateur-prodige flaire encore avec un sangfroid parfait ces fines fleurs du monde, entre une transcription et une romance sans paroles. Ces productions partagent le sort des génies de l'antiquité, livrés au jeune âge pour l'assister dans ses ébats linguistiques et « cet âge, vous le savez, et sans pitié. »

La seconde des deux sonates « quasi fantasia » vit tout à l'ombre de la première. Quoique distancée par sa formidable voisine, elle aussi cependant est une œuvre de haute inspiration. La figure grave du premier morceau, andante 4/4 *mi bémol,* aurait besoin d'être donnée aux instruments de l'orchestre pour produire tout son effet. Ce morceau peu développé tient du style d'église. On en a fait un *Kyrie* (voy. le Catalogue), dans lequel toutefois n'a pas dû entrer l'allegro 6/8 *ut majeur* qui partage l'andante en deux parties et qu'il est difficile de faire concorder avec son expression recueillie. Le second morceau, écrit dans les données d'un scherzo, se prête à faire faire une cure-Beethoven à quelque élève qui ne disposerait que d'un mécanisme limité; car il est d'une aussi facile exécution qu'il est expressif et plein d'intérêt. Il débute comme le scherzo de la symphonie en *ut mineur,* sur la gamme de la tonique. Après la troisième partie, le scherzo reprend en une figure syncopée, exactement comme dans le morceau qui tient lieu de scherzo dans la sontae en *fa,* op. 10. Ces sortes de rencontres sont choses *bien* rares dans Beethoven.

Il y a dans l'adagio, 3/4 *la bémol,* comme un lointain écho du grand air de Florestan de *Fidélio* chargé d'une si incommensurable douleur. Ce n'est pas le rythme ou la tonalité qui établit cette analogie : c'est l'âme de l'adagio qui est l'âme de l'air de Florestan. Cet adagio fragmentaire mais magnifique, immense dans sa restreinte limite, 26 mesures, conduit en manière de cadence au finale dont il est le noyau, car il vient à le couper, présenté alors en *mi bémol.* Ce finale, allegro 2/4 *mi bémol,* repose sur une figure propre aux renversements, semblable en cela et dans sa facture au finale de la sonate pour piano et violon en *mi bémol,* op. 12.

On est étonné de retrouver tout d'un coup dans cette espèce de rondo un fragment de l'adagio avec lequel il n'a aucune parenté, dont la reprise n'est motivée par rien.

Cette seconde sonate quasi fantasia, qui dans quelques éditions est la première, a dû être une improvisation, ce qui en expliquerait l'intitulé, *fantasiren* étant en allemand synonyme d'*improviser.* Nous venons de voir que si Beethoven s'exprimait parfois en italien et en français, il n'en pensait pas moins en allemand.

Dans la sonate en *ut dièse mineur,* il venait de créer un chef-d'œuvre ; elle avait été la goutte débordant le vase. L'éditeur ne se sera pas contenté *d'une* sonate, il lui en aura fallu *deux*. Haydn, Mozart, les avaient gâtés, en leur en livrant jusqu'à six à la fois. La sonate-Pleyel-Kotzeluch-Wanhal-Wölfl avait pullulé de son côté, la misère pullule toujours; Wanhal avait créé la sonate de congratulation (3 *Gratulations Sonaten*), Beethoven aura alors ramassé un des chiffons de papier qui recouvraient son plancher à la hauteur d'un doigt et qui contenaient les jets de sa pensée passée et présente, et l'éditeur de publier le chef-d'œuvre en *ut dièse mineur,* ainsi remorqué. Telle est, le plus souvent, la part de récompense du génie. *Pretium magister triste habet.*

Sonate en *ré majeur*

Opéra 28 (15e sonate) — Dédiée à M***, noble de Sonnenfels.

C'est une production toute suave que cette sonate : « *Sylvestrem tenui musam meditaris avena!* »

Le premier allegro est tout soleil, pas un nuage. Beethoven aura passé un jour heureux dans les environs de Venise; il en aura rapporté cette idylle. C'est Polyphème chantant Galatée et la mer bleue de l'antique Trinacrie. Le marchand de musique Cranz, qui a imprimé les sonates de Beethoven à Hambourg, a trouvé bon de qualifier la sonate de pastorale. La chose fait honneur à sa sagacité, mais Beethoven, qui s'y entendait pour le moins aussi bien, n'en a rien dit.

Le motif de l'allegro (3/4 *ré majeur*) est bâti sur la pédale de *ré,* au-dessous des portées de l'échelle inférieure des basses, résonnant vaguement comme ferait le bourdon d'une cloche, évoquant de partout des chants dans cette riante campagne, les groupant autour de ces imperturbables *ré,* qui, une fois, se prennent à monter d'une octave pour recueillir un chant qui semblait être resté en arrière. Ces *ré* finissent par étouffer dans un tumulte mélodieux, comme se perd un thyrse sous les fleurs et les feuilles qui l'enroulent. Il y a un charme indicible à dérouler sur un beau piano ces glorieux festons dont le maître décora son château, sa villa à lui.

C'est un rythme serré, bref, exigeant, que ces *ré* frappant sur tous les temps de la mesure de 3/4. Il est traité ici avec une grande supériorité. L'intérêt de l'allegro ne ralentit pas un instant, et n'allez surtout pas vous dire que vous prévoyez une bonne fois ce qu'il va dire, le maître, quand, par hasard, il se mettrait à votre niveau et vous ferait les honneurs de chez lui, sans trop vous faire sentir chez *qui* vous êtes. Il se servirait de sa baguette magique, et sous le portail de ses syncopes vous plongeriez dans des pays que vous n'auriez pas seulement rêvés et où vous auriez de la peine à le suivre. Vous seriez fâché alors de vous retrouver avec vous-même, avec votre pitance d'imagination que vous vouliez lui prêter à lui. Ne devinez donc rien; subissez. Appelons cette sonate « la sonate des surprises »; elles naissent, en effet, sous ses pas. Les compositeurs devraient méditer cet allegro. Arrivé à la seconde partie, Beethoven prend la pédale de *fa dièse,* comme il avait pris celle de *ré.* C'est pour le coup qu'on le croirait engagé dans la tonalité de *si;* comptez donc sur Beethoven. Sur ce *fa dièse* il frappera la dominante de *sol* et contiuera la course à travers champs sous ce rayon plus doux du jour. C'est neuf, frais, imprévu, plein d'intérêt. Après quelques excursions et incursions dans les alentours de cette riante campagne, on arrive à la dominante de *si,* figurant comme un accident de terrain et qui, par la manière dont elle est présentée, fait l'effet de la tonique de *fa dièse majeur.* Frappant alors de fortes entrées sur les temps faibles de la mesure, il prend fantaisie au maître de conter ses douleurs au milieu même de cette nature épanouie. Arrivé à l'*ut dièse* au-dessus des portées, il se met à redescendre sur son *fa dièse* cette échelle de désespoirs, et arrive de degrés en degrés aux notes extrêmes des basses où le *bass-tuba* lui-même aurait de la peine à le suivre. Là il s'arrête, pensif, sur son *fa dièse,* dans un point d'orgue, et vous d'attendre le dénoûment. Quatre festons de syncopes s'entrelacent alors dans le ton mystérieux de *si majeur;* quatre autres en *si mineur,* point d'orgue; adagio de deux mesures sur la dominante de *ré;* de cette suspension, la phrase principale de l'allégro s'échappera comme une source vive triomphe des derniers obstacles qui obstruaient son cours.

Cet allegro jette un courageux défi au temps de le vieillir. Vous trouvez là ce qu'il y a, ce qu'il y aura et bien longtemps encore, de plus neuf en fait de ressources de ce grand style rythmique dont la symphonie *héroïque* est une des plus complètes expressions.

Cette manière de pétrir le rythme n'appartient qu'à Beethoven. Ce style a exercé une influence bien grande sur les compositeurs contemporains et autres. Ferdinand Ries, Leidesdorf que Beethoven appelait : « Dorf des Leides », Kuhlau dont il disait : « Nicht kühl nicht lau », Schubert, le grand Schubert, Pixis, Moschelès, Hummel, Onslow, Mendelssohn et Weber eux-mêmes ont vécu sous le charme. Il y a plus : aucune trace des ressources trouvées au rythme par Beethoven ne se voit ni dans Haydn, ni dans Mozart.

Pour avoir une idée nette de ce que nous avons appelé la seconde manière de Beethoven, il suffira de lire l'allegro de cette sonate. Ce n'est plus une musique de *piano* seulement; c'est de la musique pour tous instruments; cela fut *créé.* En cherchant des moyens d'exécution à la sonate, on arrive à l'orchestre. Ferdinand Ries a arrangé la sonate en quatuor. Il aurait dû se dire qu'un carton symphonique devient symphonie ou reste au piano.

En faisant résonner les *ré* du premir allegro, l'on voudrait leur insuffler la gravité de son d'une contrebasse et les rendre doux cependant comme la peau d'une pêche. La main gauche doit ressembler à un violoncelliste qui ne discontinue pas de donner la même note et qui lui voit pousser des chants que d'autres instruments se disputent, dont il est et reste la racine.

Ce morceau hors ligne, « une idylle pour piano », respire une félicité presque complète, chose rare dans Beethoven; et telle est la vérité de cette poésie, qu'au bout de trente ans de bonne et fidèle connaissance, elle nous paraît aujourd'hui un peu plus jeune, un peu plus neuve que par le passé.

L'adagio 2/4 *ré mineur,* la statue du *Commandeur* aurait pu le dire sur son cimetière. Alternant entre *ré mineur* et *ré majeur;* à nombreuses répétitions de parties du même nombre de mesures, correspondant aux mêmes strophes, cet adagio appartient essentiellement à la première manière. Il ne lâche point sa phrase; il lui marche sur la queue de la robe jusque dans le majeur qui entreprend d'en consoler le deuil. Cet adagio a des délimitations *réelles;* les adagios des deux dernières manières de Beethoven ont des limites fictives, comme le ciel qui touche à l'horizon et qui fuit toujours. Le scherzo (allegro vivace, *ré majeur*) va bien au premier allegro. Il se joue de tous les rythmes. Croirait-on qu'il est bâti sur une *seule* et *unique note,* répétée quatre fois à l'octave ? autant de graves spondées qui se lamentent. Deux espiègles dactyles, suivis d'un spondée sur le temps faible, donnent alors la chasse à ces tenues. Ce *cache-cache* continue de quatre en quatre mesures; mais à la seconde partie, les spondées l'emportent, formulent un chant dans le grave et enjambent, comme par le passé, leurs octaves.

Comment distribueriez-vous les brèves de la première partie du scherzo aux instruments à vent? car il est bien entendu qu'on sous-entend dans tout cela un orchestre. A qui donner la phrase passionnée du trio (*si mineur*) emportée par un courant électrique en *ré majeur?* Vous ne voulez pas le quitter, vous vous écriez :

That strain *again;* — it had a dying fall
O ! it come o'er my ear like the sweet south,
That breathes upon a bank of violets,
Stealing, and giving odour !

Twelfth Night.

Mais la phrase a passé et le maître dit : La seconda

parte *una* volta! C'est bien de *lui!* Disons de ce scherzo ce que les Napolitains disent de leur ville : *un pezzo del cielo caduto in terra!*

Le rondo (6/8 *ré majeur*) montre le style d'une pastorale, il est assez développé et finit par une *stretta* où la figure des basses qui en berça le début apparaît doublée et comme renforcée de trombones. Serait-ce une berceuse (*Wiegenlied*) comme on dit aujourd'hui? Ce rondo est fait pour recueillir dans le giron de la vérité musicale les naufragés du piano moderne. Il pourrait être joué séparément de la sonate. *Pia desideria!* ne nous faut-il pas la berceuse du jour, la bonne berceuse qui ne berce personne.

Trois Sonates, *sol majeur, ré mineur, mi bémol*

Opéra 31 (16e 17e et 18e sonates). — Dédiées à la comtesse Browne

C'est la troisième et dernière fois que nous rencontrons trois sonates sous le même chiffre, formant ainsi une seule grande œuvre. Il y a sept exemples de pareil cumul dans le reste de l'œuvre de Beethoven : trois trios de piano op. 1, trois sonates pour piano et violon op. 12, trois sonates pour piano et violon op. 30, trois trios de violon op. 9, trois quatuors op. 59, les six premiers quatuors op. 18 qui parurent d'abord par trois ou deux livraisons. Ces trilogies au nombre de 10, en y ajoutant les trois triples faisceaux de sonates de piano op. 2, 10, 31, suffiraient pour faire de Beethoven un auteur sans exemple dans l'histoire de la musique, tant ces dix grandes conceptions, qui, détaillées, donnent trente, sont capitales, neuves, importantes sous tous les rapports. Il est probable que la pensée de réunir dix fois trois ouvrages en une œuvre exerça quelque influence sur leur production même. C'est peut-être pour cela qu'on observe dans ces trilogies, si l'on en excepte les quatuors, *un* ouvrage et toujours *un seul* qui, à le considérer dans son ensemble, est plus faible que les deux autres, trio de piano en *sol* op. 1, sonate de piano en *ut* op. 2, en fa op. 10, sonate pour piano et violon en *ré* op. 12, en la op. 30. Trio de violon en *ré* op. 9.

Si ces morceaux n'avaient pas été destinés à être absorbés par la secrète unité de la trilogie, ils auraient sans doute subi des changements ; leur proportion s'en fût agrandie; leur pensée eût été autre. Ces trilogies appartiennent toutes aux formes de la musique de chambre (solo, duo, trio, quatuor).

Beethoven n'eût jamais donné trois symphonies à la fois, comme Haydn et Mozart qui, pour avoir produit des chefs-d'œuvre dans ce style, n'en ont pas moins traité souvent la symphonie en menu gibier de trois à six, voire de neuf pièces en *une* chasse, ce qui en marque la distance à celles de Beethoven. Beethoven mit trois chiffres d'œuvres à neuf sonates (op. 2, 10, 31); on s'arrangerait aujourd'hui à en mettre neuf à trois aujourd'hui que la valse, le galop, la romance sans paroles, la pensée fugitive et le reste sont dûment incorporés ou non incorporés aux archives des éditeurs *unis* de l'unie Allemagne. Nous avons lu cet intitulé : *Pensée romantique pour piano,* œuvre 1re. Commettez votre pensée romantique si cela vous fait plaisir, à vous et aux autres, mais de grâce, ne parlez pas d'œuvre; craignez davantage l'application du « chacun selon ses œuvres ». Les temps en musique sont caractérisés par ses faits. D'autres temps, d'autres mœurs musicales. Le premier allegro (*sol majeur*) de la première des trois sonates œuvre 31 est à *deux temps,* rythme réservé par l'ancienne école aux finales, aux rondos, comme on disait alors. Il existe une seule sonate de Mozart, pas une de Clementi, de Dussek, de Hummel, de Mendelssohn, de Weber, dont le premier allegro soit à deux temps. Raison de plus pour Beethoven. Autant l'allegro de la sonate en *ré majeur,* œuvre 28, est calme, autant cet allegro est brusque, bourru, saccadé et de difficile abord; c'est une course dans les rudes chemins des montagnes.

Un chant sauvage, inquiet, domine les furibondes coulées de doubles croches. Ce chant est proposé en *si majeur,* puis en *mi majeur.*

L'adagio (*ut majeur* 9/8) est une image de l'infini ; l'adagio de la grande manière du maître que nous avons rencontré une première fois dans la sonate en *si bémol,* op. 22. L'adagio de la seconde manière n'est plus un motif avec ses conséquences et ses redites convenues, mais une réunion d'idées — l'aspiration de l'infini enfin. Tâchons de donner une idée de l'adagio de cette sonate qui étale les vastes proportions des adagios des grands quatuors de Beethoven.

Les personnes qui connaissent Rome n'ont pas oublié la « Farnesina », ce trésor de poésie d'entre toutes les poésies de la ville éternelle; combien le mythe de la Psyché et de l'Amour peint par Raphaël sur les murs de la Farnesina est une chose attachante et gracieuse. Cet adagio est ainsi, il appartient à un ordre d'idées semblables. Cela s'est fait une fois, cela ne saurait se refaire. Voyez la bonne mine de cet adagio : *incessu patuit Dea!* Qu'il est candidement gracieux, ingénument élégant! Comme bâtisse et en tant que « forme », il est d'une ordonnance si parfaite qu'il rappellerait l'ordre dorique, si les Grecs avaient pu sentir ainsi.

Pour communiquer la vie aux idées que ces formes suaves expriment, pour les animer du souffle divin, il fallait les trésors d'amour de l'Eglise catholique dont la foi dominait le génie de Beethoven, à son insu peut-être. Haydn, Mozart, Beethoven, Weber furent catholiques ; Bach et Mendelssohn protestants.

L'adagio présente dans les quatre premières mesures la marche d'harmonie et la phrase mélodique de l'air d'Uriel en *ut* de la seconde partie de la création de Haydn. Nous trouvons qu'il emprunte à cette circonstance fortuite un intérêt de plus. — Les gammes chromatiques et les trilles dont Beethoven accidente les quelques notes de chant qui rappellent l'air de la *Création* sont autant de dentelles échappées des mains d'une fée. L'air de Haydn est et reste l'air d'Uriel; mais que ne deviennent pas ces quatre mesures sous la main de Beethoven! la passion sut-elle jamais être et plus aimable et plus noble? rien de gracieux comme les deux fusées en « gruppetti » de triples croches, montant lentement, semant de perles l'étendue de deux octaves, correspondant aux deux gammes chromatiques proposées d'abord. Cette manière *d'ornementer* a été souvent copiée. Les trilles qui alternent avec ces coulées de notes ascendantes répètent la figure principale dans le grave. Ce tonnerre gronde ainsi au loin dans un ciel sans nuages. Pendant l'étude du morceau, on pourra consulter l'adagio du trio en *ut* pour instruments à cordes op. 9 et s'arrêter à la figure du violon à la onzième mesure, s'élevant en gracieuses volutes jusqu'à la note qui la termine.

Les traits qui suivent les deux points d'orgue en manière de cadence sont le point de départ de tout ce qui a été tenté depuis en *ornementation,* en cadences. Cet adagio est le *névé* couvrant les hautes cimes des élégances du piano, l'innocente origine des avalanches de traits et de remplissages qui l'envahirent depuis. Ce morceau frais comme une brise de mer, Beethoven le nomme « adagio gracioso » (9/8); il a six grandes pages (120 mesures dans le rythme de 9/8) et l'intérêt qu'il inspire ne s'affaiblit pas un instant. Il faut savoir maintenir ce morceau dans un mouvement calme, égal; il a besoin de s'écouler naturel, ingénu comme le chant de l'oiseau qui se place sur la plus haute futaie pour saluer l'aurore. Vers la fin, des festons en tierces, puis en sixtes, formulent, sur la figure des basses qui vous a tenu cinq pages, un chant qui rappelle, à s'y méprendre, tout ce que les dilettanti aiment à signaler dans les duos du dernier triumvirat de l'opéra italien, Bellini, Donizetti, Verdi. Seulement quand les duos de tournois, de noces ou d'exécution en place publique (ce qui en matière d'opéra italien fait souvent un) arrivent à cette apogée de leurs félicités et douleurs, ils expirent, tandis que, tout en humectant ses lèvres à cette limonade qu'il inventa, qu'il ne copia pas, car la sonate aurait pu assister aux noces des pères et mères de Bellini, Beethoven se met aussitôt à reprendre le trille dans le grave d'une manière si inattendue qu'on croit l'entendre pour la première fois. Ce n'est pas tout pourtant, et le maître a l'air de dire : « Quand je parle, moi, je parle longtemps et dis quelque chose » en introduisant dans les dernières mesures de l'adagio une idée mélodique entièrement nouvelle, chant qui défrayerait toute une composition.. Un nouveau travail harmonique l'accompagne, Beethoven sachant toujours et *quand même* être nouveau. Cette marche d'harmonie est traitée avec une telle supériorité, avec une si franche conscience de ce que le maître peut et veut, qu'elle en paraît toute simple. L'adagio finit là; mais pour vous faire sentir dans quelle route il aurait pu vous engager encore, le poète ouvre dès la sixième mesure avant la fin de nouvelles profondeurs de basses; il s'en échappe des gammes comparables à ces grosses lames qui, par un temps calme, se ruent parfois sur la plage en venant du fond des mers. Il y a de la « houle » de mer dans cette péroraison.

Je ne sais, mais l'ensemble de cet adagio si bien nommé « grazioso » rappelle Taglioni, cherchant dans *le Lac des Fées,* avec la grâce dont elle sait rayonner, le voile magique ravi, froissé déjà par le contact du monde et lui comparant avec douleur son existence de fée. M. Berlioz, qui est un si grand maître d'instrumentation, que ne nous fait-il donc de cet adagio à grand orchestre, avec harpes et tout l'arrière-ban des ressources qu'il sait si bien mettre en œuvre? Avant de quitter l'adagio, nous ferons remarquer au lecteur le *ré* appogiature à la 24e mesure après le trille, qui n'a d'égal que le merveilleux effet produit par le *sol* appogiature à la 23e mesure avant la fin de l'andante de la symphonie en *ut mineur.*

Le rondo de la sonate en *sol* (allegretto 4/4) est une gaie farandole. Exploration faite des chemins ardus, l'intrépide explorateur se complaît désormais sous l'orme de sa tranquille et lumineuse vallée. Il y a une vague affinité entre ce rondo et celui de la sonate œuvre 28, ce qui ne peut manquer d'intéresser dans un compositeur comme Beethoven.

L'allegro de la seconde sonate (*ré mineur*), que les grands pianistes eux-mêmes daignent parfois jouer parce que la simple croche y est susceptible de devenir l'octave balayant le piano comme ferait la mitraille, est un des morceaux les plus passionnés connus en musique, entrecoupé qu'il est, en matière de récitatif, de phrases tantôt fières et impératives, tantôt plaintives et timides. Mais c'est assurément là un trop puissant cavalier pour que le piano, pauvre haridelle essoufflée, le porte à bon port; c'est aux ailes puissantes de l'orchestre qu'on aimerait à le confier. La passion qui brûle ses veines est toute palpable, nous dirons italienne. L'adagio (*si bémol* 3/4) est simplement prodigieux. Il nous fait souvenir du conte féerique en vers : la rose enchantée (*die bezauberte Rose*); rose qui n'est pas une rose, mais bel et bien une princesse victime du charme que lui a jeté un sorcier. Dans les rapides passages confiés à la main gauche qui se pose sur la main droite, passe et repasse par-dessus d'elle et sème des triples-croches partout, la rose magique ouvre son calice, exhale ses plaintes et répond à la voix aimée qui l'appelait tantôt de ses plus doux noms. Il y a là comme des accents lointains de « l'Adélaïde » de Beethoven, quand, à la fin de la principale strophe de l'adagio, ce nom semble être évoqué sur la note qui lui appartient dans la romance!

Le final (l'allegretto 3/8 *ré mineur*) aurait pu s'appeler « rondo » à bien plus juste titre que les « rondos » que nous avons rencontrés jusqu'à présent. Permis à Beethoven d'avoir ses idées. Sobre de parole, il n'admet que la pensée. Un sort cruel, peu mérité, comme est parfois le sort, fut réservé à ce morceau : celui d'être enjolivé par le beau sexe par des temps d'arrêt et des réticences qu'il imagine d'être gracieux. Non, cette production délicate ne sera jamais, et quoi qu'on fasse, un flacon de « patchouli » tenant par une élégante chaînette à une main supérieurement gantée; cet allegretto est un morceaux vaporeux, fin, passionné malgré son élégance. Remarquons à la 23e mesure une délicieuse combinaison du rythme à deux temps en plein 3/8; ne dirait-on pas une plume tournant en l'air, arrêtée un instant dans ses voltiges? Après la grande passion du premier allegro et ses tragiques monologues en récitatifs, il ne restait que le style sévère ou le style élégant pour le dernier morceau; le caractère de la sonate excluant même un scherzo dans l'idée de Beethoven. On appliquera avec succès au bijou de ce rondo-allegretto les adorables coquetteries de toucher, l'élégante recherche du style de Chopin. Le premier *la* qu'on rencontre dans la figure de la basse est un des pivots de la pièce, il convient de s'y cramponner, de ne pas le lâcher inconsidérément.

Le premier allegro de la troisième sonate (*mi bémol*) est un curieux exemple de l'étonnante facilité du maître dans les maniements rythmiques. Nous aimons bien les petits coups de plat de sabre dont il aiguillonne dès la 20e mesure les « gruppetti » de doubles croches dont tous les temps de la mesure reçoivent vigoureusement un, en passant.

Vient le scherzo (allegretto vivace 2/4, *la bémol*). Inqualifiable et inqualifié dans l'ancienne école, ce scherzo impétueux, hardi, neuf, est d'une verve à tout rompre. C'est un morceau de piano par excellence qui sait se suffire, qui ne fait aucun appel à l'orchestre; chose rare dans Beethoven. Ce morceau difficile à soutenir, nous ne serions pas étonnés de le voir publier un jour à Paris sous le titre de quelque autre *perpetuum mobile,* à l'instar du rondo de Weber en *ut* qui y avait été joué en public par M. Alkan. Ce pauvre scherzo peut donc conserver l'espoir de devenir à son tour un article du commerce, une nouveauté fashionable dans le genre de la Méditerranée découverte par

M. Alexandre Dumas. Le nom du pianiste qui aura daigné le jouer se lira alors en majuscules radieuses encadrées de vignettes triomphales, sur un cahier rose ou jaune; le nom de Beethoven, comme de raison, en caractères de moindre dimension. Le scherzo de cette sonate est le premier exemple d'un scherzo à deux temps. Comment les pianistes du jour ne pensent-ils pas à jouer en public ce scherzo que rien n'empêche d'être traité en « prestissimo » et qui peut le disputer pour la verve, le piquant et le goût, à tout ce qu'on y joue. Une pareille composition fait l'éducation du public et l'élève jusqu'à l'artiste. Je vous laisse penser quelle influence exerce sur le moral du public le répertoire des pianistes modernes, aujourd'hui qu'ils préfèrent l'effet produit à ce qui est immatériel, le corps à l'âme; qu'ils pensent plus à leur personne qu'au ministère que l'art leur confie. Le compositeur, l'exécutant, devraient savoir rester *pauvres*. S'ils sont repus, si leur cœur est gros et gras, ils rentrent dans la catégorie du reste des hommes dont ils ont à se distinguer par des idées et des sentiments au-dessus de l'infime niveau du cadastre bourgeoisement dressé de la vie. Ils devraient alors faire place à plus affamé. Qu'exprimeront-ils, s'ils n'ont plus rien ou peu de chose à désirer? Désirer, *désirer toujours;* telle est la secrète pensée de tout art. Les arts ne sont qu'une seule aspiration infinie. Si Perse est allé jusqu'à dire : *Magister artis venter;* nous entendrons, nous, parler famine dans la sphère des sentiments, des idées qui, en musique, constituent l'invention.

Ne faut-il pas absolument que l'artiste *souffre, aime et espère?* On n'est artiste qu'à cette dure condition. A cette condition les portes de son ciel restent ouvertes à l'artiste :

— Die Welt ist weggegeben
Willst Du in meinem Himmel mit mir leben,
So oft Du kommst, er soll Dir offen sein.

Le troisième morceau de la sonate est un menuet (moderato e grazioso) ou plutôt un « intérim » d'andante. Création suave et calme qui semble se porter l'excuse du fantastique enfant de tantôt, du scherzo et de ses joyeux écarts. Un aussi délicieux menuet, faisant fonction d'andante, se rencontre dans la sonate en sol pour piano et violon, dédiée à l'empereur Alexandre (œuvre 30, n° 3). On croirait le menuet de la sonate en *mi bémol* un *arrangement* pour piano d'un fragment de symphonie dans le style mélodique de Mozart. Sans l'*ut bémol* de la seconde partie, sans le trio, il appartiendrait aux joies naïves du XVIIIe siècle. Evidemment ce menuet commence par un solo de violoncelle. Le trio ne peut être donné qu'aux cuivres, dont les bordées deviendraient formidables sur l'accord de neuvième mineure frappant dans la seconde partie par sept fois de suite. Par une accentuation des temps faibles, on arrive encore au rythme binaire. Les huit mesures de coda modulant en mineur rappellent les coda des scherzi des deux premiers trios de piano. Beethoven abandonna depuis cette façon d'épilogue : le coda du menuet du grand quatuor en *ut* appartient au finale bien plus qu'au menuet; c'est l'écluse qui laisse échapper le flot courroucé de la fugue. Il y a peu d'exemples de menuets dans Beethoven que nous avons vu remplacer ce patron de l'ancienne école par une forme d'un style moins entravé, par le scherzo. Le septuor, les première, quatrième et huitième symphonies, le quatuor en *ut* avec la fugue présentent les plus remarquables menuets de Beethoven. Le menuet de la huitième symphonie rappelle les duègnes travesties de nos ballets qui, en laissant tomber leurs défroques, montrent la fée. On reconnaît, à l'entrée de la trompette dans la seconde partie de ce menuet entouré des prestiges de la grande instrumentation de Beethoven, un nouvel ordre de choses. L'ancien menuet et sa petite queue saupoudrée croula à jamais au cri de victoire jeté par cette trompette. « Blast und ihr blast sie weg! » Ce solo est le mâle de l'horrible cornet à piston.

Le finale de la sonate (presto con fuoco 6/8, *mi bémol*) est une façon de Mazeppa, mais de Mazeppa gai, de Mazeppa soulevant la poussière d'un cirque.

Ist mir doch als drohnt die Erde
Schallend unter eil' gem Pferde.

Ce presto, avec un air innocent, cache des pas bien difficiles. On aura l'air de l'improviser pour peu qu'on le joue par cœur, tant il semble l'effusion du moment. Mais prenez-y garde, une fois embarqué, vous ne reprendrez plus haleine. L'amateur-prodige lui-même voudra donc promener ce coursier infatigable aux yeux des ennuyés de salons. Mais gare au pianiste qui imaginerait dompter le coursier parce qu'il ne verrait que des croches. Ce presto frais et rose prend sept pages et les forces d'un homme robustement constitué. On y rencontre des figures, des modulations chargées de tristesse qui rappellent vaguement tel épisode du dernier morceau du grand trio de piano en *si bémol*. Sans qu'il y paraisse, ce finale est simplement de cette difficulté-là. S'adressant au seul piano, il n'a rien de symphonique, et c'est moins un finale que l'épanchement de l'impression du moment. Que ne le jouez-vous séparément du reste, si le nom de sonate est encore pour nous le synonyme d'ennui? Vite un autre nom :

That what we call a *rose*
By any other name would
Smell as sweet. . . . .

Par charité! soyez l'Alkan de ce final; détachez ce presto du chantier honni de la sonate, pour en faire un morceau voguant à pleines voiles sur les flots agités de vos concerts !

Pendant de longues années nous avons méconnu ce finale, la valeur de toute cette sonate. Elle nous paraît être aujourd'hui une des plus caractérisées. Il y a comme un feu follet de répandu sur cette production que le vulgaire qualifie bizarre, parce qu'il ne sait tenir compte d'un moment d'humeur du génie. Ainsi les douze notes en triples croches, attachées en panache à un *seul* levé du premier allegro, ne sont qu'une chiquenaude donnée au précepte de la carrure. Ce gruppetto seul prouve que

Beethoven ne pensa point à quelque morose élève, mais aux artistes qui savent allier l'inflexibilité du métronome aux allures libres de l'imagination. Je me rappellerai toujours ce mot de Chopin : « Votre main gauche est le maître de chapelle qui ne peut faillir; faites de la main droite ce que vous pourrez en faire ». Nous formulerons cet axiome ainsi : « la basse est *le temps,* le reste est *l'espace* ». Cette sonate nous donnera lieu de faire une observation générale : le scherzo, morceau de piano s'il en fut, le menuet, symphonique au contraire, sont les représentants des deux principales distinctions à faire dans les compositions de Beethoven pour piano. Dans les unes, et c'est le petit nombre, l'instrument se suffit; la pensée de l'orchestre, du quatuor ne vous vient pas; dans les autres, cette pensée vous obsède, elle est votre constante préoccupation, et le piano n'est plus que le moyen d'action, la toile sur laquelle fut jeté au charbon le carton symphonique. Nous souhaitons aux pianistes assez de pénétration pour savoir distinguer dans Beethoven, qui était un trop grand génie pour qu'en écrivant une sonate il ne fît plus. Une fois entré dans le domaine de ses empyrées, il était naturel qu'un esprit de sa trempe se laissât presque toujours emporter aux dernières limites de l'expression musicale. Symphonie ou sonate, Beethoven arrivait toujours à l'infini.

Deux Sonates faciles, *sol mineur, sol majeur*

Opéra 49 (19e et 20e sonates).

Ces deux sonates sont écrites dans le style d'une sonatine. Le premier morceau (andante *sol mineur*) est l'origine de la romance sans paroles de nos jours. On ne se lasse pas de jouer cet andante d'un style facile, et c'est un service à rendre que de le signaler aux personnes qui, sans posséder un grand mécanisme, voudraient cependant jouer une musique digne d'occuper leur imagination. Le second morceau (rondo *sol majeur* 6/8), inférieur au premier, ne laisse pas cependant que d'être gracieux dans ses développements.

Le premier morceau de la seconde sonatine date évidemment de l'enfance du maître qui a dû le retirer de dessous ses premiers tâtonnements dans l'art, afin de contenter quelque éditeur affamé du chiffre « deux ». Ce petit ouvrage de rien a pu s'adresser à quelque élève. Beethoven a bien écrit un trio pour piano, violon et violoncelle en un allegro, dans le style d'une sonatine et qui porte cet intitulé : « Dédié à ma petite amie *M. B.* pour l'encourager à toucher du piano », composé en 1812 sans chiffre d'œuvre (voy. la lettre *a,* troisième section du Catalogue). Charmante bluette (126 mesures) qui devrait encourager plus d'élèves que la seule petite *M. B.,* qui a eu le temps de grandir. Dans le premier morceau de la seconde des deux sonatines, on finit par se persuader que Beethoven, lui aussi, fut un jour moutard.

Le second et dernier morceau de la seconde sonate est un menuet bâti sur le motif du menuet du septuor, qui y reçoit d'autres développements et paraît ainsi avoir préoccupé Beethoven de bonne heure. A ce titre, il intéresse l'artiste qui aimera à sourire du « rococo» de la transition en *ut, transition-Pleyel s'il en fut,* habillée d'une horrible robe de dimanche de l'ex-clavecin. C'est comme la dentition du formidable motif que nous retrouvons dans le « septuor » avec l'étonnement que cause la rencontre imprévue de l'homme fait, bien posé dans le monde, qu'on a connu enfant. En somme, on peut appliquer à ces deux sonates l'axiome : *numerum faciunt, partem non faciunt!*

Grande Sonate en *ut majeur*

Opéra 53 (21e sonate). — Dédiée au comte de Waldstein.

Voilà la sonate que nous eussions aimée pour portique de la seconde manière. Mais il aurait fallu pour cela intervertir l'ordre dans lequel se suivent les chiffres d'œuvres. Aussi bien les sonates que nous venons de décrire contiennent-elles déjà des fragments entiers de cette nouvelle et grande architecture de la seconde manière de Beethoven. Le début du premier allegro de ce grand ouvrage tout symphonique est un bruissement des basses sur la tonique d'*ut* qui captive l'attention et fait par un artifice secret attendre tout d'abord les plus grands événements. Cette exposition large est ce que la philosophie allemande et l'art poétique ont appelé « objectif »; il y a là du Gœthe. L'art, l'invention y déploient leurs plus grandes ailes, l'individu a disparu; la *monade* a fait sa jonction avec l'infini. Ce premier allegro est une évocation de fantômes qui passent et repassent comme ce tourbillon d'âmes que le Dante vit suivre un grand étendard au premier cercle de l'enfer. Il ne viendra assurément dans l'idée de personne de vouloir retrouver ses impressions dans cette clameur; d'habiller à sa manière les apparitions de cette vision; baissez donc la tête et laissez-la passer dans les airs comme si le *simoun* soufflait !

Je m'explique pourquoi Moschelès, grand, mais froid pianiste, me dit un jour qu'il préférait cette sonate à toutes les autres. Elle ne lui demandait pas d'imagination, elle en avait tout pris et n'avait rien laissé aux autres. Le second morceau, qui est déjà le finale, précédé de quelques mesures d'un adagio molto (*introduzione*), ne peut être rendu que par les doigts d'acier d'un Liszt. C'est là un morceau au-dessus des forces d'un seul homme, et on voudrait à chaque repos voir relayer un pianiste frais. Ces interminables chaînes de trilles ne servent cependant pas à montrer que celui qui en triomphe y laissa sa vie et gagna en échange ce trille (voyez l'histoire de Weyrstaedt à la sonate op. 26) : elles se trouvent là naturellement ; elles concourent intégralement à l'ensemble de ce *tout destiné à un athlète*. Le finale, rondo 2/4 *ut majeur,* serait mieux nommé de l'intitulé de la ballade de Schiller : « Der Kampf mit dem Drachen », qu'*allegretto moderato*. C'est une espèce de *rondo-monstre* dans son rythme à deux temps, dans sa figure d'accompagnement serpentine.

donnée d'abord à la main droite, pendant que la main gauche vient se poser sur la main droite, pour tinter et retinter le motif de six notes qui sont tout ce morceau de quinze grandes pages, motif qui vous poursuit avec l'opiniâtreté d'un taon. C'est comme si le maître vous disait : « Je frapperai, tant que vous ne comprendrez pas », et vous comprenez alors! Ce que ce motif d'une naïve simplicité subit de changements *per augmentationem, per diminutionem, per conversionem,* d'accompagnements, de mineurs et de majeurs, rappelle les travaux des Bénédictins, de laborieuse mémoire. Tout y est mis en œuvre; c'est un arsenal d'artillerie de tout calibre, et le taon d'y ameuter des myriades de notes. C'est un des travaux d'Hercule que cet allegretto moderato si peu modéré. Ce *rondo* d'une si étrange façon fait sur la 14e page explosion d'un prestissimo (4/4 *ut majeur*) d'une jubilation infinie. On dirait qu'en dernière ressource de plaisir, le rondo trouve bon de faire sauter un vaisseau de ligne pour plus d'agrément de la société. C'est titanique, et vous n'avez que deux mains à donner à cette symphonie triomphale à l'adresse d'un piano. Un autre royaume pour beaucoup de violons du Conservatoire! — Comment ne pas jouer en public cette grandissime sonate, une fois qu'on sait jouer tout? Ce serait, il est vrai, un étrange aérolithe à lancer à la tête du public des concerts, absorbé par le spectacle des doigts « à courre » du *steeple-chase* du piano moderne. Ne veut-on pas aujourd'hui être étonné dans un *concert?* C'est un joli service que les artistes se sont rendu que d'avoir habitué le public à être étonné. Est-il dans la nature de la musique *d'étonner?* Où prendrez-vous les *étonnements nouveaux!* Dans la composition, votre programme, c'est l'infini, le tour de passe-passe est condamné à être le même. Cette sonate, « une symphonie héroïque pour piano », frappe deux coups (allegro, rondo), mais quels coups! *Deutsche Hiebe!* Beethoven avait composé pour cette sonate un andante. On lui fait observer que ce morceau était trop long. L'andante (n° 35, seconde section du catalogue) fut publié séparément et remplacé dans la sonate par l'introduction au rondo (adagio molto 6/8, *fa majeur,* 28 mesures). L'andante, s'il n'eût pas fait tache, eût pour le moins fait ombre dans la sonate. Un motif varié, à ritournelles religieusement maintenues dans les variations, n'était certes pas à la hauteur de cette œuvre, il ne faut rien moins que l'autorité de Ries pour croire que Beethoven y ait pensé. Ries raconte que Beethoven se fâcha tout rouge contre l'observation qu'on lui avait faite, bien qu'elle ne portât que sur la *longueur* de l'andante, huit pages de plus dans une sonate qui en avait 29. Le motif de cet andante *grazioso con moto,* 3/8 *fa majeur,* les variations qui s'en suivent, on les dirait appartenir à la première manière sans l'épisode si inattendu en *si bémol,* sans la transition si inattendue encore à la 13e mesure avant la fin, où d'un innocent *fa* considéré comme la sensible de *sol,* on tombe en plein *sol bémol majeur.* Qu'on se rappelle à cette occasion le souper de don Juan pendant lequel Mozart change de tonalités comme Leporello d'assiettes — en marchant de *ré majeur* en *fa mineur* sans préparation aucune — rien qu'en suivant la gamme. Ces choses trahissent la main de maître.

Sonate en ***fa majeur***

Opéra 54 (22e sonate).

Cette sonate en deux morceaux qui sont deux fragments (tempo di minuetto; allegretto) n'est que bizarre. C'est d'abord un temps de menuet qui n'est pas un menuet, dont le motif, si motif il y a, bruit un instant dans les extrêmes profondeurs des basses pour se perdre dans une forêt d'octaves, entassées les unes sur les autres et qui excluent toute idée mélodique. L'allegretto n'est pas plus intéressant. Cela est tombé de la grande plume du maître quand il était Dieu sait de quelle humeur! quand il n'y pensait seulement pas, quand il avait à contenter dans le plus bref délai un éditeur. Cette 22e sonate montre les premiers vestiges du style de la troisième manière de Beethoven. L'allegretto peut passer pour une espèce de toccata, de rondo : le premier morceau, tout menuet qu'il s'appelle, ne présente ni parties, ni reprises, ni l'allure d'un menuet. Cette informe production a les défauts de la troisième manière sans en avoir les beautés. On peut lui appliquer de bon droit ce passage dans Hand (*Esthétique de la Musique*) : « Beethoven, dans ses dernières années, se replie sur lui-même et laisse prédominer des motifs individuels que l'auditeur qui veut de l'objectif ne saurait suivre. »

Sonate en *fa mineur*

Opéra 57 (23e sonate), intitulée dans quelques éditions : *Sonata appassionata*. — Dédiée au comte François de Brunswick.

En voilà une explosion et de plus un volcan! C'est un champion à opposer à la grande sonate en *ut* dont nous venons de parler. Ce *a deed without a name* porte dans les premières éditions l'intitulé « cinquante-quatrième sonate », œuvre 57. Disons avec Ravel dans l'*Omelette fantastique,* quand la grisette lui écrit de l'année 1951 : « En voilà un chiffre un peu *aventuré !* » Pour que la 54e sonate de piano fût l'œuvre 57e, il aurait fallu que Beethoven eût écrit 54 sonates de suite, *plus* trois autres morceaux, supposition absurde, les sonates n'étant que les intervalles obligés entre ses trios, quatuors, symphonies et ouvertures. Et comment ranger les compositions qui portent des *chiffres d'œuvre antérieurs au chiffre 57?* Encore sont-elles au nombre de ce que Beethoven a écrit de plus considérable, à savoir : *neuf* sonates pour piano et *violon* (œuvres 12, 23, 24, 30, 47), deux sonates pour piano et *violoncelle* (œuvre 5), deux quintettes (œuvres 4, 29), quatre trios et six quatuors pour instruments à cordes (œuvres 3, 9, 18), les trois premières symphonies (œuvres 21, 23, 55), le septuor (œuvre 20), les quatre premiers trios pour piano (œuvres 1, 11), les premiers trois concertos pour piano et orchestre (œuvres 15, 19, 37), la sonate pour piano et cor (œuvre 17), le quintette pour piano et instruments à vent (œuvre 16) : en tout 36 importantes compositions. On voit que les éditeurs eux-mêmes ne sont point impeccables, et qu'il règne dans les chiffres d'œuvres une confusion qu'il n'est pas sans importance d'éclaircir. La 54e sonate pour piano seul est la 23e. Le marchand de musique Cranz à Hambourg a cru devoir la qualifier de sonate *appassionata.* Elle passe depuis sous ce nom. Cette sonate serait encore bien nommée *quasi fantasia,* car fantaisie il y a, luxuriante, sauvage fantaisie. C'est là une éruption volcanique qui ouvre la terre, qui éclipse le jour en emplissant l'air de ses projectiles. C'est de plus un honnête casse-doigts, et à ce titre la sonate ne déplaît pas aux plus osés écuyers du piano moderne. « Das Paradepferd aller Klavierspieler mit geläufigen Fingern ist die Sonate op. 57, an der sie fast allein ihren Muth kühlen ». *Sch.,* p. 222. Pour ces messieurs, la sonate en *fa mineur* est *tout* Beethoven, comme la sonate pathétique est *tout* Beethoven pour les pensionnats et institutions analogues. Ne faut-il pas énormément remuer les doigts, voire même le corps pour étrangler le monstre? dès lors, cette sonate devient *possible* et le pianiste voltigeur y élit volontiers domicile. Cette sonate est son « jeu de paume ». Appeler *sonate* ces fureurs d'iconoclaste est une dérision de Beethoven. Le naufrage de la *Méduse* n'est pas plus terrible que cette sonate. Le flot incessant des doubles croches de l'allegro dans le rythme de 12/8 qui ne fait que monter et descendre, qui précipite les vagues de l'élément courroucé, est dominé par un chant inquiet, frêle embarcation près de sombrer. Là, ruines sont entassées sur ruines, Pélion et Ossa montrant à découvert, enfouis dans leurs flancs décharnés, un filon *de rubis.* Mais l'ouragan nous jette les sons d'un orgue, l'andante a commencé, harmonieux frémissement des basses, qui seules parviennent jusqu'à nous; le reste a remonté aux cieux. Le finale rejette assez rudement sur la terre. Sans avoir seulement laissé finir l'andante, il trouve bon d'y couper court par un tableau des passions humaines que le presto à deux temps porte au comble, bachique intermède qui clôt le sabbat. Ce *deus ex machina* de si rude façon achève de convertir la sonate en une fantaisie (*fancy, fantasma*). Cette œuvre avait dans la pensée de Beethoven quelque connexité avec la sonate en *ré mineur,* op. 31; interrogé au sujet des deux sonates, Beethoven répondit laconiquement : Lisez la *Tempête* de Shakespeare. *Sch.,* p. 199. On remarque dans cette sonate une inconséquence dans la notation, curieuse dans un esprit de cette trempe, parce qu'elle est *volontaire.* L'andante, consistant en une suite d'accords bien plutôt qu'en un motif (quoiqu'on l'ait arrangé pour le chant V. le Catalogue), conserve, dans les variations qui s'ensuivent, les mêmes progressions harmoniques; seulement, à la sixième mesure du thème, le double *bémol* dans la basse devient *la naturel* dans les variations. Dans ce même accord, un *mi naturel* remplace *fa bémol.* Ce ne fut assurément pas pour cacher la progression de quintes que Beethoven choisit cette notation : il avait trop pour cela le courage de son opinion; ce fut pour éviter un *bémol* de plus. Augmenter les accidents à la clef était aux yeux des maîtres une affaire assez grave pour l'emporter sur bien des considérations. On nage auourd'hui dans les *bémol,* l'Opéra même (duo en *la bémol mineur* du *Prophète* de Meyerbeer). Tel compositeur du jour se laisserait arracher la vie plutôt qu'un double *bémol.* Quant aux quintes de l'andante de la sonate, op. 57, on fera bien de se rappeler un mot de Beethoven. Un jour que Ries lui parla de quintes dans le quatrième quatuor (*ut mineur,* finale, seconde partie, première mesure) Beethoven les nia d'abord, mais forcé d'en convenir : « Eh! bien, dit-il, et qui les défend, vos quintes? » et Ries de répondre tout étonné :

« Mais Marpurg, Kirnberger, Fuchs, tous les théoriciens; c'est donc là une règle fondamentale ». — Et *moi* je les permets, les quintes, » fut la réponse de Beethoven, *Ries*, p. 87. Cette permission, Beethoven entendit la corroborer dans ses plus célèbres ouvrages. Tenez-vous, comme Ries à dénoncer des quintes, vous en rencontrerez *sept de suite* dans la symphonie en *la* (finale, p. 190, édition parisienne de la partition : *ut-sol, fa-ut*), dans la symphonie pastorale (allegro, 11e et 12e, 15e et 16e mesures : *fa-ut, ut-sol*, et aux répétitions du passage). Dans la symphonie en *la*, les quintes disparaissent dans le fortissimo de tout l'orchestre ; dans la symphonie pastorale, elles se trouvent dans les parties extrêmes (premier violon, basse). Essayez une correction. Vous y parviendrez aisément; mais l'effet ne sera plus le même, vous aurez la *chrysalide*, vous n'aurez plus le papillon! La remarque de Ries, jeune encore, fut celle d'un écolier quand même, les quintes dans le quatrième quatuor étant disposées en mouvement contraire et entrecoupées de silences, ce qui fait qu'elles n'existent que sur le papier. Oh! il y a deux harmonies : l'harmonie du grammairien et qui n'est que cela, et l'harmonie de l'esprit supérieur, habitant une sphère d'idées au-dessus des encriers de l'école! M. Berlioz a chaleureusement défini la limite qui sépare à jamais ces deux existences en harmonie. On voudrait, dit-il, dormir, dormir des mois entiers pour habiter en rêve la sphère inconnue que le génie nous a fait un instant entrevoir. P. 316, t. I. *Voyage musical*.

Fantaisie pour le piano-forte

Opéra 77. — Dédiée au comte François de Brunswick.

Ce rêve (*somnium Scipionis*) ne porte pas le titre de « sonate », nous en parlerons à titre d'œuvre de piano. Fille de l'air, cette fantaisie sans commencement ni fin parcourt tous les rythmes, tous les temps, tous les tons.

Malgré sa complexité, elle a dû être le produit spontané du moment. Voilà ce qu'on peut appeler une improvisation, au contraire de l'improvisation sur thèmes donnés, toujours stéréotypée, que nos pianistes-improvisateurs prétendent devoir être admirée. Confiez-vous aux ailes de cette chauve-souris-là, et vous irez loin. Au début, une gamme à travers tout le clavier vous conduit à quelques mesures d'adagio, *sol mineur,* dont se détache un allegro d'une pastorale allégresse, 6/8 *si bémol;* à peine commencé, un tourbillon de « gruppetti » à cinq triples-croches l'emporte et jette le 6/8 dans un allegro *con brio* à deux temps, *ré mineur,* espèce de toccata, obligée, à son tour, de revenir à l'adagio de quatre mesures, proposé alors en *la bémol majeur.* A peine ces sons graves ont-ils jeté leur note plaintive, qu'il s'en échappe un presto indomptable, *si mineur.* Ce presto, où la bordée d'octaves entre le premier et le second point d'orgue est d'une grande difficulté d'exécution, a été fort imité. Weber et Mendelssohn l'avaient pour ami. Dans le « Erlkönig » de Schubert, dans le « Mazeppa » de Löwe, partout où piaffa un cheval, ce presto le nourrit, l'étrilla, le pansa. C'est là un presto pur sang, primitif, trop bref seulement, et l'adagio de quatre mesures de revenir, de l'arrêter au milieu de sa course, de lui jeter son exhortation. Les quatre mesures d'adagio, qui sont la clef de voûte de cet édifice, reviennent à trois fois comme la conscience qui se prendrait à parler. Il s'en élève à la fin une hymne de reconnaissance, allegretto 2/4 *si majeur,* qui promet de durer. Il module en *ut majeur,* tant il prêche le presto et tant celui-ci est contrit et repentant de ses écarts; mais le failli n'y tient pas, son mauvais génie l'emporte; il aime mieux succomber aux rythmes les plus étranges, aux notes les plus barrées. Le petit adagio l'y suit pourtant. Une dernière fois, il pousse son soupir, mais pour pleurer cette fois l'ami perdu à jamais. Ces pieux accents disparaissent enfin dans la dernière ondée de cette mer pleine d'orages, qui, des basses, monte rapide à la tonique de *si majeur* et clôt cette scène qu'on croirait être quelque légende du moyen âge racontée par Beethoven.

Sonate en *fa dièse majeur*

Opéra 78 (24e sonate). — Dédiée à la comtesse de Brunswick.

Cette sonate est une œuvre à laquelle la main de Beethoven travailla, mais non pas son génie. Le *prélude-introduction* de quatre mesures (adagio) est beau, très beau; le reste, à l'exception de l'entrée de l'allegro, n'a plus d'intérêt. Les maigres passages n'en ont pas davantage; c'est tout au plus si l'on peut les envisager comme un exercice propre à guérir la diésophobie de quelque élève. Nous n'ignorons pas qu'il y en a qui aiment, au contraire, les dièses, qui sont flattés de jouer un morceau qui étouffe sous les dièses et qui se croient des foudres de guerre en escaladant un double dièse. Il y a une foule de maladies. Le second morceau, qui est déjà le finale, est diffus, saccadé, manqué dans ses effets sur le piano, sans pouvoir ambitionner de passer au quatuor, à l'orchestre. Il n'est point éclairé par la vivifiante lumière dont resplendissent d'ordinaire les créations de Beethoven. Ce sont là deux morceaux dénués d'intérêt, dans une tonalité monotone et fatigante.

Sonatine en *sol majeur*

Opéra 79, 25e sonate *(sonatine)*.

Comme sonatine, c'est la reine du genre. Le premier morceau, imitant un thème de valse, obligé par là au retour de certains refrains, en devient un peu puéril; mais il y a « sonatine, » et à ce titre c'est encore là le babil du génie. Cette sonatine appartient à la première manière, aux traditions de forme des temps mythologiques du *clavecin*. Le premier morceau (3/4 presto alla tedesca, *sol majeur)* est franchement découpé; son élan impétueux trahit la main de maître. On prendrait l'andante (9/8 *sol mineur*), une perle vrai orient, pour une cavatine d'opéra, fraîchement éclose. Il faut s'étonner qu'il n'ait pas encore reçu un texte italien et quitté le chaume modeste de la sonatine, pour se produire sous un nom de *maestro* sur la scène autrement éblouissante et fashionablement hantée des Bouffes. Le finale de la sonatine, vivace 2/4, *sol majeur,* est une agréable bluette. Vif, spirituel, il se prête à être joué en exercice par l'élève, à être promené dans le ménage à l'usage du « dilettante » qui en est encore au premier degré de son incubation.

Les Adieux, l'Absence et le Retour, Sonate caractéristique, *mi bémol*

Opéra 81 (26e sonate). — Dédiée à l'archiduc d'Auiriche Rudolphe, cardinal d'Olmütz,

Cette sonate aura été écrite par Beethoven sur un programme proposé. L'archiduc, son élève, son ami, son protecteur, car le génie lui-même a besoin d'être *deux,* lui aura dit : « Maître, dites-nous quelque chose sur cette donnée. » Beethoven n'avait pas de refus pour l'archiduc Rodolphe, qui, mieux inspiré que tel autre de ses contemporains, subissait son génie et lui prêtait volontiers son appui. L'archiduc-cardinal était une puissance musicale, un athlète sur son piano. Beethoven allait souvent le voir dans la noire et déserte forteresse d'Olmütz qu'il habitait. Le cardinal disait, comme le plus grand maître, la sonate en *ut,* op. 53, la sonate en *si bémol* même op. 106, qui passait alors pour une apocalyptique énigme. Nous la lui avons entendu jouer. Son jeu était lié, sans nuances, mais sombrement grandiose. Le lecteur nous passera-t-il un autre souvenir? Un jour de décembre, dans l'Avent, je montais à Rome par l'escalier de la place d'Espagne à Trinita di Monte. J'avais passé au pied de l'escalier un groupe de mélancoliques « pifferari ». Il était grand matin. Arrivé à la hauteur du Monte Pincio, je m'arrêtai et contemplai la ville éternelle. Les fumées du matin la couvraient; ses monuments seuls se détachaient radieux du linceul de l'arrière-saison; le jour frappait sur le château Saint-Ange avec cette teinte fauve, rougeâtre et chaude qui appartient au soleil d'hiver d'Italie. Le sévère gardien des portes de Rome, le Monte Mario, montrait des traces de neige. Il avait neigé, c'était la grande nouvelle de Rome,, les monts Sabins en étaient tout marbrés. La vue du Monte Pincio ne se décrit pas : tout à ce spectacle, un son argentin dans l'église de Trinità retentit; je me retournai : le cocher d'un carrosse à quatre chevaux noirs, qui stationnait immobile au perron, se découvrit; j'appris qu'un cardinal officiait dans l'église. On venait d'exalter la croix. L'archiduc Rodolphe me vient en idée; n'avait-il pas été cardinal aussi? A ce cardinal, Beethoven dédia le grand trio de piano en *si bémol,* les concertos de piano en *mi bémol* et en *sol,* la messe en *ré,* impérissables chefs-d'œuvre. Par un retour des choses ici-bas, ces dédicaces, qui étaient une politesse du vivant de Beethoven, porteront le nom de l'archiduc Rodolphe aux temps les plus éloignés. Disons encore que l'archiduc résolut le problème proposé aux compositeurs contemporains par Beethoven, qui couronna le travail du prince et rejeta les ballots d'indigeste musique que lui adressa la docte Allemagne : « Aufgabe von Ludwig van Beethoven *gedichtet;* 40 mal *verändert* und ihrem Verfasser gewidmet von seinem Schüler *R. E. H.* » (Rudolph, Erz-Herzog), *Musée musical des clavecinistes, Vienne, chez Steiner.* Quand Diabelli, marchand de musique à Vienne, imagina de son côté de proposer un thème de valse aux compositeurs des Etats d'Autriche pour être varié (Veränderungen über ein *vorgelegtes* Thema, componirt von den Tonsetzern Wiens und der oesterreichischen Staaten), l'archiduc lui envoya une fugue *remarquable* signée des initiales : *S. R. D.* (*Serenissimus Rudolphus Dux*). La fugue est la 40e variation de cette association de cinquante compositeurs. Liszt y figure à l'âge de onze ans; on y trouve Hummel, Schubert, un fils de Mozart. Ce recueil curieux se fait rare aujourd'hui. Beethoven se prit d'une véritable amitié pour le motif de Diabelli. Il fit 33 variations que Diabelli publia dans la joie de son cœur séparément; variations que l'artiste ne saurait assez méditer et qui forment à notre avis un des livres sibyllins de la composition. Beethoven, qui en était alors à sa troisième et dernière manière, y jette de gaieté de cœur son bonnet par-dessus les moulins. Est-il pétri, abîmé, anéanti, le thème-valse du bon Diabelli! l'a-t-on promené en enfer et aux cieux! La première variation « alla marcia maestoso » 4/4 étreint comme dans un étau ce thème si chétif qu'on lui prêterait volontiers la harpe ébréchée et la flûte phtisique des musiciens ambulants. La 13e variation est presque toute en *silences*. Le motif de valse se fait oratorio dans la 14e variation, 4/4 grave e maestoso; dans la 29e, adagio ma non troppo 3/4; dans la 30e et 31e, andante sempre cantabile 4/4; largo molto expressivo 9/8, il devient *Antienne* dans le 20e andante 6/4. On y rencontre comme un mystère dans les extrêmes régions des basses. Il y a une variation « alla notte e giorno faticar di Mozart » et le thème de bastringue y est; il y a une fughetta (andante), une grande fugue (allegro), et le motif y est toujours. Un tempo di minuetto moderato d'une étrange façon clôt l'énigme du sphinx, autrement dit : les 33 variations sur une valse, composées et dédiées à madame Antoinette de Brentano, née noble de Birkenstock, par Louis van Beethoven; voyez, pour plus de détails, op. 120 du Catalogue. Nous ne parlons pas des rythmes à deux temps, où une première jambe du motif est sans façon amputée, ni des 3/8 où il est servi en émincé, où il n'en reste qu'une généreuse fumée. Expérimentations grandioses « in anima vili ».

Revenons à la sonate : « les Adieux, l'Absence et le Retour. » Nous avons déjà dit que Beethoven n'est pas verbeux, qu'il parle peu et fait beaucoup, que c'est tout au plus s'il dit « sonate » et que c'est l'éditeur qui ajoute

« grande ». Beethoven abhorrait de mettre les points sur les *i*. Ce *titre-programme* de la sonate des Adieux est seul de son espèce. N'ayant personne avec qui départir, ne connaissant âme qui l'aimât, à laquelle il eût pu faire des adieux, un sujet de ce genre ne put se présenter naturellement au génie de Beethoven. Il y eut évidemment programme. Il est encore dans la grande nature du maître que, s'il se fût trouvé une raison de traiter pareil sujet, il l'eût fait sans rien dire ou se fût contenté d'une indication des plus vagues. N'avait-il pas le droit de se faire deviner? Les seuls autres exemples de programmes instrumentalement traités sont la symphonie pastorale, la victoire de Wellington à Vittoria, l'adagio du sixième quatuor (la Malinconia) et l'adagio du quatuor en *la mineur,* opéra 132 : « Canzona di ringraziamiento in modo lidico offerta alla divinità da un guarito. » Si Beethoven avait voulu imaginer des titres, genre d'exercice tant à la mode aujourd'hui, que n'eût-il pu dire! La sonate des Adieux est une œuvre toute symphonique. Les vibrations limitées du piano ne sauraient suffire à ces tenues, où une seule note remplit souvent une mesure. Pour colorer le tableau, la diversité des timbres des instruments de l'orchestre devient urgente. C'est ce qu'on paraît avoir senti en Allemagne, où « Bierey » a instrumenté la sonate pour grand orchestre en la transposant en *ut*. Cette *franche* inspiration de la sonate des Adieux ouvre en manière d'introduction, adagio 2/4, par des accents de cor qui formulent aussi clairement un adieu que la parole. Impossible de ne pas chanter sur les trois premières notes le *Lebewohl* qu'on lit. L'allegro *mi bémol* 4/4 s'échappe aussitôt de cet adieu en 16 mesures. La séparation ne saurait être reculée, il faut partir, se quitter pour longtemps, pour jamais peut-être. Quatre mesures avant la fin de la première partie de l'allegro, on croirait voir la personne qui reste rejoindre une dernière fois celle qui part. Cet effet est aussi peu explicable que ces moyens d'action sont simples ; c'est une gamme descendante où la note qui s'arrête dans la main droite est immédiatement continuée par une figure semblable des basses en roue de paon, en éventail de septimes, s'il est permis de s'exprimer ainsi. Cette composition dans le style vigoureux des grandes symphonies de Beethoven attend sa délivrance du piano, oiseau-mouche peu fait pour dérouler ce tableau dramatique.

Dans les dernières mesures de l'allegro, les deux partants s'éloignent l'un de l'autre comme sur la scène d'un théâtre; les entrées de cor sonnent alors définitivement le départ. Il y a du *Fidélio,* de l'opéra, dans cette fin de morceau. Là, sans préparation aucune, la tonique et la dominante frappent l'une sur l'autre à coups redoublés. Comment cette licence de par le génie a-t-elle échappé son Fétis, sa due correction avec amende? Beethoven voyait sans doute dans ces disparates les deux personnages de son sujet. L'effet en est étrange, pénible pour l'oreille. On a beau y remédier par les artifices du toucher et de l'accent. L'orchestre seul pourrait, par l'écartement des parties et la diversité des timbres, faire triompher ce que l'idée de Beethoven a de poétique et son expression de bizarre.

Dans l'andante (l'Absence. 2/4) on dirait la personne délaissée engagée dans la circonscription des traces laissées par l'absent. Elle ne saurait faire un pas hors du cercle magique consacré par le souvenir. La dixième, sur laquelle repose une figure de deux spondées et d'un dactyle, articule trois syllabes; le nom aimé, sans doute. Un solo de flûte, comme Tulou en savait dire, amène un chant suave, radieux de son amour. Cet épisode est ravissant, et on se plaint au Conservatoire de Paris de n'avoir que neuf symphonies de Beethoven à jouer. « Un *andante expressivo* de quelque difficulté dans sa marche principale, mais d'une mobilité inquiète dans les notes, indique les sentiments pendant l'absence. Il semble devoir se prolonger longtemps, mais il est tout à coup interrompu. » *Gaz. music. univ.,* 1812, p. 68. Le Retour (6/8 *mi bémol,* vivacissimente) rappelle le grand style de l'hymne de joie et de reconnaissance de la symphonie pastorale. C'est là un «cosmos» trop prodigieux pour le microcosme du piano Il est temps, on le voit, d'élargir ce prisonnier de guerre du piano, victime de ses envahissants progrès sous la main de Beethoven. Madame Schumann (Clara Wieck) a joué en public ce morceau d'une extrême difficulté d'exécution. C'est un honorable exemple à suivre.

Sonate en *mi mineur*

Opéra 90 (26 sonate). — Dédiée au comte Moritz Lichnowsky.

Il y eut un moment dans la vie de Beethoven où il ne fit plus les intitulés de ses compositions en français (1); il lui prit un accès de *purisme germanique* dont on trouve les premiers symptômes dans la sonate des Adieux. La sonate en *mi mineur* est la première dont toute la terminologie musicale est allemande. C'était une suite des efforts tentés par Campe et d'autres *lexicographes* d'épurer la langue allemande des mots étrangers qui s'y étaient introduits depuis la suprématie des mœurs françaises en Europe, et qui ne comptaient pas *toujours* en allemand d'équivalents de la même précision. Ces essais de remplacer la terminologie italienne technique ne furent pas heureux, et furent abandonnés plus tard par Beethoven lui-même. Nous ne balancerons pas à dire que c'est peut-être à l'occasion de ce langage musical *nouveau* que Beethoven a pu s'essayer aux idées nouvelles qui marquent sa dernière manière. Le langage musical innové, un changement dans les idées, dans les formes, était assez naturel. Entrons ici dans quelques détails : le premier allegro de cette sonate porte : *Mit Lebhaftigkeit und durchaus mit Empfindung und Ausdruck;* le second morceau : *nicht zu geschwind und sehr singbar vorzutragen.* Musicalement parlant :

---

(1) « Grosse ouverture in *c* gedichtet und dem Fürsten Radzivil gewidmet von Ludwig von Beethoven. » Op. 115. Vienne, chez Razlinger.

Empfindung, Ausdruck sont choses identiques (con espressione, con sentimento); d'un autre côté : *mit Lebhaftigkeit, nicht zu geschwind* est loin d'être aussi précis que le terme de *vivace,* car *mit Lebhaftigkeit* peut s'entendre d'une certaine vivacité dans *l'expression* et non point d'un *mouvement* que l'usage fait être à peu près *le même* partout. « Nicht zu geschwind » peut indifféremment signifier un « non troppo *allegro* », un « *allegretto* ma non troppo », un « *presto* ma non troppo ». Cette circonlocution n'indique pas un *degré* de vitesse, comme la formule : « *allegro* ma non troppo, » qui comporte un mouvement moins rapide que ne le serait un « presto ma non troppo » ; encore cette dernière expression ne signifie-t-elle nullement pas trop vite » (nicht zu geschwind), mais un mouvement moins rapide que ne le serait *un presto* tout court, ce qui est bien différent. Nous manquerons toujours d'une mesure de vitesse déterminée dans un sens absolu, parce qu'il n'y a pas de vitesse absolue, et que celle des corps célestes, qui seule pourrait fournir une échelle, paraît n'être pas assez appréciable dans les applications qu'on en ferait. La tentative de Beethoven d'introduire l'allemand dans la terminologie musicale fut d'autant plus malheureuse qu'elle ne put être complète et qu'il lui fallait conserver la petite monnaie de la terminologie italienne : les ritardando, in tempo, etc. On trouve les traces de cette nouvelle terminologie dans les sonates œuvres 90, 101, 109. dans l'intitulé de la grande sonate en *si bémol* œuvre 106, où l'instrument que Beethoven avait appelé sa vie durant *piano-forte,* devint *Hammer-Clavier,* dans quelques *Lieder,* v. op. 83, où l'on lit *leichtlich* au lieu de *leggieramente.* L'insuffisance de cette terminologie saute aux yeux dans les sonates 101 et 109, où elle est employée concurremment avec la terminologie italienne. On lit dans le dernier morceau de la sonate œuvre 109 : *gesangvoll mit innigster Empfindung,* et en même temps : « Andante molto cantabile ed espressivo. » Les termes allemands n'indiquent *aucun* mouvement, un presto pouvant être, aussi bien qu'un andante, *gesangvoll mit innigster Empfindung.* L'italien, au contraire, est précis, parce qu'il est *conventionnel.* Dans la sonate œuvre 101, il y a non seulement les deux langues, il y a dans l'une ce qu'il n'y a point dans l'autre. Le premier allegro porte : *Etwas lebhaft und mit der innigsten Empfindung,* allegretto ma non troppo. Il est évident que le composé *etwas lebhaft* est loin de signifier *allegretto* et s'entend aussi bien d'un *poco allegro, poco vivace,* etc. Le troisième morceau porte : *Langsam und sehnsuchtsvoll,* adagio non troppo, con affetto. Il n'y a pas de raison pour que *langsam* soit un adagio plutôt qu'un andante, lento, grave, largo ou un simple moderato. Dans les œuvres du génie, rien n'est indifférent. Cette terminologie nouvelle est un moyen d'interprétation de la troisième manière de Beethoven. Weber l'a dit : « Es giebt in der Kunst keine Kleinigkeit, » p. 22 de la préface de ses œuvres.

Dédiée au comte Lichnowski, la sonate œuvre 90 se compose de deux morceaux, dont le premier peint la passion que le comte éprouva pour une actrice, les objections qui balancèrent son désir de l'épouser; le second, le bonheur qu'il trouva dans cette union. — Beethoven n'en dit d'abord rien à son ami, mais le comte ayant cru reconnaître dans la sonate un programme, Beethoven lui dit y avoir raconté l'histoire des amours du comte et que le premier morceau pourrait s'appeler : « Kampf zwischen Kopf und Herz; » le second : « Conversation mit der Geliebten. » *Schindler,* p. 115, 2. Nachtrag. Les personnes auxquelles s'adressa cette sonate ne sont plus; leur souvenir leur survit dans cet épithalame pour piano, sur les ailes de cet hymne de bonheur auquel Beethoven ne donna pas d'autre intitulé que ces mots : *nicht zu geschwind und sehr singbar vorzutragen.* Cette sonate est une franche improvisation; elle n'a rien d'une sonate, divisée, comme le serait un sermon, en tant de points et d'applications. Il y a des personnes qui diront : « Si ce n'est pas une sonate, qu'est-ce donc? » A ces personnes, Beethoven a acquis le droit de répondre : « C'est moi. » Nous sommes loin de vouloir exagérer la valeur de ce petit ouvrage, mais nous croyons qu'il distance les plus habiles par le mérite de l'invention du second morceau et par la manière supérieure dont le programme est traité. Terminons par un *post-scriptum* cette succincte revue des sonates de la seconde manière du maître.

Nunc et semper dilectæ.

Vous désirez, Madame, que je vous parle de la variation en tant que forme adoptée par l'art pour exprimer la pensée musicale, non plus librement, mais dans une direction déterminée par la nature et le caractère d'un motif donné. Comment vous parler de la variation, à vous qui êtes un ravissant motif et qui savez que le motif a la haute main sur la variation? J'en causerai avec vous dans cette niche de mon livre qui vous appartient. Vous y serez chez vous. Les variations pour piano de Beethoven complètent son œuvre en se partageant comme les sonates, bien que dans une moindre mesure, les trois styles. La variation sur thème d'opéra, de ballet, etc., constitue la petite monnaie de répertoire du piano; c'est l'in-18 du format de la pensée musicale. Dans la sonate, dans le quatuor, la variation comporte du moins un motif original. L'air « pria que l'impegno, » varié par Beethoven dans le trio pour piano, clarinette et violoncelle, op. 11, et l'hymne autrichien varié par Haydn dans un quatuor, sont les seules exceptions notables de cette tradition de la musique de chambre. La comtesse Thun à laquelle ce trio est dédié, aura demandé à Beethoven de varier l'air favori du temps, de *l'arbre de Diane de Martini.*

Les andantes de quelques symphonies de Haydn sont des motifs originaux à variations, auxquelles la diversité des timbres des instruments de l'orchestre, dans les innocents ébats concertants de Haydn, prête quelque intérêt. Cet andante au petit pied, *l'andante varié,* se perdit au temps de Mozart et n'a plus été retrouvé. Tomba-t-il dans le trou d'une contre-basse? Il est aujourd'hui impossible. L'idée de traiter la variation à l'orchestre ne vint seulement pas à Beethoven. On a arrangé pour grand orchestre la sonate pour piano et violon, dédiée à Kreutzer. L'orchestre étant la partie naturelle de la pensée de Beethoven, cette belle page y est encore à sa place. Le second morceau, le thème varié (*fa majeur* 2/4) nous a cependant prouvé combien il est difficile de transplanter aujourd'hui la variation à l'orchestre qui en a été une bonne fois émancipé. La variation de piano attend son *Casanova ;* elle compte d'innombrables aventures. Kirmayer et Gelinek varièrent le possible et l'impossible. On a 108 cahiers de variations du seul abbé Gelinek. L'allegretto de la symphonie de Beethoven en *la* figure au n° 94, entre le *Franzensbrunnenwalzer* et *un air de hussard hongrois à Paris.* Wanhal, l'escargot sympathique de l'abbé, varia « Tyroler sind oft lustig; » l'abbé Gelinek, qui ne vit dans la musique que des thèmes à varier, répondit par « müsst' ma nix in übel aufnehme. » Eberl varia : *ascouta Jeannette.* Voilà pour les infusoires de la variation. Weber fit cette épigramme sur Gelinek :

Kein Thema in der Welt verschonte Dein Genie,
Das *simpelste* allein. — Dich selbst variirst Du nie.

Mais il n'est plus permis de plaisanter cette variété depuis que Mendelssohn a écrit des variations *sérieuses* (dix-sept variations sérieuses, op. 54. Vienne, chez Mochetti). La variation anoblie, mais pas plus amusante pour cela, est la variation Steibelt, Dussek, Wölfl, Sterkel, Lauska, Leidesdorf, Kuhlau, Latour, Aloys et Jacques Schmitt, Kalkbrenner, Moschelès, Schoberlechner, Henri et Jacques Herz, Pixis, Czerny. Cette cohorte comble l'espace de temps compris entre la variation du fringant abbé et notre variation à nous, qui n'a rien perdu pour attendre. Czerny s'y distingue par une fécondité dont il n'y a pas d'exemple dans la nature; Czerny a augmenté les catalogues des magasins de musique de près de mille chiffres d'œuvres, et il ne se tient pas pour battu; il doit, au moment que nous écrivons, au moment que vous lisez, varier quelque chose.

Clementi, Cramer, Klenzel, Ries sont la société presque noble de cette variation du piano dont Hummel devint le lion, dont Maria Weber se fit l'émancipateur : « Vien qua Dorina, » romance de Joseph, air russe, thème original varié, air norwégien varié pour piano et violon, andante de la troisième sonate de piano, où se voit une première fois l'élément féerique des chœurs d'*Obéron*.

Onslow, dont la bonne volonté et le savoir sont plus grands que l'invention, a varié d'une manière remarquable pour piano un air écossais et *Charmante Gabrielle*. Dès 1820 environ, un certain monde crut reconnaître dans Onslow le futur continuateur de Beethoven, un esprit original. On a appelé Boccherini, l'auteur de vingt-quatre quintettes pour deux violons, deux violoncelles et alto, la *femme* de Haydn; Onslow est le *Cham* de Beethoven. Les trente-six quatuors, les trente quintettes d'Onslow n'en forment au fond qu'un seul *très chromatique*. Onslow a exagéré la gamme chromatique. Il l'eût inventée au besoin; il cultive encore fort le mode enharmonique. La lettre d'Onslow intéresse parfois, — son esprit ennuie. Nous ne pouvons pas cependant ne pas excepter le quatuor dédié aux frères Muller, que ces derniers disent dans une perfection dont il serait difficile de donner une idée, le scherzo surtout. Onslow a de la fécondité; ses neuf trios pour piano et violoncelle font les délices de tel pensionnat, des amateurs qui confondent la facture avec l'idée. Onslow a encore écrit trois opéras et trois symphonies qu'on ne connaît plus et qu'au fond personne n'a connus. Les deux cahiers de charmantes variations dont nous venons de parler, une très faible sonate pour piano seul, deux très remarquables sonates pour piano à quatre mains qui sont au nombre de ce qu'on possède de plus intéressant en fait d'originaux à quatre mains, quelques très sèches sonates pour piano et violoncelle ; tel est le répertoire d'Onslow pour piano. Il n'est revenu à traiter la variation que dans le quatrième trio pour piano, violon et violoncelle, et dans le sextuor pour piano et instruments à vent, dédié à Hummel. M. Scudo fait preuve d'indépendance dans la critique, quand il dit : « M. Onslow est un de ces hommes qui, à force d'application et d'un bon emploi de leurs facultés, arrivent à se conquérir une réputation honorable. C'est un de ces exemples encourageants qu'il faut citer aux élèves comme preuve de ce qu'on peut obtenir par le travail et l'étude des grands maîtres. » *Critique et littérature musicales,* p. 280. Nous trouvons qu'Onslow sans être un maître, est cependant beaucoup plus qu'un amateur, bien qu'il ait utilisé la romance de sa sonate à quatre mains en *mi mineur* dans un quintette de piano, et fait d'un quintette sa troisième symphonie, ce qui explique des idées singulièrement erronées sur le style symphonique et une pauvreté d'idées qui revient à présenter son bilan. Quand on n'a plus rien à dire, on ne devrait plus parler.

La variation pour piano avec accompagnement d'orchestre est morte, on ne la ressuscitera pas. Le style symphonique a trop élevé l'orchestre au-dessus de l'ignominie des ritournelles. Moschelès (air autrichien en *sol* au Clair de la lune; marche d'Alexandre), Hensert (thème de Robert), Chopin (*là ci darem*) ont bien mérité de cette forme du piano concertant.

Haydn, Mozart et Beethoven sont aussi les grandes puissances de la variation. Les Bach furent des variations au naturel; quand ils aspiraient l'air, une variation *per augmentationem* ou légèrement *canonique* adhérait à leur larynx. Les variations du quatuor de Haydn sur l'hymne national autrichien resteront inimitables. La variation donnée aux deux violons solo, surtout, est un chef-d'œuvre. Cela s'est naïvement fait et ne se fera plus. Si ces variations ont été surpassées, c'est par Mozart dans le quatuor en *la* dont le thème varié en *ré* pourrait bien être le dernier mot possible de la variation, en tant que forme. Ce morceau unique a quelque chose de transfiguré; c'est quelque groupe de séraphins donnant un moment aux souvenirs terrestres. Quand l'école se fait belle, elle aussi est une sublime poésie. Jamais le grand savoir ne revêtit des formes plus aimables.

Le plus beau morceau de variations de Haydn pour piano est sans doute l'andante en *fa mineur* varié du second cahier des œuvres complètes, édition Breitkopf.

Les plus belles variations pour piano de Mozart sont les motifs originaux variés dans les deux sonates de piano en *ré* et en *la majeur* 4/4, 6/8. Elles n'ont pas été surpassées; on y voit, au lieu du *mineur,* de rigueur sous l'ancien régime de la variation, des adagios en *majeur* d'une fantaisie libre, délivrés déjà des entraves du même nombre de mesures du motif; de la carrure. Cette manière facile de convertir en adagio un motif d'une *tout autre expression* n'appartient qu'à Mozart, ce génie de la cantilène. On retrouve cette intention dans Beethoven, mais elle lui réussit moins, elle a quelque chose de forcé sous sa main; voyez les variations à quatre mains en *ut,* motif du comte Waldstein.

Le style des variations du jeune âge de Beethoven se rapproche assez des douze thèmes variés pour piano de Mozart. Seulement Mozart y est surtout le grand contrepointiste (unser dummer Pöbel meint, salve tu Domine, je suis Lindor). Beethoven, fidèle à son rôle d'innovateur, cherche, jusque dans la variation, des voies nouvelles au piano (la stessa la stessima, hat der Müller gut gemahlen, danse russe). Mozart et Beethoven ont traité tous deux : une fièvre brûlante. Les variations de Beethoven sur *Rule Britannia,* les variations *faciles* sur un air suisse, sont au nombre de ce qu'il y a de plus intéressant dans les variations du style de sa première manière, comme les variations sur *God save the King* sont ce qu'on peut citer de plus faible, de plus dépourvu d'intérêt. Tout le monde fut enfant. Les variations en *la* de la sonate en *ré* pour piano et violon, op. 12, et les belles variations en *ré* du quatuor en *la*, op. 18, et les variations si remarquables du septuor sont ce que la première manière a produit de plus beau. Mais quel que soit le mérite des variations de la sonate pour piano et violon en *ré*, elles ne sauraient rivaliser avec les variations des sonates de Mozart pour piano et violon en *fa* et en *sol*. Il n'était pas dans la nature de Beethoven d'atteindre à l'apogée de l'art dans un cadre *prescrit;* il ne savait pas plier les ailes. Les variations du septuor et du quatuor en *ré* resteront un sujet d'admiration de tous les temps; elles marchent de pair avec ce que Haydn et Mozart ont produit de chefs-d'œuvre dans le style de la variation.

On trouve tous les symptômes de la seconde manière de Beethoven dans les variations pour piano sur un motif original en *fa*, adagio, op. 34, où chaque variation présente une tonalité, un rythme et un mouvement différents; dans les variations avec une fugue sur un motif du finale de la symphonie héroïque, op. 35; dans les célèbres trente-deux variations sur un motf original en huit mesures; dans les variations en *ré*, op. 76, sur la marche turque des *Ruines d'Athènes*, dans l'andante, n° 35 (seconde section du Catalog.), placé, en tant que style de variation, sur la lisière de la première et de la seconde manières. Les motifs originaux variés dans les sonates pour piano et violon, op. 30, 47, ont un bien grand air; les plus belles variations dans les données de la seconde manière sont les variations de la sonate de piano, op. 26, et les variations sur un thème russe et un autre original, qui forment les finales des quatuors en *fa*, op. 59, et en *mi bémol*, op. 74. Jamais peut-être l'art instrumental ne parvint à une plus haute expression de tendresse que dans la dernière variation de la sonate pour piano et violon en *la*, op. 30, dont les huit premières mesures demeureront l'exposition-modèle d'un motif *per diminutionem;* l'expression de cette phrase, contenue dans sa flamme, peut être assimilée aux idées que le mot allemand *Kirchengang* réveille. Mais j'oublie qu'il est des choses qu'on détruit quand on en parle. Les motifs originaux variés dans les sonates de piano, op. 106, 109, 111, que nous allons rencontrer, et les trente-trois variations sur la valse de Diabelli auxquelles nous nous sommes déjà arrêtés, sont les représentants du style de la troisième manière de Beethoven dans la variation. Les trente-trois variations sont sans doute ce qui a été tenté jusqu'à présent de plus hardi, de plus inusité, de plus curieux dans la variation, nous ne disons pas de plus beau, ces variations étant bien plus le cauchemar du génie que son triomphe. Les plus belles variations de Beethoven se trouvent, à notre avis, dans le quatuor, op. 74. On dirait les limpides variations du septuor élevées à une plus haute puissance.

L'adagio du grand trio pour piano, violon et violoncelle en *si bémol;* l'adagio de la grande sonate de piano en *si bémol,* op. 106; l'adagio du quatuor en *mi bémol,* dédié au prince Galitzin, ne sauraient être qualifiés de variations; ces admirables morceaux sont les variantes libres d'idées sublimes. Ces compositions n'ont pas de rivales et ne peuvent en avoir.

Jupiter est quodcunque vides, quocumque moveris.

Après avoir effleuré ce sujet de la variation, il faut bien dire un mot des compositions de Beethoven pour piano à quatre mains qui sont : une sonate sans intérêt, op. 6, deux thèmes variés, op. 87 et n° 27 seconde section du Catal., et trois marches du plus grand style, op. 45. Tout le reste du répertoire de piano à quatre mains portant le nom de Beethoven n'est qu'un arrangement des Schneider, des Schmidt, des Gleichauf, des Mockwitz, des Czerny ou de quelque anonyme : comme, pour citer un exemple, la célèbre polonaise à quatre mains dite *concertante* (Leipzig, chez Peters), qui n'est rien moins que le finale du concerto pour piano, violon, violoncelle et orchestre, op. 56. L'abstinence de Beethoven de la musique de piano à quatre mains, dans laquelle Mozart exprima quelques-unes de ses plus belles idées (sonate en *fa mineur,* fantaisie en *fa mineur*), est un fait remarquable qui prouve une fois de plus que Beethoven ne prit point le piano trop au sérieux; qu'il s'en servit, à tout prendre, comme d'une façon d'exprimer préalablement ses idées presque toujours symphoniques. Le piano ne pouvant ni le préoccuper, ni lui suffire, il pouvait être indifférent à Beethoven d'y faire asseoir deux exécutants plutôt qu'un seul; un souffle de son génie renversait à ses yeux cet escabeau à cordes métalliques. Un morceau à quatre mains comporte l'idée d'une exécution qui se suffit; les deux pianistes jouent toujours un peu le rôle de virtuoses occupés de leur tâche. Tel est le caractère des plus remarquables compositions originales pour piano à quatre mains, de la sonate en *mi bémol* de Moschelès, de la sonate de Hummel, des deux duos d'Onslow (*fa* et *mi mineur*); beaux morceaux de piano, à juste titre célèbres, mais dans lesquels l'idée, l'invention ne sont pas le grand intérêt. La part de la musique n'y est point essentielle comme dans les productions de Beethoven, qui écrivait de la musique et non point des morceaux de salon ou de concert. Les concertos de piano de Beethoven eux-mêmes sont de la musique d'ensemble à laquelle concourt un piano et non point un pianiste, et ainsi de son concerto de violon. Pour Beethoven, les virtuoses étaient les *dii minorum gentium.*

La marche pour piano à quatre mains a longtemps tenu en haleine les amateurs. Ce que Dussek, Ries et Moschelès (marches héroïques) ont écrit dans ce style est très distancé, cependant, par les trois marches à quatre mains de Beethoven. Nous n'eussions pas été étonné que Franz Schubert, qui a écrit un grand nombre de très belles marches pour piano à quatre mains, eût égalé les marches de Beethoven, tant Schubert paraît avoir attaché d'importance à la composition de ses marches à quatre mains. La vérité est qu'il en approche, mais qu'il est loin d'égaler la fougue, l'essor, l'imprévu, la grandiose simplicité des marches de Beethoven. La troisième est une petite symphonie triomphale; la seconde, à deux temps, fait l'effet d'un entr'acte de la tragédie d'*Egmont,* alors que la ville investie par le duc d'Albe prend en sursaut les armes au bruit du tocsin et des roulements de tambour. L'origine de ces marches fut toute fortuite. Ries, le pianiste du comte Browne, avait en cette qualité l'obligation de jouer au comte les compositions nouvelles de Beethoven. Il lui prit un jour fantaisie d'improviser une marche et de dire qu'elle était de Beethoven. Le lendemain, Beethoven arriva à la résidence d'été du comte, à Baden, et tout le monde de s'extasier sur sa marche. Pour son bonheur, Ries trouva un moment favorable pour prévenir Beethoven, qu'on ne mystifiait pas impunément. Par extraordinaire, le maître voulut bien, cette fois, se prêter à la plaisanterie. Quoi qu'il fît pour éviter le coup, Ries dut rejouer la marche. La situation était critique. Ries n'était pas rassuré; il se voyait encore menacé de perdre ses leçons avec Beethoven. La marche lui réussit médiocrement; le succès cependant fut complet. On fit force compliments à Beethoven. L'orage s'approchait; fronçant le sourcil, plein de colère, Beethoven finit pourtant par éclater de rire en s'écriant : « Voilà, cher Ries, les connaisseurs qui veulent juger la musique avec tant de justesse et de sévérité. Donnez-leur le nom de leur favori : il ne leur en faut pas davantage ».

Le tour une fois éventé, le comte Browne ne donna plus de repos à Beethoven; il lui fallait des marches authentiques, les trois marches à quatre mains dont Beethoven composa, au grand étonnement de Ries, la plus belle, la seconde, tout en lui donnant une leçon de piano. Ries, p. 90.

FIN DU TOME PREMIER

ANALYSES

DES

SONATES DE PIANO

TROISIÈME MANIÈRE

28e SONATE JUSQU'A LA 32e ET DERNIÈRE SONATE

> La maladie n'est que l'autre pôle de la santé. Lorsque l'harmonie insentie de la vie et de la jeunesse est troublée, l'âme veut saisir violemment, comme dernier moyen de salut, quelque chose d'invisible et de brillant cependant. Toute autre vérité, toute l'expérience acquise s'effacent comme choses insignifiantes au milieu de cette hallucination nouvelle. L'esprit se fatigue dans la lutte et va chercher aide et secours dans les régions les plus lointaines, les plus ténébreuses de l'être.
>
> TIECK, *Préface au Recueil des écrits de J. Lenz.*

On comparerait la troisième manière de Beethoven à la seconde partie du *Faust* de Gœthe. L'ensemble de ce style, de ces idées si exceptionnelles, est à sa seconde manière ce que la seconde partie de la grande conception de Gœthe est à la première. C'est le génie construisant son ciel de ses rêves. Les affections présentes ne jouent plus le premier rôle, le poète s'y arrête comme on s'arrête à un souvenir. Telle est la portée de l'épisode d'inexprimable tendresse de l'allegro du quatuor en *ut dièse mineur* (2/4) et d'autres semblables. La troisième manière de Beethoven est un jugement porté sur le cosmos humain et non plus une participation à ses impressions. Plus de traces de l'enclos de la sonate où s'écoula la jeunesse du maître (première manière), dont il s'affranchit pour respirer sous les halliers de la nature en liberté (seconde manière). Sa troisième manière, la dernière métamorphose de son génie, sera le profond et mystique sillon tracé par les cinq dernières sonates de piano, par la symphonie avec chœurs, la messe en *ré,* les cinq derniers quatuors, les deux sonates pour piano et violoncelle (op. 102); l'ouverture (op. 124), la fugue en quatuor (op. 133). On a généralement distingué jusqu'à présent deux époques dans Beethoven, l'époque où il subissait l'influence de Mozart et même celle de Haydn en tant que Mozart l'avait subie, puis les temps indépendants de son génie. Nous croyons avoir démontré qu'il y a une troisième manière de Beethoven, pour le moins aussi différente de la seconde que celle-ci l'est de la première. Ces différences de style sont si capitales, elles étaient si indépendantes de la volonté même de Beethoven, qu'on en découvre la trace dans les productions les moins importantes. Qu'on ouvre les trois cahiers, intitulés *bagatelles* pour piano : op. 33, 112, 126; qu'on consulte la dernière pensée musicale même (v. à la fin du Catalogue). On trouvera par bribes dans l'opéra 126, dans quelques numéros de l'opéra 112, dans la dernière pensée, le style bizarre, inusité, mais audacieusement nouveau, toujours intéressant des derniers quatuors de la troisième manière. L'opéra 33, au contraire, présente la transparence, la richesse mélodique des deux premières. Ces différences n'y sont pas caractérisées comme elles le sont dans des compositions plus développées, mais encore sont-elles suffisamment connaissables. Envisagés sur ce point de vue, les trois cahiers de *bagatelles,* si peu français qu'en soit l'intitulé, sont un objet d'assez curieuse étude. Nous nous arrêterons un instant aux derniers quatuors.

Les circonstances auxquelles on les doit, les lettres échangées au sujet des quatuors (op. 127, 130 et 132) entre Beethoven et le prince Nicolas Galitzin, l'histoire, en un mot, de ces trois grandes pages des dernières années de Beethoven n'étant connue qu'en Russie et d'un petit nombre de personnes, le lecteur nous saura gré de lui transmettre ce que le prince Galitzin nous a communiqué à ce sujet. Au retour d'un voyage à Berlin où Weber venait de monter le *Freischütz*, le prince Galitzin forma le projet de faire tirer une copie de la partition qui préoccupait alors tous les esprits. Zeuner, pianiste distingué, un des piliers du bon quatuor de Saint-Pétersbourg à cette époque en sa qualité d'altiste, ouvrit alors l'avis que les frais de copie de la partition du *Freischütz* seraient bien mieux employés à enrichir le monde musical de trois nouveaux quatuors qu'il faudrait se mettre en devoir d'obtenir de Beethoven. Le chiffre 3 se présenta naturellement : l'œuvre des trois quatuors (op. 59), dédiés au comte Rasoumowski, étant à l'ordre du jour. Le prince Galitzin en écrivit aussitôt à Beethoven (1822) qui lui répondit en français : qu'il était prêt à déférer à ses désirs, en témoignant son plaisir d'apprendre qu'on *approchait des œuvres de son esprit;* qu'il ne saurait cependant assigner de terme à l'exécution de sa promesse, attendu que l'inspiration ne se commandait pas et qu'il n'était point de ces journaliers qui travaillent à tant par jour et par feuille; que néanmoins sa position, rien moins qu'aisée, le mettant dans la pénible nécessité de devoir vivre de son travail, il fixait la rémunération à 50 ducats par quatuor (v. l'article publié par le prince Galitzin dans *la Presse* du 13 octobre 1845). Après trois années d'attente et de correspondances, le manuscrit du quatuor, op. 127, arriva à Saint-Pétersbourg au printemps de 1825. Ce dut être un grand moment quand on l'essaya le première fois. Nous ne voulons point exagérer l'importance du fait, mais toujours est-il qu'on doit à deux Russes, au comte Rasoumowski et au prince Galitzin, d'avoir déterminé Beethoven à écrire six quatuors qu'on ne posséderait vraisemblablement pas sans cela. Schindler a émis l'avis que sans le travail des trois quatuors dédiés au prince Galitzin qui absorbèrent les cinq dernières années de la vie de l'artiste, Beethoven eût composé la 10e symphonie dont il aurait déjà fait une esquisse, ou traité *Faust,* sujet qu'il aurait considéré comme étant le plus digne de lui. La perte de la 10e symphonie, rien assurément ne peut la racheter; mais peut-on raisonnablement l'attribuer à cette cause? La messe en *ré* préoccupa aussi bien et presque aussi longtemps Beethoven. En admettant une progression de style, probable d'ailleurs, entre la symphonie avec chœurs, qui est la neuvième et dernière, et une 10e symphonie, il faut supposer que cette œuvre fût devenue la clef de voûte de l'immense édifice symphonique de Beethoven, une chose inouïe, invraisemblable, dont rien ne peut aujourd'hui donner une idée; mais il faut aussi supposer que si pareille conception eût été à point dans l'âme de Beethoven, l'œuvre eût débordé l'auteur et ne se serait pas laissé ajourner par la composition des derniers quatuors.

Nous publions avec la permission du prince Galitzin les extraits suvants de sa correspondance avec Beethoven :

« Vienne, le 13 août 1823.

« Il pourrait être pris un meilleur soin de ma position personnelle en Autriche. J'aime surtout à diriger mes regards vers en haut; malheureusement, je suis contraint de les abaisser vers en bas. Je tiens lieu de père au fils de feu mon frère; il sera peut-être le successeur de mon *médiocre* talent ».

« Vienne, le 26 février 1827.

« Apollon et les Muses ne me laisseront pas encore livrer l'homme à la faux; il me reste une grosse dette à leur payer, et avant mon départ pour les Champs Elyséens, je dois terminer et laisser après moi ce que l'esprit m'inspire. A peine me semble-t-il avoir écrit quelques notes. Noble prince, je souhaite le meilleur succès à vos efforts pour l'encouragement des arts; ce sont les sciences et les arts qui nous indiquent et nous font entrevoir une vie meilleure ». Voyez encore la lettre *a,* 4e section du Catalogue.

Jour pour jour un mois après cette dernière lettre, Beethoven n'était plus. Qu'elle est humble, cette suprême confession du génie! Le grand artiste s'abusait pourtant, son œuvre était bien accomplie, il ne l'eût pas surpassée, on peut douter qu'il l'eût égalée à l'âge de cinquante-sept ans, infirme blessé dans ses affections, méfiant à cause de sa surdité, profondément malheureux. Le soleil pour lui s'était couché dans la symphonie avec chœurs. « A peine me semble-t-il avoir écrit quelques notes! » Cet aveu dans la bouche de Beethoven est le plus touchant hommage qu'il soit possible de rendre à l'élément de l'infini dans les arts. Par la création de trois styles, Beethoven avait fait, en quelque sorte, l'affaire de trois générations.

Beethoven, qu'on dirait ne travailler qu'en grand, donnait les soins les plus minutieux aux détails. Après l'envoi au prince Galitzin du quatuor en *mi bémol,* il lui écrivit avoir oublié dans la partie de violoncelle un signe de ligato qu'on y a mis depuis (15e mesure de l'épisode en *mi majeur* de l'adagio, où le *la* dans la clef de violon doit être lié au *fa dièse aigu*).

Un accord ayant paru à l'exécution être une faute de copiste dans le manuscrit, Beethoven, interrogé, donna raison à Zeuner qui avait pris le parti de l'accord, l'en remercia en termes flatteurs et rejeta avec indignation la correction proposée. On avait voulu substituer *ut* au second *ré bémol* dans la partie de l'alto (10e mesure de l'andante con moto de l'adagio du quatuor, op. 127); Beethoven disait dans sa lettre qu'on aurait alors l'accord de *fa mineur* qui déchirerait l'oreille.

Il est curieux de connaître l'avis de Baillot sur une composition qui engagea à ce point le style du quatuor dans les voies nouvelles. On lit dans une lettre de Baillot au prince Galitzin qui venait de lui communiquer le manuscrit du quatuor en *mi bémol :* « Beethoven vous introduit dans un nouveau monde. Vous traversez des régions sauvages, vous longez des précipices, la nuit vous surprend, vous vous réveillez et vous êtes transportés dans des sites ravissants; un paradis terrestre vous entoure, le soleil luit radieux pour vous faire contempler les magnificences de la nature. » Ce jugement porté par le plus grand violoniste du quatuor des temps passés, et qui pouvait se trouver plus d'une raison pour méconnaître une œuvre nouvelle, peut contre-balancer les préjugés que tant de personnes nourrissent contre les dernières productions de Beethoven. Seulement le passage de la lettre de Baillot s'applique aussi bien au style des quatuors de la seconde manière et ne caractérise point assez les différences qui les séparent du style de la dernière manière de Beethoven. Nous citerons encore M. Fétis (*Biographie des musiciens,* article *Beethoven*). *Dans les dernières productions de Beethoven,* y est-il dit, *les nécessités de l'harmonie s'effaçaient dans sa pensée devant les considérations d'une autre nature.* M. Fétis a-t-il assez fait la part de l'imagination dans un style trop nouveau sans doute pour être jugé au point de vue de l'ancienne école? Les derniers cinq quatuors sont l'émancipation du quatuor en tant que forme; son affranchissement du passé dont l'histoire de l'art jugera l'opportunité, car cette révolution est trop près de nous pour être déjà tout à fait comprise. On a dit des derniers quatuors : La pensée de Beethoven se concentra sur des mirages en leur donnant de bonne foi un corps (*Rev. et Gaz mus. de Paris*)*;* des dernières sonates : « Le fond est un désir, un besoin d'amour sans fin ». (Gassner, *Lexikon universel de musique*). Il est certain que les beautés qu'on rencontre dans les dernières productions l'emportent sur ce qu'on y trouve de moins sympathique, de bizarre et même de choquant pour l'oreille. Les scherzi, ou, pour être plus exact, les morceaux fantasques sans nom qui les remplacent ne sont-ils pas du plus haut intérêt? de la plus heureuse facture? d'un attrait toujours nouveau? Les quatre petits morceaux entre le premier allegro et le finale du quatuor en *si bémol,* op. 130, n'ont aussi bien pas de nom en musique; ce presto, cette cavatine, ce petit adagio sont de la poussière d'étoiles. Et ce premier allegro du dernier quatuor, op. 135, d'une touche si délicate que les quatre exécutants feront bien de lire dans les yeux l'un de l'autre plutôt que dans leurs parties; le lento (*ré bémol majeur*) finissant par une supplication à genoux du premier violon devant la chimère caressée par le poète. Oh! il faut entendre déclamer cela à M. Vieuxtemps. Ce lento ne saurait se juger en tribunal ordinaire; cela s'est fait; cela ne se verra plus. Dans le quatuor en *la mineur,* op. 132, Beethoven traita une tonalité maladive de la manière la plus pathétique. La principale phrase de l'*allegro appasionato* du finale est au nombre de ce qu'on n'a jamais écrit de plus passionné. La « *canzone di ringraziamento in modo lidico offerta à la divinita da un guarito* » est encore une scène magnifique quand même le mode de *fa majeur* sans le *si bémol* a quelque chose d'inaccoutumé pour l'oreille, effets que Beethoven n'entendit pas dans son for intérieur, ravi qu'il était sans plus entendre de l'oreille humaine. S'arrêter à ces étrangetés et autres semblables serait se montrer indigne de savourer les ineffables beautés qu'on y trouve aussi bien. *Non fumum ex fulgore!* Le quatuor en *la mineur,* le moins apprécié peut-être jusqu'à présent, le plus avancé dans ce style tout nouveau, nous reconduira à la sonate de piano en *la* (op. 101), la première des cinq sonates qui, à nos yeux, appartiennent à la troisième et dernière transformation du style de Beethoven.

Viens, élève-toi vers de plus hautes sphères.
FAUST.

La sonate, op. 101, dédiée à la baronne Ertmann (28e sonate), parut dans le premier cahier du musée des clavecinistes, édité par Steiner à Vienne. Ici, plus de premier allegro à deux parties, mais une improvisation libre dont le nombre des visions est la seule limite (102 mesures).

Cet allegro seul donnerait une idée de la troisième manière de Beethoven. Nous recommanderons aux pianistes de jouer l'allegro séparément du reste. Cet allegro est une preuve de l'importance de l'expression instrumentale en musique. Il semble s'adresser aux natures d'élite. Il peut ne pas être un allegro de sonate, il ne peut pas ne pas plaire et charmer. Nous croyons voir l'étonnement du premier venu qui y chercherait une *sonate* et ne la trouverait pas. Il est des personnes qui imaginent qu'une sonate ressemble à une autre sonate. Telle sonate de Beethoven est à telle autre sonate de Beethoven ce qu'une Peau-Rouge d'Amérique peut être aux reines de nos bals, exerçant la séduction par coupes réglées. Il n'y a souvent de *sonate* que le nom. Quel autre nom donner à une composition en plusieurs morceaux, subordonnés à une unité d'idées qui est précisément la *sonate?* Dans les deux fantaisies de Beethoven (op. 77, 80), les morceaux se suivent sans interruption; ils n'ont point l'indépendance des parties d'une sonate. Et ainsi de la fantaisie et sonate de Mozart, de sa fantaisie à quatre mains. « La sonate, c'est la représentation instrumentée de plusieurs situations de l'âme unies entre elles naturellement et qui peuvent être considérées comme le développement d'un sentiment fondamental ». (Hand, *Esthétique de la musique*).

Le second morceau de la sonate en *la majeur* est un *vivace alla marcia* (lebhaft-marschmässig). Il y a là trop de recherche scolastique pour laisser une place aux idées; aussi font-elles défaut. Ce morceau n'est pas une marche, mais l'encre dont usait le maître pour sa troisième manière et dont un pâté amenait la catastrophe du liquide magique dont se servit l'étudiant Anselme dans la bibliothèque enchantée des palmiers du conte de Hoffmann. Nous ne goûtons pas ce morceau et nous n'avons rencontré personne qui l'eût goûté. La *Gazette musicale universelle* de Leipzig, 1817, p. 688, trouve au trio de belles imitations; sont-elles l'excuse de l'étrange décousu du reste? L'adagio (20 mesures) est une façon de prélude hors ligne, invraisemblable. Les derniers accents de ce morceau, d'un style mélodique à part, ramènent la fantastique vision de l'allegro; mais bientôt, trop tôt, une chaîne de trilles y coupe court et propose un rythme à deux temps, très accentué, qui annonce d'abord l'intention de devenir sinon une fugue, du moins un fugué. D'octave en octave, de marches en marches, le finale arrive ainsi à une espèce de chant triomphal, bien qu'il s'élève *p.* et même *pp.* Une stridente entrée d'instruments à vent, groupés en *tierces majeures,* complète cette victoire, et tout l'orchestre d'y jeter un cri de triomphe. Au même instant un chant nouveau, une coulée de fraîche cantilène vous porte rapide à la fin de la première partie. Quelques guerrières fanfares de clairons dans le grave conduisent alors à la bataille livrée au motif en pleine fugue. Cette fugue, gauche à jouer, d'une grande difficulté, rentre dans la première partie du finale dont elle vient de faire le tour dans des tonalités relatives, ramène la phrase triomphale à la quarte et finit sa carrière au lointain tonnerre des basses.

C'est une des dérisions de Beethoven que ce morceau sauvage en *la majeur,* ton réservé aux roucoulements par l'ancienne école. La baronne Ertmann, à qui Beethoven dédia la sonate, était la première pianiste du temps; Reichardt la préférait à tous les pianistes. Clementi disait : « Elle joue en grand maître » (*Gaz. mus. univ.,* 1810, p. 292). Ortlepp reconnaît dans madame Ertmann l'*Adélaïde* de Beethoven et dit : « Adélaïde a épousé un riche baron. L'argent a épousé l'argent. O femmes, quand en viendrez-vous à épouser des intelligences et des âmes au lieu de corps, de maisons et de pièces d'or? » P. 93).

Connaissez-vous toute la musique et voulez-vous du nouveau? ouvrez cette sonate, opéra 101. Dans la troisième manière de Beethoven, tout, en effet, est nouveau comme tout était nouveau dans la seconde. Voilà la vraie invention, l'invention de fond en comble ; une mine vierge d'idées vraiment *nouvelles*. Il est des musiciens qui ont réussi à se persuader qu'ils préfèrent ce style à tout ce que Beethoven a fait. C'est une exagération *inutile*. La troisième manière présente d'incomparables beautés à côté de choses bizarres, d'intentions obscures, inexplicables peut-être dont le plus âpre travail peut seul faire triompher l'exécutant. Gœthe mettait son second *Faust* au-dessus du premier, Beethoven parlait avec dédain de son septuor, de ses premiers quatuors. La symphonie en *ut mineur* elle-même ne lui souriait plus sur la fin de sa vie; il lui voulait des changements au premier allegro (*Schindler,* p. 240). Ses derniers ouvrages seuls lui semblaient être l'expression de ce que sa pensée avait pour lui de sympathique. Cette préférence n'a rien d'étonnant; le poète combattra toujours l'idée d'avoir pu faiblir. Cette loi de l'amour-propre est éternelle. L'œuvre que Beethoven paraît avoir estimée le plus, qu'il appela dans une lettre à Louis XVIII *son œuvre la plus accomplie* (*Sch.,* p. 122), c'était la messe en *ré. Et adhuc sub judice lis est.*

La troisième manière de Beethoven compte des trésors comme les deux autres; s'ils sont plus précieux, c'est qu'ils sont plus rares. Telle est l'impression que nous a laissée une étude de plus de vingt ans des cinq sonates de piano qui appartiennent à ce style. Personne, non plus, ne verra la plus belle expression du génie de Beethoven dans ses *derniers quatuors* (12e jusqu'au 17e en comptant la fugue, op. 133). Les trois quatuors dédiés au prince Rasoumowski, op. 59, le quatuor en *mi bémol* op. 74 en *fa mineur,* les quatuors de sa seconde, de sa grande manière, sont, à notre avis, l'apogée de son style dans la musique de chambre, les dignes rivaux des plus grands chefs-d'œuvre que l'histoire de l'esprit humain connaisse. Les derniers cinq quatuors sont moins des quatuors que des conversations entre quatre instruments à cordes : *de omni re scibili et quibusdam aliis.* On a qualifié ce style de *mystique.* Exceptons-en la symphonie avec chœurs, à laquelle reviennent peut-être les couronnes gagnées par les symphonies de Beethoven, ces colosses pondérateurs de l'art instrumental.

Nous ne prétendons point cependant que dans un sens *absolu,* la symphonie avec chœurs surpasse la symphonie en *si bémol,* en *ut mineur,* la symphonie pastorale ou la symphonie en *la;* nous voyons seulement dans la symphonie avec chœurs la montagne sainte, le *palladium* de la musique instrumentale dans sa fusion avec la musique vocale. M. Berlioz, seul en France, a parlé de cette symphonie, l'apothéose du style symphonique de Beethoven, comme il convient d'en parler (*Etudes de Beethoven, Voyage musical*). Quand on s'appelle Berlioz, on a incontestablement le droit de la critique. Impossible de mieux pénétrer le génie que M. Berlioz, quand il compare le scherzo de la symphonie héroïque aux jeux funèbres des guerriers de l'Iliade, jeux célébrés autour de la tombe des héros dont la mort résumait la vie et appartenait par conséquent à l'élément héroïque qui domine ce poème. Quand la critique comprend à ce point le génie, on peut lui appliquer ce mot d'un grand écrivain : « Comprendre, c'est égaler ». Nous n'en aurions que plus vivement désiré que M. Berlioz, qui attaque l'accord du finale de la symphonie avec chœurs dans lequel toutes les notes de la gamme diatonique mineure *résonnent à la fois,* eût mis un ménagement extrême à ce blâme, parce que le tas d'ignorants et d'envieux qu'il y a, qu'il y aura toujours de par le monde, se fait fort de la réprobation d'un grand critique pour ne plus voir dans une œuvre sublime que cet accord. C'est si vrai que nous avons vu un grand artiste s'asseoir sur les touches de son piano pour mieux figurer l'accord que M. Berlioz venait de lui détailler. Cet accord ne passerait-il donc point assez vite pour avoir le droit d'exister? serait-il inexplicable, comme le prétend M. Berlioz? l'appogiature sur le *si bémol* qui altère l'accord posé sur un *fa* « *censé* de *porter la tierce* et *la sixte* et *qui réellement les porte* », ne serait-elle pas le cri de douleur, arraché au maître qui pressentait devoir rester exclu des félicités dont il va dérouler le tableau sur les paroles de Schiller? Ce désespoir l'abat; il anéantit à ses yeux son génie, quand, après le préambule qui a ramené par fragments les parties instrumentales de la symphonie, les exaltés accents des félicités de ce monde ont une première fois retenti sans qu'il lui ait été possible de se mêler au tumulte de tous ces heureux. Il se souvient alors des vers de l'hymne qui le frappent au cœur : « Celui à qui le hardi coup de dés réussit, d'être devenu l'ami d'un ami; celui qui remportera la possession d'une femme adorée; tout homme qui appela sienne une âme en ce monde; qu'il confonde son bonheur avec le nôtre, mais que l'homme qui ne reconnut point ce bonheur nous fuie en pleurant. » *Le génie ne peut pleurer;* le génie désespère. Beethoven frappe alors l'effroyable accord. Un instant, un seul, il est athée et se complait à jeter une barre de fer rouge dans cette moisson de bonheurs. Ce n'est pas *beau!* l'ingratitude, la méconnaissance de son génie, l'infirmité qui l'accablait, étaient-elles *belles?* La symphonie avec chœurs étant le résumé de l'existence de l'artiste, une clameur inouïe, un « hurlement » affreux, *un seul,* n'y a rien de trop étrange et fut peut-être entendu de Dieu qui ne tarda pas à appeler à lui cette douleur. Que M. Berlioz nous excuse si nous trouvons qu'en histoire naturelle on peut parler sur le même ton du hareng et de la baleine, puisqu'on prétend qu'ils ont la même vertèbre, mais qu'il nous semble moins faisable de citer, comme il le fait, Martin, dit *Martini,* et l'accord qui accompagne la chute de l'amante de Phaon à la mer dans un opéra de ce *Martin-pêcheur,* à propos de l'accord effroyable de la neuvième symphonie.

Remarquons encore que le mot *joie* ne rend pas le mot allemand *Freude* qui, à peine, serait exprimé par joie, contentement, gaieté, félicité et bonheur. Si l'ode de Schiller était *un hymne à la joie,* comme on l'a nommée à Paris, elle serait une chose à peu près absurde; or, elle est sublime comme la musique de Beethoven, elle glorifie

Dieu dans un sentiment qui est le principe de notre existence : *la conscience qu'a l'homme de sa force et de son génie et qui est précisément : « die Freude!* »

L'Illustration (20 janvier 1849) dit de la symphonie avec chœurs : « Tout ce qu'on sait (?) *jusqu'à présent* (!) c'est que Beethoven la composa pour une *société maçonnique;* qu'il s'inspira d'une ode de Schiller, hymne à la joie (*Lieder an die Freude*). » Ce tour de force de la critique revient à dire : « Tout ce qu'on sait, *jusqu'à présent* de la bataille de Marengo, c'est qu'elle fut livrée aux pommes de terre malades des plaines de la Lombardie ». Beethoven ne pensa pas aux sociétés maçonniques, où l'on s'occupe généralement peu de monter des symphonies avec chœurs. L'œuvre de Beethoven s'élève plus haut. S'adressant au genre humain, elle exalte le sentiment de force et de génie que Dieu lui permit de ressentir. Cette colossale partition allait au nom d'un roi; Beethoven la dédia à Frédéric Guillaume III de Prusse. L'ode de Schiller, qui est le texte du finale, surpasse peut-être, elle égale assurément tout ce que la poésie de tous les peuples a produit de plus inspiré. Une ignorance complète des formes de la poétique et de la première lettre de la langue allemande, pouvait seule faire appeler à *l'Illustration* « *Lieder* », le *Lied an die Freude,* lequel *Lied* est *une* ode. On connaît partout les chefs-d'œuvre de la littérature française; quand connaîtra-ton en France *un peu* ceux des autres peuples? Voici ce qui a pu donner lieu au conte débité par *l'Illustration*. L'ode de Schiller exalte dans l'*homme* la créature de *Dieu*. On l'imprima en Allemagne dans les recueils de poésies à l'usage des loges maçonniques. L'ode fut mise depuis en musique par Ambrosch, Reichard, Winter, Zumsteeg en Allemagne, par Satzenhoven à Saint-Pétersbourg. Dans ces compositions, les strophes de l'ode se chantent sur la même phrase avec un refrain en manière de chœur. De là à l'œuvre de Beethoven il y a loin comme au *Neptune* de M. Leverrier.

Grande Sonate en *si bémol*

Opéra 106 (29e sonate). — Dédiée à l'archiduc Rodolphe d'Autriche.

Cette composition aux plus larges proportions a l'air d'enjamber les autres sonates et de n'en faire qu'une seule bouchée. Le cri de la onzième et de la treizième qui lui répond dès les premières mesures est bien la voix des ardentes aspirations de l'artiste parcourant d'un trait de feu ce mausolée élevé sur les touches d'un piano.

Cette sonate n'est pas la plus belle, elle est seulement aux sonates ce que la symphonie avec chœurs est aux symphonies. Elle est de cette force-là. C'est écrasant, sublime, désespérant de difficultés. Comment mesurer une œuvre pareille à l'aune de la sonate? C'est une ode de Pindare, une hymne de Tyrtée retrouvées sur la lyre de Beethoven. Les contemporains, Viennois et autres, ne signalèrent point ce vaisseau de haut bord qui portait *César et son infortune*. Cette grande voile fuyait au loin l'horizon de leur inteligence.

Un conseil aux exécutants. Dès le début de cette *Pharsale* de Beethoven, la main gauche frappe l'extrême *si bémol* des basses, puis vole à travers deux octaves pour recueillir les autres notes constituant l'accord tonique. Pour franchir l'intervalle, elle a tout juste le temps d'une double croche dans un mouvement rapide (allegro). Il nous a paru qu'il était toujours fait un tort à la première croche ; qu'il n'était pas donné à l'accord qui suit ce qui est à cet accord. Prenez donc le premier *si bémol* de la main gauche, l'accord suivant de la main droite ; syncopez la main droite par la main gauche, qui doit se poser *sur* elle en la relayant, et la main droite aura le temps d'arriver à ses affaires dans les notes au-dessus de la portée, la main gauche restera sur l'accord comme si elle l'avait attaqué. Tout sera sauvé et vous aurez donné au tonnant début de l'allegro vos moyens d'exécution les plus forts. L'analyse détaillée de l'allegro ne pourrait être que le sujet d'un livre à part, tant c'est une immense conception, riche de mille détails dont l'exécution dépasse les moyens d'action du piano. On le croirait appartenir à une symphonie héroïque pour piano. La seconde partie de l'allegro présente un motif fugué qui fait l'effet de quelque prière, de quelque allocution avant d'engager la lutte entre les géants dont il est question ici. Cet épisode entraînant respire en quelque sorte la foi et l'héroïsme de la *Prière avant la bataille* de Körner. Cet allegro, le plus étonnant peut-être de tous les allegros de sonate, n'aurait pas été compris s'il n'avait pas été préparé par les autres sonates dont les plus considérables (op. 22; op. 27, n° 2; op. 31, n° 2; op. 57; op. 53 enfin) sont autant de terrasses que domine ce colosse.

Le scherzo est tout un tableau fantastique; quelque course à travers l'enfer et les cieux, comme le premier allegro d'ailleurs. Le *mineur* (*si bémol*), éperonné par des accents sauvages sur les temps faibles, fait souvenir des vers :

Was weben die dort um dem Rabenstein ?
Schweben auf, schweben ab, neigen sich, beugen sich.
Vorbei! Vorbei (1) !

alors que Faust montre à Méphistophélès le gibet sous lequel ils viennent à passer, montés sur leurs coursiers noirs. Une exprimable angoisse précipite les pas de ce mineur, bâti rien que sur deux toniques (*si bémol mineur; ré bémol majeur*) sans un seul accord diminué, ce qui est peut-être sans exemple. Cet épisode emprunte à l'absence d'accords imparfaits un caractère si vague qu'on dirait qu'il a son ombre portée et qu'il en a peur.

Ce scherzo est à lui seul un poème, une sonate. La diversité des styles, les ressources mécaniques que l'interprétation de ce morceau exige, devraient en faire l'étude des grands pianistes.

---

(1) Que tressent-ils donc là-haut autour du gibet? — Ils montent, descendent, se penchent, s'inclinent. — Passons! passons!

Ce scherzo résume en quelque sorte les scherzi des sonates, comme le scherzo de la symphonie avec chœurs résume les scherzi des symphonies. L'adagio (6/8 *fa dièse mineur*) a quelque chose des bibliques clameurs de Sion. C'est une immense lamentation assise sur les ruines de tous les bonheurs. C'est là un grand motif avec des variantes plus grandes. Le style de la variation ne saurait aller plus loin. Un fait curieux appartient encore à ce morceau hors ligne. Ries avait été chargé par Beethoven de vendre à Londres le manuscrit de la sonate, lorsqu'il reçut une lettre dans laquelle Beethoven le priait d'ajouter à l'adagio deux notes, *la* et *ut dièse*. Ries fut très surpris qu'il eût à ajouter deux notes à une composition de cette trempe, entièrement achevée depuis plus de six mois et qui semblait si bien exclure le moindre changement. L'effet fut cependant merveilleux, les deux notes (*la, ut dièse*) forment aujourd'hui la première mesure de l'adagio. Deux marches qui conduisent à la porte du sépulcre. Beethoven s'était attaqué à si haut dans le premier allegro, qu'il ne lui resta d'autre ressource de style pour le finale qu'une fugue. Une fugue ressemble toujours un peu au *Naufrage de la Méduse*. Cordes flottantes, voilures déchirées; le vaisseau craque et sombre. Les déchirements de la plus belle fugue, toutes ces figures montant de périlleux escaliers, plus souvent disparaissant dans les caves; cherchant partout, ne trouvant rien nulle part; belles parfois, mais flétries par le fard de l'école; tout cela ne réussit pas à Beethoven. Parcourant les cieux, pouvait-il prendre au sérieux l'enfumée banquette des maîtres d'école? La fugue, pour faire tout son effet, a besoin aussi d'être *vocale*. Dans la musique d'église seule, elle est à sa place par l'expression mystique qui en est l'âme. Beethoven ne fut pas l'homme de la fugue, et il ne le fut jamais moins que dans ce cauchemar — *rudis indigestaque moles!*

Sonate en *mi majeur*

Opéra 109 (30e sonate). — Dédiée à mademoiselle Maximilienne Brentano.

Au contraire de la grande œuvre dont nous venons de parler, le premier allegro ici est faible, diffus, maigre dans sa diffusion. Son rythme est saccadé (*vivace ma non troppo* 2/4), et la nature du piano empêchera toujours d'en convertir les figures brèves en phrases mélodiques, phrases que Beethoven, déjà complètement sourd, entendait sans doute dans son for intérieur, mais qui certes n'existent pour aucune oreille. A peine ce *vivace* a-t-il fait entendre quelques accents décousus qu'il se trouve être coupé à deux fois par un adagio (3/4) qui n'intéresse pas davantage. C'est tout au plus si ce premier morceau avec ces deux adagios peut passer pour le préambule d'une improvisation. Beethoven ne donnait plus, sur la fin de ses jours, toute son attention à une sonate. Les exemples de cette incurie existent; il se réservait aux ouvrages plus importants, à la symphonie avec chœurs, à la messe en *ré,* aux cinq quatuors qui absorbèrent sa pensée pendant les dernières années de sa vie. Cette manière d'accidenter un allegro d'un ou de plusieurs adagios, sans qu'on comprenne si c'est l'adagio qui appartient à l'allegro ou l'allegro qui appartient à l'adagio, est un des traits distinctifs de la dernière métamorphose du style de Beethoven. Le quatuor en *mi bémol* (op. 127) en offre l'exemple le plus frappant. Un moderato (2/4) de six mesures y précède en manière de prélude le premier allegro (3/4) s'échappant d'un trille. Ce moderato d'un style large, vous le prenez pour un simple préambule, rien de mieux jusque-là, mais il revient, le moderato, et il revient si bien qu'il revient en *sol,* puis en *ut majeur.* Ce moderato est donc le noyau, l'idée fondamentale du morceau. Cette intention nous ne la pénétrons pas. Nous aimons l'allegro, nous ne comprenons rien au triple moderato qui le domine de ses six mesures ainsi répétées. Ces idées épisodiquement proposées sont un des ravissements des exclusifs admirateurs de la troisième manière de Beethoven, que nous ne partageons pas, bien que, la partition des derniers quatuors en main, nous les ayons entendu exécuter, pendant des années avec un ensemble satisfaisant, par un artiste comme M. Vieuxtemps, qui en a vaincu toutes les difficultés.

Mais quel triomphe du génie de l'homme que l'adagio (12/8 *la bémol*) et le scherzo du quatuor en *mi bémol* (op. 127)! Le finale (allegro) est peut-être ce qu'on a écrit de plus difficile pour quatre instruments; comme sa péroraison (allegro comodo 6/8) est un des plus étranges phénomènes de la troisième manière de Beethoven! Quand il y arrive au mode enharmonique, il le sème de myriades de notes tout comme s'il se trouvait dans un ton naturel (huitième mesure de l'allegro comodo du finale). Les cinq derniers quatuors de Beethoven seraient un beau sujet de monographie de ce style exceptionnel.

Nous avons parlé d'une sonate (op. 31, *ré mineur*) où des récitatifs d'adagio coupent l'allegro; on connaît les épisodes d'allegro de l'adagio, en *ut,* du joyeux quatuor en *sol* (op. 18); la *Malinconia* alternant avec un allegretto qui finit par devenir un prestissimo (quatuor en *si bémol,* op. 18). Ces mouvements sont liés entre eux par quelque fil invisible; ils ajoutent à l'expression du sujet auquel ils concourent; ces affinités, nous ne les retrouvons plus dans les épisodes des productions de la troisième manière de Beethoven de ce genre (quatuor en *ut dièse,* op. 131; en *si bémol,* op. 130; en *la mineur,* op. 132). On dirait que, sur la fin de sa vie, Beethoven eût plus écrit pour sa satisfaction à lui que pour celle des autres. N'était-il pas naturel qu'il se sauvât de sa surdité dans son for intérieur et y vécût de son monde? qu'il prît les signes de la musique pour leur expression, rendue par le son si différente de l'aspect qu'ils ont pour l'esprit par l'intermédiaire des yeux?

Une longue étude de Beethoven nous a conduit à penser que ce qui le contentait en dernier lieu sur papier le contentait avec moins de raison au point de vue de l'audition, dont il avait cessé d'être le juge. Qu'il dut être difficile à Beethoven de bien se persuader qu'il n'entendait réellement plus rien! Tout ce qu'il y a d'étrange, de baroque, d'obscur dans sa troisième manière, auprès d'impérissables beautés, n'a pas d'autre cause. L'effort surhumain fait par Beethoven dans un sentiment d'orgueil, légitime sans doute, de se passer de l'ouïe, de s'élever au-dessus des limites prescrites à la nature humaine, cette existence si exceptionnelle est l'explication de l'excuse de ce qui n'est sympathique à personne dans sa troisième manière, et ne le deviendra jamais. Loin de nous d'exagérer l'importance de l'ouïe pour le compositeur. La place de la musique est marquée au-dessus des perceptions matérielles; elle a affaire à l'âme par les idées qu'elle lui communique. Beethoven composa la symphonie avec chœurs quand il ne distinguait plus aucun son. Quelle preuve plus grande donner de l'immatérialité de la musique? Un musicien lit de la musique comme on lit un livre. Mais nous n'en croyons pas moins que c'est par les influences que le son exerce et les idées qu'il réveille que le compositeur reçoit le plus d'impressions; que c'est la musique qu'il entend, en un mot, qui est pour beaucoup dans la musique qu'il écrit. Il suffit que le compositeur pense à l'effet à produire pour qu'il ait besoin de l'ouïe pour apprécier cet effet. Il s'ensuit que les productions de la troisième manière de Beethoven font bande à part, et ne se parlent pour ainsi dire souvent qu'à elles-mêmes.

Le second morceau de la sonate, op. 109 (prestissimo 6/8 *mi mineur*) est une vision tout aérienne, suave, digne d'accompagner le cortège d'une fée. Ce morceau est aussi court qu'extraordinaire, on ne sait vraiment ni d'où il vient ni où il va! Ce n'est pas un scherzo en forme; serait ce Ariel et la musique des vers :

I drink the air befor me, and return
Or e'er your pulse twice beat?

Le troisième morceau (*andante molto, cantabile ed espressivo* 3/4 est digne de résonner sous les voûtes de quelque cathédrale de la gothique Espagne, à Tolède, à Séville, à Burgos, sur un de ses buffets d'orgue qui ressemblent à des villes assiégées. Lors de mon passage à Séville, je pris rendez-vous avec l'organiste pour le principal orgue de la cathédrale, et y jouai entre autres ce thème il me demanda si je l'improvisais. Ne faut-il pas être Espagnol, et de plus « organiste à Séville » pour avoir de ces ingénuités-là? Ce thème magnifique est six fois varié. La première variation est la digne fille de cette sublime mère (*O matre pulchra filia pulchrior!*) On peut regretter que dans les autres variations on ne retrouve plus ni l'une ni l'autre, qu'on y soit pris d'un tourbillon de notes qui aux yeux de Beethoven avaient sans doute un sens qui nous échappe. Dans la sixième variation surtout, ce ne sont plus que chaînes de trilles groupés par étages, du rez-de-chaussée jusqu'aux combles, inextricables comme ce fuseau du conte féerique qui ne put se dévider. Après ces nuées de notes, le thème reparaît, radieux dans sa simple et calme beauté. Il ne fallait pas moins pour dissiper le vertige. Hand dit de ces variations : « Chaque variation exprime une disposition spéciale de l'œuvre, et quiconque tient aux idées peut aisément en rencontrer ici ».

Sonate en *la bémol majeur*

Opéra 110 (31e sonate).

Cette sonate a quelque chose de plus réglé que les trois sonates de la troisième manière que nous venons de voir; elle en repose. Seulement le premier morceau « *Moderato cantabile molto espressivo* 3/4 » qu'on prendrait pour une introduction, est déjà la sonate. Il paraît au premier coup d'œil le grandiose vestibule d'un édifice plus grandiose qu'il vous tarde de voir. Cet édifice ne paraît point.

Il se passe d'étranges choses dans ce moderato. Il y tombe des nues un passage en triples croches, où il s'agit d'effleurer les touches du piano comme le cygne effleure le lac solitaire d'où le pas du chasseur l'a fait lever. La phrase mélodique qui domine ce morceau est pressante, concise, passionnée. Le scherzo (*fa mineur* 2/4) simplement pompeux, éclatant de cris de tromphe, a le caractère d'une force invincible; c'est là le pas de charge de quelque garde romaine. Sa troisième partie (*ré bémol majeur*) figurant le trio ou l'alternativo, est un tissu d'idées qui n'ont plus aucun rapport avec le monde matériel; c'est le pays du Trilby de Nodier, le domaine des *drows* et des *elfs*. Cet épisode suppose un pianiste de premier ordre. Chaque mesure présente un gruppetto de quatre croches dans un mouvement qui n'est pas rapide; rien de plus facile au premier coup d'œil; mais la main gauche, partant des extrémités des basses, jette aux temps faibles des croches, qui des notes à l'aigu descendent vers le médium du piano, une note, *une seule,* dont il faut se garder comme d'une guêpe, car elle vient se poser et au-dessous et au-dessus de la main droite quand on s'y attend le moins. Là est la difficulté, et à moins de savoir cette espèce d'intermezzo par cœur, on n'en viendra pas à bout; le rythme n'existera pas. Ce scherzo ne peut faire un effet complet au piano, il lui faut l'orchestre. Là ces entrées chevauchant inquiètes à l'encontre de la figure, et qui ne sont autre chose que le morcellement de l'harmonie dans ses notes caractéristiques, seraient à leur place, soit qu'on les fît alterner entre des pizzicati du quatuor et des entrées d'instruments à vent, soit qu'on confiât l'épisode tout entier aux instruments à cordes. La reprise du scherzo, le tonnerre qui éclate sur la pédale d'*ut*, serait, renforcé des cuivres, digne de l'idée grandiose et toute shakespearienne de Beethoven. Cette ébauche symphonique du génie étouffe, à la lettre, dans la caisse d'un piano.

L'adagio est hors ligne. C'est moins un morceau de musique qu'un tableau, quelque poétique extase précédée d'un récitatif où les *bémols* et les *dièses* se suivent sans relâche. Il y a cinq *bémols* à la clef, puis quatre *dièses* pendant une mesure, puis six *bémols* au moment où s'élèvent les passionnés accents de l'*arioso dolente* (12/16 *la bémol mineur; adagio ma non troppo*). A peine l'*arioso* compte-t-il 18 mesures, mais c'est là une chose impérissable à laquelle Beethoven dut ajouter une grande importance, tant il y épuisa les ressources du rythme, de l'harmonie et du chant. Comme toute chose très exquise, cette extase pathétique s'adresse à un petit nombre de personnes. L'introduction de l'*arioso,* changeant dans chacune de ces sept mesures de tout ce dont il est possible de changer en *bémols* et en *dièses,* fait l'effet d'un sombre et grand paysage éclairé à demi, que parcourt à pas lents un homme sombre comme cette nuit. Nous avons déjà parlé de la tentative de Beethoven de faire vibrer une note du piano, *en changeant de doigt sur une note syncopée.* Ce procédé fait ici l'effet d'une cadence de rossignol. Deux mesures du récitatif présentent 27 fois le *la* au-dessus des portées, dont quatorze syncopés, tous partagés entre le quatrième et le troisième doigt de la main droite. Ce changement de doigt sur une note syncopée s'entend et produit un effet particulier. N'y aurait-il pas à méditer sur cet effet du piano, si étranger à sa nature, afin d'en tirer une nouvelle ressource indiquée seulement par Beethoven? Le finale de la sonate est une belle fugue (*allegro ma non troppo* 6/8) interrompue, de la manière la plus inattendue, par la répétition de l'arioso de l'adagio, proposé en *sol mineur* (l'*istesso tempo di arioso* 12/16). Les combattants du motif de la fugue se mettent alors à écouter cette voix *dolente* qui leur arrive ils ne savent d'où. Aussi reprennent-ils bientôt les armes, fouillent de fond en comble l'arsenal de la scolastique musicale, et épuisent leurs efforts dans la gamme ascendante de *la bémol majeur.* Hand dit de cette fugue : « Nous y voyons une idée simple en apparence, développée avec une grande richesse. Chacune des trois exécutions porte en elle son cachet propre, et cependant toutes s'efforcent par une diversité sympathique de rendre la même vérité, le même sentiment. »

Sonate en *ut mineur*

Opéra 111 (32ᵉ et dernière sonate pour piano seul). — Dédiée à l'archiduc Rodolphe d'Autriche.

Approchons avec respect de la dernière sonate de Beethoven, de sa *sonate-testament,* du dernier accent de cette lyre sans rivale. Le temps, les chiffres auraient-ils prise sur le génie lui-même? Il n'y a pas de dernière sonate de Beethoven; toutes sont impérissables, comme le génie de l'homme qui émana de Dieu. Cette sonate en *ut mineur,* qu'on n'entend presque jamais, n'est pas la moins belle. Elle ouvre par une magnifique introduction (*maestoso*), 26 mesures qu'on ne se lasse pas de jouer et dont la figure brusque mais fière, en manière de solo de contre-basse, rappelle le style grave des récitatifs des contre-basses de la symphonie avec chœurs. Nous ne connaissons rien à mettre à côté de cette introduction dans les compositions pour piano de Beethoven. Le grave de la sonate pathétique figure à côté de cette introduction comme un enfant qui verrait, avec une crainte mêlée de respect, rapporter sur son bouclier un héros aux cheveux blancs.

Une introduction est ou le manteau que Talma apprit à Napoléon à jeter sur ses épaules, ou un haillon. Pour avoir la permission d'être indifférente, il faut que l'introduction se ravale au prélude qui, à la rigueur, peut ne pas être une idée. En d'autres termes, l'introduction est une forme de la musique qui, résumant l'idée qu'elle précède, est ou un arc de triomphe ou un gibet. Une introduction passe par les hautes cimes de l'art. On ne résume qu'autant qu'on domine. Il n'y a d'introduction dans les compositions des grand maîtres que toutes les fois que la nature et l'importance des idées qu'ils traitaient en exigeaient ; l'introduction n'a donc rien de fortuit. Dans trente-deux sonates de Beethoven pour piano seul, on ne trouve une introduction que dans cette 32e et dernière. Ce qui pourrait encore passser pour une introduction est, dans la sonate en *fa dièse majeur,* un prélude (4 mesures); dans la sonate des *adieux,* l'indication du libretto (16 mesures); dans la sonate pathétique, le noyau de l'allegro. Des dix sonates de Beethoven pour piano et violon, une seule est précédée d'une introduction (la sonate dédiée à Kreutzer), encore n'est-ce qu'un prélude (18 mesures) à l'effet de laisser à l'auditeur le temps de concentrer son attention sur le combat que les deux instruments vont se livrer. Les cinq sonates pour piano et violoncelle (op. 5, 69 et 102) présentent trois introductions. Nous en trouvons la raison dans la sonorité du violoncelle, faite pour intéresser dès le début d'un morceau. Encore la sonate (op. 102, n° 1) appartient à la troisième manière, et son introduction est-elle une partie intégrante du premier morceau à la façon du quatuor en *mi bémol* (op. 127) et en *la mineur* (op. 132). Les 16 quatuors de Beethoven ne présentent pas *une* introduction proprement dite. Les 29 mesures qui précèdent l'allegro du quatuor en *ut* avec la fugue, le poco adagio du quatuor en *mi bémol* (op. 74) sont des préludes dont le sens mystique rehausse l'éclat de l'entrée de l'allegro. L'admirable prélude adagio en *ut* de Mozart (22 mesures) est de cette famille. L'andante *con moto alla marzia* qui prépare le finale du septuor est du nombre. On connaît le prix de ces 16 mesures. Le larghetto qui précède l'allegro du quintette de Mozart en *ré* pour instruments à cordes n'est pas une introduction, mais le noyau de l'allegro, tout comme l'adagio de la sonate de Mozart à quatre mains en *fa mineur,* si resplendissante dans sa grandiose sévérité. Des neuf symphonies de Beethoven, quatre sont précédées d'une introduction, la 1re, 2e, 4e, 7e. Ces chiffres ne sont pas l'effet du hasard, mais le squelette des intentions du génie. On s'abuserait si l'on croyait que les maîtres n'avaient qu'à vouloir pour produire. Nous connaissons dix-huit changements autographes de Beethoven du dessin mélodique de son *Adélaïde,* composition à laquelle il ne dut pas attacher une trop grande importance. Rien n'était plus pénible pour Beethoven que de songer seulement à la composition d'une symphonie. Il dit un jour simplement avoir changé vingt-huit fois une entrée et avoir tout détruit pour raison de médiocrité. Voilà pour ces entrées qui nous sourient du sourire d'un enfant (v. la 185e mesure avant le presto de la seconde ouverture en *ut* de *Léonore*), entrée d'une innocence bucolique et d'un si admirable effet : « *nos patriæ fines et dulcia linquimus arva!* » Mozart dont la facilité de travail était merveilleuse, Mozart semble parler des travaux d'Hercule dans la préface de ses quatuors dédiés à Haydn.

La voici, cette modeste confession, telle qu'elle accompagne l'édition parisienne d'Imbault des œuvres choisies de Mozart :

« A mon cher ami Haydn,

« Un père ayant résolu d'envoyer ses fils par le monde, jugea devoir les confier à la protection et à la conduite d'un homme très célèbre, lequel, par bonheur, était de plus son meilleur ami. Voici donc, homme célèbre à la fois et mon très cher ami, mes six fils. Ils sont, il est vrai, le *fruit d'un long et laborieux travail,* mais l'espérance qui m'est donnée par beaucoup d'amis de le voir récompensé en partie m'encourage, et me fait espérer qu'ils me *seront un jour de quelque consolation.* Toi-même, très cher ami, lors de ton dernier séjour dans cette capitale, tu m'en as témoigné ta *satisfaction.* Ton suffrage m'enhardit surtout à te les recommander, et me fait espérer qu'ils ne te paraîtront pas *tout à fait indignes de ta faveur.* Qu'il te plaise donc les accueillir avec bonté et être leur père, leur guide et leur ami. Dès ce moment, je te cède mes droits sur eux, mais je te supplie de considérer avec indulgence les *défauts* que l'œil partial d'un père peut m'avoir cachés, et de leur continuer malgré cela ta généreuse amitié tant appréciée, pendant que je reste de tout cœur, très cher ami, ton très sincère ami W. A. MOZART. Vienne, le 1er septembre 1785. »

Quelle bonne humilité dans cette effusion du génie que Haydn avait déclaré être le premier musicien du monde! Le compositeur capable d'écrire aujourd'hui le moindre des morceaux des quatuors de Mozart ne se croirait plus permis de parler à un simple mortel. Les temps sont changés. Hélas! nous sommes devenus trop calculateurs pour croire à la générosité des sentiments, m'écrivit un jour Balzac. Joli cadeau que les révolutions ont fait à la France. Ce spectacle, Scribe l'a dépeint dans la *Camaraderie,* dans le *Puff.* Comment les artistes seraient-ils restés étrangers au charlatanisme, aux expédients, quand ils ont pu voir le mensonge remplacer avec succès le vrai et le beau?

Plus qu'un mot sur l'introduction comme forme.

L'idée que nous aimons attacher à une introduction, c'est qu'elle soit un morceau de musique indépendant. Une introduction doit se suffire, *esse in se et per se,* n'appartenir à la composition qu'elle précède que par son caractère; la résumer dans sa portée. Si les idées que l'introduction propose se rencontrent dans le reste de la composition, l'introduction ne sera plus un microcosme. Pour qu'une introduction soit une introduction, il faut, selon nous, que le morceau qui suit puisse s'en passer à la rigueur; il faut qu'il n'en reçoive qu'une valeur de plus. C'est à ce style qu'appartient l'introduction de la 32e sonate. Le grave, qui dans la sonate pathétique précède l'allegro pour en arrêter plus tard le cours, est déjà le volcan dont cette lave fait, pour ainsi dire, le tour. Proposé trois fois, le grave n'a pas l'indépendance d'une introduction. Comme les récitatifs de la sonate en *ré mineur,* op. 31, il est le fond de l'idée, le formidable cône dominant la plaine. L'introduction qui dans la musique de chambre prime toutes les autres, l'*introduction princeps,* c'est, selon nous, l'introduction du quintette pour piano et instruments à vent de Mozart. On sent là ce qu'on sent dans l'air de la villa Pamphili, sous le groupe des pins qui regardent la ville éternelle! — C'est la noble compagnie du Décaméron, assemblée pour se conter ses histoires.

L'introduction du quintette pour piano et instruments à vent de Beethoven (21 mesures, grave) est encore un modèle du genre, mais elle n'a pas l'intérêt de celle de Mozart, que l'artiste devrait méditer toute sa vie. Ce n'est que dans ses introductions de symphonie que Beethoven surpassa les quelques lignes de Mozart; dans le sostenuto de la symphonie en *la,* escalier dont les marches, construites en *tierces,* sont parcourues par des géants; dans l'introduction de la symphonie en *si bémol,* houle de mer résonnant sous les halliers où vous cherchiez une route :

> Nel mezzo del cammin di nostra vita
> Mi retrouvai per una selva oscura
> Chè la diritta via era smaritta !

Cette introduction (*si bémol* 4/4, 38 mesures) est comme l'entrée de la forêt enchantée d'Ondine. Il faudrait la jouer aux personnes qui ne peuvent ou qui ne veulent comprendre Beethoven. Nous croyons impossible de l'entendre de sang-froid. Elle commence rien que sur l'octave de *si bémol* à vide enlevé pizzicato par les instruments à cordes, tenu par les instruments à vent. La vibration de cette note isolée, laissant le mode indécis, est d'une inexprimable mélancolie dans la flûte, terrible dans le pizzicato des contre-basses. Vous êtes suspendu sur un abîme. Cet effet est aussi simple que prodigieux. On ne s'avise pas de cela — cela se présente naturel au génie ou s'imite de lui. Dès la seconde mesure le mineur est établi (*in gurgite vasto*). Il semblerait voir glisser des serpents. On ne décrit pas le triomphe qui éclate sur la dominante escaladée enfin par tout l'orchestre pour laisser échapper le flot de l'allegro.

L'introduction de l'Oratorio : *le Christ au mont des Oliviers,* est un chef-d'œuvre. L'introduction du septuor, de la seconde symphonie, ne sont plus des microcosmes, mais des façons de prélude, Les introductions des ouvertures de *Don Juan,* d'*Egmont,* du *Freischütz,* d'*Obéron,* de *Meeresstille und glückliche Fahrt,* d'*Athalie,* de *Mélusine,* sont déjà des premiers morceaux. Les deux ouvertures de Beethoven en *ut* (op. 115 et 124) présentent dans leurs introductions l'apogée de cette forme de la musique telle que nous la comprenons. Depuis vingt ans nous lisons avec le même intérêt l'entrée des instruments à vent de l'introduction de la première de ces ouvertures, la figure en triples croches des violons qui festonnent les colonnes le grand jour de la fête de l'empereur d'Autriche. Dans cette titanique introduction (maestoso 4/4), le génie exalte sur son pavois les grandeurs humaines. Aucun allegro, sinon le finale de la symphonie en *ut mineur,* ne paraîtrait possible après ces 16 mesures. Le 6/8 (*allegro assai vivace*) qui a le courage de les suivre en est écrasé. Il ne manque pas cependant d'intérêt, il jette des cris de triomphe d'une jubilation à tout rompre; il va bien à une ouverture-fête.

Des quatre ouvertures de *Fidélio* (*Léonore*), trois renferment des chefs-d'œuvre d'introduction. Ce qui distingue ces ouvertures, c'est qu'elles sont une expression de leur sujet indépendamment des motifs de l'opéra. Les ouvertures d'opéra reposent d'ordinaire sur des motifs de la partition dont elles sont la réduction pour l'orchestre. Les ouvertures de *Fidélio* sont quatre tragédies en musique instrumentale se renfermant dans une sphère d'action dans laquelle le texte ou, ce qui est la même chose, les motifs qui l'expriment, sont jugés inutiles. On sait que la première de ces ouvertures (*ut majeur*) ne satisfit point à l'essai qui en fut fait dans la maison du prince Lichnowski, en 1805 (*Sch.,* p. 58). Beethoven la remplaça en 1806 par une autre (*ut majeur*) dont la variante, trouvée après sa mort, présente des différences notables dans l'instrumentation et une stretta de l'allegro au lieu du grand trait des violons dans le presto. Cette variante est la troisième ouverture en *ut* de l'opéra qui préoccupait à ce point Beethoven qu'il composa en 1814 une quatrième ouverture (*mi majeur*) en changeant le nom de l'opéra *Léonore* en celui de *Fidélio* qui lui est resté. Aucun auteur n'a cru devoir écrire quatre ouvertures pour le même opéra. Il n'est point de plus haute étude du style d'ouverture que cette trilogie des ouvertures en *ut* de *Léonore* traitant le même sujet d'une manière aussi variée. Beethoven lui-même en a dit ou plutôt écrit : « Si je l'avais écrite suivant le goût du temps, on l'eût certainement comprise, comme, par exemple, *la Tempête* de Kozeluch; mais je ne sais pas tailler mes ouvrages suivant le mode; le nouveau, l'original s'engendrent eux-mêmes, sans qu'on y songe. » (*Sch.*, p. 32, 2e complément.)

La première ouverture présente l'épisode d'un adagio (3/4 *mi bémol,* 24 mesures) qui vient à couper l'allegro. Quel compositeur aurait voulu faire le sacrifice de ce joyau qui prépare à l'air de *Florestan?* Beethoven n'hésite pas à l'abandonner, dès la seconde ouverture, pour six mesures de solo de trompette qui, dans l'opéra, figurent l'arrivée du ministre d'Espagne qui tirera Florestan de son cachot. Cette intention est si dramatique, si naturelle et d'un effet si saisissant, qu'elle fait de l'ouverture une des apothéoses de la musique de théâtre. Les réponses de l'orchestre aux fanfares de la trompette attendriraient des pierres. C'est là l'inquiétude de l'humanité tout entière sur le sort d'une de ses victimes. La jouât-on dans une cave, cette seconde ouverture de *Léonore* serait le théâtre avec ses misères et ses gloires. La première ouverture présente un *crescendo* (84e mesure avant la fin) qui pourrait être le moule, le point de départ des *crescendi* de Rossini. Nous avons déjà dit que la troisième ouverture est une variante de la seconde. C'est le même poème, la même introduction adagio 3/4, le même allegro (4/4) coupé par le solo de trompette qui précipite le dénoûment. Cet incident seul a subi une modification, il est suivi de six mesures d'adagio, le regard d'un ange contemplant le spectacle des passions humaines. La péroraison de l'allegro aussi est changée, mais le motif n'y est pas abandonné, comme dans la seconde ouverture; ce motif sobre, immense dans ses dix notes, est morcelé, brisé comme on briserait un cristal.

Mendelssohn a fait exécuter cette variante de la seconde ouverture en *ut* dans les concerts du *Gewandhaus,* à Leipzig. Le manuscrit montrait une lacune à la fin du presto. Mendelssohn la combla par les mesures correspondantes? du presto de la seconde ouverture, qui, dans la pensée de Beethoven, dut être *la bonne,* puisqu'il l'adopta pour l'opéra. On peut douter cependant que le grand trait des violons du presto de la seconde ouverture soit aussi bien trouvé que le brio du motif dans la péroraison de la variante, qu'on ne devrait pas négliger d'exécuter. Un éditeur a donné à la première des trois ouvertures le chiffre d'œuvre 138 et l'intitulé *ouverture caractéristique;* toutes les trois portent le nom de *Léonore* qu'on fait bien de leur conserver, puisque l'opéra ne reçut le nom de *Fidélio* qu'avec la quatrième ouverture. La maison Breitkopf et Härtel a publié la variante de la seconde ouverture; le passage emprunté par Mendelssohn à la seconde ouverture y est indiqué en astérisques.

La seconde ouverture en *ut* de *Léonore* est un des grands chefs-d'œuvre de la musique. L'influence que l'opéra de Beethoven exerça sur la nouvelle école du théâtre n'a pas été dûment constatée. *Fidélio* est pour beaucoup dans Weber, dans Meyerbeer, comme instrumentation, comme style, comme intention dramatique, comme détail même; l'air de vengeance de Caspar est en grande partie emprunté à l'air de vengeance de Pizzaro dans *Fidélio.* Une appréciation complète des quatre ouvertures de *Fidélio* ne pourrait être que le sujet d'une monographie qui aurait à faire l'histoire de l'élément romantique dans les arts et de sa transformation en principe de musique dramatique. M. Oscar Comettant a dit : « *Fidélio* me semble une erreur du génie de Beethoven. Si l'on donnait aujourd'hui pour la première fois cet ouvrage en France, je crois qu'il tomberait; je suis convaincu pourtant qu'il n'est pas un compositeur qui ne s'honorât de cette partition et ne la mît au premier rang de ses titres de gloire ». Nous partageons cette manière de voir; *Fidélio,* c'est l'application du style symphonique à l'opéra, tentative dans laquelle le plus grand génie symphonique du monde a échoué.

Revenons à la dernière sonate de piano. L'allegro *con brio ed appassionato* 4/4 *ut mineur*) débute par un roulement de tonnerre grondant dans les dernières profondeurs des basses où la foudre éclate en *ut*. Ce choc s'arrête sur le temps faible de la mesure, sur un pauvre *si naturel,* brisé comme sous le pied d'un éléphant. Ce *si* est la troisième note du dessin thématique de l'allegro (*ut, mi bémol, si naturel*). Après avoir répété ce dessin, les basses se prennent à le rouler unisono et le roulent si bien et si haut, qu'elles finissent par le jeter jusque dans les notes au-dessus des portées. Ce grand engagement des basses en manière de récitatif est comme une mer se ruant sur la plage ; abîmes où la phrase première est balancée en épave. Un quatrième *bémol* alors est appelé au secours, et la lutte de reprendre. Le déploiement des forces dans les basses augmente à vue d'œil. Par un trémolo sur la tonique de *ré bémol majeur,* le maître attaque *ff* le *fa* sur la portée, saute par-dessus la main gauche plus de trois octaves en arrière, répond au *fa* par un *ré bémol,* puis un *ré naturel,* et s'en va chercher à cinq octaves d'intervalle le dernier *ut bémol aigu* avant de retirer les siens de la mêlée, au son d'une phrase mélodique qui sonne le rappel par tout ce champ de bataille. A ce cri de clairon en *la bémol majeur,* il a plu à Beethoven d'attacher en panache 18 triple-croches. En signe de victoire sans doute. Il est difficile de rendre ce trait avec la fierté voulue sans relentir le mouvement, bien qu'il y ait *meno allegro* et qu'il s'ensuive un ritardando et même un adagio. Ce qui advient plus tard aux trois notes de l'allegro est difficile à dire : c'est là un travail magnifique où toutes les ressources imaginables du rythme et de l'harmonie se rangent dociles à la voix de leur maître. On ne s'aperçoit seulement pas d'être enveloppé de toutes parts des plus savantes combinaisons, tant le maître plane libre au-dessus de tout obstacle, tant il est puissant quand il veut, tant il a voulu l'être cette fois. Comme travail, c'est de beaucoup le plus beau que nous ayons rencontré dans les sonates; comme poésie, un élément que nous appellerons héroïque y prédomine. C'est la défaite des Titans précipités du ciel que le maître entend garder pour lui.

Le dernier mot de la science, l'idée choyée par le poète, est toujours simple. Cet allegro n'a rien, au premier coup d'œil, qui paraisse sortir des limites du connu : méditez-le, il gagnera en profondeur. Sa clarté, une certaine sobriété dans le choix des moyens d'action, tout concourt à en faire non pas un morceau de la troisième, mais bien de la seconde, de la grande manière de Beethoven, qui aura trouvé plus tard une place dans cette œuvre. Rien de diffus dans l'allegro, ni de prolixe; rien de surprenant, si ce n'est le génie de l'auteur. Nous retrouvons ici, à la fin de la carrière de Beethoven, le style nerveux, étincelant, de sa seconde manière, le style qui nous valut la symphonie héroïque, la symphonie pastorale, la symphonie en *ut mineur*. On dirait de cette dernière, surtout, qu'elle tient par quelque fil invisible à l'ordre des idées réveillées par l'allegro et l'introduction de la dernière sonate. C'est le même antagonisme des réalités, cruelles souvent pour l'artiste et de ses généreuses aspirations. Nous ne connaissons aucun allegro de sonate à opposer à celui-ci. Pour lui trouver son égal, il faut chercher dans les symphonies. On rapporte que Beethoven composa cette sonate dans le pressentiment de sa fin prochaine en proférant les prophétiques paroles : « So klopft das Schicksal an die Pforte » (c'est ainsi que le *fatum* frappe à notre porte). Schindler rapporte que Beethoven appliqua ces paroles au commencement de la symphonie en *ut mineur,* qu'il voulait le mouvement d'un andante con moto aux cinq premières mesures de l'allegro et aux répétitions de cette figure si caractéristique, sans plus rien changer à la symphonie telle que nous la possédons. Ce changement n'a pas été imprimé. — Vers la fin de l'allegro de la sonate, les flots ameutés de ses figures en doubles croches s'écoulent limpides sur la tonique d'*ut majeur,* en décrivant de longues oscillations d'arpèges, comme un fleuve qui, après mille obstacles, viendrait confondre son cours dans une mer infinie.

L'entrée de l'arietta, qui suit sans interruption, est d'une ineffable beauté; c'est le bruissement d'une harpe éolienne; la voix *venant d'en haut* (Stimme von oben) qui appelle *Faust* à elle; le pardon prononcé par la victime, la montagne sainte que gravit le juste aux acclamations de la céleste armée et d'où, une dernière fois, il embrassera ce monde qu'il quitte à jamais!

Beethoven donna à ce morceau le nom « d'Arietta » : Adagio molto semplice cantabile, *ut majeur* 9/16, rythme qui subit les métamorphoses de 6/16 et de 12/32. Là se passent des choses étranges, très étranges même; regrettez avec nous que l'arietta, ce souffle divin, s'y perde sous les mille plis de figures ascendantes et descendantes, comme sous les feux croisés de mille fusées, mais emportez le thème et sa première variante comme un trésor, comme Enée sauva ses dieux Lares !

Quant aux combinaisons rythmiques de cette seconde partie de la sonate qui prend 13 pages, nous n'avons pu, jusqu'à présent, découvrir l'avantage que Beethoven obtenait par un 9/16 sur un rythme analogue. S'il ne voulait pas des doubles croches de la première variante de l'arietta pour triolets, nous dirons que, notées par groupes de trois au lieu d'avoir tous les neuf leurs racines dans la même barre, ces groupes forment un *tiers* de la mesure, ce qui comporte une première relation avec le nombre trois. Ces doubles croches seront donc toujours des triolets, pour l'effet du moins. Que voulait donc dire le maître? voulait-il apprendre à compter *neuf* aux pianistes de force à s'attaquer à cette sonate? Raillait-il ou confessait-il? Nous l'ignorons.

Quand on est Beethoven, on fait ce qu'on peut faire, mais encore faudra-t-il que deux et deux fassent quatre toutes les fois qu'il y aura deux et deux. Mettez deux scorpions et un pigeon à la clef, si c'est votre opinion; mais n'y mettez pas ce qu'il n'y aura plus dans les mesures dont cet octroi surveille les barrières. Vous qui cultivez l'unité harmonienne de Fourier, la numération passionnelle de Toussenel, l'algèbre caractérielle où l'Uranus est la planète cardinale de l'amour, Jupiter de familisme, Uranus la touche hypermineure du clavier, Jupiter, la touche hypermineure, ce qui prouverait (*Zoologie passionnelle* de Toussenel) que l'amour porte le bonheur au cube, tandis que le familisme ne l'élèverait qu'au carré, vous tous qui comprenez cela, expliquez-nous, à nous, qui ne nageons ni dans l'*orange,* ni dans l'*azuré* de M. Toussenel, comment dans la seconde variation en 6/16 peut-il y avoir six doubles croches à chaque mesure, *plus* six triples croches qui, au taux égal, valent trois doubles croches, ce qui en donnerait neuf à la mesure au lieu de six annoncées à la clef? Si l'azur ou toute autre *couleur* sait les compter, nous apprendrons cette arithmétique.

Nous nions toutefois que Beethoven ait voulu faire du mysticisme dans cette seconde partie de la sonate. Beethoven était trop fort pour être mystique. Le mysticisme est une faiblesse et la plus singulière des illusions de la vanité. On rencontre, à de rares intervalles heureusement, des hommes fâchés d'avoir été devancés par des anabaptistes. Ce sont des êtres innocemment séraphiques qui recréent le monde dans leur pensée en le corrigeant — gens assez intelligents et assez instruits pour se douter d'une foule de choses sans en savoir bien une seule. Disputons à ces abeilles sans sexe ces variations qui ne sont pas de leur ruche. Ces variations sont une étude rythmique de Beethoven, voilà tout.

La seconde et troisième variantes présentent encore l'introduction, par fraude, de quantités dans un rythme *exclusif de leurs valeurs.* C'est un 12/32 dont la mesure compte 12 triples croches, *plus* 12 quadruples croches. Curieuse notation que rien n'aurait empêchée de trouver place jusqu'à son plus petit cheveu, le salut du monde y fût-il attaché, dans un rythme analogue.

Il y a dans les figures *en coups de lance* de la troisième variante quelque chose de la sublime folie racontée par Cervantès. A une simple inspection de l'œil, ces énormes jets d'encre rappellent le badigeon de la fantaisie de nos jours. Aussi bien Beethoven a-t-il acquis le droit de n'être pas pris au sérieux dans un moment d'humeur. Dans cette troisième variante on dirait vraiment un éléphant prenant plaisir à fouler des violettes sous ses pieds.

La quatrième et dernière variante est une « fantaisie-variation » sur huit pages qui revient au rythme de 3/16. C'est un solo de timbale (*pp*) sur la tonique d'*ut* en triolets de 27 triples croches à la mesure, auxquels viennent se mêler les tenues graves de quelques très vieux bassons et cors par une magnifique progression de l'harmonie. Cette intention est sans effet au piano; elle paraît être le fragment de l'adagio de quelques symphonie sans nom; serait-ce un feuillet de la dixième symphonie de Beethoven?

Nous voudrions rencóntrer le pianiste en état de jouer convenablement les huit pages de triolets en triples croches de 27 à chaque mesure — 1944 notes! Le solo de timbale qui, au commencement de la variation, proposa d'une manière si imprévue le motif de l'arietta interrompt heureusement ce déluge de notes aiguës par la seconde partie du motif (*la mineur*). Dans les profondeurs de ces basses brille le génie, là et dans l'épisode en *ut mineur* amené par une triple chaîne de trilles. Mais que veulent dire ces myriades de notes à l'aigu? ces triolets sans basse?

La démence du génie intéresse; le spectacle de toute autre, fréquente malheureusement en musique de piano, n'est que déplorable. Ces notations rythmiques présentent toutefois le danger que des *illuminés,* dont ce tripotage amuse l'esprit *faible,* les imiteront en croyant faire à leur tour un peu de Beethoven. Ces treize pages, autant de formidables roseaux cachant dans leurs marécages quelques incomparables nénuphars, ont dû avoir dans l'âme de Beethoven une signification qu'elles n'ont pas pour nous, qu'elles n'auront probablement jamais.

Les instruments de l'orchestre avaient opposé des obstacles aux invasions du style de la troisième manière de Beethoven, un alto étant condamné à rester en arrière de *l'effet-mitraille* du piano moderne. Aussi cette seconde partie de la sonate est-elle l'exagération de ce style trop individuel, trop nouveau pour le condamner déjà; c'est le propre du génie que d'étonner et de s'éloigner par là les esprits faibles. Les premiers six quatuors de Beethoven eux-mêmes rencontrèrent une levée de boucliers. Peu de personnes y reconnurent l'avènement d'un nouvel ordre de choses. Est-il croyable aujourd'hui que les temps aient pu exister où Haydn paraissait obscur? où l'on se sauvait de lui à Pleyel? Des témoins oculaires nous ont assuré que le grand Bernard Romberg déclara le quatuor en *fa,* dédié au comte Rasoumowski, être une indigne mystification. Ce fait se passa dans une réunion de musiciens à Moscou, chez le comte Soltykoff, fils du feld-maréchal, au commencement de l'année 1812. Les quatuors de la seconde manière, les grands quatuors de Beethoven soulevèrent une véritable tempête. C'est pour le coup qu'on se crut le droit de protester! Dix ans plus tard, le quatuor en *fa mineur*, qui est le pont jeté de la seconde à la troisième manière, les cinq derniers quatuors qui appartiennent à la dernière phase du génie de Beethoven, furent délaissés en désespoir de cause par Baillot lui-même.

Toutes ces compositions sont aujourd'hui le fond du répertoire de la haute musique de chambre. Le sort de la 32ᵉ et dernière sonate de piano sera le même. Ces variations elles-mêmes pourront un jour être comprises, mais nous doutons qu'elles deviennnent jamais belles et que ces innovations rythmiques soient appelées à jouer un rôle bien important. Mais qu'importe une scène grossière dans Shakespeare auprès d'impérissables beautés? Notre tâche finit ici. C'est une dette de reconnaissance que nous avons voulu solder dans la mesure de nos moyens. Les ouvrages de Beethoven nous ont soutenu dans le chemin de la vie, élevé sur ses misères, souvent consolé de ses rigueurs. Espérons qu'une main supérieure se charge un jour d'un travail sur les sonates que nous venons moins de terminer que d'indiquer, pour lequel nous n'avions à compter que sur notre bonne foi et une profonde conviction de leur importance dans l'art. Beethoven parlait de quelques-uns de ses morceaux pour piano avec plus d'amour que de la plus grande de ses symphonies ». (*Sch.*, p. 171, 2ᵉ supplément.) Personne ne saurait être plus persuadé que nous de la faiblesse de ce premier essai comparativement à son sujet. Aussi nous a-t-on objecté que nous ne pourrions rien contre l'épidémie à laquelle la musique de piano succombe tous les jours davantage. Un travail entrepris dans un but d'utilité nous a cependant paru devoir porter son fruit; *semper aliquid hœret!* L'auteur de ce livre n'aurait fait qu'une espèce de catalogue raisonné de l'œuvre de Beethoven; il aurait fait plus généralement comprendre que la musique de nos concerts n'est qu'un affreux gâchis, qu'il croirait ses peines suffisamment récompensées. Ces peines ont été aussi grandes que leur résultat est infime, l'auteur le sait; mais il pense qu'il est juste qu'un sentiment de découragement accable quiconque parle de l'art, car c'est parler de l'infini, et ce n'est pas dans nos temps de hâte et de précipitation qu'on pratiquera le précepte du *nonum prematur in annum.* Au moment d'entreprendre notre travail, les idées nous semblaient devoir surabonder;

elles nous paraissent avoir singulièrement fait défaut à présent qu'il est achevé. L'auteur croit devoir faire cet aveu pour la gouverne de ceux qui le suivront sur cette route et qui feront mieux que lui.

Dans aucun art, l'amour-propre n'est en jeu comme dans la musique. Le peintre, le statuaire voient leur apothéose dans un ouvrage, mais il faut beaucoup de temps du moins pour produire un tableau, une statue — soit *un* amour-propre : le pianiste joue facilement cent morceaux, en voilà pour cent amours-propres. Ce qu'on appelle aujourd'hui une composition pour piano se fait bien vite — encore cent amours-propres. Dans chaque morceau que le pianiste joue en public, il résout d'ordinaire le problème des nombreuses incarnations de Vischnou; il se voit idole. Le compositeur à la mode se montrera donc le plus souvent hostile à Beethoven, dont le génie l'offusque parce qu'il ne peut l'égaler. Le culte de l'art sans arrière-pensée est aujourd'hui une exception. La surprenante divergence d'opinion des artistes dans l'appréciation des grands maîtres n'a pas d'autre cause. La célèbre formule de Fichte : « Je suis moi », aura du moins eu de la vérité en musique. C'est donc aussi parce qu'il nous est arrivé d'entendre des artistes d'un talent incontestable parler de Beethoven comme s'ils n'avaient qu'à vouloir pour en faire autant, que nous n'avons pas cru inutile d'entreprendre ce travail, afin de mettre l'amateur à l'abri de jugements qui pourraient surprendre sa religion. S'il est vrai que comprendre revient à égaler, comment l'auteur de cet essai pourrait-il espérer d'avoir atteint ce but dans quelques moments de distrait loisir, quand toute la vie y suffirait à peine? Le génie de Beethoven est infini, il contient le principe de tous les accidents possibles de l'existence humaine; il était difficile, on en conviendra, de tout voir, de comprendre tout, par les temps de boxe musicale où nous vivons.

Une fois que l'Europe se sera persuadé qu'elle ne trouve point son compte aux idées représentées comme généreuses par quelques brouillons ambitieux, pressés de sortir de la misère, la vérité pénétrera de nouveau toutes les phases de la vie, la vérité redeviendra possible dans l'art; les compositions des grands maîtres paraîtront alors nouvelles, impérissables comme la vie elle-même qui passe, mais ne finit pas.

La musique n'est qu'une des formes que revêt l'esprit divin pour permettre à l'homme d'en approcher. Cette démonstration qui, en dernière analyse, devrait être le but de tout enseignement musical, peut seule compenser les sacrifices exigés par des occupations constantes, difficiles, dispendieuses; seule elle fait de la musique un objet d'étude digne des plus grands esprits ; un moyen de l'éducation du cœur. Les inspiration des maîtres ne sauraient rester sans influence sur le caractère si l'enseignement est assez intelligent pour les faire comprendre. Shakespeare déjà a compris ainsi la musique en exagérant un peu les choses, ce qui était son privilège de poète :

The man that hath no music in himself
Is fit for treasons, stratagems and spoils;
Let no such man be trusted (1).

Le temps d'école passé, car il ne finit pas non plus, les maîtres sont une compagnie aussi bien choisie pour le reste du chemin de la vie que les beaux livres. L'enseignement du piano poursuit rarement ce but. Il développe le mécanisme aux dépens des acquisitions que l'âme pourrait faire et *garder*, au lieu que le mécanisme se perd. Le piano est aujourd'hui un crible par lequel il s'agit de faire passer honnêtement le plus de notes possible; la musique, une manière de suivre la mode. Les maîtres cependant ne composèrent ni pour remplir l'oreille d'un bruit tolérable, ni pour donner sur les touches d'un piano le spectacle d'un tir de touches blanches et noires, d'un

(1) L'homme qui n'a pas de musique en lui-même est capable d'intrigue de brigandage et de trahison. Ne vous fiez pas à cet homme.

steeple-chase de doigts. Nous ne prétendons point que le jeune âge doive pénétrer le génie. Les tortures par lesquelles passent dans les collèges les auteurs grecs et latins en assistant la jeunesse dans ses ébats linguistiques, ces tortures elles-mêmes sont graduées; on ne dépèce Horace que la dentition faite. Au piano aussi il faut un peu d'*Eutrope,* soit *Hunten.*

Si l'enfant ne peut comprendre le poète, il faudrait encore assez respecter le jeune âge pour préparer ce terrain vierge à recevoir un jour les hautes conceptions de la pensée. Il serait temps de travailler en ce sens; de commencer l'éducation musicale par une école de piano — la meilleure sera la propre intelligence du maître, si elle sait se mettre au niveau de celle de l'élève; — viendrait un peu, très peu de Hünten, de Czerny ou ce qui peut être encore *école de vélocité,* comme dit ce dernier; on arrivera ensuite aux exercices de Cramer, première halte de l'intelligence musicale. Les exercices modernes sont en dernière analyse ou la redite ou l'exagération des exercices de Cramer. Les compositions d'un style facile de Haydn, de Mozart, démontreraient plus tard le but auquel tendaient ces préparatifs. Avec beaucoup de gammes, sous une direction intelligente, on pourra s'acheminer alors aux compositions d'un style plus élevé de Mozart et déboucher, s'il y a lieu, par sa fantaisie et sonate aux premières marches qui conduisent au monde de Beethoven. Le style dans lequel il convient de jouer Beethoven doit être le fruit des réflexions et des personnifications du pianiste avec les idées du maître et non point le résultat d'une leçon. Le pianiste ne saurait assez méditer ce que le célèbre Hoffman a dit à ce sujet, il y a tantôt *quarante* ans : « Pour exécuter la musique de Beethoven, il faut surtout la comprendre, en pénétrer la profondeur, oser, dans la conscience de sa propre initiation, s'avancer hardiment dans le cercle des apparitions magiques que son charme puissant évoque. Quiconque ne sent pas cette initiation en soi-même, quiconque traite la musique comme un jeu, comme un simple passe-temps dans ses heures d'oisiveté, et n'y voit qu'un moyen de charmer pour un moment des oreilles émoussées ou de faire de l'ostentation, que celui-là s'en éloigne et l'évite. Le véritable artiste ne vit que dans l'œuvre qu'il a comprise comme le maître et qu'il exécute. Il dédaigne de faire valoir son individualité à lui, et tous ses efforts ne tendent qu'à appeler à la vie les images magnifiques ou gracieuses que le maître a renfermées dans son œuvre, et à les faire resplendir de mille couleurs pour qu'elles entourent l'homme en cercles rayonnants, allument son imagination, pénètrent son être le plus intime et le portent d'un vol rapide dans le lointain et magique empire des sons. Il est aussi certain qu'il existe peu de ces artistes dans le vrai sens du mot, de ces véritables virtuoses, en présence de l'égoïsme, du triste besoin de briller qui a gagné l'art et ses adeptes, qu'il est vrai qu'on rencontre peu de connaisseurs qui se sentent émus et transportés par l'esprit profond de Beethoven. Depuis qu'il est de mode de n'employer la musique que comme un accessoire pour tuer l'ennui en société, tout doit être léger, facile, gracieux, agréable, c'est-à-dire futile, sans portée et sans profondeur. Or, comme malheureusement il existe sur la terre pas mal de compositeurs qui sacrifient à l'esprit du siècle, le mauvais aliment ne manque pas. Beaucoup d'assez bons musiciens se plaignent que les compositions de Beethoven sont inintelligibles; cela tient à l'*imbécillité subjective* qui ne permet pas d'embrasser l'ensemble dans ses parties. De là vient que dans les compositions faibles ils vantent toujours la *grande clarté*. J'ai éprouvé tant de plaisir à entendre exécuter les compositions de Beethoven par une grande dame d'un esprit distingué, que j'ai compris que ce que l'esprit inspire est seul digne d'estime, que tout le reste est un mal. » (*Gaz. mus. univ.*, 1813, p. 141.)

Nous avons éprouvé la vérité de ces paroles en entendant la princesse Marceline Czartoryska interprêter les maîtres du piano. Dévouée et intelligente élève de Chopin, la princesse Czartoryska est une preuve vivante que dans une position donnée, exceptionnelle sans doute, l'amateur aussi peut atteindre aux hautes cimes et être chez lui en entrant dans le sanctuaire de la pensée des maîtres. L'art doit être un intérêt de plus dans la vie et non pas un passe-temps frivole. Quiconque ne veut ou ne peut comprendre cette vérité aura tout à gagner de ne pas se mêler de la partie. S'il faut la réunion des plus éminentes qualités, jointes à un long et pénible labeur habilement dirigé, pour s'élever jusqu'à la hauteur du génie des maîtres; on peut cependant dire que toute personne qui en approchera sans arrière-pensée en aura sa part.

On n'enseigne pas Beethoven — on le comprend. Une règle générale est impossible, chaque morceau a besoin d'être dit différemment; il convient même de ne pas toujours dire le même de la même façon, de tenir compte de l'inspiration du moment :

Der Mensch ist ungleich — ungleich sind die Stunden (1).

La bravoure du piano, appellation ridicule pour un instrument essentiellement timoré; l'arsenal du staccato, martellato, des octaves et du tempo rubato, *le pianisme,* en un mot, ne vaut rien pour Beethoven. Il lui faut autre chose que le jeu voyant de l'école du jour ; ce qu'il lui faut avant tout, c'est *un* style lié, la condition d'un beau son — chose rare aujourd'hui et difficile d'obtenir. Beethoven entendait que la main fît *un* avec le clavier, que le mouvement des doigts fût à peine visible. Il appelait un jeu non lié : *danse des doigts* (*Schindler,* p. 223). Chopin disait : *chasse aux pigeons.* Pour Beethoven, il ne suffit point d'un ligato dans la figure, dans le passage donné d'un morceau; le ligato doit comme un réseau envelopper tout le morceau à moins d'indication contraire, d'une exception motivée. Pour obtenir ce jeu lié, il con-

(1) L'homme est inégal, inégaux sont les instants

vient de prendre souvent dans Beethoven de la main droite telle note de la main gauche, de la main gauche telle note de la main droite toutes les fois que le son, l'accent, le chant, l'effet ont à y gagner sans qu'il soit fait un tort aux parties. Nous choisirons la sonate en *sol*, op. 14, pour exemple. A la 46e mesure de la 2e partie de l'allegro, le passage en triples croches de la main droite conduit de *fa dièse* sur la portée au *ré* au-dessous. Quelque diligence qu'on fasse, il y aura interruption — le ligato aura été troublé. La main gauche au contraire, penchée déjà sur le *ré*, le prendra à temps et la main droite reprendra le passage dans le plus strict ligato. A la 66e mesure du scherzo, la main gauche prend le *fa naturel* au-dessus de la portée et court au *sol* sur la première ligne de la portée pour commencer un trait; elle a tout juste le temps d'une double croche dans un mouvement rapide. Le pouce de la main droite prendra bien mieux le *fa* — la main gauche bien mieux le *sol* du trait.

Le goût et les sentiments personnels de l'exécutant décideront en pareil cas.

On arrive dans Beethoven à des effets bien extraordinaires par l'accentuation des temps faibles, dans les scherzos surtout ; il ne faudrait cependant employer ce moyen que dans des cas analogues du moins aux cas où Beethoven indiqua cette intention, à moins d'être entraîné par une conviction irrésistible et non point par un frivole caprice ou une coupable recherche de ce qui ne serait que bizarre. Le scherzo de la sonate pour piano et violon en *ut mineur*, op. 30, est l'exemple le plus caractérisé de cet effet. Comparez encore les scherzos des sonates de piano, op. 10, *ré majeur* (31e mesure où une enclume tombe sur le second temps), op. 14, *mi majeur* (56e mesure), op. 26 (19e, 23e, 46e mesures).

Pour bien jouer Beethoven, il faut savoir embrasser son œuvre et ne pas viser un morceau.

Passant en 1827 par Francfort-sur-Mein, où j'avais à rester un jour, je fus frapper à la porte de Ferdinand Ries, quelques minutes après mon arrivée. Ries me retint pour la journée et me joua les plus importantes sonates de Beethoven en répondant avec complaisance à toutes mes questions. « Le précepte de ligato que je tiens de Beethoven, dit-il, est la *seule règle* à établir pour l'exécution de son œuvre de piano. » — Il faut, ajouta Ries, un sujet sage — le sage est plus fort que le fou et une sublime folie fait plus d'effet dans le sage que dans un fou ; Kemble n'est pas moins un Hamlet sublime, parce qu'il a passé par la filière de l'école et qu'il est un *regular performer,* comme on dit à Londres. »

Le doigter à employer joue un grand rôle dans l'œuvre de piano de Beethoven. Les quelques doigters marqués par Beethoven sont dans les cas faciles (et c'est le grand nombre) indifférents — dans les cas plus importants (presto de la fantaisie, opéra 77; allegro de la sonate, opéra 111) peu avantageux. Il n'y en a pas du tout dans les cas où l'on en aurait désiré le plus. L'école moderne a rendu de grands services sous ce rapport. On ne s'étonne plus d'entendre articuler un chant au pouce de la main gauche, de voir le pouce élire domicile sur les touches noires. Chopin s'arrêtait imperceptiblement sur le *la dièse* de la 14ᵉ mesure avant la fin de l'allegro de la sonate en *sol,* op. 14, qu'il prenait avec le second de la main droite en glissant du même doigt de l'extrémité de la touche noire sur le *si naturel* qui suit. Cet effet de ligato était merveilleux. Pour peu que l'on sache apprécier ces finesses quand elles sont employées à propos, on ne prendra plus le 3ᵉ doigt sur le *si,* doigter irréprochable, mais sans effet désormais. Qu'on donne, comme Chopin, aux onze notes staccato (6ᵉ mesure avant la fin de l'allegro de la sonate en *sol,* op. 14), le seul quatrième doigt, on atteindra au velouté de son toucher et n'emploiera plus d'autre doigter dans un cas analogue. On écrirait un livre sur les ressources de Liszt en doigter — sur les nuances et adorables coquetteries de son toucher. C'est Liszt qui devrait donner une édition *doigtée* des sonates de Beethoven, travail que les éditeurs eux-mêmes apprécieraient, parce qu'il se vendrait, et qui laisserait une trace profonde de sa manière originale de traiter le piano.

La fréquente absence de signes et termes d'expression dans l'œuvre de Beethoven n'est pas la moindre difficulté. Toutes les parties d'un morceau étant également importantes aux yeux de Beethoven, il pouvait trouver inutile de mettre en relief des détails. Il en pensait peut-être ce qu'il disait du métronome : « Wer richtiges Gefühl hat, braucht ihn nicht ; wer das nicht hat, dem nützt er nichts ». *Schindler,* p. 220.

On trouve rarement un *dolce,* pas un seul *con anima, con passione,* rarement un *expressivo, con espressione.* Les compositions de la troisième manière font en quelque sorte exception à cette sobriété extrême dans la terminologio (adagio de la sonate, op. 106; finale du quatuor en *la mineur,* op. 132). Schindler remarque au sujet des *ritardando, accelerando :* « Bei den wunderbar nuancirten Vortrag Beethovens reichen diese Worte in der gewohnten Bedeutung gar nicht aus ».

Aux andantes et adagios, Beethoven ajoute tout au plus *con espressione, cantabile;* plus rarement *affettuoso, appassionato* (premier quatuor), *mesto* (quatuor en *fa,* op. 59, S. op. 10, n° 3); sept fois seulement il fut plus explicite : 1° dans le premier morceau de la sonate en *ut dièse mineur* (*si deve suonare tutto questo pezzo delicatissimamente e senza sordini*); 2° dans le n° 6 des *bagatelles* pour piano, op. 33 (*allegretto quasi andante con una certe espressione parlante*); 3° dans le n° 1 des *bagatelles* pour piano, op. 126 (*andante con moto cantabile e compiacevole*) ; 4° dans l'adagio du quatuor en *mi mineur* (*questo pezzo si tratta molto die sentimento*); 5° dans le sixième quatuor, *la Malinconia* (*questo pezzo si deve trattare colla piu gran delicatezza*); 6° dans le quatuor en *la mineur* (*canzona di ringraziamento in modo lidico offerta alla divinita da un guarito*) et à la 31e mesure (*sentendo nuova forza*) ; 7° dans le premier morceau de la Messe en *ut* (*antande con moto assai vivace quasi allegretta ma non troppo*). On rencontre encore un *andante vivace* dans un *lied,* op. 82.

Dans tout l'œuvre de piano on ne trouve que sept fois le terme *leggieramente* qui n'exclut pas une expression des plus graves (sonate pour piano et violon, *ut mineur,* adagio; trio de piano, op. 70, *ré majeur,* largo; second concerto de piano, adagio; cinquième concerto de piano, allegro; sonates de piano, op. 31 en *sol, adagio;* op. 109, seconde variation; op. 111, dernière variation).

Une grande question sera toujours celle des mouvements. Le métronome ne la tranche pas. Beethoven n'a métronomisé lui-même que les septième et neuvième symphonies et les quatre dernières sonates de piano (*Schindler,* p. 213). Encore le résultat de ce travail, qui répugnait à Beethoven, fut-il la condamnation du métronome (gar kein Metronom). Les métronomisations sont donc le fait d'éditeurs et rien moins qu'une autorité. On trouvre dans la *Gazette musicale universelle* (*A. M. Z.*) de l'année 1817, p. 873, les métronomisations des symphonies jusqu'à la huitième inclusivement, mais on peut douter qu'elles soient authentiques, les dates de Schindler à ce sujet étant précises. Moscheles a métronomisé les sonates; Schindler dit à ce sujet, p. 214 : « Ne vous faites jamais écouter du Beethoven par un virtuose qui a passé sa vie à s'exercer au mécanisme des doigts. Beethoven disait vrai : ces messieurs perdent la raison et le sentiment avec la rapidité des doigts qu'ils acquièrent. »

Nous avons déjà parlé des variétés de l'*allegretto* qui paraît avoir eu pour Beethoven une signification en dehors de l'acception du mot. Indigné du mouvement rapide dont l'allegretto de la symphonie en *la* avait été dit à Vienne, Beethoven eut l'intention d'en faire un andante quasi allegretto dont la noire eût été égale à 80 du métronome (*Notaten-Buch*). *Sch.,* p. 211.

Il est certain qu'en thèse générale il y a plus à perdre qu'à gagner dans Beethoven à un mouvement *trop* rapide.

Dans un auteur de cette valeur, un mouvement trop rapide estropie plus qu'un mouvement trop lent ne gâte; — un mouvement trop lent pourra passer pour une *lithographie,* quand un mouvement trop précipité ne serait qu'un informe et malheureux *imbroglio,* une faute toujours impardonnable. Qu'on se rappelle le mot de Mozart : « Lorsque le feu n'est pas dans la composition, on ne l'y fait pas entrer en courant plus vite. » Un allegro ne devrait donc jamais devenir un presto. Un *allegro vivace, con brio,* de Beethoven, un *vivace* tout court impliquent un mouvement voisin du presto. L'*allegro di molto e con brio* de la sonate pathétique est un presto; le finale (*vivacissimamente*) de la sonate des adieux, op. 81, un prestissimo. Le terme *allegro con spirito,* en grande faveur auprès de Haydn et de Mozart, ne se rencontre qu'une fois dans l'œuvre de Beethoven (sonate pour piano et violon en *mi bémol, dédiée* à Saliéri, op. 12). Il se rapporte plus à l'expression qu'au mouvement (v. la belle sonate de Weber en *la bémol :* allegro *moderato* e con spirito). Un *scherzo vivace, assai vivace,* est toujours un presto, mais il ne faut pas oublier que le presto a des degrés. Le presto des *bagatelles* pour piano (op. 126, morceau remarquable), le presto de la fantaisie pour piano (op. 77), de la sonate en *ré* (op. 10), doivent s'écouler aussi rapides que faire se peut; le presto final de la sonate en *fa* (op. 10), au contraire, est moins rapide que le presto final de la sonate en *mi bémol* (op. 31). Le presto de la sonate en *ut dièse mineur* est un morceau large où la rapidité ne doit pas s'obtenir aux dépens de l'ampleur et de la puissance du son, tandis que le presto du septuor se rapproche de bien près d'un prestissimo. Beethoven employa le prestissimo cinq fois dans l'œuvre de piano (trio, op. 1, n° 3; sonates, op. 2, n° 1; op. 10, n° 3; op. 53, op. 109). Le prestissimo figure comme stretta dans le quatrième et le sixième quatuors, dans le finale de la neuvième symphonie. Dans les scherzos, le presto est toujours le maximum de la rapidité (quatuor en *si bémol* dédié au prince Galitzin, op. 130, septième symphonie). Les prestos des premiers trios (op. 1, 9) sont des prestos de Mozart, c'est-à-dire des mouvements de finale plus vifs que rapides, la nuance extrême de l'allegro molto. Le presto du grand trio de piano en *si bémol* est un prestissimo où l'on voudrait se voir pousser des mains et des haches d'armes dans les mains! Il faut avoir été chauffé dans ce four pour le savoir.

Summa sequor vestigia. — Une caractéristique complète des mouvements employés par Beethoven ne pourrait être que le sujet d'un livre spécial, qui aurait à faire en même temps l'inventaire des idées que ces mouvements expriment.

Avant que le jeune pianiste touche à Beethoven, Weber lui rendra service dans les productions de son jeune âge, dans ses six pièces faciles, dans ses huit pièces à quatre mains, dans les six sonates *progressives* et *agréables* (façon de parler du temps) pour piano et violon qu'on a arrangées pour piano à quatre mains. Les deux quatuors de Mozart pour piano, violon, alto et violoncelle; le trio pour piano, clarinette (ou violon) et alto, feront, s'ils sont *convenablement* accompagnés, plus de bien à l'élève que le répertoire du jour, une fantaisie quelconque sur un motif de la *Donna del lago*.

Les quatre grandes sonates de Weber compléteront ce répertoire, comme le luxe et les hasards heureux complètent la vie et ne la constituent point. Weber est le roman bien plus que la vie.

Durant ce long et pénible trajet, nombre de compositions modernes pourront jouer le rôle de cosmétiques utiles *à l'hygiène* de l'élève. Nous ne manquons pas d'*odeurs*, les *dentifrices* sont innombrables. *Nomina sunt odiosa.*

Les compositions de quelque portée destinées à la jeunesse présentent des intentions trop profondes pour en être comprises. Les *Morceaux pour enfants* de Mendelssohn et de Robert Schumann seraient mieux nommés *Morceaux d'enfants pour vieillards.* Ces auteurs ont trouvé avec raison de la poésie à l'enfance, mais cette impression est celle de *l'homme* et non point de *l'enfant.* Tous nous avons voulu être grands, quand nous avions le bonheur d'être petits. Les compositions de ce genre s'adressent donc au fond aux adultes qui se trouveraient une raison de redevenir enfants. Les trois cahiers de *bagatelles* de Beethoven (op. 33, 112, 126) sont l'origine de ce style mignon dont les délicieux *Kinderstücke* de Mendelssohn sont l'expression la plus complète. On ne peut comparer à ce précieux ouvrage posthume de Mendelssohn que quelques numéros des *Scènes de l'enfance* et des 40 pièces à l'usage de la jeunesse de Schumann dont nous citerons : *Chant de Printemps, Première Perte, Souvenirs, Mai, cher mois de Mai.*

Le pianiste-amateur intelligent et dont le style est formé, y retrouvera comme un parfum des heureuses illusions de l'enfance. Rien n'est petit dans les arts, ce qui est poétique l'est encore dans le cadre le plus limité. Mais qu'on ne se méprenne pas sur les affections de la jeunesse, dont le goût prédominant de singer *les grands* est le besoin de l'enfant pour le progrès en toutes choses. Il suffit qu'un ouvrage soit destiné à la jeunesse pour ne plus paraître digne de son attention. On ne remplacera donc pas les exercices de Cramer, pas plus qu'on ne remplacera dans l'enseignement les *Fables de la Fontaine.* Les exercices de Cramer, le jeune âge les prend au sérieux, parce qu'il les voit jouer aux *grands.* Le travail rythmique, les proportions données à ces exercices qui sont *de la poésie fugitive* de piano, font penser à l'élève qu'il pourrait bien déjà être un *foudre de guerre.* Et c'est là ce qu'il faut pour stimuler utilement l'ambition. L'amour-propre satisfait joue un rôle plus important qu'on ne pense dans toute espèce d'enseignement. Les exercices de Cramer doivent donc rester le *vade-mecum* de l'élève. Abstraction faite de musique, d'enseignement spécial, cet ouvrage mériterait d'être couronné par les académies comme œuvre pédagogique qui a résolu le problème de la part à faire entre les éléments mécaniques et les éléments intellectuels qui concourent à tout enseignement rationnel.

Rien ne développera le mécanisme et l'intelligence musicale de l'élève comme une étude graduée des préludes et fugues de Bach, dont les plus faciles devraient s'enseigner parallèlement aux exercices de Cramer qui n'appartiennent pas au style fugué, parce qu'on n'y approche pas de Bach, nous a dit Cramer (*venerabilis Beda*).

Le « clavecin bien tempéré » de Bach est la *ratio scripta* du piano. Mais rappelons à ce sujet un mot de M. Fuchs, contre-pointiste émérite de Saint-Pétersbourg : « Qu'on ne confonde pas le moyen avec le but. Le but, c'est toujours une bonne composition en bon style, bien arrondie, logique, dictée par le cœur. »

En parlant de la musique moderne de piano nous avons voulu en présenter le caractère *général*. Nous n'ignorons pas l'existence de quelques esprits distingués qui sentent le paupérisme d'idées et le combattent dans des compositions qui, pour se faire accepter, ne flattent le goût du jour que dans une juste mesure. Mais c'est seulement quand on aura associé l'élève aux *idées* des maîtres, quand on lui aura rendu accessible cette mine inépuisable de consolations, de nobles jouissances, quand on l'aura investi de cette égide contre le commun et l'absurde; c'est, quand l'enseignement aura concouru à élever *l'homme* en formant le *pianiste*, qu'on aura placé l'argent et le temps de l'élève à de hauts et inaliénables intérêts.

Nous léguons à d'autres le soin d'apprécier le reste de l'œuvre de Beethoven qui, comme les sonates de piano, se partage les trois styles :

1° Les variations pour piano, les trois cahiers de Bagatelles, les deux petits Rondos, la Polonaise (op. 89), les trois cahiers de Préludes, le Rondo capricioso (op. 129) et autres petites monnaies indiquées dans le Catalogue.

2° Les cinq concertos de piano avec accompagnement

d'orchestre et le concerto pour piano, violon et violoncelle avec accompagnement d'orchestre.

3° Les cinq sonates pour piano et violoncelle, la sonate pour piano et cor et les dix sonates pour piano et violon.

4° Les six trios pour piano, violon et violoncelle, le trio pour piano, clarinette et violoncelle, les deux trios posthumes, le trio en un morceau, les thèmes variés pour piano, violon et violoncelle et pour piano et violon (ou violoncelle), le quintette pour piano et instruments à vent.

5° Les quatre trios, seize quatuors, deux quintettes et deux fugues pour instruments à cordes, le sextuor et le septuor de violon, le sextuor et le trio pour instruments à vent.

6° Les onze ouvertures; les neuf symphonies sont appréciées, mais ce grand et fécond sujet est loin d'être épuisé.

7° Les deux romances et le concerto de violon.

8° Les deux messes, l'oratorio : *Le Christ au mont des Oliviers ;* les cantates, *l'Instant glorieux, la Mer calme.*

9° *Fidélio.*

10° La musique de chant avec accompagnement de piano, beaucoup trop peu connue. Plus de cent pièces.

11° La musique d'*Egmont,* des *Ruines d'Athènes,* du *Roi Etienne* et du ballet de *Prométhée.*

12° La musique de danse qui, il est vrai, n'a plus qu'une valeur historique. Des trois célèbres valses *Sehnsuchts-Schmerzens-Hoffnungs-Walzer,* intitulés dus à l'imagination inflammable de l'éditeur, la première appelée en France, *le Désir,* est de Franz

Schubert (valses de Schubert, opéra 9, n° 1. Diabelli à Vienne).

Cette valse (16 mesures, *la bémol*) a été variée pour piano et pour presque tous les instruments par les fidèles et les infidèles, toujours sous le nom de Beethoven, quelquefois en s'adressant à ses mânes. Le gros de la troupe des *pianoteurs* (*die Wagenburg*) brûle jusqu'au jour d'aujourd'hui cet encens sur l'autel de Beethoven. Ce n'était pas assez que d'avoir donné la brebis du pauvre au riche — un inconnu punit cruellement Schubert de ses 16 mesures de douce mélancolie en leur infligeant 16 autres du dernier commun; cette troisième partie, plâtrage inqualifiable, passe aussi sous le nom de Beethoven, comme si le pavillon couvrait toujours la marchandise. Schubert est auteur d'une valse de Beethoven dans laquelle un inconnu est pour le tiers, mais c'est une valse-rébus que cette valse.

La musique de la tragédie d'*Egmont* de Gœthe est de la plus grande manière de Beethoven, qui entendit sans doute se poser dans cette œuvre l'égal du plus grand poète de l'Allemagne. La marche sourde et étouffée du premier acte de *Fidélio,* reposant sur deux notes voilées de la timbale, est bien la ronde du soir dans la forteresse qui recèle le forfait de Pizarro; la marche entr'acte d'*Egmont* (Marsch der Södner) va aux condotierri du moyen âge qui viennent s'abattre sur Bruxelles où les appelle l'or du duc d'Albe. La mort de Clärchen, le rêve d'Egmont dans la prison, l'entrée de la trompette pendant cette scène merveilleuse, la symphonie triomphale de l'apothéose sont des choses dont on a accepté l'existence sans que le langage humain possède de termes pour les désigner. Aucun peuple n'a produit pareille tragédie accompagnée de pareille musique. Cette partition, qu'on n'entend pas toujours aux représentations d'*Egmont* en Allemagne même, eût suffi pour immortaliser l'auteur.

Les *Ruines d'Athènes* sont une production toute de circonstance, composée en 1812, à laquelle Beethoven ajouta en 1822 trois morceaux hors ligne :

1° Le chœur des derviches :

> Mahomet — Mahomet!
> Du hast in deines Ermels Fallen
> Den Mond getragen, ihn gespalten (1).

2° La marche solennelle (marche d'entrée solennelle, chant alternant des prêtres et des vierges : *Décorez les autels*).

3° La marche turque, qui, sans chapeau chinois, sans grosse caisse, est ce qu'il y a de plus turc au monde.

L'ouverture, réunion de quelques guenilles du jeune âge de Beethoven recousues au hasard, est en tous points indigne de lui, et l'on pourrait s'étonner de son extrême nullité, si l'on ne savait qu'un théâtre ne peut attendre et que les *Ruines d'Athènes* avaient à en inaugurer un (v. op. 114 du Catalogue). La musique du *Roi Etienne,* que le catalogue thématique de Breitkopf qualifie à tort *d'opéra,* est encore une œuvre de circonstance (v. op. 117 du Catalogue). L'ouverture est d'une grande animation, d'une instrumentation pleine d'effet.

On n'a pas assez rendu justice à la partition du ballet de *Prométhée,* trois actes de belle musique. Cet ouvrage n'eut de plein succès qu'en 1813, sur le théâtre de la Scala de Milan.) V. pour les détails le Catalogue, op. 43).

L'ouverture, d'une facture facile, est faible pour un morceau symphonique de Beethoven. Ce n'est pas une raison pour oublier toute la partition, dont il y aurait plus d'un parti à tirer.

La place de Beethoven fut marquée dans la musique instrumentale. *Fidélio,* sans avoir l'importance de *Don Juan,* doit cependant être placé dans la catégorie de cette partition sans égale, sans aucune comparaison possible, pour la valeur de l'invention et la création d'un *orchestre* nouveau pour ainsi dire. L'air de ténor de *Fidélio,* l'air de soprano, les chœurs des prisonniers qu'on sent se pas-

(1) Mahomet! tu as porté la lune dans les plis de tes manches.

ser au fond d'un affreux cachot, le finale du second acte, d'une expression de triomphe si éclatante, ont exercé une bien grande influence sur Weber, sur Meyerbeer et par là sur toute la musique moderne du théâtre.

On rapporte que Meyerbeer paya cinquante mille francs à l'administration du grand opéra de Paris, somme qui n'apparut à Mozart et à Beethoven que dans leurs rêves les plus exaltés, pour qu'elle consentît à monter *Robert,* un chef-d'œuvre. Beethoven, pauvre comme un lampiste, composa *Fidélio* dans un bouge du théâtre *an der Wien,* à Vienne; encore regarda-t-il son installation dans cette échoppe comme le plus beau moment de sa vie. Meyerbeer acheta, dit-on, tous les orgues en vente à Paris pour qu'il n'y en eût pas pour *Zampa* qui, brigand qu'il était, fondait ses espérances sur l'effet de l'orgue au théâtre et devait passer avant *Robert.* Ces machines de haute pression de théâtre étaient inconues à l'art tout court de Mozart, de Beethoven.

La manière de Mozart de traiter la voix appartient au monde, celle de Beethoven à l'Allemagne. La place de *Fidélio* n'en est pas moins marquée à jamais dans l'histoire de la musique lyrique. On reviendra à cet ouvrage capital.

On ne peut dire autant du reste de la musique vocale de Beethoven, de son Oratorio, et de ses deux Messes, de ses deux Cantates, de sa manière de traiter le chant dans la fantaisie pour piano et chœurs, dans la symphonie avec chœurs et dans la plupart de ses *Lieder.* Si l'intention de la célèbre ballade-romance *Adélaïde* est belle, et la première partie une ravissante idylle, l'allegro paraît manqué dans ses effets pour la voix. On aime à lire cet allegro, on ne peut guère le chanter.

Le *Beethoven du Lied,* c'est Mozart, c'est Weber, c'est Schubert. Le texte vocal de Beethoven, bien différent en cela de son texte instrumental, coule rarement de source; il est le plus souvent tourmenté. Beethoven a cependant produit des chefs-d'œuvre dans le style du *Lied.* On trouve dans les *geistliche Lieder,* dans *Mignon,* dans les deux mélodies d'*Egmont,* dans les précieuses collections de mélodies op. 75, 78 (v. le Catalogue) la plus heureuse invention, sans précisément y trouver de la musique de chant proprement dite. Hoffmann, qui s'y connaissait, l'a dit : « Beethoven est, plus qu'aucun autre qui ait jamais existé, un compositeur romantique; d'où vient qu'il réussit moins dans la musique vocale qui n'admet pas les désirs indéfinis, mais représente par des paroles des sentiments déterminés éprouvés. » *Gaz. Mus. univ.,* 1813, p. 153.

Dans les *Lieder,* op. 98 (An die ferne Geliebte) on prendrait le n° 5, *ut majeur,* pour l'épisode culminant de quelque symphonie pastorale sans nom. Beethoven est toujours et partout la symphonie, ses dessins vocaux mêmes appartiennent à la musique instrumentale qu'il régénéra de fond en comble, dont il se fit le maître. Tout, à ses yeux, pliait devant cette souveraine maîtresse de son âme. La messe en *ré* est le prodigieux effort du génie de faire triompher son drapeau dans le sanctuaire même de la musique vocale, jusque dans le style d'église.

Editions des sonates de piano

Nous n'avons pas parlé des deux sonatines et d'une sonate facile (lettres *d, e, f* du Catalogue, troisième section) et des trois sonates composées par Beethoven, quand il n'était pas Beethoven, mais un enfant âgé de dix ans. La sonate facile (terminée par Ries) et les deux sonatines faciles pourraient être apocryphes; les trois sonates sont auhentiques, mais elles portent illégitimement le chiffre d'œuvre 1 dans l'édition Haslinger (v. le Catalogue).

Les éditions ne devraient point retrancher les dédicaces dans les œuvres des maîtres. Est-il sans intérêt de savoir que le septuor fut dédié à une impératrice? les trois sonates pour piano et violon, op. 30, à l'empereur Alexandre?

Cranz à Hambourg, cet épouvantail de la légitimité en musique, fit, le premier, main basse sur les dédicaces. Haslinger les retrancha des intitulés et les mit à la clef.

Les éditions où la trace de la main de Beethoven est le plus visible, où il semble encore vivre tout entier, sont les premières éditions *originales* de Haslinger, d'Artaria, de Breitkopf, de Steiner, sur un papier, il est vrai, qui le dispute au revers d'un tapis de pied, mais dont les types runiques disent mieux la vie de l'artiste que les éditions léchées modernes. Les types grossiers et le *papier-cuirasse* d'Artaria vont bien à la monstrueuse sonate, op. 106. Cette édition *imperméable,* l'on aime à la retrouver après les éditions à fleurons, chargées de tourelles gothiques où sous une herse se découvre un chiffre d'œuvre. Les types d'impression d'ouvrages destinés à nous accompagner toute la vie, et non point à satisfaire une passagère curiosité, ne sont pas sans exercer une secrète influence sur les idées que nous en recevons. On ne se rend pas toujours compte de ces choses. Les sonates de Beethoven dans la nouvelle édition de Haslinger, dans les éditions primitives de Haslinger, d'Artaria, de Mechetti, de Steiner, de Breitkopf, nous ont parfois laissé des impressions qui ne trouvaient plus, pour ainsi dire, place entre les têtes de notes timidement serrées les unes contre les autres dans d'autres éditions (v. les deux sonates, op. 31 dans l'édition Schott). La physionomie des types exerce une influence en musique, comme en littérature. Que préférez-vous de l'édition Baudry ou des éditions anglaises de Walter Scott? Et vos impressions sont-elles les mêmes? Peu d'éditions montrent une faute aussi grave que le *mi bémol* au lieu de *ré bémol* à la 20e et le *fa naturel* au lieu de *fa dièse* à la 28e mesure de l'adagio de la sonate en *sol,* op. 31, édition Schott.

Toute reproduction des œuvres des maîtres a une chance de les faire pénétrer dans une classe de lecteurs de plus. Cranz, qui a réimprimé les sonates et en a enguirlandé 27 de branches de chêne et de lauriers dans 19 cartouches formant une espèce de catalogue sur le cahier; Cranz lui-même peut réclamer ce mérite.

Les meilleures éditions des sonates sont l'édition de Haslinger, l'édition de Meyer de Brunswick et l'édition de Paris (Brandus-Schlesinger). Les éditions de Londres ne sont guère sympathiques à personne.

L'édition Meyer rivalise pour la beauté des types avec celle de Haslinger et présente *seule* l'avantage de donner, outre l'œuvre de piano, un arrangement des ouvrages composés pour d'autres instruments qui fait beaucoup d'honneur à M. Winkler qui, le premier, a arrangé pour piano à deux mains les sonates pour piano et violon, les trios pour piano, violon et violoncelle, le quintette pour piano et instruments à vent, les trios, quatuors et quintettes pour instruments à cordes, les deux romances pour violon principal. Les deux romances forment dans cet arrangement deux charmants morceaux que le piano ne possédait pas. Ces arrangements religieusement faits, sages, n'exagérant en rien les moyens d'exécution de l'instrument — stat *media* via — rendent ces beaux ouvrages accessibles aux personnes qui ne disposent point d'un quatuor et qui n'ont pas l'habitude des partitions. Ces arrangements sont des partitions à leur usage. Qui ne connaît et n'admire point les trois sonates pour piano et violon, op. 30, dédiées à l'empereur Alexandre? autant de puissantes sonates pour piano seul dans l'arrangement de Winkler. Seulement l'éditeur aurait dû distinguer les arrangements des compositions originales dont ils sont la reproduction. L'édition Meyer qualifie de sonate de piano une sonate pour piano et violoncelle arrangée pour piano seul; de romances pour piano, l'arrangement pour piano des deux romances pour violon principal avec accompagnement d'orchestre ; de sérénades pour piano, la sérénade pour violon, alto et violoncelle et la sérénade pour flûte, violon et alto.

L'édition de Paris des œuvres complètes de Haydn, de Mozart, de Beethoven, de Weber, est la *meilleur marché* si l'on tient à avoir l'*œuvre entier* de ces maîtres (1).

Une édition modèle, tout ce qu'on peut voir de plus

---

(1) Un mot sur les abus qui se glissent parfois dans les éditions d'œuvres complètes. Les mélodies de Schubert ont été publiées à Paris, par Madame Launer, édition de luxe, dit l'intitulé. Va pour le luxe ! La mélodie *Nach Osten* de M. Auguste de Weyrauch y a reçu le nom d'*Adieu*, un texte à l'avenant et encore le nom de Schubert. M. de Weyrauch, amateur, composa ce *Lied* à Dorpat en Livonie, l'année 1820. A cette époque on connaissait peu Schubert. Weyrauch n'emprunte d'ailleurs rien à personne dans cette composition. Mais qui dit *Lied* à Paris dit Schubert. Un autre amateur, le prince Gr. W***, ayant de sa belle voix présenté la mélodie de Weyrauch dans les salons de Paris, y dit un jour qu'elle était de Schubert, pensant sans doute que Paris lui saurait gré de lui éviter la difficulté de prononcer un nom allemand de plus. Le luxe de Madame Launer a fait le reste ; il a fait plus, il a fait faire des quintes à Beethoven. édition Launer des quatuors, 4e quatuor final, 3e partie, 6e mesure : *la bémol* (alto), *mi bémol* (2d V.), *fa* (alto), *ut* (2d V.); 12e quat. adagio, 17e mesure : *la bémol* (2d V.), *mi bémol* (1er V.), *si* (2d V.), *fa* (1er V.). Ces *errata* ont de quoi étonner dans une édition *dédiée aux conservatoires de France et de Belgique*.

beau et en même temps de plus correct, c'est l'édition de Peters, à Leipzig, des 18 principales sonates de piano de Mozart.

Une édition pareille vaut une statue. Attendons de l'équité des éditeurs un monument pareil pour les sonates de piano de Beethoven.

CONCLUSION

L'art, l'élément de l'infini qui en est l'essence, ne peuvent s'arrêter. Qui continuera Beethoven? Ce maître ne peut avoir épuisé la source des largesses divines; mais il faut croire que pour reproduire pareil phénomène, les hommes devront être revenus à la vérité dans les sentiments, de plus en plus égarés dans les pays qui prétendent marcher à la tête de la civilisation en Europe.

FIN

CATALOGUE

CRITIQUE, CHRONOLOGIQUE ET ANECDOTIQUE

de l'Œuvre de Beethoven

Homines quærunt veritatem in microcosmis suis, minime vero in mundo m jori

HERACLITUS, *Ephes.*

Un Catalogue de l'œuvre de Beethoven n'est point chose facile à faire. Les catalogues existants ne sont ni complets, ni exempts de contradictions. La principale cause en est qu'il arrivait à Beethoven de publier tel ouvrage aussitôt sa production, de retenir tel autre pendant des années avant de le livrer à la publicité. L'ouvrage retardé recevait un chiffre d'œuvre antérieur au chiffre de la dernière publication ou n'en recevait pas du tout. De là, les lacunes, la répétition des mêmes chiffres. Plus d'une fois Beethoven voulut dresser lui-même le catalogue de son œuvre, mais il n'en vint point à bout, tout travail mécanique lui étant odieux. On eut toutes les peines du monde à lui arracher seulement quelques métronomisations, encore les condamna-t-il sitôt qu'il les vit publiées.

Un catalogue de l'œuvre de Beethoven doit tenir compte des quatre catégories suivantes :

1° Des compositions portant un chiffre d'œuvre (opéra, opus) ;

2° Des compositions portant un numéro au lieu de chiffre d'œuvre ;

3° Des compositions sans opéra, ni numéro ;

4° Des compositions posthumes dont les unes portent

des chiffres d'œuvre qui alors sont le fait de l'éditeur, dont le grand nombre ne présentent ni chiffres d'œuvre, ni numéros.

Les quatre sections du présent Catalogue reposent sur ces quatre catégories qu'on ne saurait réduire sans inconvénients à deux, aux compositions à chiffres d'œuvre et sans chiffres d'œuvre, système adopté par le catalogue thématique de Breitkopf et Härtel.

La difficulté de la non-concordance des catalogues est encore très grande. Nous avons, dans le doute, donné la préférence au chiffre de l'éditeur primitif. Pour cela, il fallait se mettre en possession des premières éditions originales. Ce fut un premier, long et dispendieux travail. Pendant plus de vingt ans, nous avons collectionné des éditions.

La liste des ouvrages de Beethoven *édités* par Breitkopf et Härtel, que ces libraires ont fait imprimer en 1850 sur le *verso* de quelques cahiers de compositions de piano du jour, doit faire autorité, une maison de librairie de cette importance étant censée connaître son fonds. Malheureusement, cette liste ne dépasse pas l'opéra 86 et montre 46 lacunes, autant de compositions de Beethoven publiées par d'autres éditeurs. Il eût été si simple pourtant que chaque éditeur publiât sa liste à lui, que ces listes réunies et combinées devinssent la loi de la librairie musicale. On n'en a rien fait. On n'a pas plus systématisé la partie *numérotée* du catalogue. Les éditeurs n'auraient eu pour cela qu'à se communiquer leurs correspondances avec Beethoven, à rouvrir leurs archives. Les dates des lettres d'envoi de Beethoven fourniraient le principe le plus naturel pour numéroter d'une manière rationnelle les compositions qui portent un numéro double, un numéro douteux ou qui n'en portent pas du tout. Mais il y a plus. Les compositions sans chiffres d'œuvre ni numéros sont encore à l'heure qu'il est, et à bien peu d'exceptions près, une *terra incognita*. Plusieurs d'entre elles, les *Lieder* surtout, méritent bien cependant l'attention de l'artiste. Il n'y a pas jusqu'à la musique de danse de Beethoven qui n'ait un certain intérêt historique.

Il reste deux choses à faire pour la partie sans chiffres d'œuvre ni numéros de l'œuvre de Beethoven :

1° Une édition complète (musique instrumentale, vocale, de danse);

2° Un album de piano qui réunirait ces compositions arrangées pour piano seul.

Liszt a déjà arrangé pour piano seul avec autant d'habileté que de réserve quelques Lieder. Le tour des Lieder moins connus, inconnus même, devrait venir.

La réédition de cette partie de l'œuvre est une dette que les éditeurs enrichis par Beethoven ne devraient pas plus longtemps différer de solder. L'entreprise, d'ailleurs, serait une bonne affaire. Quel musicien, quel amateur un peu artiste n'achèterait pas cet album? L'album ne négligerait point de garder, dans les arrangements pour piano de la musique de chant, une place aux textes, indispensables pour la comprendre. Et ne vous effrayez pas, vous autres au-delà du Rhin, on ne traduira point ces textes, une traduction française de *Wonne der Wehmuth, mit einem gemalten Bande,* ne pouvant être qu'un *méné-tékel* germanique quelconque de plus, très incompréhensible chez vous. Cette publication aurait besoin d'être faite avec élégance, avec critique surtout.

Les éditeurs qui voient tant de choses, ne voient donc point celles-là?

Comment, dans notre siècle d'albums et d'illustrations, n'a-t-on pas pensé à une édition qui recueillît ces *épaves* de la pensée du maître, que la plus grande partie des musiciens les plus versés dans leur art ignorent *complètement,* et qu'il est si difficile aujourd'hui de réunir, que nous n'avons rencontré ni à Berlin, ni à Vienne, ni à Leipzig, ni surtout à Paris, un seul magasin de musique qui les possédât toutes. Nous avons dans nos pérégrinations expérimenté la chose. Il serait donc vrai qu'il n'y a pas en Allemagne si petit acquéreur d'un *Lied* qui veuille se désister de son droit de vente exclusif au profit d'une édition complète, bien que personne ne lui achète son *Lied?* Cela tiendrait aux idées d'*union allemande.*

Les catalogues des magasins de musique (Cranz, Hoffmeister, Breitkopf, etc.) n'ont été pour nous qu'autant de points de comparaison; nous avons consulté comme documents :

1° Le catalogue qui accompagne la sonate de piano (op. 106) dans les *deux* éditions d'Artaria à Vienne, éditeur de Beethoven. Ce catalogue est peu critique cependant, le même chiffre y est donné jusqu'à cinq compositions différentes, les arrangements ne sont point séparés des compositions originales. On a deux quintettes de Beethoven pour deux violons, deux altos et violoncelle ; ce catalogue en connaît une foule. C'est une trouvaille qu'on peut lui envier.

2° La liste déjà mentionnée de Breitkopf et Härtel, éditeurs de Beethoven.

3° Le catalogue thématique de Hoffmeister, éditeur de Beethoven, pendant du *Manuel de Littérature musicale,* Leipzig 1819. Il ne faut pas confondre ce catalogue, typographiquement remarquable pour les temps où il fut publié, avec l'ouvrage : *Handbuch der musikalischen Literatur,* Leipzig, 1815, qui n'a aucune valeur critique.

4° Le répertoire universel de musique de Whistling, travail d'une patience de Bénédictin, mais non point critique, indispensable seulement pour connaître les arrangements et les diverses éditions.

L'œuvre entier de Beethoven, ou peu s'en faut, a été arrangé pour piano à quatre mains, souvent la même composition par plus d'un homme de talent. Cette richesse de moyens prouve la pauvreté des effets. Il y a peu d'arrangements satisfaisants : leur défaut est de substituer le piano à l'orchestre, dont le piano ne peut et ne doit être que le *microcosme*. On ne gagne rien à le surcharger, à abuser des deux dernières octaves de cet instrument dont la tonalité est nulle; on ne gagne pas davantage à faire d'un arrangement une partition complète, inexécutable à tout prendre; à demander au piano des effets qu'il ne saurait produire, condamné qu'il est, par l'absence de la diversité des timbres, à l'homogénéité du son. Répéter d'octaves en octaves, ce n'est pas encore augmenter.

Les arrangements pour le piano à quatre mains de Watts, de Muller (symphonie héroïque), de Hummel (ouverture en *mi majeur* de *Fidélio*), de Schneider (symphonie en *ut mineur*), sont, à notre avis, les meilleurs, parce qu'ils ne forcent point le piano et laissent à l'exécutant, comme à l'auditeur, toute latitude de suppléer. Un bon arrangement ne reproduit que les grandes lignes des idées et ne se met point à leur place. Il y a le tableau, il y a la gravure. Beethoven goûtait peu les arrangements de son œuvre, quoiqu'il ne fût guère plus heureux lui-même dans l'arrangement pour piano à quatre mains de la symphonie en *la*. Hummel, Moscheles, Czerny eurent plus d'une lance à rompre avec Beethoven, qui déchira une réduction de Hummel pour piano, de *Fidélio* (*Schindler,* p. 254).

Les trios, quatuors et quintettes pour instruments à cordes viennent d'être arrangés pour piano à deux mains par Winkler. C'est un grand service rendu à quiconque n'a pas l'habitude des partitions; ces arrangements sont des partitions à l'usage des innocents.

Notre catalogue indique les arrangements qui nous semblaient mériter la préférence. En notant les arrangements pour instruments à cordes, nous avons pensé aux nombreux fidèles réduits à jouer, dans une localité donnée, une symphonie en quintette. Nous avons indiqué entre parenthèses les noms des éditeurs toutes les fois que ce renseignement pouvait présenter une utilité. Nous avons tenu compte *des dates* des compositions telles qu'on les trouve dans les ouvrages de Schindler, Wegeler, Ries, Kanne, Schlosser, Gerber. Nous avons encore extrait les articles critiques du temps, répandus dans l'immense recueil de la *Gazette musicale universelle* de Leipzig, commençant à l'année 1798, 51 volumes in-quarto. Les dates de ces articles peuvent en quelque sorte suppléer les dates des compositions, parce qu'ils suivirent le plus souvent d'assez près leur publication. Aucune composition ne saurait du moins être postérieure à la date de l'article critique qui en rend compte ; c'est déjà quelque chose. C'est la première fois qu'on s'avise de restituer les dates par ce moyen. Ces critiques, le plus souvent *absurdes,* presque toujours au-dessous de leur sujet, ont l'intérêt de prouver combien Beethoven fut au-dessus de son époque, combien il devina juste l'avenir de son art. Quel ne fut pas le génie de cet homme pour répondre par de nouveaux chefs-d'œuvre, qui n'étaient pas plus compris, au haro général dirigé contre lui! On ne se persuade plus bien réellement *aujourd'hui* que des jugements *pareils* aient pu se prononcer, que des esprits supérieurs aient pu être aveugles à ce point!

Les intitulés des ouvrages de Beethoven se partagent quatre langues, le français, l'allemand, l'italien, le latin (Messe en *ré*). Nous avons conservé les intitulés originaux, une traduction, littérale même, pouvant en altérer le caractère sinon le sens. Les données anecdotiques extraites d'ouvrages allemands sont suivies d'une traduction en français. Nous n'avons pas traduit les articles critiques du temps, parce que la lettre y importe plus que l'esprit et ne pouvait se rendre. Pourquoi d'ailleurs ne point citer l'allemand dans un livre écrit en français, comme on a toujours cité sans inconvénient le français dans les livres allemands?

On a douté de l'authenticité de Schindler. On peut lui préférer Wegeler et l'autorité de Ries, mais on est bien obligé d'accepter ce qu'il dit toutes les fois qu'il est seul à le dire et qu'il n'y a pas de raison *connue* pour douter de sa véracité. « *Quisquis* PRÆSUMITUR *bonus donec probetur* CONTRARIUM ». Nous n'entendons pas y comprendre le récit débité par Schindler, p. 161, auquel la personne intéressée nous a dit vouloir donner un démenti, les preuves du contraire en mains. Il ne faut pas oublier que Schindler entoura Beethoven pendant quatorze ans, et qu'il en serait le biographe le plus complet rien que pour nous avoir conservé les correspondances et autres documents authentiques qu'on ne possèderait pas sans lui.

Pour démontrer le côté pratique d'un catalogue raisonné de l'œuvre de Beethoven, nous dirons un mot des erreurs où sont tombés, entre autres critiques, M. Fétis et M. Scudo.

On lit dans la *Biographie des Musiciens* de M. Fétis, article *Beethoven :* « Le catalogue renferme *six* sonates pour piano et violoncelle ». On ne trouve six sonates qu'en comptant la sonate pour piano et cor, op. 17, arrangée pour piano et violoncelle, comme elle l'a été pour piano et violon, pour piano et alto, pour piano et flûte. M. Fétis compte *six* trios pour piano, violon et violoncelle. Il fallait bien mentionner encore le trio en un morceau composé en 1812 (lettre *a* de la troisième section du catalogue), les deux trios posthumes, trios dont l'authenticité est attestée par Ries (lettre *o,* quatrième section); les variations pour piano, violon et violoncelle, op. 44, 121.

M. Fétis connaît un quatuor pour piano, violon, alto et violoncelle, puis un quintette pour piano et instruments à vent. Le quatuor est un arrangement du quintette. M. Fétis ne dit pas que le *sixième* concerto de piano est un arrangement du célèbre concerto de violon, op. 61. La chose en valait pourtant la peine. M. Fétis compte *cinq* trios pour violon, alto et violoncelle. Il y en a quatre, op. 3, 9 (trois trios). M. Fétis aura pensé à la sérénade pour violon, alto et violoncelle, op. 8. Autant valait lui laisser son nom de sérénade, comme à la sérénade pour flûte, alto et violoncelle, op. 25, dont M. Fétis ne change pas l'intitulé.

Il n'y a 17 quatuors pour deux violons, alto et violoncelle, qu'en comptant la grande fugue pour deux violons, alto et violoncelle, op. 133, comme 16e quatuor. Il fallait expliquer cela d'autant que la fugue faisait dans l'origine partie du 14e quatuor.

M. Fétis connaît *trois* quintettes de violon. Il y en a deux, op. 4 *mi bémol,* op. 29 *ut majeur.* M. Fétis aura vu dans les catalogues un quintette op. 104. Ce quintette est un arrangement de Beethoven du troisième trio de piano, *ut mineur,* op. 1. M. Fétis donne à deux ouvertures des intitulés allemands qu'elles ne portent pas et à ces intitulés un sens qu'ils n'ont pas. L'ouverture en *ut,* op. 115, M. Fétis l'appelle *Nahmensfeier* et traduit : *de la fête patronale.* Le manuscrit autographe de l'ouverture, que nous avons vu entre les mains de M. Charles Czerny, à Vienne, porte : *am Nahmenstage unseres Kaisers Franz* (le jour de fête de notre empereur François), ce qui veut dire que si l'ouverture ne fut pas écrite ce jour par Beethoven, il en conçut du moins à cette occasion l'idée. Aussi faut-il ne point la confondre avec l'ouverture, op. 124, écrite pour l'inauguration du théâtre de la Josephstadt à Vienne, le jour de fête de l'empereur François, 3 octobre 1822.

Aucune édition de l'ouverture, op. 115, ne porte l'intitulé *Nahmensfeier.* — L'ouverture en ut, op. 124, M. Fétis l'appelle : *die Weihe des Hauses,* traduction : « de la dédicace du *temple* », quand il n'y a de temple qu'un théâtre de vaudeville. Ni la partition, ni aucune édition de l'ouverture, ne porte l'intitulé que lui donne M. Fétis sans l'avoir compris : *Haus* étant le synonyme de salle de spectacle. M. Fétis parle de l'ouverture de *Léonore,* puis de l'ouverture caractéristique, op. 138, qui est la première ouverture de *Léonore;* il ne dit mot de la variante de la seconde ouverture de *Léonore,* qu'il faut envisager comme une troisième ouverture en *ut* de l'opéra et qui méritait bien une mention.

Au nombre des œuvres posthumes, M. Fétis cite l'octuor

pour instruments à vent, citation de catalogue *de magasin de musique* servant à apprendre *comment il ne faut pas faire* en matière de critique. Si M. Fétis avait seulement lu la *première* mesure de l'octuor, il eût reconnu son identité avec le quintette de violon op. 4, composé en 1796. On ne comprend pas plus comment M. Fétis trouve 13 œuvres de pièces de *différents caractères pour piano,* qu'il nomme: *andantes, fantaisies, bagatelles, préludes, rondos, danses;* vingt thèmes variés pour piano; 22 autres pour piano avec accompagnement de violon, de violoncelle *ou* de flute, enfin 74 (!) pièces pour le chant avec accompagnement de piano. Un seul coup d'œil sur la table générale à la fin de notre catalogue, qui repose sur des preuves et non point sur des assertions volontaires, démontre l'inexactitude des chiffres de M. Fétis.

M. Scudo (*Revue des Deux-Mondes,* 12 octobre 1870) compte hardiment 49 sonates de piano. Il y en 32 ; en ajoutant les six sonates et sonatines qui datent de l'enfance de Beethoven (troisième section du catalogue, lettres *d, e, f*), on en trouve 38; en y ajoutant les dix sonates pour piano et violon, les cinq sonates pour piano et violoncelle et la sonate pour piano et cor, on arrive à 54 sonates en tout, mais non point au chiffre de M. Scudo.

A en croire M. Scudo, Beethoven aurait traité *tous* les genres *depuis le simple caprice de flûte,* crescendo. Il n'y a de flûte qu'une sérénade pour flûte, alto et violoncelle, op. 25, qui n'est ni un caprice, ni un simple caprice. Beethoven n'a pas écrit de morceau *a capella;* il n'a donc pas absolument traité *tous* les genres depuis le simple caprice de flûte, expression d'une assez grande légèreté, quand il s'agit d'un maître comme Beethoven; passe pour Tulou. Un simple caprice de flûte comporte l'idée d'une pièce écrite pour une seule et unique flûte. Cette idée, pleine de charme pour les joueurs de flûte, Beethoven ne l'eut pas.

M. Scudo donne au quatuor en *la mineur,* op. 132, le chiffre d'œuvre 12, ce qui place une œuvre capitale de la dernière transformation du génie de Beethoven au rang des productions de sa première manière. Les trois sonates de piano, op. 10, M. Scudo les appelle les trois premières, en supprimant ainsi quatre sonates des plus importantes, op. 2 (trois sonates), op. 7.

Après avoir établi que la sonate en *ut dièse mineur* raconte les amours de Beethoven et de Mademoiselle la comtesse Juliette Guicciardi, qu'il appelle *madame* Guicciardi, M. Scudo rapporte ce mot de Beethoven : « Voulez-vous connaître l'idée fondamentale des *deux* sonates, op. 27 et 29? lisez la *Tempête* de Shakespeare. » Or, nommer ces chiffres, ce n'est pas nommer *deux* sonates, c'est en nommer *cinq*. Beethoven parla d'ailleurs de la sonate en *fa mineur,* op. 57 et de la sonate en *ré mineur,* qui n'est qu'*une* des trois sonates comprises sous le double chiffre d'œuvre 31 (29), V. ces chiffres au Catalogue et comparer *Sch.,* p. 199. M. Scudo, tout en consacrant un article spécial à la sonate en *ut dièse mineur,* ignorait donc que cette importante composition porte précisément le chiffre d'œuvre 27 pour lequel il renvoie le lecteur à Shakespeare. La sonate ne saurait être l'histoire d'une passion de Beethoven et être encore *la Tempête* de Shakespeare ; c'est cependant là le dilemme auquel M. Scudo arrive sans s'en douter.

Si M. Fétis, théoricien en juste renom, directeur d'un célèbre conservatoire; si M. Scudo, critique en vogue dont les écrits ont plus d'un intérêt pour l'artiste comme pour l'amateur; si ces deux auteurs distingués ont pu errer à ce point, un catalogue critique de l'œuvre de Beethoven ne peut être chose inutile.

On lit dans le *Journal des Débats* du 17 janvier 1851 : « On entendra enfin (société de Sainte-Cécile) l'ouverture de Beethoven (*ut majeur*) exécutée pour la première fois à Paris ». Ce programme laisse le choix entre les six ouvertures de Beethoven écrites en *ut majeur* (*Prométhée,* trois ouvertures en *ut* de *Léonore,* les deux ouvertures, op. 115, 124).

Le n° 6 de la *Revue et Gazette musicale* de Paris, 1851,

annonce, pour le second concert de la société Sainte-Cécile, des fragments du *grand* octuor de Beethoven. Nous avons vu que l'octuor est identique avec le quintette de violon, op. 4.

Les programmes de concert même auraient donc besoin de se régler sur un catalogue dont l'exactitude aurait été reconnue. Le célèbre Hummel qualifia la symphonie en *ut mineur* de troisième, erreur relevée par la *Gazette musicale universelle* de Leipzig, 1829, p. 49.

Que les éditeurs d'Allemagne complètent notre Catalogue des données biographiques, chronologiques et critiques qu'on doit pouvoir tirer de leurs archives. La moindre donnée authentique en pareille matière a son prix. Il n'y a pas jusqu'aux misérables deniers dont fut soldée sinon payée telle production immortelle, qui ne concourent à faire comprendre combien le maître fut au-dessus de son temps, quelle fut en un mot sa grandeur. Combien furent payés les trois quatuors, op. 59, cette troisième génération du quatuor comme Haydn est la première, Mozart la seconde? L'éditeur pourrait nous le dire. A-t-il bien réellement un intérêt de se taire?

Tout peut, tout doit se dire là où la mort et la gloire ont passé!

Que les personnes compétentes reconnaissent, dans le travail ingrat que nous offrons au public, une pierre apportée à l'édifice, et nous ne jugerons point nos peines perdues.

Notre travail était achevé quand le catalogue thématique de Breitkopf et Härtel parut (mai 1851), lequel est pour les yeux ce que le nôtre est pour l'esprit. On consulte un catalogue thématique, on *lit* un catalogue critique, chronologique et anecdotique. Nous mentionnons à la fin du Catalogue, dans un appendice à cet effet, les fautes et les lacunes du catalogue de Breitkopf, entreprise très méritoire, qu'une réédition de la musique de chant de Beethoven, comme nous l'avons indiquée plus haut, devrait suivre.

Reposant sur d'autres sources, fait dans un but tout autre, dans un but critique, notre travail est entièrement indépendant du catalogue thématique de Breitkopf.

Au moyen de la table générale, on trouvera une composition donnée avec la même facilité qu'un mot dans un dictionnaire.

ABREVIATIONS

B. — Beethoven.

V. — Violon.

A. — Alto.

V^elle^. — Violoncelle.

Ar. en quat. — Arrangé en quatuor (2 V., et V^elle^).

Ar. en quint. — Arrangé en quintette (2 V., 2 A. et V^elle^).

G. M. U. — *Gazettte musicale universelle* de Leipzig.

Sch. — Schindler. *Biographie de Louis van Beethoven.* Münster, 1845.

Wegeler; Ries. — *Notices biographiques sur L. van Beethoven.* Coblentz, 1838.

Whistling. — *Manuel de Littérature musicale.* Leipzig, 1844.

Weber (Carl Maria von). — *Œuvres posthumes.* Leipzig, 1850.

Ortlepp. — *Beethoven, caractère fantastique.* Leipzig, 1836.

Griepenkerl. — *La Fête musicale ou le Roman de Beethoven.* Brunswich, 1841.

Bettina. — *Correspondance de Gœthe et de madame Bettina d'Arnim,* traduction de l'allemand de Seb. Albin. Paris, 1843.

CATALOGUE

> Lorsqu'on parle de la musique comme d'un art complet, il ne devrait s'agir que de cette musique instrumentale qui renferme seule en elle-même le caractère propre et inméconnaissable de l'art.
>
> HOFFMANN, *Gaz. mus. univ.*, 1810, p. 63.

PREMIERE SECTION

Compositions portant des Chiffres d'Œuvre.

(OPÉRA, OPUS)

Numeris regitur mundus.

Opéra.

1. 3 Trios pour P., V. et V^{elle} *mi bémol, sol majeur, ut mineur,* dédiés au prince Lichnowski, composés en 1795.

Hercule au berceau.

Ar. pour 2 V., 2 A. et V^{elle}. L'arrangement de Beethoven en quintette du 3e trio porte le chiffre d'œuvre 104.

Ar. pour P. à 4 m. par Schneider, pour P. à 2 m. Winkler.

Ries, p. 84. « Les trios furent exécutés pour la première fois à une soirée du prince Lichnowski. La plupart des artistes et amateurs de Vienne y

Opéra.

étaient invités. On était surtout curieux de l'avis de Haydn qui en dit beaucoup de bien, mais conseilla à Beethoven de ne pas publier le 3ᵉ. B. le considérait comme le meilleur (ce trio montre en effet plus de traces de son futur grand style que les deux autres); il fut dès lors persuadé que Haydn était envieux, le jalousait et ne lui voulait pas de bien ».

G. M. U., 1829, p. 86. « A combien de personnes l'œuvre a-t-elle procuré de la jouissance depuis trente et quelques années qu'elle a paru pour la première fois! Dans ces trios se reflète l'insouciante jeunesse du maître, sans soucis encore, légère et étourdie (?) Cependant la gravité profonde et la douce profondeur qui devaient marquer plus tard son talent s'y révèlent déjà. Quoiqu'on reconnaisse que les quatuors pour piano de Mozart leur ont servi de modèles (?), l'originalité et le caractère de B. s'y lisent d'une façon inméconnaissable et lancent des étincelles brûlantes ».

Rochlitz (G. M. U. 1828, p. 488). « Lorsque B. publia ses trios et bientôt après sa première symphonie, un critique les traita comme les explosions confuses de la témérité présomptueuse d'un jeune homme de talent; ce critique était un bon musicien, très au courant de son temps et des théories en vogue. Wegeler, p. 29. Le célèbre violoncelliste Kraft recommanda en ma présence à B. d'indiquer un passage du finale du 3ᵉ trio *sulla corda g* et d'écrire dans le second trio le finale en 2/4 au lieu de 4/4. B. acceptait volontiers ces observations ». Des recherches dans les collections de musique inédite des grandes bibliothèques d'Allemagne amèneraient peut-être la découverte de compositions inconnues de B., remontant aux vingt premières années de sa vie (1770-1790). Le savant M. Dehn, un

Opéra.

des conservateurs de la bibliothèque royale de Berlin, pourrait sans doute vider cette question. Les trois premières sonates de P. composées par B à l'âge de 10 ans (lettre *f*, 3e sect.), furent publiées en 1783 dans la *Blumenlese* de Speier, Wegeler, p. 16. Les 3 trios, op. 1, parurent en 1795. Pendant les douze années comprises entre les années 1782 et 1795, le maître ne dut point chômer, et cet espace de temps ne peut être comblé par les trois quatuors et les deux trios de piano posthumes (lettres *i* et *o*, 4e sect.); pas plus que par le Lied : *Quand quelqu'un se met en voyage* (v. op. 52), par la musique inédite d'un ballet chevaleresque (Ritter-Ballet) dont le manuscrit est en la possession du marchand de musique *Dunst* à Francfort. Wegeler, p. 16. Les 3 cahiers de variations pour P. n°s 1, 3, 15 (v. la 2e section du Catalogue) remontent encore à ces premiers temps, pendant lesquels B. a dû produire plus que le peu que nous savons leur appartenir. Il faut donc supposer qu'un grand nombre des *Lieder* réunis plus tard sous le même chiffre d'œuvre, quelques compositions numérotées (2e sect.) et *posthumes* (4e sect.) sont antérieures aux trios, op. 1. Ces trios sont la première publication *importante* de B., ils ne sont point sa première composition, encore pourraient-ils ne pas dater tout à fait de la même époque, le trio en *sol* (le largo et le scherzo exceptés) étant fort distancé par les deux autres.

La figure du finale du 2e trio est bâtie sur un *sol* groupé en doubles croches dans la partie de violon laquelle figure dans la partie du piano devient *fa* et *la*, sans doute parce que le mécanisme des clavecins du temps ne permettait pas de marteler avec netteté la même note dans un mouvement rapide. Pourquoi sans cela B. eût-il apporté une modifica-

Opéra.

tion à la figure principale dans la seule partie du piano?

2. 3 Sonates pour P. *fa mineur, la majeur, ut majeur,* dédiées a *Haydn,* compos. en 1796. Ries, p. 125, les appelle une œuvre de géant (Riesen-Sonaten). Wegeler, p. 29 : « B. joua devant le vétéran Haydn, chez le prince Lichnowsky, les sonates qu'il lui avait dédiées ».

Le chevalier Seyfried a ar. à gr. orchestre le largo de la 2e et l'adagio de la 3e; l'adagio de la 1re a été ar. pour le chant avec acc. de P. (die Klage), Wegeler, p. 69, l'allegro sur le texte de Schiller : *Sehnsucht,* l'adagio de la 2e S. sur le texte : *schau ich in's Auge ihr,* et le scherzo par Silcher sur le texte : *Wiedersehen* (Revoir).

Ar. en quatuors, pour P. à 4 m. par Schwencke.

3. Trio pour V., A. et Velle *mi bémol,* composé en 1796. Voyez au sujet de l'origine du trio la remarque à la fin de l'opéra 18 (Wegeler, p. 30).

Ar. en S. pour P., V. et Velle obligés, voy. op. 64.

Pour P. à 4 m. par Stegmann, à 2 m. par Winkler. Les deux menuets séparément pour P. à 4 m. (v. la 3e section, n° 3).

4. Quintette pour 2 V., 2 A. et Velle *mi bémol,* comp. en 1796. Le 3e morceau (minuetto quasi allegretto) est bien plus scherzo que les scherzos des trios, op. 1; il tire un véritable feu d'artifice de *humour* beethovénien. Ce morceau est le fils aîné de l'intéressante famille des scherzi qui, des trios, op. 1, s'étend par-delà le septuor, jusqu'à la seconde symphonie; forme nouvelle que les plus hautes destinées de la fantaisie attendaient dans le style de la seconde et de la troisième manière dès la troisième symphonie ; dès le 7e (quatuor *fa majeur,* op. 59) ; dès la quatrième sonate pour P. et V. (*fa majeur,* op. 24); dès la 12e S. pour P. seul, op. 26. Le mi-

Opéra.

nuetto-scherzo du quintette, op. 4, a deux trios. Il n'y a point d'exemple d'un second trio de menuet dans les quatuors de Haydn, de Mozart, de Beethoven (comparez la sérénade de B., op. 25, le trio, op. 3, le trio de Mozart pour V., A. et Velle, la sérénade de Mozart pour 13 instruments à vent).

Ar. en S. pour P., V. et Velle (voy. op. 63).

Pour P. à 4 m. par Klage, à 2 m. par Winkler.

L'octuor posthume pour instruments à vent est identique à ce quintette (v. la 4e section).

5. 2 sonates pour P. et Velle, *fa majeur, sol mineur,* dédiées au roi de Prusse Frédéric-Guillaume II, comp. en 1797 pour *Duport,* exécutées par B. et Duport à la cour du roi. Duport était le premier violoncelliste du temps auteur de l'*Essai sur le doigter du Violoncelle,* où l'on lit, p. 171 : « Tout le monde connaît le coup d'archet martelé ou staccato, c'est une affaire de tact et d'adresse. Il y a des personnes qui le saisissent tout de suite, d'autres ne parviennent jamais à le faire parfaitement. Je suis de ce nombre. » On voit que dans ce temps les artistes savaient être modestes. Ries, p. 109 : « B. reçut du roi une boîte en or remplie de louis. Il racontait depuis, avec une certaine satisfaction, que la boîte n'avait point été une boîte ordinaire, mais de celles que l'on avait l'habitude de donner aux ambassadeurs ».

Ar. pour P. à 4 m. (Cranz).

Pour P. à 2 m. par Winkler.

Pour P. et V.

Pour 2 V., A. et 2 Velles par F. Ries (Dunst à Francfort).

6. Sonate (facile) pour P. à 4 m., *ré majeur,* comp. en 1797.

Ar. pour P. à 2 m. par Winkler.

Pour P. et flûte (ou V.) par Burchard (Simrock).

Opéra.

7. Sonate pour P., *mi bémol,* déd. à la comtesse Keglevics.

Ar. en quint. le largo pour chant avec ac. de P. sur le texte : « *Le travail de la journée est fini* » (Breitkopf).

8. Sérénade pour V., A. et V^elle^ *ré majeur,* com. en 1798.

Ar. par Beethoven en Notturno pour P. et Alto v. op. 42.

Pour P. à 4 m. (Cranz).

Pour P. à 2 m. par Winkler.

Pour 2 violons.

Pour guitare et V. (ou flûte).

La Polonaise (Polonaise favorite) *fa majeur,* ar. séparément pour P. à 4 m.

9. 3 trios pour V., A. et V^elle^, *sol majeur, ré majeur* et *ut mineur,* déd. au comte de Browne, comp. en 1798.

Ar. en sonates (grands trios) pour P., V. et V^elle^ (Simrock), v. op. 61.

Pour P. à 4 m. par Stegman.

Pour P. à 2 m. par Winkler.

Le 1er trio (Cologne, chez Eck) et le 2e (Bonn, chez Mompour) ont été ar. pour P. et V.

10. 3 sonates pour P., *ut mineur, fa majeur* et *ré majeur,* déd. à la comtesse de Browne, comp. en 1799.

Ar. pour P. à 4 m. par Schwencke.

Pour 2 V., A. et V^elle^, la 1re et la 2e par Brand, la 3e par F. Ries.

L'adagio de la 1re S. a été ar. par Bierey en chœur (*Agnus Dei*) avec ac. d'orchestre, le largo de la 3e pour chant avec P. sur le texte : *Dein Auge weiss* (Breitkopf).

G. M. U., 1789, p. 25 : « L'abondance des idées amène encore trop souvent B. à amonceler les pensées sans ordre et à l'aide d'une manière bizarre, à les grouper de telle sorte qu'il est fréquemment

Opéra.

conduit à un art obscur ou à une obscurité artificielle ».

11. Trio pour P., clarinette (ou violon) et Velle *si bémol,* dédié à la comtesse de Thun, comp. en 1799.

Ar. en quintette (Haslinger).

Pour P. à 4 mains par F. Schneider.

Pour P. à 2 m. par Winkler.

G. M. U., 1799, p. 341 : « Avec sa connaissance peu commune de l'harmonie et son goût pour le grave, B. produirait de bonnes choses s'il voulait écrire plus naturellement et d'une façon moins maniérée ».

12. Tre sonate per il clavicembalo o fortepiano con un violino, dedicato al Signore A. Salieri. *Ré majeur, la majeur, mi bémol.*

Ar. en quatuors concertants par Henzius.

Pour P. et flûte par Drouet (Dunst, à Francfort).

Pour P. à 4 m. (Cranz).

Pour P. à 2 m. Winkler.

L'andante et le rondo de la 2e et l'adagio de la 3e S. ont été ar. et gr. orchestre par le chevalier Seyfried (morceaux choisis de B., voy. op. 2).

L'andante de la 2e S. a encore été ar. pour chant et P. sur le texte : *Que ton cœur me garde* (Breitkopf).

« Un de ses ouvrages les plus difficiles, » dit Gerber, ce qui est caractéristique du temps.

G. M. U., 1799, p. 570 : « Amas de choses savantes sans méthode; pas de naturel, pas de chant, une forêt dans laquelle on est arrêté à chaque pas par les buissons ennemis, d'où l'on sort épuisé, sans plaisir; un amoncellement de difficultés, qu'on en perd la patience. Si B. voulait se renier lui-même et entrer dans les voies de la nature, il pourrait avec son talent (*sic*) et son amour du travail (*bravo!*) produire beaucoup d'excellentes choses. »

Opéra.

Ce dernier conseil donné à B., de renoncer à sa propre nature, devrait s'encadrer et se suspendre au-dessus du chevet de lit des harmonistes et directeurs de conservatoire *in æternam rei memoriam !*

13. Sonate pathétique pour P., *ut mineur,* dédiée au prince Lichnowski.

Ar. en nonetto, en quat. en quint., à gr. orchestre par Dörfeldt, pour P. à 4 m. par Lickl, pour 2 V. par Hartmann, l'adagio sur le texte : *L'œil de la femme aimée.*

G. M. U., 1800, p. 373 : « C'est avec raison qu'on la dit pathétique; la S. a réellement de la passion ».

14. 2 sonates pour P., *mi majeur, sol majeur,* dédiées à la baronne de Braun, comp. en 1799.

Ar. en quat. par Bierey, pour 2 V. par Hartmann, pour P. à 4 m. (Cranz); l'allegretto (scherzo) de la 1re S. a été ar. à gr. orchestre par Baldenecker (12 entr'actes, *Dunst* à Francfort).

15. Concerto (1er) pour P. et gr. orch. *ut majeur,* dédié la princesse Odescalchi, payé 10 ducats. Schindler, p. 38.

B. affectionnait le rondo qu'il composa deux jours avant le concert où il exécuta le concerto. A la répétition, le clavecin se trouvait être d'un demi-ton trop bas; B. le joua aussitôt en *ut dièse majeur* étant accompagné en *ut majeur.* Ries, p. 100. Wegeler, p. 36. Le largo, *la bémol,* a été publié séparément pour P. seul sous l'intitulé *Adagio favori.* La manière de B. de tirer parti du piano à la reprise du motif (67e mesure du largo) est le point de départ des riches accompagnements de l'école moderne. A ce titre seul déjà le morceau mérite la plus grande attention.

Ar. pour P., 2 V., 2 A., Velle et basse (Simrock).
Pour P., 2 V., A. et Velle.
Pour 2 P., pour P. à 4 m.

Opéra.

16. Quintette pour P., clarinette, hautbois, basson et cor, *mi bémol,* comp. en 1801. Ries, p. 79 : « Un jour B. joua le quintette avec le célèbre hautbois Ram. A un point d'orgue du rondo, B. se mit à improviser. Les accompagnateurs s'en formalisèrent (irritabile genus vatum!), Ram s'en fâcha même tout de bon. Guettant le moment de la rentrée, portant à chaque instant leurs instruments à la bouche et les déposant aussi souvent, ils faisaient tous assez triste figure. De guerre lasse, B. rentra enfin dans le rondo. L'auditoire fut ravi. »

Ar. par B. en quatuor pour P., V., A. et Velle.

Ar. en quintetto pour 2 V., 2 A. et Velle par Khyrn, en quatuor pour 2 P. par Czerny, pour P. à 4 m., par Schneider, pour P. à 2 m. par Winkler.

17. Sonate pour P. et cor, *fa majeur,* dédiée à la baronne de Braun, comp. en 1800 la veille d'un concert du corniste Punto à Vienne où B. l'exécuta avec lui. Ries, p. 82. Un serf des Esterhazy, Stich, s'était évadé. Il rapportait d'Italie le nom de Punto (traduction de Stich) et un talent. Ce duo au petit pied compte d'autres aventures, il fut arrangé par Ebers pour 2 V., A., Velle, basse, flûte, 2 clarinettes, 2 bassons et 2 cors (André à Offenbach); pour 2 V., 2 A. et Velle; pour P. et flûte (ou V.); pour harpe et cor (ou Velle) par Stockhausen (Frey à Paris) ; enfin l'éditeur Cranz le jugea digne d'être nommé *Sonate favorite* dans l'ar. à 4 m. qu'il en publia.

Habent sua fata libelli. Ce duo se trouvait être à la hauteur des contemporains parce qu'il avait été écrit dans quelques heures.

18. 6 quatuors pour 2 V., A. et Velle, *fa majeur, ré majeur, ut mineur, la majeur, si bémol ;* dédiés au prince Lobkowitz, duc de Raudnitz. Le 3e, *ré majeur,* est le premier en date, et le premier publié, *fa majeur,* le 3e. Ries, p. 103. Il est probable que les trois

Opéra.

premiers quatuors qui parurent chez Mollo à Vienne datent de 1801.

G. M. U., 1801, p. 800 : « Parmi les ouvrages nouveaux figurent d'excellentes compositions de B. ; trois quatuors prouvent la légitimité de son talent; mais ils doivent être joués souvent, attendu qu'ils sont très difficiles et aucunement *populaires.* »

L'œuvre capitale de ces quatuors a eu le temps de se faire *populaire;* elle constitue aujourd'hui une partie intégrante du répertoire de la haute musique de chambre, elle marche l'égale des plus grands phénomènes en littérature de tous pays, elle est une des colonnes plantées par B. dans l'histoire pour mesurer le chemin parcouru par son esprit. Si l'artiste y est à son aise, l'amateur même croit aujourd'hui pouvoir leur faire visite sans danger.

Ar. en 6 gr. sonates pour P., V. obligé et V^elle^ *ad libitum* (Simrock, à Bonn).

G. M. U., 1806, p. 670 : « Il importe d'indiquer que ces sonates sont les célèbres quatuors qu'on se rassasie à peine d'entendre, malgré leur style dur et rocailleux. Les pianistes qui veulent briller par eux-mêmes feront bien de ne pas les choisir. »

Wegeler, p. 30 : « En 1795, le comte Appony chargea B. de composer un quatuor, moyennant des honoraires déterminés; il n'en avait pas encore écrit jusqu'alors. B. se mit deux fois à l'ouvrage; le premier essai produisit un trio pour violons, op. 3; le second, un quintette de violon, op. 4. » Ries, p. 85. « Je demandai un jour à Haydn pour quoi il n'avait pas écrit de quintette pour violons. Il me répondit que lui, Haydn, avait toujours eu assez de 4 voix; qu'il l'avait essayé, qu'il en était résulté la première fois un quatuor, la seconde fois une sonate ».

19. Concerto (2e) pour P. avec ac. d'orch. *si bémol,* comp.

en 1801, dédié à M. de Nikelsberg-Nikl, Edlem von Nikelsberg.

Ar. pour P. à 4 m. par Gleichauf.

20. Grand septuor pour V., clarinette, cor, basson, alto, V^elle^ et contre-basse, *mi bémol.* Payé 20 ducats. Sch., p. 38. L'édition de Peters, à Leipzig, porte la dédicace à l'impératrice Marie-Thérèse, femme de François Ier, et qu'il ne faut pas confondre avec la grande Marie-Thérèse, morte en 1780, quand B. avait dix ans.

Ar. par B. en trio pour P., clarinette (ou V.) et V^elle^ concertants, dédié au docteur Schmidt (1802, Haslinger), v. op. 38. « Cet arrangement est remarquable à plus d'un point ; B. y remplace le trait ascendant du violon dans le scherzo par une gamme du P. qui comprend aussi les notes intermédiaires; il donne le chant du trio au P. et non point au V^elle^. B. a encore ar. le septuor pour 2 V., 2 A. et V^elle^, ar. très remarquable ». Ries, p. 93.

Ar. en nonetto, en quat. pour P., V., A. et V^elle^ par Schwencke, pour P. et V., pour P., flûte, V. et V^elle^, par Hummel, pour P. à 4 m. à 2 m., par Hummel, Liszt, Winkler, pour 2 P. à 8 m.

L'adagio a été ar. pour chant avec P. sur le texte: *Schuldlos wie Veilchenblüthe.*

21. Symphonie (1re) à gr. orch. *ut majeur,* dédiée au baron van Swieten, ex-médecin de corps de l'impératrice Marie-Thérèse, comp. en 1801, payée 20 ducats. Sch., p. 38. « Probablement la plus agréable et la plus populaire. *Gerber.* « Magnifique, claire, coulant comme un torrent de feu ». *Weber.* « Création magnifique, tous les instruments sont bien employés; une richesse peu commune de belles idées s'y développe avec grâce et ampleur; et pourtant (!) la cohésion, l'ordre et la lumière règnent partout. »

Opéra.

G. M. U., 1805, p. 321 : « Un avertissement pour l'auteur. Haydn poussé par bizarrerie jusqu'à la caricature. » G. U. M., 1828, p. 488.

Ar. en nonetto, en quint. en quat. Pour P. et V., pour P., flûte, V. et V^elle^, par Hummel pour P. à 2 m. par Hummel, Winkler, à 4 m. pour 2 P. à 8 m.

22. Grande sonate pour P. *si bémol,* déd. au comte de Browne, brigadier au service de Russie, comp. en 1802, payée 20 ducats. Sch., p. 38.

Le comte de Browne pourrait avoir été le fils de l'ancien gouverneur général de Livonie, Irlandais d'origine, dont la famille faisait de fréquentes visites à Vienne où elle a pu connaître B. Le brigadier était encore en 1802 propriétaire du château de Smilten, en Livonie, aux ruines mêmes duquel cette splendide production survivra. La Livonie réclamerait ainsi l'honneur de la dédicace d'une œuvre capitale de B. Comparez la gazette livonienne l'*Inland,* 1851, n° 34, et la dédicace des variations 10 *a,* 2e section.

Ar. pour P. à 4 m. (Cranz).

23. Sonate pour P. et V. *la mineur,* déd. au comte Moritz Fries.

Ar. en quatuor, en trio pour V., A. et V^elle^, pour P. à 4 m. (Cranz), à 2 m. par Winkler.

G. M. U., 1802, p. 569 : « L'esprit original, hardi, plein de feu de B. ressort de plus en plus; il commence à dédaigner toutes les exagérations ; il devient plus agréable; méthode sévère, clarté, exécution égale et logique. »

24. Sonate pour P. et V. *fa majeur,* dédiée au comte Ferdinand Fries. G. M. U., 1802, p. 569.

Ar. en quatuor, pour P. à 4 m. (Cranz), à 2 m. par Winkler, l'adagio pour chant et P.

Whistling donne le chiffre 24 au Lied: *Cailletage;* v. le n° 24, 2e section.

Opéra.

25. Sérénade pour flûte, V. et A., *ré majeur,* comp. en 1802.

Ar. pour P. à 4 m. (Cranz), par Moscheles : « serenata aggiustata per P. à 4 mani, Lipsia presso Klemm. »

Ar. pour P., flûte (ou V.) Cet arrangement *revu* par B. (Peters, à Leipzig) porte le chiffre 41; v. le n° 25, 2e sect. Comme le septuor, la sérénade fut d'abord publiée en deux livraisons dont la 2e commence comme dans le septuor par le thème varié. On avait dans le temps le goût de ces pièces en beaucoup de morceaux. Le septuor est le sommet de ces anciens patrons, le scherzo y remplace le second menuet en usage (sérénade de Mozart pour 13 instruments à vent).

26. Sonate pour P. *la bémol,* dédiée au prince Lichnowski, comp. en 1802

Ar. pour 2 V. par Hartmann, pour P. à 4 m., la marche funèbre à gr. orch., l'andante pour chant et P. par Griepenkerl (Leibroek, à Brunswick), par Silcher sur un autre texte (Zumsteeg, à Stuttgart). B. déjà cherchait un texte. Wegeler, p. 48.

G. M. U., 1802, p. 651 : « Quelques passages sont peut-être travaillés avec trop d'art. Cela ne s'applique nullement toutefois au morceau d'harmonie véritablement grand, sombre et magnifique (?) (*Marche funèbre sur la mort d'un héros*), car là tout ce qui est difficulté et art est nécessaire à l'expression et par conséquent à l'œuvre principale (!)» V. n° 26, 2e sect. Ries, p. 80. « Les éloges donnés par les amis de B. à la marche funèbre de l'opéra de Paer, *Achille,* donnèrent à B. l'impulsion d'écrire la marche funèbre de la sonate. »

27. Sonate quasi una fantasia per il clavicembola o pianoforte, dedicata à Sua Altezza la signora prin-

Opéra.

cipessa Giovanna Lichtenstein, nata langravia Fürstenberg. N° 1, *mi bémol.*

Le 1er morceau ar. en quint. (Simrock) pour chant sur le texte du *Kyrie.*

G. M. U., 1802, p. 650 : « Le presto à la fin est comme le finale bruyant ajouté ordinairement aux airs des opéras italiens travaillés dans le grand style (?) »

Sonate quasi una fantasia dedicata alla damigella contessa Giuletta Guicciardi (Vienna presso Cappi), n° 2, *ut dièse mineur.*

Le 1er morceau a été ar. pour le chant par Griepenkerl (Leibrock, à Brunswick) et sur le texte du *Kyrie* à gr. orch. par Bierey, pour 2 V. par Hartmann, l'allegretto en quatuor.

G. M. U., 1802, p. 850 : « Taillé dans un bloc de marbre. Il est difficile qu'un homme auquel la nature n'a pas refusé tout sentiment musical ne soit pas entraîné par l'adagio, qu'il ne soit transporté, puis profondément ému par le *presto agitato* autant qu'il est possible de l'être par la musique de piano. »

28. Sonate pour P. *ré majeur* dédiée à M. de Sonnenfels, comp. en 1802.

Ar. en trio pour V., A. et Velle par Uber, en quintette par F. Ries, en quatuor par Bierey.

G. M. U., 1802, p. 190 : « Le premier et le troisième morceaux originaux jusqu'à l'extraordinaire et l'aventureux (?) »

29. Quintette pour 2 V., et Velle *ut majeur,* dédié au comte Ferdinand Fries, comp. en 1802, 2e et dernier quintetto original. Composition capitale. Le finale 6/8 est une des conceptions les plus poétiquement fantasques de l'œuvre de B. J'ai eu vingt idées pour en rendre le sens, je les trouve toutes trop médiocres pour être soumises au public. Ce

Opéra.

merveilleux presto 6/8 est coupé d'un andante con moto scherzoso (18 mesures), proposé deux fois (en *la* en *ut majeur*), espèce de récitatif qui jette comme un défi dans ce monde de fées aux pieds légers. Ce prodigieux finale trouvera sans doute son monographe.

Sicut nubes, quasi naves. velut umbra !

Le terme *scherzoso* donné au petit andante, se rencontre *trois* fois dans B. (S. pour P. et V., op. 23, 4e quatuor; *andante scherzoso piu allegretto; quasi allegretto*); comparez la sérénade, op. 25 (allegretto *scherzando e vivace,* un intérim de menuet). Ries, p. 120 : « Le quintette avait été vendu à Breitkopf, mais fut volé à Vienne et parut tout à coup chez Artaria. Il avait été copié en une nuit et renfermait des fautes sans nombre; il manquait des passages entiers. B. se comporta avec finesse. Il demanda qu'Artaria m'envoyât à correction les 50 exemplaires déjà tirés, mais en même temps il m'invita à corriger si grossièrement à l'encre sur le mauvais papier et à barrer plusieurs lignes de manière qu'il fût impossible de faire usage d'un seul exemplaire ou de le vendre. Pour prévenir un procès, Artaria dut faire refondre les planches. »

Ar. en trio pour V., A. et Velle, pour P. à 4 m., par Winkler à 2 m., v. op. 31 87, le no 29 2e sect. Le finale a été ar. séparément pour P. à 4 m. par Schmidt (Berlin, chez Trautwein). Cet ar. est dédié à Mendelssohn.

30. 3 sonates pour P. et V. *la majeur, ut mineur, sol majeur,* dédiées à S. M. l'empereur Alexandre.

Ar. en quint., la 1re et la 3e par Heinzius, la 2e par F. Ries, pour P. à 4 m. (Cranz) par Winkler, à 2 m. pour P. et flûte par Drouet, l'adagio de la 2e pour chant par Silcher (Gruss der Seelen).

Opéra.

G. M. U., 1828., p. 560 : « Si bien transformé en quatuor que personne ne se douterait que ç'a été autre chose ».

Trois chefs-d'œuvre; la S. en *ut mineur* est une de ces productions capitales qui décident d'une époque dans les arts. La grande aveugle du temps, la *Gazette musicale universelle* de Leipzig, n'en parle pas; elle se contente de ne pas comprendre la 1re des trois sonates. G. M. U., 1803, p. 77 : « Pas tout à fait digne de B. Le premier passage n'a pas le beau développement de pensées qu'on rencontre dans les œuvres postérieures de B.; il manque de caractère déterminé. Les variations ne sont pas bien réussies. L'enfantillage prolongé pendant treize mesures, à la dernière page, au moyen de la septième diminuée et de la sixte augmentée, est indigne de B. L'adagio est beau (*sic!*) dans le genre mélancolique. » La tournure donnée au motif dans la dernière variation respire au contraire une tendresse infinie; elle est un patron tout nouveau de variation.

L'adagio de la 1re sonate est aussi bien un chef-d'œuvre de goût et d'expression musicale; l'adagio de la seconde, une incomparable scena ed aria pour P. et V., le plus beau morceau de B. en *la bémol,* tonalité qu'il n'affectionna point. Cet adagio est monumental, les deux instruments y sont traités avec un art merveilleux, ils ne font qu'un; l'expression en est élégiaque, mais c'est plus qu'une Didone abbandonata, c'est un mausolée qui a eu raison des bonheurs de la terre (adagio di sepolcro). La sonate en *sol* est une ravissante pastorale pour 2 instruments, un tableau comme l'été de Calame.

31. 3 sonates pour P. *sol majeur, ré mineur, mi bémol,* dédiées à la comtesse de Browne, comp. en 1803. Ces sonates portent dans la plupart des éditions

Opéra.

et le chiffre 29 et le chiffre 31 entre parenthèses. Il serait temps de biffer une bonne fois le chiffre 29, qui appartient notoirement au quintette en *ut* (v. op. 29).

La troisième sonate, publiée séparément par Schott, à Mayence, porte dans cette édition le chiffre 58 (voyez opéra 58).

La première sonate a été ar. par Uber, pour V., A. et V^{elle}, en quatuor, arrangement qui n'est pas de B., comme le dit le Catalogue thématique de Breitkopf, p. 28. V. Ries, p. 93. La 3e sonate a été ar. en quatuor par Ferd. Ries, la 2e et 3e pour 2 V. par Hartmann, toutes les trois pour P. à 4 m. (Cranz).

Ries, p. 88. B. avait vendu les 3 sonates au marchand de musique Nægeli, à Zürich. Les épreuves qui lui avaient été expédiées fourmillaient de fautes, mais ce qui acheva de mettre B. en fureur, ce furent quatre malencontreuses mesures qui s'y trouvaient avoir été ajoutées à la fin de 1er allegro de la S. en *sol* après la 4e mesure du dernier point d'orgue. B. avait prié Ries de déchiffrer les épreuves au piano pendant qu'il s'occuperait d'autre chose ; aux quatre mesures en plus, il faillit jeter Ries par terre. « Où se trouve cela ? du diable ! » s'écria-t-il. Ces quatre mesures qu'on trouve dans le livre de Ries, étaient une répétition du dernier commun, dans la tonique, de la figure proposée après le point d'orgue dans la dominante. B. envoya aussitôt les S. à Simrock à Bonn pour en faire une autre édition. Il écrivit à ce sujet à Ries le billet suivant : « Les signes sont mal indiqués et les notes transposées sur plusieurs points. Ainsi, attention, sans cela le travail sera encore une fois inutile. » Ch'a detto l'amato bene?

Ries, p. 93. « Un soir, chez le comte Browne, on

Opéra.

engagea B. à jouer la S. en *ré mineur,* qui venait de paraître. B. fit à la 53e et 54e mesure une faute; au lieu de descendre par gruppetti de deux notes, il donna par mégarde 3 à 4 notes à chaque noire, effet qu'on eût produit en époussetant le piano (es lautete als sollte ein Clavier geputzt werden). La princesse L... (Lobkowitz probablement) tapa B. pas trop doucement sur la tête en disant : « Si « vous avez frappé l'élève d'un doigt pour une seule « fausse note, il est juste que le maître reçoive « châtiment de toute la main quand il en fait plu- « sieurs ». (B. avait frappé Ries du doigt, parce qu'il avait manqué à une autre soirée une note dans la S. pour P. et V. en *la mineur,* op. 23). Une analyse détaillée des 3 S. ne pourrait être que le sujet d'un travail monographique assez étendu que nous avons effleuré seulement. »

32. Six cantiques avec P. texte de Gellert, dédiés au comte Browne.

G. M. U., 1804, p. 608. « Très bon, excellent en plusieurs points. »

Ar. pour P. seul par Liszt.

Le *Busslied la mineur* a été ar. par le prince N. Galitzin en quintette (quintette funèbre dédié aux mânes de B. Saint-Pétersbourg, chez Davignon), voy. le n° 52, seconde section, et la lettre *d,* quatrième section. Le Catalogue thématique de Breitkopf, convertissant le n° 32 en chiffre d'œuvre, range ici le Lied : « A l'Espérance »; nous suivons le Catalogue thématique de Hoffmeister.

33. Bagatelles pour P. comp. en 1813, 7 charmants petits morceaux.

Ar. pour harpe et flûte par Stockhausen (Frey, à Paris), pour 2 V., A. et Vcelle (Simrock).

34. Six variations pour P., dédiées à la princesse Odescalchi, née comtesse Keglevics, v. op. 7.

Opéra.

Le motif a été ar. pour 2 V., A. Velle (Simrock) et pour chant et P. (*Chant du soir*).

G. M. U., 1803, p. 556 : « Cela prévient déjà favorablement que le célèbre B., qui n'a pas l'habitude de comprendre les petites pièces parmi les numéros de ses œuvres, le fasse pour celle-ci. »

Chacune de ses variations présente une tonalité et un rythme différents; la 1re est en *ré* 2/4, la seconde en *si bémol* 6/8, la troisième en *sol majeur* 4/4, la quatrième en *mi bémol,* tempo di minuetto, la cinquième en *ut mineur,* marcia allegretto, la sixième en *fa* 6/8 finale. Ries raconte, p. 24, que B. lui fit répéter la dernière var. (adagio du finale) jusqu'à dix fois. Il n'était jamais content de l'expression de la cadence (5e mesure avant la fin), bien que Ries fût persuadé qu'il la jouait aussi bien que B. C'est là un exemple de l'attention à prêter aux moindres détails dans B. Cette cadence n'arrêterait personne aujourd'hui.

35. Variations pour P., dédiées au comte Moritz Lichnowski, comp. en 1804, motif du ballet de *Prométhée* de Beethoven.

« On les loue beaucoup, » dit naïvement Gerber.

G. M. U., 1804, p. 338 : « Combien d'opéras dont on ne pourrait en dire la moitié! Imagination inépuisable, caprice original, sentiment profond. » Article de fond.

36. Symphonie (2e) *ré majeur,* dédiée au prince Lobkowitz, exécutée pour la première fois à Vienne, en 1800, Gerber dit en 1806, v. G. M. U., janvier 1805 : « La dernière symphonie de B. *ré majeur* fut exécutée deux fois (à Leipzig en 1804).

G. M. U., 1804, p. 776 : « Gagnerait au raccourcissement de quelques passages et au sacrifice de quelques modulations par trop étranges. »

Opéra.

G. M. U., 1805, p. 216 : « Nous trouvons le tout trop long (!), certains passages trop travaillés; l'emploi trop fréquent des instruments à vent empêche beaucoup de beaux passages de produire leur effet. Le finale est par trop bizarre, sauvage et criant (!) Mais cela est compensé par le puissant génie qui se montre dans cette colossale production, par la richesse des pensées neuves, l'exécution tout à fait originale et la profondeur du savoir. »

G. M. U., 1828, p. 489 : « Spazier, dans la « Gazette pour le monde élégant », appelle la symphonie un monstre repoussant, un serpent blessé, se débattant en replis incessants, qui ne veut pas mourir et qui en expirant (dans le finale) donne encore vainement autour de lui des coups furieux de sa queue raidie par la mort. Et cependant Spazier était une bonne tête, un homme d'une instruction diversifiée; comme musicien il connaissait toutes les bonnes productions de son temps. » Rochlitz cite ce jugement absurde d'une homme distingué comme une preuve combien peu le génie est compris par les contemporains. Comparez op. 125, et la manière dont la symphonie avec chœurs fut jugée. Le contemporain est le contemporain, l'artiste marche et atteint de plus hautes cimes; le contemporain reste le même, il est immuable, une négociation permanente.

Ar. en nonetto par Ebers, en nonetto et en quint. par F. Ries, en quatuor pour P., Flûte, V. et V^elle^ par Hummel. Le plus remarquable arrangement de la symphonie est de B. lui-même pour P., V. et V^elle^, trio qui fait un excellent effet, un modèle du genre. G. M. U., 1806. Ar. encore pour 2 P. à 8 m., pour P. seul, pour P. et V., le larghetto pour chant et P.

Opéra.

« B. avait fait cadeau à Ries de la partition autographe. Dans la larghetto, qu'on dirait n'avoir jamais pu être changé, se voyait une variante dans la partie du 2e violon et de l'alto, mais si bien raturée que Ries ne put la démêler. Quand il en parla à B., celui -ci répondit sèchement : C'était mieux comme ça. » Ries, p. 77.

Comparez les fac-simile de changements dans la 9e symphonie avec la suscription en français : *meilleur,* dans Sch., p. 139. Beethoven aimait à revenir sur ses ouvrages; Schindler dit, p. 36, qu'il employait, pour retoucher une composition importante, le tiers environ du temps qu'il lui avait fallu pour la produire.

MOUVEMENT

B. entendait que l'allegro se maintînt dans le même mouvement et que ce mouvement ne fût point trop rapide pour ne rien faire perdre au morceau de sa sévère dignité. Le larghetto, au contraire, B. aurait voulu le savoir accidenté de mouvements divers, correspondant aux situations du morceau qui est très long (274 mesures). Cet avis de Schindler nous semble mériter la confiance et répondre aux idées qu'on peut supposer à B. avoir voulu exprimer dans le larghetto, tableau d'amour contenté, dans lequel, seul de son œuvre, on dirait B. avoir pris une part active. C'est le jardin d'Armide transplanté à l'orchestre, où chaque fleur, chaque feuille parle du bonheur que donne l'amour. Dans son exemple de musique du larghetto qui comprend 20 mesures, Schindler désigne des termes *lento, poco lento, poco accelerando, accelerando, poco allegretto* telles doubles croches. Les termes *poco accelerando, meno accelerando, in*

Opéra.

tempo, suffiront pour accidenter le terrain merveilleusement fleuri du larghetto, unique en musique pour son expression amoureusement badine.

Sch., p. 235 : Le premier morceau ne change nulle part le mouvement qui n'est pas plus rapide que celui qu'on doit comprendre sous la simple désignation d'*allegro.* La gravité et la dignité inhérentes à cette phrase se perdent par un temps trop rapide. La larghetto modifie souvent le mouvement et reste souvent allegretto jusqu'au thème en *la mineur* où recommence le premier mouvement du larghetto. Le morceau en *ut majeur* devient un peu plus pressé, ce qui en augmente la force et l'effet. Exécuté de cette façon, ce long passage renferme un coloris merveilleux de grâce et de dignité, auquel on n'arrive pas lorsque le mouvement reste toujours le même. Grâce à cela, l'orchestre est constamment tenu en suspens et l'exécution est facile lorsque la direction est sûre et bien déterminée. »

37. Concerto (3ᵉ) pour P. avec ac d'orch., *ut mineur,* dédié au prince Louis-Ferdinand de Prusse. Exécuté la première fois à Vienne en 1804 par Ries, sous la direction de Beethoven.

Gerber dit: « Peut-être ce qu'il y a de plus remarquable dans ce genre d'œuvre d'art. »

G. M. U., avril 1805 : « L'une des œuvres les plus importantes du maître distingué. » (Article de fond.)

« B. avait donné le manuscrit du concerto à Ries pour qu'il se produisît pour la première fois en public comme son élève. Il conduisait lui-même l'orchestre et tournait à Ries le feuillet. Ries l'avait prié d'ajouter une cadence, mais il avait reçu l'injonction d'en composer une lui-même. B. agréa la cadence que Ries lui présenta, mais il voulut avoir changé un passage d'une exécution douteuse, à

Opéra.

cause de sa difficulté. Ries changea le passage. Le moment venu, il ne put cependant se résoudre à choisir la cadence facilitée et attaqua hardiment le passage scabreux. B., qui s'était tranquillement assis à côté du piano, fit aussitôt reculer sa chaise avec bruit. La cadence réussit, B. le premier cria *bravo;* l'auditoire en fut électrisé, la position de Ries comme pianiste emportée. Plus tard B. lui dit cependant : « Vous êtes toutefois entêté; si vous » aviez manqué le passage, je ne vous donnais » plus de leçon ».

Ries, p. 110 : « B. crut faire au prince Louis-Ferdinand un grand compliment en lui disant un jour qu'il jouait comme un bon pianiste. Il n'en fut pas ainsi de Himmel (l'inséparable ami du prince). Himmel demanda un jour à B. d'improviser; B. y consentit, mais il insista pour que Himmel fît de même. Himmel fut assez faible pour se rendre à ce désir; lorsqu'il eut joué pendant quelque temps, B. s'écria : « Eh bien, quand commencerez-vous tout de bon? » Himmel, qui croyait déjà avoir fait merveilles, se lève furieux, et dès ce moment lui et B. se détestèrent. B. me dit plus tard : « Je « croyais que H. n'avait fait que préluder un peu ».

Ar. pour P. à 4 m., le rondo à 4 m. séparément par Mockwitz. Cet arrangement est d'un charmant effet; l'enseignement devrait le recommander aux élèves avancés.

38. Trio pour P., clarinette (ou V.) et V^{elle}. Ce trio est un intéressant arrangement de Beethoven du septuor, v. op. 20, et le n° 38, 2e sect. G. M. U., 1805, p. 771.

39. 2 Préludes dans tous les tons majeurs et mineurs pour P. ou orgue.

Deux motifs traités en style fugué, passant par tous les tons et formant deux morceaux.

Opéra.

40. Romance pour V. principal avec ac. d'orch. *sol majeur,* andante non troppo 4/4, 92 mesures.

Ar. pour V. ac. P., pour P. seul par Winkler.

Une délicieuse pastorale : « O rus, quando te aspiciam? » Le berceau des *Frühlings* et *Mai-Lieder,* v. op. 50.

41. Sérénade pour P. et flûte (ou V.), *ré majeur.* Ce morceau est un arrangement de la sérénade, op. 25, *revu* par Beethoven.

42. Notturno pour P. et alto, *ré majeur,* arrangement de la sérénade, op. 8.

43. Gli nomini di Prometeo, ballo di Vigano. (Die Geschöpfe des Prometheus, Ballet von Vigano).

Ouverture (*ut majeur*) et 3 actes de de musique. Ce ballet fut représenté la première fois en 1799, à Vienne (Sch., p. 36), sur le théâtre de la Scala, à Milan, en 1813. V. une intéressante relation dans la G. M. U., juin 1813.

L'arrangement de B. du ballet pour P. seul (Cappi, à Vienne), dédié à la princesse Lichnowski; se fait rare dans la librairie musicale. L'intitulé est en italien.

Ar. pour P., flûte, violon et V^elle^ par Hummel, en quatuor; pour flûte, V., A. et V^elle^ pour 2 P. à 4 m. et à 8 m.; *pour une flûte* (ce n'est pas une épigramme).

La marche du ballet, *ré majeur,* a été ar. pour P. à 4 m. par Ebers, sous l'intitulé: musique de ballet en forme d'une marche, ar. pour P. à 4 m., composée pour la famille Kobler (Hoffmeister, à Leipzig). Les Kobler étaient les Taglioni du temps.

44. 14 Variations pour P., V. et V^elle^, motif original 4/4, *mi bémol.*

45. 3 Marches pour P. à 4 m., *ut majeur, mi bémol, ré majeur,* dédiées à la princesse Esterhazy. Ries, p. 90. G. M. U., 1804, p. 643 : « Un petit ouvrage

Opéra.

conçu et accueilli dans un accès de bizarrerie étrange (!), de simples morceaux d'agrément. » Nous dirons, nous, que ces marches sont les *mâles* des marches de Dussek, de Ries, de Moschelès, de Czerny et même des marches de Schubert.

Ar. pour gr. orch. par Nicolaï, à Vienne, manuscrit.

46. *Adélaïde,* texte de Matthisson, traduit en italien et en français, avec accompagnement de P. Il n'est dit ni romance, ni ballade, ni cantate, ni Lied. Dans le texte italien, l'accent est sur le second *a,* Adelaida, l'oreille en est choquée, une oreille allemande du moins, habituée à l'accent sur l'*i,* Adelaïde. Rubini et Mario trouvent l'accent sur l'*i* impossible en italien, je n'ai pu en pénétrer la raison. B. transposa l'Adélaïde en *ut* pour Rubini. Cette variante, la différence du bleu au violet, n'a pas été imprimée. Le *si bémol* est rêveur, plus avantageux pour le P., il est violet; Rubini et Mario préfèrent l'*ut* comme plus avantageux pour la voix.

L'accompagnement de P. a été ar. par Schwenke pour orchestre. G. M. U., 1818, p. 297.

Ar. pour P. seul par Liszt, Czerny, Winkler, pour P. à 4 m. par Horr (André, à Offenbach) pour P. et flûte pour P. et V^elle^. Transporté en *sol* pour soprano et contralto (Cranz). Ortlepp en a fait le sujet d'une nouvelle (*Beethoven* von Ortlepp, Leipzig, 1836).

Des années de souffrance ne payeraient pas une heure d'amour. (Louis Lambert.) Amour manqué, vie manquée. (Sappho.)

47. Sonate por il pianoforte ed un violono scritta in un stilo molto concertante quasi come d'un concerto, dedicata al suo amico Rodolfo Kreutzer. Adagio (introduction *la majeur*), presto (*la mineur*), andante varié (*fa majeur*), presto (*la majeur*).

Opéra.

Kreutzer ne comprit rien à cette œuvre colossale, qui perpétue encore son nom quand l'auteur de *Lodoïska* est oublié depuis longtemps. Kreutzer se trouvait à la tête d'une célèbre école de violon à Paris, où l'on ne parvint jamais à prononcer son nom, où on l'appelait invariablement *Kretche.* Le finale (presto 6/8) faisait dans l'original partie de la S. pour P. et V. en *la,* op. 30, dédiée à l'empereur Alexandre. Le trouvant trop brillant pour le caractère de cette sonate, B. en fit le finale de la sonate dédiée à Kreutzer, mais écrite pour le violoniste anglais Bridgetown, Ries, p. 83.

Ar. à gr. orch. en quint. pour P., V., A. et V^elle^ par Hartmann pour P. à 2 et à 4 m., les variations séparément pour P. seul avec doigter de Czerni. Bériot en a traité le motif dans son *trémolo.* Les virtuoses devraient penser à tirer un plus grand parti de ce motif qui veut être traité en prince.

G. M. U., 1805, p. 769 : « Il faut être saisi d'une sorte de terrorisme musical ou entiché de B. jusqu'à l'aveuglement pour ne pas voir ici la preuve que depuis quelque temps le caprice de B. est avant toutes choses d'être autre que les autres gens (!). Cette sonate est écrite pour deux virtuoses qui ne rencontrent plus de difficultés, et qui en même temps possèdent assez d'esprit et de savoir musical pour, en y joignant l'exercice, pouvoir au besoin composer les mêmes œuvres. Un presto plein d'effet; un andante original et beau avec des variations on ne peut plus bizarres, puis encore un presto, la composition la plus étrange, qui doit être exécutée dans un moment où l'on veut goûter de tout ce qu'il y a de plus grotesque. » — Jamais le génie ne fut plus aveuglément méconnu. Cette sonate est aujourd'hui la plus haute cime du duo.

48. Scena ed aria : Ah! perfido sperjiuro. Pour une

Opéra.

voix de soprano avec ac. d'orchestre, ar. avec ac. de P. (Peters), texte italien et allemand : ha! treuloser (ah! infidèle), v. op. 65.

G. M. U., 1811, p. 62 : « S'il était possible que le spirituel et vénéré maître continuât dans cette voie, s'il voulait y persévérer et, comme il le pourrait, s'y élever de plus en plus ».

49. 2 Sonates (faciles) pour P. *sol mineur, sol majeur.* Le second morceau de la sonate en *sol majeur,* tempo di minuetto, est le menuet du septuor *in nuce;* il en est la *minute,* le premier projet.

50. Romance pour V. principal avec ac. d'orch. *fa majeur,* adagio 4/4, 104 mesures. Le digne pendant de la romance, op. 40.

Ar. pour V. (ou flûte) et P. (Ricordi, à Milan) pour P. à 4 m. par Czerny (rondo *brillant,* pourquoi *brillant?* ne vous volez donc pas) pour P. à deux mais, par Winkler.

51. Le Catalogue thématique de Breitkopf donne ce chiffre aux deux rondos n°s 1, 2 de la seconde sect; le Catalogue Artaria au sextuor pour instruments à vent (v. op. 71). La liste de Breitkopf mentionnée dans l'avant-propos de ce Catalogue, et qu'il ne faut pas confondre avec leur Catalogue thématique, doit faire autorité; elle donne le chiffre 71 au sextuor pour instruments à vent; les rondos n°s 1 et 2 de la seconde section du Catalogue appartiennent aussi notoirement à la partie numérotée à la seconde section de l'œuvre de Beethoven; il s'ensuit que le chiffre 51 doit rester vide.

52. 8 *Lieder* avec accompagnement de piano (Simrock) textes de Claudius, de Sophie Mereau, de Gœthe, de Bürger, de Lessing.

1) Voyage d'Urian autour du monde, 3/4 *la mineur* et *majeur,* 12 mesures.
2) Couleur de feu, 6/8 *sol majeur,* 24 mesures.

Opéra.

3) Le Chant du repos, 4/4 *fa majeur,* adagio 42 mesures.

4) Chant de mai, 2/4 *mi bémol, allegr.* 125 mesures.

4) Le Départ de Molly, 4/4 *sol majeur,* adagio con espressione, 10 mesures.

6) Sans amour 2/4 *fa majeur,* allgretto, 13 mesures.

7) Marmotte, 6/8 *la mineur,* allegretto, 20 mesures.

8) La Petite Fleur Merveilleuse, 2/4, *sol majeur,* andante, 20 mesures.

Ar. avec accompagnement de guitare.

Dans l'édition de Peters de ces *Lieder* (4 cahiers) on trouve encore :

a) La Partenza (der Abschied), 2/4 *la majeur,* affettuoso, 24 mesures; v. la lettre *c,* 3ᵉ sect.

b) Chanson à boire, 4/4 *sol majeur,* 28 mesures; v. la lettre *c,* 3ᵉ sect.

c) *A l'Espérance,* 3/4 *mi bémol,* poco adagio, 33 mesures, v. le nº 32, 2ᵉ sect.

d) *Je t'aime comme tu m'aimes,* 2/4, *sol majeur,* andante, 20 mesures; v. la lettre *c,* 3ᵉ sect.

53. Grande sonate pour P., *ut majeur,* dédiée au comte Waldstein; v. le nº 35, 2ᵉ sect.

Ar. pour P. à 4 m. par Succo, en quat. par le prince N. Galitzin (Saint-Pétersbourg, chez Brief; les 2ˢ et 3ᵉ morceaux sont tirés des sonates de P., op. 69 et op. 7).

G. M. U., 1806, p. 261 : « Les 1ᵉʳ et 3ᵉ morceaux figurent parmi les pièces les plus réussies, les plus originales, que nous devons à B., mais pleines d'étranges caprices et d'une exécution très difficile. »

Cette grande composition est climatérique (*sit venia verbo*) dans le style de Beethoven.

Opéra.

54. Sonate pour piano, *fa majeur*. Cette sonate est la 21e pour P. seul; les intitulés la qualifient de 51e et les catalogues répètent l'erreur. Si la 51e sonate existait, et elle n'existe point, elle ne saurait être op. 54; c'est évident. Il y a 32 S. de P. : en y ajoutant les S. pour P. et V., pour P. et V[lle], la S. pour P. et cor, les 3 S. et les 3 sonatines (lettres *d., e, f,* 3e sect.), on arrive à 52 sonates, dont 16 sont *postérieures* à l'op. 54. Il serait temps que cette erreur évidente disparût une bonne fois des catalogues.

G. M. U., 1806, p. 639 : « Pleines d'esprit original, d'un talent harmonique inméconnaissable, mûri, mais également pleines d'étranges fantaisies. Difficultés cherchées, étrangetés sans effet ».

55. Sinfonia eroica composta per festeggiare il sovvenire d'un gran' uomo (3e symph.) *mi bémol,* dédiée au prince Lobkowitz. Commencée en 1802, achevée en 1804.

Ar. en nonetto, pour P., flûte et V[lle], pour P., flûte, V. et V[lle] par Hummel; pour P., V., A. et V[lle]. G. M. U., 1908, p. 320 : « Macht auch in dieser Gestalt so gute Wirkung, als es bei Stücken möglich ist, die auf den Effekt aller Instrumente, und besonders der Blasinstrumente als Gegensatz der besaiteten, berechnet sind. » Ar. pour V., A. et V[elle]; pour flûte, 2 V., 2 A., V[elle] et contre-basse, pour P. à 4 m. par A.-E. Müller; pour P. à 2 m. par Hummel, pour 2 P. à 6 m.

Sch., p. 55, p. 240: « L'idée de B. dans cette symphonie était de glorifier Napoléon. La première idée en aurait appartenu au général Bernadotte, ambassadeur de la république française à Vienne. La nouvelle de la proclamation de Napoléon comme empereur des Français fut reçue à Vienne au moment que le manuscrit était prêt à être expédié

Opéra.

au premier consul par l'ambassade française. B. en déchira aussitôt l'intitulé. Il n'en permit la publication que plus tard, après bien des instances faites auprès de lui, et ne se réconcilia avec Napoléon qu'après sa mort, en disant qu'il avait depuis longtemps composé la musique qu'il fallait à cette occasion (marche funèbre) ».

Ries, p. 78 : « Dans cette symphonie, Beethoven avait voulu peindre Bonaparte premier consul. Il le comparaît aux plus grands consuls romains. La partition portait pour intitulé le seul mot : *Bonaparte;* on lisait tout en bas: « Luigi van Beethoven ». Ce fut moi (Ries) qui appris à Beethoven que Bonaparte venait de se déclarer empereur. B. se mit en fureur et déchira l'intitulé de la partition. L'ouvrage reçut alors seulement le nom de symphonie héroïque. Le prince Lobkowitz acheta à B. le droit de la faire exécuter pendant quelques années chez lui, dans son hôtel ».

G. M. U., 1805, p. 321 : « C'est à proprement parler une fantaisie très développée, hardie et sauvage. Elle ne manque pas (!) de passages beaux et frappants, mais très souvent elle paraît s'égarer et manquer d'ordre. Il y a trop d'antithétique et de bizarre, ce qui rend difficile de saisir l'ensemble et la fait manquer d'unité. La symphonie d'Eberl en *mi bémol* me plut de nouveau excessivement (!). Vienne, janv. 1805 ».

Eberl rime aujourd'hui avec Sperl à Vienne comme ailleurs.

MOUVEMENTS

B. voulait à l'allegro un mouvement modéré, grandiosement calme, très peu accidenté. Le ritardando et accelerando dans l'exemple de musique de de Schindler comprend 7 mesures. Sch., p. 239 :

Opéra.

« D'après les intentions de Beethoven, le premier morceau aurait reçu un mouvement plus modéré, attendu que le *presto,* dans lequel il dégénère habituellement, lui ôte son caractère de grandeur et le transforme en musique concertante, tandis que le plus grand calme doit régner même dans les passages les plus énergiques. Lorsque B. disait qu'il avait écrit 17 ans à l'avance la musique qui convenait à la fin tragique du grand empereur (Napoléon), son imagination, en lui dépeignant cette catastrophe, le conduisait plus loin encore. Est-ce que par exemple la majeure n'indique pas l'approche d'une étoile d'espérance? le morceau du milieu, l'énergique résolution dans l'âme du héros de résister à sa destinée? Déjà dans la fugue qui suit, on aperçoit la lutte contre le sort, puis l'atonie des forces qui se relèvent par moments avec effort jusqu'à ce que vienne la résignation, que le héros s'affaisse par degrés et finisse par se laisser enterrer comme tout mortel ici-bas. La majeure elle-même exige un mouvement un peu plus animé ». — Weber, le grand Weber lui-même, ne comprit rien au style symphonique nouveau de B. dans la symphonie héroïque; il le plaisante dans une scène entre les différents instruments de l'orchestre (*Ecrits,* 1er volume, p. 41) dont la querelle est calmée par la menace de leur faire jouer la symphonie héroïque : « Que quiconque sait encore remuer un membre ou une clef s'annonce. — Oh, grâce! dirent tous ». On y lit cette inqualifiable phrase de la part d'un Weber à propos de Beethoven : « Il n'est plus question de clarté, de développement des passions auxquels les vieux maîtres, Gluck, Hændel et Mozart croyaient à tort. Ecoutez la recette de la plus récente symphonie de Vienne et jugez ». Suit une description qui *peut* avoir trait à la 4e symphonie.

Opéra.

Dans tous les cas, toute cette sortie est à l'adresse de Beethoven. Il serait donc dans les destinées du génie d'être méconnu par ses confrères les plus distingués eux-mêmes. Que dirait l'auteur du *Freischütz* aujourd'hui de la symphonie héroïque ? Ne s'inclinerait-il point devant le prophète ? La symphonie héroïque ne surpasse-t-elle pas beaucoup plus les deux premières symphonies que les 4ᵉ, 5ᵉ, 6ᵉ, 7ᵉ et 8ᵉ ne la surpassent, elle ? Cette œuvre climatérique pour l'appréciation du génie de B., n'est-elle pas déjà le style de la seconde, de sa grande manière dans la symphonie ? les 4ᵉ, 5ᵉ, 6ᵉ, 7ᵉ et 8ᵉ symphonies sont les développements ultérieurs du grand phénomène de ce style symphonique nouveau que le style de la troisième manière, style élevé à une plus haute puissance encore, devait absorber à son tour dans une mystique unité, dans l'énigmatique œuvre de la symphonie avec chœurs.

56. Gr. concerto concertant pour P., V. et Vlle avec ac. d'orch., *ut majeur*, dédié au pr. Lobkowitz, comp. en 1807.

G. M. U., 1807, p. 768 : « B. vient de faire paraître un nouveau concerto pour P., V. et Vlle, Dussek un concerto pour 2 pianos (septembre); l'un et l'autre figurent parmi ce que les deux artistes ont produit de mieux ». Aujourd'hui on ne cite plus Dussek à côté de B. Le temps exercerait donc une justice ?

Ar. pour P. seul (Haslinger). La célèbre Polonaise concertante pour P. à 4 m. (Peters) est un arrangement du rondo.

57. Grande sonate pour P., *fa mineur*, dédiée au comte Brunswick. Ar. à 4 m. (Cranz), l'andante pour le chant par Silcher (an die Nacht).

Cette sonate est la 22ᵉ pour P. seul; les intitulés disent la 54ᵉ, v. à ce sujet la remarque à l'op. 54.

Opéra.

G. M. U., 1807, p. 433 : « Dans le premier morceau, B. a de nouveau déchaîné beaucoup de mauvais esprits, mais il vaut la peine de lutter contre les fâcheuses difficultés. L'andante renferme un thème noble, beau, sans prétention. Que l'on joue bien et avec importance ces lignes sans apparence. Le finale, développé magnifiquement, est écrit avec âme, avec une grande énergie et une sûreté magistrale ».

Ries, p. 99 : « A une promenade avec B. à la campagne, nous nous étions égarés. Tout le long du chemin, B. n'avait fait que chantonner, voire même hurler en haut et en bas de la gamme, sans articuler de note distincte. J'ai trouvé là un motif, disait-il. Rentrés chez nous, B. courut au piano sans ôter seulement le chapeau et ravagea ainsi une bonne heure dans le nouveau et magnifique finale de la sonate, op. 57 ».

58. Concerto (4e) pour piano avec ac. d'orch. *sol majeur*, dédié à l'archiduc Rodolphe, comp. en 1808, v. op. 31.

Ar. pour P. seul (Haslinger).

G. M. U., 1809, p. 523 : « Tout ce qu'il y a de plus étrange, de plus original et de plus difficile ». *Ibid.*, 1818, p. 259 : « Une des compositions les plus spirituelles et les plus originales de B. »

Ries, p. 100, 114 : « Un jour B. m'apporta le 4e concerto, en disant : « Samedi prochain vous le jouerez au théâtre ». Il restait cinq jours. Pour mon malheur, je répondis qu'il restait trop peu de temps pour apprendre à bien jouer le concerto, B., fâché, fut trouver aussitôt le jeune pianiste Stein, qu'il n'aimait pas trop. Stein fut mieux avisé et accepta. N'ayant pu non plus venir à bout du concerto, B. fut bien forcé de céder et Stein joua le concerto en *ut mineur* que j'avais également propo-

Opéra.

sé à B. de jouer. B. me dit plus tard : « Je pensais » que vous ne *vouliez* point jouer le concerto en » *sol* ». B. n'aimait pas à jouer ses propres compositions ».

59. 3 quatuors pour 2 V., A. et V^{elle}, *fa majeur, mi mineur, ut majeur* (avec la fugue), dédiés au comte Rasoumowski, ambassadeur de Russie à Vienne.

Ces trois quatuors seraient mieux nommés : trois miracles. Rien ne peut leur être comparé dans ce style. L'édition de Haslinger porte: dédiés au prince Rasoumowski. L'empereur Alexandre créa le comte André Rasoumowski prince, au congrès de Vienne (1817). Si B. avait dédié les quatuors au *prince,* ils seraient postérieurs de huit ans à la symphonie en *ut mineur* que nous savons dater de 1807, de sept ans à la symphonie pastorale, composée en 1808, ce qui est inadmissible, la pensée de B. étant déjà hantée en 1815 par les premières visions de sa 3e manière. Or, les 2 symphonies et les quatuors sont des créations très caractéristiques de sa 2e manière. Dédiés, comme les 2 symphonies d'ailleurs, au comte Rasoumowski, ces quatuors appartiennent à l'époque de ces symphonies. On les jouait en 1807 en *manuscrit* à Vienne. G. M. U., 1807, p. 517 : ils parurent en 1808, au comptoir d'industrie de Schreivogel à Vienne. G. M. U., 1808, p. 288. On les joua à Moscou, dans la maison du maréchal, comte Soltykoff, dès le commencement de 1812. Ce fut à cette occasion que le grand Bernard Romberg, *le violoncelle fait homme,* foula aux pieds la partie de basse du quatuor en *fa,* la prenant pour une mystification et la déclarant être injouable. Déposition de témoins oculaires qui existent à Saint-Pétersbourg. On voit que les dédicaces ont leur importance, qu'on ne devrait rien y changer et encore moins les supprimer. Les dédicaces sont un impor-

Opéra.

tant moyen d'interprétation biographique et critique. Le premier allegro du quatuor en *fa* est le premier de tous les quatuors sans reprise; j'ai oublié de l'objecter à M. Fétis, p. 78, t. 1er.

G. M. U., 1807, p. 400 : « Trois nouveaux quatuors de B., très longs et très difficiles, dédiés à l'ambassadeur de Russie comte Rasoumowski, attirent l'attention de tous les connaisseurs. Ils sont profondément pensés et écrits d'une manière excellente, mais ils ne sont pas compréhensibles pour tout le monde, à l'exception peut-être de celui en *ut mineur,* qui doit plaire à tout ami instruit de la musique par son originalité, sa mélodie et son énergie harmonieuse ».

Ar. pour P. à 4 m., le scherzo du quatuor en *fa* séparément (Paez, à Saint-Pétersbourg), par Winkler, à 2 m., en trios pour P., V. et V^{lle} par Hartmann.

60. Symphonie (4e), *si bémol,* dédiée au comte d'Obersdorf, comp. en 1806.

G. M. U., 1807, p. 400 : « Une quatrième symphonie, entièrement inconnue jusqu'à présent, sera exécutée dans une société très choisie qui a souscrit des sommes considérables au profit de son auteur ».

Ibid., 1811, p. 62 : « Une introduction solennelle, pompeuse, un allegro plein de feu, d'éclat et de fond, un andante plein d'art et de grâce (c'est *adagio* qu'il fallait dire, adagio du plus grand style et des plus vastes proportions), un *scherzando* tout à fait neuf (*sic*) plein d'admirable attrait (c'est menuet qu'il fallait dire) et un finale étrangement embrouillé, mais plein d'effet (à la bonne heure), au total gaie, intelligible et très agréable, se rapprochant plus des symphonies 1 et 2 que de celles 5 et 6 ».

Opéra.

Ar. en quint., pour P. seul et P., V., flûte et V[lle] par Hummel, pour 2 P., pour 2 P. à 8 m. Le meilleur arrangement pour P. à 4 m. est de Watts.

61. Concerto pour V. avec ac. d'orch., *ré majeur,* exécuté pour la première fois par le violoniste allemand *Klement,* à Vienne. Dédié dans la première édition à Etienne Breuning, ami de la jeunesse de R. qu'il affectionnait beaucoup. V. pour la dédicace, Ries, p. 94, et 132.

G. M. U., janv. 1807, p. 235 : « Les amateurs du talent de Beethoven apprendront avec plaisir qu'il a composé un concerto de violon, *le premier pour autant que je sache* et que le violoniste favori Klement de Vienne a exécuté avec son élégance et sa netteté habituelle ».

L'arrangement de B. du concerto en concerto de piano, dédié à madame de Breuning (Haslinger), est le 6e et dernier concerto de P. ar. pour P. à 4 m. et pour P. seul (Haslinger), v. op. 9.

62. Ouverture de *Coriolan, ut mineur,* dédiée à l'auteur de la tragédie, M. de Collin, secrétaire aulique de l'empereur d'Autriche.

Ar. pour P. à 4 m. par Watts, pour 2 P. à 8 m., pour P. seul par A. Hanselt, arrangement remarquable s'adressant aux athlètes du P.

On peut dire de cette composition hors de toute proportion ce qu'on dit des tragédies de Corneille : elle ajoute à l'idée de la grandeur romaine. *Urbs.*

63. Sonate pour P., V. et V[lle] obligés. Cette S. est un arrangement du Quint. op. 4, V. op. 64.

64. Sonate pour P., V. et V[lle] obligés. Cette S. est un arrangement du trio, op. 3. Je n'ai pu éclaircir le point si ces arrangements (V. op. 63) sont de B. Il faut en douter d'après Ries, p. 93, qui n'admet que 4 arrangements de B.; il y en a 8 cependant, V. le tableau général à la fin. Le Catalogue théma-

Opéra.

tique de Breitkopf, p. 48, les attribue à B. (Artaria à Vienne), et l'op. 64 même n'existe plus dans le commerce.

65. Whistling, Artaria et le Catalogue thématique de Breitkopf donnent ce chiffre au morceau de chant avec ac. d'orch. op. 48. La réduction du morceau pour piano, texte italien et allemand (Peters, à Leipzig), portant d'une manière *authentique* le chiffre 48, il est plus rationnel de le laisser également à l'original.

66. Variations pour P. et Vlle (ou V.), *fa majeur,* sur l'air : *La vie est un voyage,* de *la Flûte magique* (ein Mædchen oder Weibchen), v. n° 6, 2e sect.

Ar. pour P. à 4 m. (Cranz).

67. Symphonie (5e), *ut mineur,* dédiée au prince régnant de Lobkowitz, duc de Raudnitz, et au comte André Rasoumowski, composée ne 1807.

G. M. U., 1809, p. 433 : « Vient de paraître gravée ». — G. M. U., 1810, p. 630 : Article de fond capital du célèbre Hoffmann. Voyez encore une très intéressante description au point de vue empirique. — G. M. U., 1812, p. 382 : « A Paris on a appelé la symphonie *l'Empereur* ». Sch., p. 50, 2e supplément.

Ar . pour P. à 4 m. par Schneider, pour P. seul par Hummel, Liszt, pour 2 P., pour 2 P. à 8 m., pour P. et V., pour P. flûte, V. et Vlle par Hummel, en quintette par Ebers, l'andante pour chant et piano sur le texte : *Sans toi que serait ma vie ?*

MOUVEMENTS

B. aurait voulu aux 4 premières notes de l'allegro le mouvement d'un andante con moto pour faire ressortir davantage le caractère mystique (?) du morceau. Il en disait : C'est ainsi que le *fatum* frappe à notre porte. L'allegro con brio ne com-

Opéra.

mencerait qu'à la 6e mesure et ce changement trouverait encore place au passage analogue de la 2e partie. *Sch.*, p. 241 : « B. voulait que le commencement fût rendu andante con moto, ce qui exprime mieux le caractère mystique. B. disait: C'est ainsi que le Destin frappe à la porte. L'allegro con brio commence à la sixième mesure ».

68. Symphonie pastorale (6e symph.), *fa majeur,* dédiée au prince régnant de Lobkowitz, duc de Raudnitz, et au comte André Rasoumowski, comp. en 1808. B. dit dans un programme de concert, où il fit exécuter la symphonie (22 décembre 1808) : « Plus d'expression de sentiment que de peinture ». (G. M. U., 1809, p. 267, 435). Dans le programme du concert de B., comme dans la gazette, la symphonie est qualifiée de *cinquième,* la symphonie en *ut mineur* de sixième; il ne serait point sans intérêt qu'elle eût été composée avant cette dernière. La sixième dans l'ordre, elle n'est pas plus numérotée que la symphonie héroïque, la 3e dans l'ordre. B. voulait-il que la symphonie pastorale et la symphonie héroïque fissent bande à part et comptassent moins comme symphonies proprement dites que comme tableaux ou fantaisies symphoniques ?

La symphonie pastorale compta dès 1810 comme sixième symphonie. G. M. U., 1810, p. 241. Dans le programme du concert donné par Beethoven, à la rédaction duquel il n'a pas dû rester étranger, on remarque les variantes suivantes dans les suscriptions des morceaux :

1) Sensations agréables qui s'éveillent dans l'homme à son arrivée à la campagne.

Texte de la partition.

Eveil de sensations agréables à l'arrivée à la campagne.

2) Scène près du ruisseau.

Opéra.

3) Réunion joyeuse des habitants de la campagne.
4) Orage et tonnerre.
5) Sentiments après l'orage unis à des remerciements envers la Divinité.

Texte de la partition.

Chant des bergers, Sensations joyeuses.
Reconnaissance après l'orage.

Ces variantes prouvent que B. revenait sur les moindres choses dans ses ouvrages. On lit dans Stifter (*Etude,* vol. 1, p. 106) : « La symphonie me rappela toutes les idylles, tous les rêves de ma jeunesse ; elle enveloppa en quelque sorte mon cœur de fils dorés. Que cette musique est pure et pudique à côté de la légèreté jubilante de la plupart de nos opéras! Elle pénètre dans l'âme ».

Ar. en quint., pour 2 V., 2 A., 2 Vlles, pour P. et V., pour 2 P. par Eberwein, pour P. à 4 m. par Watts, pour P. seul par Hummel, Liszt pour P., flûte, V. et Velle par Hummel, pour P. et Velle par Belcke.

69. Sonate pour P. et Vlle, *la majeur,* dédiée au baron Gleichenstein.

Ar. pour P. et V., pour P. à 4 m.

70. 2 trios pour P., V. et Vlle, *mi bémol, ré majeur,* dédiés à la comtesse d'Erdödy, comp. en 1809.

Ar. pour P. à 4 m. par Mockwitz, par Reichardt.

G. M. U., 1813, p. 143, article de fond capital de Hoffmann : Un thème simple (trio en *ré*) mais fertile, chantant, se prêtant aux tournures du contrepoint, sert de base à chaque morceau; tous les autres thèmes et figures secondaires se rattachant à la pensée principale, de telle sorte que le tout s'enlace et se relie en une haut unité. Dans cette construction pleine d'art, les figures les plus merveilleuses se succèdent dans un vol rapide; la joie, la tristesse et la gaieté y marchent côte à côte et s'en-

Opéra.

tremêlent. D'étranges figures commencent une danse joyeuse, s'unissant tantôt en un centre unique, tantôt se séparant avec des étincelles et des éclairs, se fuyant et se poursuivant en groupes diversifiés; et au milieu de cet empire des fées évoqué par le talent du maître, l'âme ravie écoute cette langue inconnue et en comprend les sentiments et les pensées les plus secrètes. Le largo a le caractère d'une mélancolie douce (?) qui parle agréablement à l'âme. Le thème ne comprend, suivant la vraie manière de Beethoven, que deux figures toutes simples, longues d'une mesure. Dans le thème principal, lorsque le violon et le violoncelle l'exécutent, le piano joue un passage en sextoles en 64 parties qui doit être rendu *pp.* et *leggiermente.* C'est presque la seule manière d'employer avec effet le son d'un bon piano. Lorsque ces sextoles sont jouées avec les deux pédales d'une main légère et habile, il en résulte un murmure qui rappelle la harpe d'Eole et l'harmonica et produit un effet merveilleux. Celui qui écrit ces lignes ajouta encore au trait de piano ce qu'on appelle le trait d'harmonica (1813), et il s'échappa du piano des sons qui, comme les formes vaporeuses dans un rêve, enveloppaient l'âme et la transportaient dans le cercle de visions magiques. De même que la tempête chasse les nuages, qu'alors les lumières et les ombres se succèdent sans intervalle, les formes se fondent et se reconstituent dans une succession sans fin et sans trêve, le presto roule ses sons harmonieux après le second *fermate.* Le style de Beethoven se montre dans les phrases finales surtout par une pression continuelle, toujours croissante. Malgré le charme qui règne dans le trio, le génie de Beethoven reste toujours sévère et solennel, sans en même excepter le mélancolique largo (?). On dirait qu'à son avis on ne peut jamais

Opéra.

parler des choses profondes et mystérieuses autrement qu'en paroles sublimes, pompeuses, jamais en paroles communes, lors même que l'esprit est intimement familiarisé avec elles et s'en sent joyeusement et gaiement transporté. L'esprit profond recherche dans la musique instrumentale pure les sentiments joyeux qu'il a évoqués plus beaux et plus riants d'un monde inconnu qu'ils n'existent dans notre monde restreint, et qui allument dans l'âme une vie plus intime, une expression plus sublime que celle que pourraient donner des paroles vulgaires qui ne se prêtent qu'à la joie terrestre ».

Trio en mi bémol.

« Le thème coulant, toujours calme de l'introduction est rendu par les 3 instruments en forme de canon. Malgré le mouvement 6/8, ordinairement réservé à la musique badine et sautillante, l'allegro se maintient toujours noble et sévère. Je me rappelai involontairement plusieurs compositions de Mozart dans le même genre, surtout l'allegro de la magnifique symphonie en *si bémol majeur*, connu sous le nom de *Chant du Cygne;* je parle du thème, nom de l'instrumentation et de la construction dans lesquelles le génie de Beethoven ressort le nouveau dans toute son originalité. Transporté dans le mouvement 6/8, le thème en imitation de canon revient à la fin de l'introduction. Placé de cette façon, il fait l'effet d'un choral intervenant d'une façon inattendue, interrompant le tissu plein d'art et émouvant l'âme comme une apparition étrange, magique. Cela prouve la surabondance de richesse du génie du maître; il plonge dans les profondeurs de l'harmonie et fait sortir d'une couple de mesures une foule de combinaisons qui se présentent à son

Opéra.

esprit comme les fleurs et les fruits d'un arbre fertile. La seconde partie nous offre une transition en harmonique du *ré majeur* en *si bécarre*. Pour le piano et le violoncelle, B. a écrit *ut bémol,* tandis qu'il laissait déjà prendre le *si majeur* au violon, évidemment parce que l'intonation était rendue facile à l'exécution par des pauses précédentes. L'allegretto *ut majeur* renferme un thème agréable, chantant, à la manière des symphonies de Haydn (!), arrangé en variations en *mineur,* après lesquelles le thème principal revient toujours en *majeur.* Le magnifique motif de l'allégretto en *la bémol majeur,* qui est, à proprement parler, la piquante phrase incidente introduite par Haydn sous le nom de *minuetto,* rappelle le noble vol d'aigle des compositions de Mozart du même genre. Dans le trio, le maître, confiant dans sa force et dans sa puissance sur l'empire des sons, module d'une façon tout à fait inattendue. On y voit quelle richesse d'effets piquants présente le système enharmonique, mais j'aurai pour moi l'opinion de tous les maîtres de goût en disant que je ne conseille l'emploi de ces moyens qu'aux compositeurs profondément expérimentés, et en recommandant de s'en abstenir à quiconque n'a pas encore pénétré dans l'arcane le plus caché de l'art. L'artiste qui a bridé par l'étude la plus laborieuse de l'art le vol excentrique de son génie, qui a ainsi acquis la plus haute prudence, sait seul clairement et avec certitude où il doit employer avec plein effet les moyens les plus frappants. Le finale offre, comme dans le premier trio, une pression continuelle toujours croissante; pensées, images passent dans un vol rapide, jeu libre de la fantaisie excitée. Et cependant ce passage se compose encore une fois de quelques courts motifs, de figures intimement liées entre elles. Ces trios, en tant qu'il s'agit seulement d'agilité des doigts et de casse-cous ascendants et descendants des deux mains, en toutes sortes de soubresauts étranges, de bizarres capriccios, ne présentent presque pas de difficultés particulières au piano (??) et cependant leur exécution est relativement très difficile ».

Cet article de Hoffmann, 6 pages in-4°, est d'un bout à l'autre un modèle de haute critique. L'artiste, le compositeur surtout, devrait le méditer longuement.

71. Sextuor pour 2 clarinettes, 2 cors et 2 bassons, *mi bémol.*

Ar. pour P. à 4 m. par Schubert, pour P., V. et Vlle (ou clarinette et basson) par Wüstrow.

G. M. U., 1805, p. 535 : « Belles mélodies sans contrainte, richesse d'idées neuves et inattendues (?) »

Le sextuor se concilia sans doute le suffrage de la gazette par sa médiocrité; cette faible production n'a qu'un intérêt historique et montre à peine quelques traces de la première manière. Cet exemple prouve qu'une composition très-arrièrée en date peut porter un chiffre d'opéra avancé qui ne répond aucunement à la date de sa production. Le sextuor a pu paraître en 1805, il remonte assurément aux années quatre-vingt-dix.

72. *Léonore* (*Fidélio*) ou *l'Amour conjugal* (Eleonore oder die eheliche Liebe), grand opéra en 2 actes, texte de Sonnleithner traduit du français, représenté la première fois à Vienne sur le théâtre *an der Wien,* le 20 novembre 1805, sept jours après l'occupation française de la ville, qui ne pouvait être favorable au théâtre (Wegeler, p. 63). Le public était presque exclusivement composé d'officiers français (Ries, p. 104). L'opéra tomba. Entièrement recomposé en 1813, quelques numéros furent retou-

Opéra.

chés jusqu'à quatre fois (Sch., p. 99). L'opéra fut alors représenté avec succès sur le *Hofoperntheater* le 23 juin 1814.

V. pour les ouvertures, op. 138 et les lettres *p, q,* 3e section. Ar. nonetto, en quint., en quat., pour piano seul par Moschelès sous la direction de B. (Artaria), arrangement aujourd'hui rare, pour P. à 4 m. par Ebers. Sch., p. 254, pour P. et V. Le meilleur arrangement de l'ouverture en *mi majeur* pour P. à 4 m. est de Hummel, ar. encore pour 2 P. à 8 m.

La mélodie avec ac. de P., *Andenken,* textede Mathisson, porte aussi le chiffre 72; voy. la lettre *f,* troisième section.

Paer avait traité le sujet de *Fidélio* dans *son* opéra de *Léonore*. Sch., p. 57.

G. M. U., 1806, p. 237 : « Le tout ne brille ni par l'invention ni par le style. L'ouverture se compose d'un long adagio qui s'égare dans tous les tons, auquel succède un allegro en *ut* qui n'a rien de bien remarquable et qui, par exemple, ne soutient pas la comparaison avec l'ouverture du ballet de *Prométhée* (ô incorrigible épicier!). Les pièces de chant n'ont aucun motif neuf, les chœurs sont sans effet, et celui qui indique la joie des prisonniers en respirant le grand air, est évidemment manqué. »

Ibid., 1814, p. 420 : « Le canon en *sol majeur* 6/8 rappelle le canon *sento que quelli sguardi* dans la *Camille* de Paer et beaucoup de passages de Mozart.

« Travail très réussi; le chant ne mérite pas partout des éloges; l'ensemble reste intéressant. Quelques véritables chefs-d'œuvre dédommagent de quelques passages faibles. Le compositeur a été rappelé à l'unanimité après le premier et le second acte (juin 1814). La nouvelle ouverture en *mi ma-*

Opéra.

jeur a été accueillie avec de bruyants applaudissements, et à la seconde représentation de l'opéra, l'auteur a de nouveau été rappelé deux fois ».

Des juges très compétents voient dans *Don Juan* le premier opéra du monde, dans *Fidélio* le second. Malgré les beautés de premier ordre et un orchestre supérieur même à l'orchestre de Mozart, *Fidélio* n'a point une assez grande unité lyrique pour marcher de pair avec *Don Juan*. Le sujet déjà prête moins. L'élément romantique d'outre-tombe rend le sujet de *Don Juan* merveilleusement complet ; c'est l'inferno du Dante avec un tour de Boccace et d'Arioste. Il y a la terre, il y a le ciel, il y a l'enfer; *Fidélio* embrasse une prison. Les premières scènes de *Don Juan* sont une exposition hors de toute proportion, rien ne peut leur être comparé comme effet scénique, comme vérité dramatique; l'exposition de *Fidélio* languit. Nous avons parlé de l'influence de *Fidélio* sur Weber, sur Meyerbeer. Quelle magnifique étude qu'une appréciation approfondie de *Fidélio* qu'on ne peut peser avec les poids en usage aujourd'hui! Voici ce qu'en dit de Breuning, l'ami de B., dans une lettre à Wegeler (juin 1806) : « La musique est une des plus belles et des plus parfaites qu'on puisse entendre, et cependant, rien n'a causé plus de chagrin à Beethoven que cette œuvre dont la valeur ne sera complètement appréciée que dans l'avenir ». Wegeler, p. 63.

Cette prophétie s'est accomplie. *Fidélio* a eu son tour pendant l'exposition de Londres juillet 1851). Le public se leva pour écouter debout l'ouverture (*mi majeur*), la reine d'Angleterre donnant l'exemple La deuxième ouverture en *ut* fut jouée pendant l'entr'acte ; on couronna le buste de B., en jouant

Opéra.

l'ouverture d'*Egmont,* dont le caractère triomphal allait au triomphe posthume du génie.

G. M. U., 1828, p. 183 : « Cet opéra prouve de quelle façon sublime B. savait traiter les choses les plus diverses, comprendre et rendre avec chaleur les scènes dramatiques; c'est ce qui ressort surtout des inimitables scènes dans la prison ». On a une édition critique de l'opéra du docteur Jahn (1852), le Catalogue thématique de Breitkopf donna les variantes de la partition. C'est un très grand service rendu. V. le 2e supplém. à la fin du cat.

73. Concerto (3e) pour P. avec ac. d'orch. *mi bémol,* dédié à l'archiduc Rodolphe. Ar. pour P. à 4 m., pour P. à 2 m. par Moscheles.

L'orgueil du P. en tant qu'instrument de concert.

G. M. U., 1812, p. 8 et 120 : « Un des concertos les plus originaux, les plus riches d'imagination, les plus remplis d'effets. La longueur exagérée diminue la valeur de cette magnifique production ».

74. Quatuor (10e) pour 2 V., A. et Vlle *mi bémol,* dédié au prince Lobkowitz, duc de Raudnitz. Appelé communément en Allemagne quatuor pour harpe, à cause des pizzicatos du 1er allegro. Œuvre capitale.

Ar. pour P., V. et Vlle, par Belcke, pour P. à 4 m.

G. M. U., 1811, p. 349 : « Plus grave que gai, plus profond et plein d'art qu'agréable et plaisant. Il n'est pas désirable que la musique instrumentale s'égare *dans cette manière.* Le quatuor n'a pas pour objet de célébrer la mort, de peindre les sentiments du désespoir, mais d'égarer l'âme par un jeu doux et bienfaisant de l'imagination. Sombre nocturne! (Adagio) ».

75. « Six Lieder » avec ac. de P., texte de Gœthe, dédiés à la princesse Kinski, v. op. 86.

1) Mignon : « connais-tu le pays ? ar. pour P. à

Opéra.

2 m. par Liszt. Bettina, p. 83 : « B. me chanta d'une voix si forte et si incisive (1810) que sa mélancolie réagissait sur moi : « Connais-tu le pays où fleurissent les citronniers ? » N'est-ce pas que c'est beau ? s'écria-t-il tout inspiré. — C'est merveilleux ! répondis-je. — Alors je vais recommencer. Il y a bien des gens, dit-il, qui sont *touchés* des bonnes choses ; ce ne sont pas des natures artistes. Les artistes ne pleurent pas, ils sont de feu. La mélodie est la vie sensible de la poésie. Dans la chanson de Mignon, n'est-ce pas la mélodie qui fait comprendre ce qu'éprouve la jeune fille ? et cette mélodie n'éveille-t-elle pas à son tour d'autres émotions que le poème n'a pas exprimées ? »

2) « Nouvel amour, nouvelle vie; » comp. en 1810, pour la célèbre Bettina, v. la lettre de B. à Bettina, Sch., p. 159, 2e supplément; Bettina, p. 91 : « Depuis que j'ai pris congé de toi, cher, très-cher cœur ». Voy. l'article de la *Revue de Paris,* janvier 1841 : Madame Bettine d'Arnim. Les grands artistes ont toujours eu des adieux à faire : Mozart composa en se séparant de la première promise le *Trennungslied,* un chef-d'œuvre.

3) « De Faust : » Il y avait une fois un roi, ar. pour P. seul par Liszt.

4) « De Faust : » Avertissement à Gretchen.

5) « Au bien aimé absent. »

6) « L'homme content ».

Ces mélodies datant de différentes époques de la vie de B. furent réunies plus tard en une publication.

G. M. U., 1811, p. 593 : « La pièce n° 3 vaut plus

Opéra.

à elle seule que les volumes entiers de *Lieder* irréprochables dans leur médiocrité. Il faut se rappeler toute la scène sauvage, l'esprit caustique de Méphistophélès ; tout cela se retrouve dans la musique composée d'antiquité bonassement lourde, aventureuse, burlesque et de couleur moderne (surtout dans le chœur *beim Knicken*) ».

76. Variations pour P., *ré majeur,* dédiées à son ami Oliva. Le motif de ces variations est la marche turque des *Ruines d'Athènes* transposée en *ré,* v. op. 113. G. M. U., 1811 : « Eine Art Burleske (?). »

77. Fantaisie pour P., dédiée à son ami le comte Brunswick. G. M. U., 1811, p. 548 : « C'est, à proprement parler, une fantaisie libre, et elle a le plus de ressemblance avec celles du magnifique Philippe Emmanuel Bach ».

L'allegretto (*si majeur*) a été ar. par Hübner, pour chant sur le texte : *Rauschendes Bœchlein.*

78. Sonate pour P. *fa dièse majeur,* dédiée à la comtesse de Brunswick. G. M. U., 1811, p. 548 : « Un allegro riche d'imagination et un vivace plein de feu et d'animation équipé de tournures tout à fait inaccoutumées ».

79. Sonatine pour P., *sol majeur.*

80. Fantaisie pour P., orchestre et chœurs, *ut mineur* et *majeur,* dédiée au roi Maximilien Joseph de Bavière, exécutée pour la première fois à Vienne par B., le 22 décembre 1808.

G. M. U., janvier 1809, p. 268. On lit dans le programme du concert donné par B. : « Fantaisie pour piano, se terminant par degrés par l'intervention de l'orchestre, et comme finale par des chœurs ». G. M. U., 1812, p. 307. Appelée : « Eloge de l'harmonie ». Cet intitulé ne se voit dans aucune édition de la fantaisie. Weber dit : « Une œuvre bien pensée, construite sur un bon plan dont la con-

Opéra.

struction ne devient tout à fait compréhensible que par les chœurs ». L'auteur du texte des chœurs est inconnu.

Ar. pour P., flûte, V., A., V^lle^ et chœurs, pour P. à 4 m., pour P. seul, pour P. seul et chœurs.

81. *Les Adieux, l'Absence et le Retour,* sonate caractéristique pour P., *mi bémol,* dédiée à l'archiduc Rodolphe. G. M. U., 1812, p. 67 : « Une pièce de circonstance comme en fait un homme d'esprit ».

Ar. pour gr. orch. par Bierey.

G. M. U., 1831, p. 764 : « La distribution entre les divers instruments est l'œuvre d'un maître; piano et orchestre sont choses différentes. Bierey n'a pas osé confier à l'orchestre quelques mesures à la fin de la première partie. Si l'original avait permis de faire couvrir par les autres instruments un de ces agencements d'imitation, à peu près comme les mixtures pour l'orgue, l'habile metteur en œuvre aurait eu recours à ce moyen dont l'emploi lui était impossible. Il n'a donc rien pu faire mieux que de supprimer ces quatre mesures (?) »

Le chiffre 81 appartient encore au sextuor pour 2 V., A., V^lle^ et 2 cors, *mi bémol.* Ar. pour P. à 4 m. par Schmidt, par Gleichauf en quintette ; l'arrangement pour P., V. (ou alto) et V^lle^ porte le chiffre d'œuvre 83; l'adagio, *la bémol,* a été arrangé pour 2 voix de soprano et 2 basses sans accompagnement sur le texte : « Ecoutez sur la rive le chant des vêpres ».

Nouvelle Gaz. musicale de Berlin, 1852, n° 5, p. 37 : « Le sextuor était extrêmement intéressant (1re soirée donnée par le chœur royal de la Cathédrale). Nous ne le connaissions pas (en 1852) et avions à cet égard notre manière de voir particulière ; nous étions presque disposés à jurer qu'il était de Mozart. Ce n'est dans aucun cas l'op. 81

Opéra.

de B., de même que ce n'est pas un sextuor, mais un concerto (?) pour deux cors, pour lesquels les autres instruments travaillent d'une façon plus habile et avec plus de talent que cela n'a habituellement lieu dans les *concertos* (?). Nous ne voulons rien enlever par là au mérite de l'œuvre, attendu que tout ce qu'elle renferme est beau et plein d'art, et captive à un haut degré l'attention de l'auditoire ».

Le sextuor appartient sans doute aux premiers temps de la première manière de B.; son style le prouve, mais ce n'est point un concerto pour 2 cors, comme le prétend la gazette. Appellerez-vous le quintette de Mozart en *la,* avec la clarinette, un concerto de clarinette? Le caractère du morceau le range dans la musique de chambre et non point dans la musique concertante, le style de laquelle la gazette a tort de généraliser, de ravaler au-dessous de la manière dont les instruments à cordes sont groupés autour des deux corps du sextuor quand nous avons les concertos de Mozart, de B.; et si la gazette entendait par hasard ne parler que de concerto pour cor, les concertos pour cor de Marie de Weber, son concerto pour basson, qui est un moindre sire encore, donneraient aussi bien un démenti à cette manière de toiser le concerto *in genere.* Il y a concerto et concerto comme il y a fagot et fagot. Oubliez-vous Bernard Romberg, Hummel, Mendelssohn? Ont-ils écrit des concertos, ceux-là, qui distancent la charmante bluette sans prétention aucune de B., qui aura ce chiffre d'œuvre 81 tardivement, qui ne doit pas être médiocrement effrayée d'avoir été avancée *concerto pour deux cors* à Berlin, en 1852, où *l'on avoue ne l'avoir pas connue plus tôt,* où l'on aurait voulu jurer (wir waren geneigt, dar-

Opéra.

auf zu schwören) qu'elle était une œuvre de Mozart (toujours sans la connaître n'est-ce pas?).

82. Quatre ariettes et un duo avec ac. de P., texte italien. Le texte allemand a été adapté par le docteur Schreiber.

1) « Hoffnung : nimmer dem liebenden Herzen ». Dimmi ben mio che m'ami. Allegro moderato 4/4 *la majeur,* 48 mesures.

2) « Liebesklage : den stummen Felsen nur klag'ich ». T'intendo si mio cor. Adagio ma non troppo 2/4 *ré majeur,* 43 mesures.

3) « Stille Frage : darf nimmer ich nahen ». L'amante impaziente : che fa il mio bene Arietta buffa, allegro 6/8 *mi bémol,* 74 mesures.

4) « Liebesungeduld : so muss ich ihm entsagen ». L'amante impaziente : che fa il mio bene. Arietta assai seriosa, andante con espressione, *si bémol,* 6/8, 50 mesures.

Duo pour une voix de soprano et de ténor, « Lebensgenuss : schnell verblühen ». Odi l'aura che dolce sospiro. *Andante vivace,* 3/4, *mi majeur,* 58 mesures.

G. M. U., 1812, p. 16 : « Un petit ouvrage, mais peu commun. Les 2e et 4e ariettes, le duo sont des pièces remarquables de ce genre gracieux. »

83. Trois Lieder avec ac. de P., texte de Gœthe, dédiés à la princesse Kinski :

1) « Bonheur de la mélancolie; larmes, ne séchez pas ». Andante expressivo 2/4 *mi majeur,* 23 mesures, ar. pour P. seul par Liszt. Composé avant 1810, v. Bettina, p. 83, lettre à Gœthe.

2) « Désir; qu'est-ce donc qui attire ainsi mon cœur? » Composé en 1810. Allegretto 6/8 *si mineur,* 60 mesures.

Opéra.

3) « Avec encadrement peint : Petites feuilles, petites fleurs ». Ar. pour P. seul, par Liszt, *fa majeur* 4/4 « leichtlich und mit Grazie vorzutragen », 49 mesures. *Leichtlich* est une malheureuse tentative de traduire *leggieramente.*

84. Ouverture, entr'actes et mélodies de la tragédie *Egmont* de Gœthe, comp. en 1811, v. la lettre de B. à Bettina dans Schindler, p. 160, 2e supplément.

G. M. U., juillet 1813, article de fond. Le célèbre harmoniste Gottfried Weber, qu'il ne faut pas confondre avec l'auteur du *Freischütz* (Charles Marie Weber), a dit de l'ouverture d'*Egmont* : « Un miroir magique qui reflète tous les grands traits de la tragédie ; le chaud entraînement qui distingue toute l'action, la noble grandeur du héros, la tendresse de son amour, les plaintes de Clara, la gloire et l'apothéose du héros qui tombe sans avoir plié ». G. M. U., mars 1814.

L'ouverture a été arrangée en nonetto, pour musique turque, pour 2 P. à 8 m. pour P., V., flûte et Vlle par Moscheles; toute la partition d'*Egmont* en quatuor pour P. et V. pour P. à 4 m. par Wörner, les mélodies : 1) Battez tambours, 2) Leur joie est sans douleur, pour P. seul par Liszt. Le meilleur arrangement de l'ouverture pour P. à 4 m. est de Watts.

Mosengeil a composé un texte à l'effet d'exécuter la partition d'*Egmont* sans jouer la tragédie, comme le baron Vincke et le professeur Wolff en ont composé deux pour la musique du *Songe d'une nuit d'été,* de Mendelssohn. Il existe même un second texte pour *Egmont.* G. M. U., mars 1814.

85. *Le Christ au mont des Oliviers,* oratorio exécuté pour la première fois en 1803, à Vienne. G. M. U., 1803, p. 489.

Opéra.

G. M. U., 1812, p. 3. Ar. pour P. seul par Czerny, pour P. à 4 m. par Richter. On lit dans Weber : « Le tout me parut manquer de tenue et d'unité de style, de même que de cette noble simplicité qui devrait être exclusivement propre au géne de l'oratorio; il y manque également la couronne du style grave, la fugue, dont, il est vrai, l'auteur nous montre un thème comme pour nous séduire, mais qu'il abandonne tout aussitôt (?). »

G. M. U., 1828, p. 183 : « Nous trouvons dans cette œuvre beaucoup plus de mondain que cela ne convient à ce genre de musique ».

86. Messe à 4 voix en 3 hymnes, *ut majeur,* dédiée au prince Kinski, exécutée la première fois en 1810 à Eisenstadt, résidence du prince Esterhazy, qui, affectionnant la musique d'église de Haydn, dit à B.: « Mais, cher B., qu'avez-vous donc de nouveau fait là? » J. N. Hummel, maître de chapelle du prince, ayant souri à ces mots, une rupture complète s'ensuivit entre les deux artistes. B. quitta Eisenstadt sur l'heure et ne se réconcilia avec Hummel qu'à son lit de mort, auquel Hummel était accouru de Weimar à la première nouvelle de la maladie mortelle de B. — Sch., op. 77.

G. M. U., 1807, p. 28 : « B. vient de composer une nouvelle messe pour le prince Esterhazy. »

La messe étant la première de B., l'expression *nouvelle* n'est pas exacte.

G. M. U., 1813, p. 389. Article de fond du célèbre Hoffmann.

Ar. pour P. seul à 2 et à 4 m. par Czerny.

Le Catalogue de Hoffmeister donne le chiffre 86 à la 2e ouverture en *ut* de *Léonore.* Voyez la lettre *p,* 3e section.

87. Variations pour P. à 4 m. motif du *Comte Waldstein, ut majeur* comp., en 1794.

Opéra.

Le chiffre 87 appartient aussi au trio pour 2 hautbois et cor anglais en *ut majeur* (allegro, adagio cantabile, minuetto, presto), lequel, dans les arrangements, porte encore les chiffres 68 et 29. G. M. U., 1808, p. 108. Ce trio a été ar. pour 2 V. et V^lle 2 clarinettes et basson, 2 flûtes et alto, pour 2 V. et alto, pour 2 hautbois et basson, pour P. à 4 m., l'adagio pour 3 voix de soprano sans accompagnement sur le texte : Dors-tu, chère fiancée? (Breitkopf).

88. *Lebensgluck* (*das Gluck der Freundschaft*), *vita felice,* mélodie avec ac. de P., andante quasi allegretto 3/4 *la majeur,* 65 mesures (Peeters), v. la lettre *n*, 3e section.

89. Polonaise brillante pour P. *ut majeur,* dédiée à Sa Majesté l'impératrice Elisabeth de toutes les Russies. B. avait été présenté à l'impératrice en 1815, et parlait de cette entrevue avec émotion, Sch., p. 98. On devrait arranger ce beau morceau à grand orchestre.

90. Sonate pour piano, *mi mineur,* dédiée au comte Moritz Lichnowski. Ar. pour chant et piano par Silcher et Hubner, le 1er morceau sur le texte « sans repos », le 2e sur le texte « les hirondelles s'en sont allées ».

G. M. U., 1816, p. 61 : « Se rapproche des 2 sonates, op. 14 (?). Une des plus simples, des plus mélodieuses, des plus douces et des plus remplies d'expression; à l'exception d'une couple de passages, l'une des plus faciles, mais qui demande un grand soin pour tout ce qui se rattache à l'esprit de l'ensemble. »

91. *La victoire de Wellington à la bataille de Vittoria* (intitulé authentique, v. Ries, p. 138). G. M. U., avril 1816, article de fond. Ce grand morceau symphonique fut dédié au prince régent d'Angleterre

Opéra.

(George IV), v. Ries, p. 108. Exécuté pour la première fois en décembre 1813 à Vienne, dans un concert donné dans la salle de l'Université au bénéfice des soldats autrichiens et bavarois blessés à la bataille de Hanau contre les Français. G. M. U., 1814.

B. conduisit l'orchestre en personne, rien que parce qu'il était l'auteur du morceau, dit-il dans un document authentique conservé par Schindler, p. 90, sans quoi il se fût placé comme Hummel à la grosse caisse. Schupanzich était au premier pupitre des premiers violons, Spohr et Mayseder aux deuxième et troisième; Salieri dirigeait les tambours et le canon, rendu par une énorme peau tendue. Ce concert patriotique, qui eut un immense retentissement, vit s'élever un colosse; on y exécuta pour la première fois la symphonie en *la* (v. op. 92).

Weber : « La symphonie triomphale renferme de grandes traces de génie qui ne peuvent jamais faire défaut à ce compositeur puissant ; il y règne parfois un véritable triomphe de la victoire ; le *God save the King* y est également introduit et accompagné une fois d'une façon tout originale et puissante. »

L'introduction de l'hymne national anglais dans la symphonie donna plus tard à Weber l'idée d'employer l'hymne dans son ouverture-fête (Jubel-Ouverture), composée à l'occasion de l'avènement au trône du roi de Saxe, arrangée pour P. à 4 m. par Klage (Schlesinger, à Berlin). L'air de Marlborough, anobli par une féconde construction de la basse, proposé d'abord en *ut majeur,* se rencontre à la fin du tableau de la bataille tout meurtri, morcelé en signe de défaite, 6/8 *si mineur.* Cette intention est des plus dramatiques. Ce morceau symphonique, composé d'abord pour le mélodium de Mae-

Opéra.

zel (Fisharmonika), instrumenté plus tard par B. en symphonie, donna lieu à un procès. Maelzel, qui avait livré à B. quelques instruments acoustiques pour combattre sa surdité, prétendait se payer par la propriété d'un morceau composé pour un instrument de son invention. Sch., p. 91. B. gagna le procès. Interrogé s'il entendait la symphonie, il répondit : J'entends bien la grosse caisse (die grosse Trommel hör' ich schon). A. M. U., 1827, p. 350. B. avait dédié la symphonie au roi d'Angleterre George IV. L'ambassade d'Autriche à Londres s'était chargée de faire tenir au roi la partition. B. ne reçut ni un cadeau ni un mot de réponse. Il disait à ce sujet : Le roi aurait bien pu m'envoyer une belle tortue ou un bon coutelas (ein Schlachtmesser). Ries, p. 155.

Ar. en nonetto, en quintette, pour P., V. et V^{lle}, pour 2 P., pour P. à 2 et à 4 m.

92. 7e symphonie *la majeur* dédiée au comte Fries, exécutée la première fois en 1813, à Vienne, v. op. 91.

G. M. U., 1816, article de fond remarquable.

G. M. U., 1817, p. 218 : « Lettres de Rosalie à Serena, » article poétique de Mosengeil, auteur d'un texte pour la partition d'*Egmont,* v. op. 84. Sch., p. 113, supplément : « L'amère critique dans le *Franc-Parleur* et dans d'autres journaux qui, après la publication de la symphonie en *la majeur,* déclaraient que B. était mûr pour les petites maisons et continuaient sur ce ton, émanerait de Ch. M. de Weber ».

Ar. en nonetto, en quintette, pour P., V., Fl. et V^{lle} par Hummel, pour P., V. et V^{lle} pour P. à 2 m. par Hummel, par Liszt, pour 2 P. à 8 m. L'arrangement de B. pour P. à 4 m. (Steiner, à Vienne) est dédié à S. M. l'Impératrice Elisabeth de toutes les Russies. L'allegretto a été ar. pour chant par Sil-

Opéra.

cher, par Hübner, sur le texte : « wiegt ihn hinüber » et sur le texte : « hoch auf dem alten Thurme ».

MOUVEMENTS

B. aurait voulu avoir à l'allegretto le mouvement d'un andante quasi allegretto et au *majeur* un mouvement plus vif.

Sch., p. 238 : « B. indiquait le second passage comme andante quasi allegretto. Le maggiore a un mouvement plus animé qui forme une belle opposition à l'introduction. Le passage *la mineur* qui prépare la conclusion reçoit, surtout aux endroits où les instruments à cordes répondent aux instruments à vent, de petites incisions rendues nécessaires par le texte et la déclamation. Cela donne au fond du tableau son véritable coloris et ne manque pas son effet sur l'auditoire ». V. la polémique entre Schindler et Louis Spohr, au sujet des mouvements de la symphonie en *la*. Sch., 2e supplément.

93. 8e symphonie *fa majeur,* composée de 1813 à 1814.

G. M. U., 1814, p. 201 : « Une symphonie toute neuve qu'on n'a jamais entendue ». G. M. U., 1818, p. 162 : Analyse technique assez faible.

Ar. pour 2 P. à 8 m., pour P. à 2 et à 4 m., pour P., V. et V^lle^ en quintette, en nonetto (Haslinger).

Cette symphonie est un problème pour la critique. On ne peut pas ne pas convenir que le menuet, ce tenace locataire de la symphonie de Haydn, de Mozart, n'y ait été réinstallé au logis; que B. n'y abandonne le grand scherzo de sa création, le scherzo sans limites réelles, le scherzo libre, pour en revenir au bonhomme de menuet d'autrefois, en attachant toutefois au chapeau du petit rentier une plume éclatante de sauvage, dans le solo de trompette. Le bon critique, le critique qui a à cœur d'éclai-

Opéra.

rer et de s'éclairer lui-même, et non point seulement l'ambition d'être appelé le critique de Mozart, le critique de B., ce qui revient à dire qu'il s'est trouvé un homme qui, volontairement, a accepté le rôle de la *mouche du coche;* le critique sincère évite de parler de son individu, de ce qu'il trouve ou ne trouve pas, prévenant ainsi le public, qui pourrait lui demander : Qui êtes-vous pour trouver quelque chose quand il s'agit du génie? L'auteur de ce livre croit n'avoir point abusé de la première personne du présent dans les verbes ; il dira cependant en toute modestie au sujet de la 8ᵉ symphonie : Je ne puis partager l'avis, si souvent émis par des hommes supérieurs, qu'elle se rapproche du style, de la sphère des idées des deux premières. Je trouve qu'elle est en style symphonique de B. ce que le quatuor en *fa mineur* est en style de quatuor, le pont qui unit les splendeurs de la symphonie dans les données sans délimitations réelles, mais resplendissantes toujours de clartés, de la 2ᵉ manière (3ᵉ, 4ᵉ, 5ᵉ, 6ᵉ, 7ᵉ symphonies), au sombre *Léviathan* dans la 9ᵉ symphonie qui garde l'autre rive, qui franchit le pont, mais pour s'arrêter au seuil de l'infini.

L'allegro de la 8ᵉ symphonie, sans doute, est calmé, plus simple même dans son devis que l'allegro des précédentes symphonies. Cette simplicité est plus apparente toutefois que réelle. Opposé à l'expression héroïque, dans l'acception du monde antique du mot, de l'allegro de la 3ᵉ symphonie; au limpide fleuve de la 4ᵉ, aux brisants de la 5ᵉ; c'est un *médaillon* que cet allegro, dont l'idée tient dans six notes. Ne vous y trompez pas; ce médaillon renferme les traits de la chimère au magnétique sourire, médaillon que l'orchestre auquel le magicien le confia, dépose obéissant à ses pieds, en frémis-

Opéra.

sants pizzicati (v. les 12 dernières mesures de l'allegro). Oh! cet allegro ne participe point aux joies naïves, aux mœurs simples des deux premières symphonies ; il est hanté de plus d'une vision (34e, 52e mesures), il sonde plus d'un abîme (44e mesure, seconde partie). Cet allegro est le rêve calme d'un homme dont la vie a cessé de l'être. L'allegretto ne se décrit point. Le *Faust instrumental,* entré dans le plus secret de son laboratoire, cherche cette vérité qui est *dans* l'homme et non point *hors* de lui. Une flamme bleue éclaire un instant les traits enchanteurs qu'il lui fut permis, un jour, de chérir. Dernière ligne douce du crayon qui avait à tracer la 9e symphonie. Le finale respire je ne sais quels guerriers élans; on le prendrait à lui seul (502 mesures, 1/4 à la brève) pour une symphonie militaire (*klingendes Spiel, Waffentanz*).

Signaux pour le monde musical, 1852, n° 5, p. 35 : « La huitième symphonie fournit une remarquable preuve de l'axiome que les actes du genie artistique ne se déclarent et ne se déterminent pas d'avance d'après les catégories philosophiques. Qui aurait attendu d'un esprit qui s'épanchait de symphonie en symphonie en formes toujours plus larges, en images toujours plus grandioses et plus brûlantes, ce revirement subit dans une région d'esprit enfantinement gaie, taquinement humouriste? Qui aurait prévu, à la suite des scherzos toujours plus longuement et plus richement développés, le menuet marchant de son pas vénérable dans sa forme antique et retroussée? au lieu de ces adagios des précédentes symphonies, puisés dans les profondeurs des sentiments les plus sublimes, ce scherzo-andante tout cordial et doux, marchant content de lui-même dans sa forme abrégée, presque esquissée? L'effet de la symphonie est entièrement gai,

Opéra.

sans trouble; il éveille et entretient chez l'auditeur la situation d'esprit la plus récréative; aucun ton faux ne vient troubler sa quiétude ».

On répondrait à cette dernière assertion : « Où est le ton faux dans les autres symphonies, à la seule exception de quelques passages des chœurs de la neuvième? Je nommerais l'*ut dièse* dans le finale de la 8e symphonie (17e mesure) la *note terrible* de B. Sous elle s'ouvre béant l'abîme confié au maître au bord duquel il s'avance, et s'y promène comme dans les champs du printemps éternel. On écrirait un livre sur cette note et les analogies dans les principaux ouvrages de Beethoven ».

94. *A l'Espérance,* mélodie avec ac. de P., dédiée à la princesse Kinski, texte de Tiedge. Poco sostenuto *si bémol mineur,* larghetto *sol majeur,* 89 mesures.

95. Quatuor (11e) pour 2 V., A. et Vlle *fa mineur,* dédié à son ami Zmeskall de Domanovetz, secrétaire aulique.

Le merveilleux pont jeté de la 2e à la 3e manière de B. en tant que style de quatuor.

> Von Perlen baut eich eine Brücke
> Hoch über einen grauen See
> Sie baut sich auf im Au enblicke
> Und schwindelnd steigt sie in die Hœh (1).
>
> SCHILLER.

Ar. pour P. à 4 m. par Gleichauf.

96. Sonate pour P. et V. *sol majeur,* dédiée à l'archiduc Rodolphe. G. M. U., 1817, p. 228 : « Il semblait presque que B. en revient au mélodieux et au plus ou moins gai. La sonate est pour lui une affaire sérieuse, mais ce sérieux fait plaisir et nulle part il ne dédaigne le plaisant. Peu difficile à exécu-

(1) Un pont de perles se construit sur le lac bleu, s'élève et disparaît dans des hauteurs vertigineuses

Opéra.

ter (?) et pouvant sous ce rapport être mis à côté des premiers trios pour piano ».

Ar. en quatuor (Dunst) pour P. à 4 m. (Cranz).

Cette belle œuvre, d'un caractère pastoral et tout limpide, d'une grande difficulté d'exécution pour les deux instruments, appartient aux données du plus grand style du maître ; elle est le dernier *Duo* de P. et de V. dans le style large, puissant et clair de sa 2e manière. Le rondo paraît être bâti sur la chanson allemande populaire *Tataluli.*

97. Trio pour P., V. et Vlle *si bémol,* dédié à l'archiduc Rodolphe. Ar. pour P. à 4 m., par Czerny.

G. M. U., 1823, p. 192 : « Le premier passage est très riche en beautés artistiques et écrit avec une pompe élégante. Le menuet est développé, dans sa frivolité apparente, en beautés de contrepoint à la manière du véritable maître qui écrit savamment sans faire étalage de savantisme. Le troisième est un andante avec des variations (*sic*) dont le thème calme (!) est modifié avec adresse (!) et prudence (encore mieux!). B. prépare le finale dans lequel tous les instruments sympathiques (*Tricinium*) luttent en passages vifs et brillants; à l'aide d'un *inganno* nous nous trouvons transportés dans le *la majeur presto...* et B. termine le tout très énergiquement par une *coda* pleine de feu ». (Oh! incorrigible épicier!)

Ce trio qu'on devait appeler tout court le *grand,* quoiqu'il ne porte seulement pas cette épithète dans l'intitulé, est le miracle de la musique d'ensemble du piano, une de ces créations complètes comme on en rencontre de siècle en siècle dans les arts. Voyez plutôt la conversation suivante entre B. et Schindler, mars 1827, quelques jours avant la mort de B., qui malheureusement n'écrivit point ses réponses

Opéra.

qu'il faut reconstruire avec la partie écrite de la conversation de son interlocuteur :

Schindler, vous êtes très bien aujourd'hui, nous pourrions jouer quelque chose, par exemple : le trio en *si majeur*. Aristote dit dans sa poétique de la tragédie : Il faut que les héros tragiques commencent à vivre dans tout l'éclat du bonheur et de la richesse. C'est ce que nous voyons dans l'*Egmont* de Gœthe. Quand alors ils sont très heureux, la destinée survient tout à coup et leur jette autour du cou un lacet dont ils ne parviennent plus à se débarrasser. Le courage et le défi remplacent la fortune, et, pleins de témérité, ils regardent en face le destin, la mort même. » Ici B. dut partir de la *Médée* d'Euripide, comme on va le voir par la réponse de Schindler : « La *Médée* ne m'est plus présente à la mémoire. Il faut que vous m'expliquiez cela mieux, sans cela la chose restera obscure pour moi ». A la réponse de B. qui ne nous est pas conservée, Schindler répliqua : « Le sort de Klaerchen dans *Egmont* intéresse comme celui de Gretchen dans *Faust*, parce qu'elles étaient naguère si heureuses. Une tragédie qui commence, marche et finit par la tristesse,, est ennuyeuse ».

« A quoi bon partout une inscription? Cela doit nuire là où le sentiment, l'imagination doivent la placer. La musique ne peut ni ne doit donner partout au sentiment une direction déterminée. Je suis très impatient de caractériser le trio. Le premier passage parle de bonheur, de caprice, d'enjouement, d'entêtement (à la Beethoven, bien entendu), n'est-ce pas? Dans la seconde partie, le héros est parvenu au point culminant du bonheur; dans la troisième, le bonheur se transforme en émotion, souffrance et pitié. Je tiens l'*andante* comme l'idéal le plus complet de sainteté et de béatitude. Les mots

Opéra.

ne peuvent rien ici; ils sont de mauvais serviteurs de la parole de Dieu que la musique exprime. » *Sch.,* p. 290.

Ces quelques indications sont précieuses pour le pianiste, qui reconnaîtra dans cette composition hors de toute proportion une œuvre dont l'interprétation est confiée à trois instrumentistes éprouvés. Ce trio devrait être défendu au dilettantisme par respect pour les gloires et splendeurs du génie. Grands artistes! ne faites point de ce trio un *caricato* quelconque, fût-il très élégant, pimpant, à la mode votre caricato. Ce trio devrait être au-dessus d'éphémères prétentions.

98. A l'amie absente, guirlande de *Lieder* de *Jeitteles* pour chant et piano; six textes pour chant avec ac. de P. formant un morceau de 342 mesures. Dédié au prince Lobkowitz, duc de Raudnitz. Un chef-d'œuvre qui n'est point assez connu et apprécié.

Ar. pour P. seul par Liszt.

G. M. U., 1817, p. 73 : « Ces *Lieder* sont parmi les plus beaux qui existent; il est impossible d'écrire d'une façon plus coulante pour les organes vocaux ».

99. L'homme de parole, poésie de Kleinschmidt, pour chant et piano, mélodie avec ac. de P., texte de Kleinschmid, 3/4 *sol majeur,* 17 mesures répétées sur les 5 strophes, 6 pages.

G. M. U., 1817, p. 135 : « Un véritable *Lied* qui ne manque pas de mérite quant à l'invention. Accompagnement très simple ».

100. Merckenstein, près de Bade, poésie de Ruprecht, pour une ou deux voix avec accompagnement de piano, *fa majeur,* 14 mesures.

G. M. U., 1817, p. 52 : « Une chansonette gentille et gracieuse, très facile et agréable ».

Opéra.

101. Sonate pour P., *la majeur,* dédiée à la baronne Ertmann (Sonate für das Hammerklavier, V. le 1er cahier du *Musée musical des clavecinistes,* édité par Steiner, à Vienne).
G. M. U., 1817, p. 687 : « Diversité inépuisable, très grande expérience des ressources de l'art, imagination brûlante, génie universel. Nous voulons préparer à la jouissance véritablement rare qui les attend les amis véritables du piano, auxquels l'école de Bach restera éternellement chère ». La gazette pensait sans doute à la fugue du finale en prononçant le nom de Bach, dont Beethoven ne rappelle pas plus dans cette sonate que dans ses autres compositions le style sévère, les magistrales grandeurs d'une école sans pitié dont il n'avait que faire. La vie pour Bach, c'était la fugue, pour Beethoven, la symphonie; distance incommensurable.

102. 2 sonates pour P. et Velle (ou V.), *ut majeur, ré majeur,* dédiées à la comtesse d'Erdödy.
Ar. pour P. à 4 m. par Czerny.
G. M. U., 1818, p. 792 : « Appartiennent au haut goût le plus inaccoutumé et le plus étrange ». *Ibid.,* p. 215, 1824 : « Nous n'avons jamais pu prendre goût aux deux sonates; mais ces compositions sont peut-être un chaînon nécessaire dans les créations de B. pour nous conduire là où la main sûre du maître voulait nous mener ». Cette manière de voir est la bonne; elle admet une marche des idées du maître indépendante de sa volonté, elle sous-entend une destinée du génie (αναγκη).

103. Il n'y a pas d'opéra 103.

104. Quintette pour 2 V., 2 A. et Velle, *ut mineur.* Ce morceau est un arrangement tardif de B. du trio de P. en *ut mineur,* op. 1. Lettre de B. à Ries à Londres, 25 mai 1819, Ries, p. 151. « N'oubliez pas le quintette, la sonate, op. 106, et — l'argent, je veux dire

Opéra.

les honoraires *avec ou sans honneur*... Je ne fonde pas sur vous de prétentions exagérées, mais j'espère entendre de vous du bon *veloce prestissimo*... Prestissimo — responsio, il suo amico e maestro ».

105. Six thèmes variés pour P. et flûte (ou V.) ad libitum bien faciles (?) à exécuter, 2 cahiers (Artaria), voyez op. 107.

106. Grande sonate pour piano, *si bémol,* dédiée à l'archiduc Rodolphe (grosse Sonate für das Hammerklavier). Composée de 1816 à 1817, l'époque la plus malheureuse de l'existence de B., en procès alors avec sa belle-sœur au sujet de la tutelle de son neveu. *Sch.,* p. 116.

• Ar. à 4 m., par Ebers, l'adagio pour chant et P. par Hübner sur le texte : « La tombe est profonde et silencieuse ».

107. Dix thèmes russes, écossais et tyroliens variés pour P. et flûte (ou V.) ad libitum, 5 cahiers, v. op. 105. (G. M. U., 1821).

108. 25 mélodies écossaises pour chant avec ac. de P., V. et V^elle^ et un *chœur* obligés, ou pour chant avec ac. de P. *seul,* texte anglais avec traduction allemande. Arrangées et instrumentées par B. l'été de 1815, pour le célèbre collectionneur et éditeur anglais de mélodies nationales, Thompson d'Edimbourg. Schindler, p. 100. Dédiées par l'éditeur (Schlesinger, à Berlin) au prince Antoine Radziwill.

G. M. U., 1825, p. 866 : « Les mélodies sont une véritable mine, l'accompagnement plein du *moi* le plus profond, le plus impressionnable du maître. Ce qui est véritablement admirable, c'est qu'il a su, dans les préludes et les finales, tirer des ressources que la mélodie présentait ». *Ibid.,* 1828, p. 283 : « Un sentiment tout particulier domine ces *Lieder;* quiconque veut connaître l'être le plus intime de B. ne doit pas les négliger. Elles aussi sont un témoi-

Opéra.

gnage que le maître, libre et dégagé de toute tradition, de tout servilisme envers une époque ou envers un peuple,, s'est créé à lui-même un monde à part. C'est l'esprit indépendant de B. qui marche par-dessus les monts du sommeil dans un monde qu'il a entrevu en rêve, qu'il appelle l'Ecosse, parce que ce sont des paroles écossaises auxquelles son monde du son se relie. Sans la quarte, les esprits des forêts de chênes druidiques reconnaîtraient le sixième Lied, dans le 3e cahier, pour un parent. Ce sont des *Lieder* tout spéciaux à B. »

109. S. pour P., dédiée à mademoiselle Brentano, *mi majeur.* La célèbre Bettina (madame d'Arnhim) était une Brentano de Francfort-sur-Mein. Cette dédicace s'adresse à elle ou à sa sœur, v. op. 120 et 75.

110. Sonate pour piano, *la bémol majeur.*

G. M. U., 1824, p. 203 : « Il y a une trentaine d'années que la magnifique apparition du génie de B. ravit pour la première fois les gens impressionnables et bien élevés. B. remplit d'une façon toute nouvelle et particulière à lui toutes les conditions d'une œuvre musicale, invention, esprit et sentiment dans la mélodie, harmonie et rythme. On sait, comme il arrive ordinairement, que cette originalité créa bientôt l'opposition ».

La gazette fait une analyse technique des trois sonates op. 109, 110, 111.

111. Sonate pour piano, *ut mineur,* dédiée à l'archiduc Rodolphe, 32e et dernière sonate pour P. seul, v. les lettres *e, f,* 3e section. B. composa les trois dernières sonates, op. 109, 110, 111, l'hiver de 1821 à 1822. *Sch.,* p. 116.

G. M. U., 1824, p. 224 : « B. ressemble, dans l'arietta, à un peintre qui peindrait un devant d'au-

Opéra.

tel d'une seule couleur, au moyen d'un pinceau à miniature ».

112. 12 nouvelles bagatelles *faciles* (?) et agréables pour P. L'éditeur Peters, à Leipzig, les jugea indignes du prix convenu (10 ducats), et fit remarquer à B. qu'il était au-dessous de sa dignité de perdre son temps à des vétilles comme le premier venu en produirait. *Sch.,* p. 127. Ries, à Londres, réussit à vendre le cahier 25 guinées, mais, dit-il, p. 123, il eût sans doute mieux valu que tel morceau n'eût pas été publié. Ce jugement n'est point trop sévère.

113. Ouverture des *Ruines d'Athènes,* v. op. 114. Ries, p. 123, dit avec raison : « Je la trouve indigne de B. » V. la remarque à l'op. 117.

Le chiffre 113 appartient encore aux mélodies avec ac. de P. (4 poésies allemandes, Diabelli) :

1) Nocturne sous le ciel étoilé, *mi majeur,* 81 mesures; *ziemlich anhaltend,* ce qui est une malheureuse traduction du terme *poco sostenuto* que B. affectionnait assez (7e symphonie, quatuor op. 74. Trio de piano en *mi bémol,* op. 70).

2) Le secret, *sol majeur* 2/4, innig vorzutragen und nicht schleppend, 25 mesures.

3) Résignation, *ré majeur* 3/8, 49 mesures, texte du comte Haugwitz.

4) Comme cela ou comme cela, *fa majeur* 6/8, 22 mesures, assez vif et résolu.

V. pour les n°s 2, 4 la lettre *b,* pour le n° 3, la lettre *v,* de la 3e section.

114. Marches et chœurs des *Ruines d'Athènes,* épilogue de Kotzebue en un acte, composé en 1812 pour l'ouverture du théâtre de la Josephstadt à Vienne, le 3 octobre 1822, v. encore op. 124. Le texte de la 2e édition est de Meisel. Les marches (marche d'en-

Opéra.

trée solennelle, moderato assai 4/4 *mi bémol ;* marche turque 2/4 *si bémol*) et le chœur des derviches (*mi mineur* 4/4) ont été ar. pour P. à 2 et à 4 m. par Czerny, la marche turque pour P. à 2 m. par Liszt, par Rubinstein, v. op. 76.

116. Gr. ouverture en *ut majeur,* dédiée au prince Radziwill. Ar. pour P. à 2 et à 4 m. par Czerny.

116. Terzetto : tremate empi ! per voce di soprano, tenore e basso con accompagnamento di cimbalo, all' uso di concerti, allegro 4/4 *si bémol,* adagio 3/4 *mi bémol,* allegro molto 4/4 *si bémol* en tout 237 mesures.

G. M. U., 1814, p. 201 : « Terzetto italien tout neuf ». — *Ibid.,* 1826, p. 495 : « Probablement des premiers temps de B., surtout la grande scène et l'air pour soprano (v. op. 48); comme ceux-ci surtout pour concerts à la manière des grands trios et airs dans l'*operia seria* de ce temps-là, mais pleins d'originalité, de sentiments profonds et de force indépendante non sans traits remarquables dans l'instrumentation ». Ce trio a été originairement écrit par B. avec ac. d'orchestre.

117. Ouverture (*mi bémol*), marches et chœurs du prologue de Kotzebue : *le Roi Etienne,* premier bienfaiteur de la Hongrie. G. M. U., 1818, p. 72 : Cette partition fut écrite pour l'ouverture du théâtre de Pesth. La marche triomphale, *sol majeur,* et l'ouverture ont été ar. pour P. à 4 m. par Winkler (Mechetti) ».

G. M. U., 1828, p. 384 : « Magnifique ouverture qui doit plaire à tout le monde, aussi facile qu'intelligible, occupant suffisamment et peu difficile à exécuter ».

Lettre de B. à Ries, à Londres, 30 avril 1819 :

« J'ai été bien fâché d'apprendre par Neate (marchand de musique à Londres) que les 3 ouvertures

Opéra.

(des *Ruines d'Athènes,* du *Roi Etienne* et op. 124) ont déplu à Londres; chacune a fait un certain effet à Vienne. L'ouverture du *Roi Etienne* et l'ouverture op. 124 en ont même fait un très grand. Je ne conçois rien au sort qu'elles ont eu à la Société philharmonique ». Ries, p. 147.

118. Chant élégiaque en mémoire de la défunte femme de son ami le baron Pasqualati pour 4 voix, 2 V., A. et V^{elle}, *mi majeur* 3/4, dédiée au baron Pasqualati.

G. M. U., 1827, p. 797 : « Mélodie excellente, pleine de verve naturelle; accompagnement simple, plein de charme; rythme merveilleux et cependant agréable, mélodie soutenue, coulante. Un chef-d'œuvre complet, un des ouvrages les plus originaux et les plus simples sortis de la plume de B., y compris les premiers temps de la gloire de ce héros de la musique ».

119. Le chiffre 119 manque. Le Catalogue thématique de Breitkopf le donne à tort aux bagatelles, op. 112, publiées par Diabelli, édition authentique (v. op. 112).

120. 33 variations sur une valse, dédiées à madame de Brentano, née Birckenstock. Composées en 1823.

B. avait écrit à Ries pour le charger de vendre à Londres les variations, dédiées dans le manuscrit à la femme de Ries. Quand Ries se présenta chez l'éditeur qu'il avait choisi pour publier les variations, on lui montra les variations qui venaient de paraître à Vienne (chez Diabelli) et portaient la dédicace de madame de Brentano. B. s'excusa dans une lettre, où il dit, au grand étonnement de Ries, que cette méprise de sa part ne donnait aucun droit à lui, Ries, d'attendre soit un cadeau, soit une autre indemnisation (V. Ries, p. 124).

« Dans ces variations, B. foula en quelque sorte

Opéra.

les limites les plus extrêmes de cet empire de la forme, passant outre sur toutes les figures connues ». Gassner, *Lexicon universel de musique.*

Le marchand et éditeur de musique Diabelli, à Vienne, avait proposé aux compositeurs des Etats d'Autriche un motif de valse de sa composition pour être varié pour piano. Il avait offert à B. 80 ducats pour 6 à 7 variations (le prix d'une sonate dans les derniers temps). B. lui en envoya 33 et en eût fait davantage, tant il prenait plaisir à ce travail. *Sch.,* p. 133. C'est à ce point de vue et comme une extravagance permise au génie qu'il convient d'envisager cette œuvre exceptionnelle.

121. « Chant du sacrifice : La flamme brille; » texte de Mathisson. Lied pour une voix de soprano, chœur et orchestre, *mi majeur,* 4/4. G. M. U., 1825. V. op. 122.

Le chiffre 121 appartient encore à l'œuvre *posthume :* Adagio, Variationen und Rondo für P., V. et V^elle^. Le motif des variations : « Je suis le tailleur Kakadu », est des *Sœurs de Prague,* vaudeville de Wenzel Müller.

122. « Chant de l'alliance : « Dans toutes les bonnes heures »; texte de Gœthe. Lied pour deux voix et un chœur à trois parties avec ac. de clarinette, 2 cors et 2 bassons, *si bémol,* 4/4, ar. avec ac. de P.

G. M. U., 1825, p. 740 : « Les deux chants (voir *Chant du sacrifice,* op. 121) sont traités comme Lied avec un refrain en chœur; la musique du premier est doucement solennelle, celui du second énergique, rude; l'accompagnement d'orchestre original et plein d'effet ».

123. Missa, composita et serenissimo ac eminentissimo Domino Rudolpho Joanni Cæsareo, principi et archiduchi Austriæ : S. R. E. Tit. s. Petri in monte aureo, cardinali et archiepiscopo Olomucensi, pro-

Opéra.

fundissima cum veneratione dedicata a Ludovico van Beethoven. Ex sumptibus vulgantium. Moguntiæ, ex taberna musices B. Schott filiorum. Paris, chez les fils de B. Schott, rue de Bourbon, n° 17; Anvers, chez A. Schott, 1827. Messe en *ré* à 4 voix avec chœur et ac. d'orchestre et d'orgue, ar. avec ac. de piano, payée mille florins par l'éditeur Schott. Sch., p. 165.

B. destina ce grand ouvrage à la cérémonie d'installation de l'archiduc Rodolphe comme cardinal archevêque d'Olmütz (1820); il ne l'acheva qu'en 1822, après y avoir travaillé depuis l'hiver de 1818 à 1919. Dans une lettre à Louis XVIII, qui envoya à B. une belle médaille d'or pour un exemplaire de la messe, B. l'appelle : *son œuvre la plus accomplie ;* dans le programme de souscription, « (sein grösstes und gelungenstes Werk) ». Sch., p. 122. V. la lettre de B. au pr. Galitzin, publiée dans *la Presse,* du 13 octobre 1845.

« En commençant ce travail, tout son être semblait avoir pris une autre forme. Jamais je ne vis B. dans un pareil état de détachement absolu du monde terrestre ». Sch., p. 113.

« Chaque directeur habile pourra introduire des modifications afin de faciliter l'exécution des parties vocales, le soprano devant à plusieurs endroits crier de toutes ses forces, mais ne pouvant chanter. Périsse plutôt l'effet d'un morceau qu'un organe de chanteur! » Sch., p. 155.

Lettre de B. à Ries du 9 avril 1825 : « Deux morceaux des plus remarquables vont vous être expédiés. »

124. Ouverture en *ut majeur* à gr. orchestre, dédiée au prince N. Galitzin, composée pour l'inauguration du théâtre de la Josephsstadt à Vienne, le 3 octo-

Opéra.

bre 1822, jour de fête de l'empereur d'Autriche. Sch., p. 120. V. op. 114.

Ar. pour P. et V. par Brand, pour 2 P. à 8 m., pour P. à 4 m. et à 2 m. par Czerny. V. la remarque à l'op. 117.

Origine de l'ouverture : L'été de 1822, Beethoven passa une journée dans la délicieuse vallée d'Hélène à Baden, près Vienne, en compagnie de Schindler et de son neveu. Préoccupé de l'ouverture qui devait être prête le 3 octobre, il quitta ses compagnons, afin d'être seul avec l'idée de son ouverture. Une demi-heure à peine s'était écoulée qu'il avait déjà jeté sur le papier deux motifs dont il dit que l'un se prêtait à être traité dans son style à lui, l'autre à la manière de Hændel. Schindler conseilla à B. de choisir le second motif. Cet avis avait de quoi flatter B. qui mettait Hændel audessus de tous les compositeurs, mais on conviendra qu'il ne fut pas heureux une fois qu'il s'agissait de style d'ouverture.

L'ouverture op. 124 n'est point une double fugue proprement dite, comme on l'a dit. Il faut supposer que le motif que Beethoven aurait traité dans son style à lui fût devenu l'occasion d'une œuvre bien plus importante dans un temps où le génie de l'artiste touchait à son apogée, que l'homme en lui jouissait des derniers jours exempts de souffrances physiques. Schindler aurait dû se dire que le génie de Beethoven, c'était le style symphonique libre, que là il régnait sans rival, que là il n'avait à imiter personne; que le style sévère, au contraire, était tout au plus pour lui une barrière à sauter, qu'il n'y était point chez lui. B. lui-même en voulut plus tard à Schindler. L'ouverture n'avait point produit d'effet; on la disait inexécutable, ce qu'elle est *peut-être*. Voici la conversation de B. avec

Opéra.

Schindler à ce sujet (*Cahier de conversations,* Sch., p. 289) : Schindler : « Comment revenez-vous encore sur cette vieille histoire de 1824? S'il faut que je sois la cause que vous avez écrit cette ouverture, j'en prends volontiers la responsabilité; mais si l'orchestre ne peut pas la jouer, la faute n'en est certainement pas à moi. Le public est excusable de ne pas vouloir comprendre un charivari comme celui qui se rencontre dans le passage en fugue ».

L'introduction de l'ouverture est un incomparable chef-d'œuvre. *Introductio princeps.* Un arc de triomphe couronné d'une Victoire.

125. Symphonie avec chœur final sur l'ode de Schiller *an die Freude,* 4 voix solo et 4 voix de chœur, *ré mineur.* 9e et dernière symphonie, dédiée au roi de Prusse Frédéric Guillaume III, commencée en novembre 1823, achevée en février 1824, payée 600 florins par l'éditeur Schott (une misérable misère!). Sch., p. 165.

Tristia Herculis !

Sch., p. 129, 139 : « Peu à peu, vers l'automne de 1823, la neuvième symphonie commença à lui travailler la cervelle. » Gassner, *Lexicon universel de musique.* « Rien ne saurait être plus touchant, rien ne permet de mieux pénétrer dans son âme que des basses d'abord, puis ses chanteurs entonnant le *Freude,* cette belle étincelle de Dieu, d'une façon si simple, si populaire. Son bonheur est là, ce but qu'il ne lui a pas été donné d'atteindre ; il célèbre là, sous le vaste dôme de Dieu, la piété que des milliers partagent partout avec lui. »

Ortlepp et Griepenkerl ont fait de la symphonie le sujet de nouvelles.

La célèbre Sonntag et mademoiselle Unger, qui

Opéra.

chantaient (1824) la partie de soprano et de contrealto, se virent forcées de prier B. de faire des changements dans leurs parties. Mademoiselle Unger l'appela « le tyran des voix. » — Cette note si haute à l'endroit : « Elle nous apportait des baisers et des raisins, » ne peut-elle donc être changée ? » dit Sonntag. « Et celle-là, reprit Unger en montrant sa partie, elle est trop haute pour un contrealto ». B. sourit, mais resta inébranlable; il prétendit que ces dames avaient été gâtées par la musique italienne. « Continuons donc à nous torturer, » fit la douce et résignée Sonntag.

Il n'en fut pas autrement *des chœurs,* qui opérèrent eux-mêmes des changements et prirent même le parti de se taire à certains endroits. B. était présent, mais il ne distinguait plus aucun son! « Il n'entendait même pas l'immense tempête d'applaudissements de l'auditoire, et mademoiselle Unger dut appeler par ses gestes l'attention de Beethoven, qui tournait le dos à la salle, sur l'enthousiasme du public, pour que le célèbre maître vît du moins ce qu'il ne pouvait plus entendre. B. se retourna, et sa vue excita dans l'assistance une véritable éruption d'enthousiasme, de douleur et de sympathie pour son malheur. » Sch., p. 155.

G. M. U., 1826, p. 853 : « On dirait que la musique s'est proposé de marcher désormais sur la tête au lieu des pieds. La dernière phrase, c'est le chant des malheureux précipités du ciel; on dirait que les esprits des abîmes célèbrent une fête de réjouissance sur tout ce qui s'appelle la joie des hommes. Et cependant (*sic*) tout musicien devra posséder l'ouvrage pour savoir comment on se réjouit au fond des enfers. Le maître n'en reste pas moins ce qu'il est, un conjureur des esprits infernaux, auquel il a plu cette fois d'exiger de nous

Opéra.

du *surhumain* (le critique aurait dû dire : *de nous donner du surhumain*).

G. M. U., 1828, p. 216 : « Remarquable erreur du maître égaré par sa complète surdité, maintenant délivré des soins de ce monde. Nous ne sommes pas assez aveugles (c'est bien heureux pour vous) pour ne pas voir l'admirable tissu de notes et d'étranges masses de sons amoncelées dans cette œuvre; nous admettons l'art exagéré dans cette construction, mais nous comparons le tout au *bourg* Luxor, construit sur les grandes ruines de la magnifique et fabuleuse *Thèbes* (la symphonie est bien elle-même la glorieuse *Thèbes aux aux cent portes* du style symphonique; seulement le critique et tant de personnes après lui ne sont pas entrés par la bonne). Le *scherzo* serait beau s'il ne détruisait pas le bon effet par la longueur exagérée. Le reste, sans en excepter même l'*andante,* dans lequel B. produisait autrefois de l'inimitable, nous cause une douleur d'autant plus grande que nous savons mieux ce que nous avons perdu dans Beethoven ».

Un juge de Londres (*Harmonicon,* mars 1828, comparez G. M. U., 1828). « Composition bizarre. Les plus chauds admirateurs de B., *s'il leur reste du sens commun,* doivent déplorer qu'elle ait été livrée à la publicité. Les amis de B. qui lui ont conseillé de publier ce morceau absurde sont assurément les ennemis les plus cruels de sa gloire ».

Signaux pour le monde musical, 1852, n° 5 : « Quel est l'homme qui s'est placé à un point de vue historique (Hegel, Ganz : *le Droit de succession dans son développement historico-humain,* ouvrage de la plus haute portée) ? Quel est l'homme qui, en fait d'art, se plaît à déterminer à l'avance les apparitions successives comme des points de déve-

Opéra.

loppement nécessaires et naturels? Quel est l'homme qui eût pu, après la 8e symphonie, simple, innocente, gaie, humoriste, prédire la 9e symphonie, se redressant gigantesque, s'étendant en replis démesurés, hétérogène dans la forme et dans la pensée, travaillée par les combats intérieurs les plus violents ? »

Cette œuvre immense, incommensurable, qu'on peut ne pas préférer aux symphonies précédentes, mais dont on ne parle qu'avec un respect mêlé de crainte pour peu qu'on soit un grand artiste ou un homme accessible aux émanations d'un monde qui n'est pas le nôtre, qui n'en existe pas moins au sein de l'infini; cette œuvre, à laquelle ne va aucun nom; ces agapes de la musique instrumentale, le dernier mot du style symphonique auquel, sur terre, s'arrêta le plus grand génie que ce style ait produit, ne pourra, je crois, être continuée: en ce sens, qu'on peut admettre en thèse la possibilité qu'on crée un jour une œuvre de cette valeur, d'une plus grande même, mais non point en même temps une forme qui continue la symphonie avec chœurs comme celle-ci continue les symphonies du style de la seconde manière de B., une forme enfin qui soit à la 9e symphonie ce que cette symphonie est aux symphonies qui la précèdent.

Le lecteur voudra excuser un souvenir personnel à cause des personnes auxquelles il se rapporte. Quand on joua la symphonie pour la première fois à Saint-Pétersbourg (société philharmonique, 7 mars 1836), je rencontrai à la répétition Glinka, le célèbre compositeur. Nous étions placés sur les degrés auprès des fenêtres qui, dans la salle d'Engelhardt, voient passer et repasser le flot incessant de la grande artère de St-Pétersbourg, de la perspective. Glinka dit après l'allegro : « Mettons-nous par

Opéra.

terre, ce sera plus décent; » et il s'assit sur le drap vert qui recouvrait les degrés. Le sentiment que j'éprouvais était d'aller me cacher dans les caves de la maison d'Engelhardt, sous les tonneaux de la cave, si la symphonie eût pu s'entendre de là. Au scherzo, Glinka, s'écria, en cachant sa tête entre les deux mains : « Mais on ne touche pas là ! Oh ! c'est impossible. » Il pleurait. Je reconnus que je n'aurais pu me trouver aux côtés d'un plus grand artiste. Je ne conserve pas de plus grande impression en musique, malgré la médiocrité de l'exécution qui était dans les conditions de l'ouvrage, dont on appellerait les chœurs — *les impossibles.* En sortant de la salle, je rencontrai à la tête du pont de Kasan, ce *Pont-Neuf* des rencontres de Saint-Pétersbourg, le pianiste-compositeur *Vollweiler,* talent remarquable, enlevé par une mort prématurée. Francfort-sur-le-Mein avait donné à Vollweiler quelques notions confuses de cuisine qu'il corrigeait chez nous. Il était près de cinq heures. « J'ai bien appétit, » dit-il, et me sachant bonne fourchette, expression de Servais à mon égard, Vollweiler ajouta : « J'aimerais bien à dîner avec vous après cette invraisemblable symphonie que nous venons d'entendre. » Nous entrâmes chez le restaurateur qui avait nom Grand-Jean, à deux pas de la maison d'Engelhardt, sur le canal. A peine assis à une des tables rondes du petit appartement où l'on était sûr de ne rencontrer personne, je me mis à épancher mes impressions. L'heure passait. Vollweiler m'interrompit de loin en loin par le mot de *menu.* Ces interruptions finirent cependant par s'éteindre, et j'aime à attester le fait que nous étions, tous deux, assez émus; qu'en dépit du proverbe, que ventre affamé n'a pas d'oreilles, Vollweiler me donna raison qu'il fallait célébrer l'évé-

Opéra.

nement en s'abstenant; que deux intrépides mangeurs et qui pouvaient payer leur dîner sortirent au grand étonnement de Grand-Jean qui m'avait vu manger, mais qui ne m'avait pas entendu parler symphonie avec chœurs, sortirent, dis-je, de chez ce digne collatéral des Carême sans avoir succombé à ses intentions. S'il faut se garder de l'enthousiasme factice, aveugle, l'enthousiasme sincère me paraît être une belle chose et qui implique des conditions dont les personnes qui ne la comprennent pas, qui la proscrivent, sont privées. V. le supplément à la fin du Catalogue.

Nous avons déjà observé quelle importance avaient aux yeux de B. les moindres détails. Dans une lettre qu'il adressa le 9 avril 1825 à Ries à Londres, B. changea une note dans la partie de Hautbois de l'allegro de la 9e symph. (242e mesure). Il avait *fa, mi, ré,* naturels, B. remplaça le *ré* par un second *mi*. Ries, p. 160.

Ar. pour P. à 4 m. par Czerny, pour P. à 2 m. par Kalkbrenner, le finale par Esser (Schott) ; les chœurs seuls avec ac. de P.

126. Six bagatelles pour P. Six morceaux assez décousus, mais intéressants. Voy. op. 112. Limbes du style des derniers quatuors.

127. Quatuor (12e) pour 2 V., et V^lle^, *mi bémol,* déd. au prince N. Galitzin, composé de 1822 à 1825. Le prince Galitzin reçut le manuscrit à Saint-Pétersbourg, au printemps de 1825.

Ar. pour P. à 4 m. par Rummel, v. la lettre *a,* 4e section.

128. « *Le baiser, j'étais seul avec Chloé,* » ariette pour soprano avec accompagnement de P., texte de Weisse, mélodie avec ac. de P. *la majeur* 3/4.

Ar. avec ac. de guitare (Schott).

Opéra.

129. Rondo capricioso, *opera postuma,* Vienna, presso Diabelli, *sol majeur,* 449 mesures, avec cette suscription : « La fureur à propos d'un sou perdu se faisant jour sous forme d'un caprice. » Indifférent. Le chiffre d'œuvre est le fait de l'éditeur, le morceau étant posthume. Comme style, si style il y a, il n'appartient ni tout à fait à la 1re, ni tout à fait à la 2e manière de B.

130. Quatuor (13e) pour 2 V., A. et Vlle, *si bémol,* déd. au prince N. Galitzin. Composé de 1825 à 1826, postérieur au quatuor, op. 131. Les quatre morceaux compris entre le 1er et le finale semblent renfermer l'avenir de la musique de chambre. Ce presto, soit scherzo, cette cavatine sans nom dans le langage musical, cet adagio en résumé, sans plus de précédents, sont de la *poussière d'étoiles.* Le finale 2/4, comp. en novembre 1826, est la dernière composition terminée de B., qui mourut quatre mois plus tard (26 mars 1827). Sch., p. 254, v. op. 133. On dirait que la tonalité de *si bémol* rendait aux yeux de B. le plus fidèlement les traits de sa chimère. Qu'on pense à la 4e symph., au 6e quatuor, au grand trio, op. 97, aux sonates, op. 22, op. 106.

131. Quatuor (14e) pour 2 V., A. et Vlle, *ut dièse mineur,* déd. au baron Stutterheim, maréchal de camp, qui avait placé dans son régiment le neveu de B.
Ce quatuor, payé 70 ducats par Schott, Sch., p. 165, n'eût-il pas gagné à être écrit en *ut mineur?* Pour juger si Annibal fit une faute en allant à Capoue, il faudrait être Annibal, a dit Montesquieu.

132. Quatuor (15e) posthume pour 2 V., A. et Vlle, *la mineur,* déd. au prince N. Galitzin, achevé en 1826, antérieur de quelques mois au quatuor en *si bémol,* op. 130.

Ar. pour P. à 4 m. par Marx. Dans le manuscrit envoyé par B. au prince Galitzin, manuscrit que

Opéra.

nous avons vu, et seulement là, se trouve la traduction suivante *autographe* de la suscription de l'adagio : canzone di ringraziamento in modo lidico offerta a la Divinità da un guarito : « Chant de reconnaissance en style lyrique offert à la Divinité par un convalescent. » B. venait de relever d'une maladie grave au printemps de 1825 quand il composa ce morceau. Sch., p. 165.

133. Grande fugue, *tantôt libre, tantôt recherchée,* pour 2 V., A. et V^elle^, *si bémol,* déd. à l'archiduc Rodolphe.. Ce morceau formait dans l'origine le finale du quatuor op. 130, et y figure comme tel dans le manuscrit envoyé par B. au prince Galitzin, manuscrit que nous avons pu examiner. Ce fut Artaria qui persuada à B. de remplacer la fugue dans le quatuor par un autre morceau, à cause de son étendue (745 mesures). Cet autre morceau, c'est le finale 2/4 qui appartient aujourd'hui au quatuor op. 130, v. op. 134.

La fugue précédée, comme dans le manuscrit du prince Galitzin, d'une espèce de prélude en *sol majeur,* 28 mesures, qualifiée d'*overtura*, fut dès lors publiée séparément. Sch., p. 254.

Ce grand morceau, le moins compris peut-être de tous les morceaux de la dernière manière de B., offre, pour nous servir d'un terme technique pittoresque (Cherubini, *Traité du contrepoint et de la fugue,* p. 120), un *divertissement* du plus haut intérêt, rayon de lumière qui pénètre dans ce labyrinthe, ravissant épisode en 2/4 (meno mosso).

134. Grande fugue, v. pour l'intitulé, op. 133. Arrangement pour P. à 4 m., d'Antoine Halm, revu par B.; l'intitulé dit : arrangé par B. (Artaria). Sch., p.254.

135. Quatuor (16e) *posthume* pour 2 V^lles^, A. et V., *fa majeur,* dédié à Jean Wolfmeier. Ar. pour P. à 4 m.

Opéra.

par Marx. Le finale porte la suscription : « *Der schwer gefasste Entschluss;* muss es sein? ja! es muss sein. » L'édition de Paris traduit : « un effort d'inspiration. » Les quelques mots allemands signifient : « la *résolution* difficilement prise ; le faut-il ? oui, il le faut. » Sch., p. 262, raconte que la ménagère de B. le dérangeait toujours beaucoup en lui demandant de l'argent ; qu'elle était forcée de prouver, le calendrier en main, que la semaine avait passé et l'argent aussi. Pendant sa dernière maladie, B. se serait pris à plaisanter cette bonne femme, en grommelant sur le motif du quatuor cette question : *le faut-il ? le faut-il ?* et elle de répondre, *il le faut, il le faut.* Cette plaisanterie a passé dans le finale, le morceau le moins remarquable du quatuor. Une autre version dit que B. prononça cette espèce de monologue, parce qu'il avait à contenter un éditeur qui ne voulait pas attendre. Schindler s'écrie à ce sujet : « Mais quel palais B. n'a-t-il pas construit sur cette base innocente, d'origine assez prosaïque ! » Il n'y a de palais qu'un chaume assez peu avenant, éclairé çà et là par un éclair de génie ; mais on ne saurait assez méditer les trois premiers morceaux du quatuor, d'une touche si délicate qu'on craindrait d'en effacer les couleurs en soufflant dessus. Nous avons déjà dit que pour rendre les câlineries du 1er allegro, les exécutants devraient moins regarder leurs parties que dans les yeux l'un de l'autre ; le *lento* est indescriptible. Quels feux ce diamant ne projette-t-il pas sous l'archet d'un Vieuxtemps! Voy. une singulière appréciation de ce quatuor dans la *Revue et Gazette musicales* de Paris, 1849, p. 52, où M. Henri Blanchard appelle B. un fou sublime et voit un sens mystique dans le texte : *le faut-il?*

Opéra

136. Il n'y a pas de chiffre 136. Le Catalogue thématique de Breitkopf le donne à tort au morceau lettre *e,* 3ᵉ section.

137. Fugue pour 2 V., 2 A. et Vˡˡᵉ, *ré majeur,* 3/8, 83 mesures, comp. le 28 nov. 1817.

Ar. pour P. à 2 et à 4 m., v. le nº 35, seconde section.

G. M. U., 1827, p. 835 : « Pas longue, bien rendue pour deux mains, comme cela va de soi, et pas facile. La fugue exige beaucoup d'étude pour que toutes les voix ressortent bien marquées ».

138. Ouverture caractéristique. *Œuvre posthume.* Cette ouverture est la première ouverture de l'opéra *Léonore, ut majeur,* comp. en 1805; l'épithète « caractéristique » et le chiffre d'œuvre sont le fait de l'éditeur. V. pour les 3 autres ouvertures de *Léonore* (Fidélio) les lettres *o* et *p,* 3ᵉ section.

Cette intéressante composition est encore trop peu connue.

Ar. pour P. à 2 et à 4 m. (Haslinger).

V. la remarque à la lettre *o,* 3ᵉ section, et Sch., p. 116, où l'on voit jusqu'où peut aller la méconnaissance du génie et la haine du génie d'autrui. Aujourd'hui que la renommée des ouvertures de *Léonore* est glorieusement et à jamais établie, on dirait aux critiques du temps en variant un mot de Schiller : *Unsinn siegt nicht immer.*

> Ce n'est pas la couleur verte, c'est la forêt avec la gracieuse magnificence de son feuillage qui éveille en notre âme le ravissement et la douce mélancolie. Appliquez cela à l'art.
>
> HOFFMANN, G. M. U., 1810, p. 631.

DEUXIEME SECTION

Compositions portant des numeros au lieu de chiffres d'œuvre (1).

Numéros.

1a. Variations pour P. et V. sur le motif des *Noces de Figaro* de Mozart : se vuol ballare signor Contino, *fa maj.*, déd. à Eléonore de Breuning, comp. en 1793.

Portent le n° 8 dans l'édition Simrock.

On trouve dans Wegeler, p. 57, la lettre d'envoi de B. à Eléonore de Breuning : « Les variations seront un peu difficiles à jouer, surtout les trilles dans la *coda.* Vous ferez le trille sans les autres notes qui se trouvent déjà dans la partie de V. Je n'aurais jamais écrit cela si je n'avais voulu embarrasser les maîtres de piano viennois dont plusieurs sont mes ennemis mortels. J'ai voulu m'en venger; je savais qu'on leur proposerait les variations à jouer et qu'ils ne pourraient alors s'en tirer. »

1b. Variations pour P. *Il était un vieil homme* de l'opéra

(1) Le même numéro désigne quelquefois des compositions différentes. Toutes, à l'exception des numéros 10 (b), 35, 36, 38, appartiennent à la première manière de Beethoven. La plupart des variations n'ont plus qu'un intérêt historique. *Numerum faciunt, partem non faciunt.*

Numéros.

le Petit Chaperon rouge, la majeur, 2/4, comp. en 1794.

1c. Rondo pour P. *ut maj.,* comp. en 1800 au plus tard, ar. en quatuor. N'est pas sans un certain intérêt, le mineur surtout. Morceau à recommander à l'enseignement ***élémentaire.***

2a. Variations pour P. sur le quintette de l'opéra *la Molinara : quant'è piu bello, la majeur,* comp. en 1797, déd. au prince Lichnowski.

2b. Rondo pour P., *sol majeur,* andante cantabile e grazioso, déd. à la comtesse de Lichnowski (Artaria).

Ar. pour V. et V^{lle}.

Production remarquable dans la manière de traiter le piano dont l'école moderne a fait son profit (Field, Hummel). Très supérieure au rondo 1c.

3a. Variations pour P. sur le *duo* de l'opéra *la Molinara: nel cor più non mi sento,* comp. en 1797. On lit dans Ries, p. 80 : « B. se trouvait à une représentation de *la Molinara* dans la loge d'une dame à laquelle il était très attaché. Au *duo* la dame lui dit qu'elle avait possédé des variations sur le motif, mais qu'elle les avait égarées. B. écrivit la nuit même les variations n° *3a* et les envoya le lendemain à son amie avec cette suscription : *Variazioni, perdute da — ritrovate da Luigi van B.* »

3b. 2 menuets pour P. à 4 m., ar. du quint. op. 3.

4. Variazioni per P. sul minuetto alla Vigano ballato dalla signora Venturini e signore Chechi nel ballo: *le Nozze disturbate, ut majeur,* 4/4.

5a. Variations pour P. sur la danse russe, dansée par mademoiselle Cassentini dans le ballet *das Waldmædchen, la majeur,* comp. en 1794, déd. à la comtesse Browne, née de Vietinghoff. Ries, p. 120 : Le comte Browne fit à B. présent d'un beau cheval de selle pour cette dédicace. B. le monta une ou deux fois, puis il l'oublia. Le domestique de B. loua alors

Numéros.

le cheval à son profit, et, pour ne pas éveiller l'attention de son maître, ne lui demanda pas d'argent pour la nourriture. Au bout d'un assez long espace de temps, B. fut forcé de solder un compte très rond, alors qu'il avait oublié jusqu'à l'existence de la bête qu'il avait si peu nourrie. De là son antipathie pour les quadrupèdes ; une impression ne s'effaçant plus jamais de sa mémoire, qu'il avait *nerveuse.* »

5b. Variations pour P. et V^lle (ou V.) sur un motif de Händel (des *Macchabées : see the conquering hero comes*), *sol majeur,* déd. à la princesse Lichnowski. Ar. pour P. à 4 m. (Cranz). Pour V., A. et V^lle, par Louis Maurer (manuscrit). Remarquables.

6. Variations pour P. et V^elle (ou V.) sur le motif de *la Flûte magique :* « Ein Mædchen oder Weibchen, » *fa majeur,* comp. en 1799. G. M. U., 1789, p. 366, v. op. 66. Indifférentes.

7. Variations pour piano sur le motif de l'opéra *Richard Cœur de Lion* : « Une fièvre brûlante » 3/4 *ut majeur.* G. M. U., 1799, p. 366.

8. Variations pour piano sur le *duo* de l'opéra de Salieri *Falstaff ossia le tre burle : la stessa, la stessissima, si bémol,* 4/4, déd. à la comtesse de Keglevics.

G. M. U., 1799, p. 607 : « Il est impossible d'être satisfait de celles-ci ; comme elles sont roides, cherchées ! Il se peut que B. sache *fantasier,* il ne sait pas faire de variations. » Pauvre B. à qui la gazette refuse le don de « la variation! »

9. Variations pour P. sur le quatuor de l'opéra de Winter : *le Sacrifice interrompu* « das unterbrochene Opferfest, » — Kind, willst du ruhig schlafen? » *fa majeur.*

P. C. Hoffman, qui n'est pas le célèbre nouvelliste, fut le collaborateur ou plutôt le concurrent de

Numéros.

B. en cette occasion ; v. l'intitulé des variations dans la première édition : Variations pour le P. sur le quatuor : « Kind, willst du ruhig schlafen? » par L. v. B. et P. C. Hoffmann (André, à Offenbach). Les variations de B. y sont suivies des variations de Hoffmann. Cette édition est rare, parce que les variations de B. ont été seules réimprimées. Elles n'ont rien de bien remarquable, mais le fait que B. ait pu partager gâteau pareil n'est pas sans intérêt.

10a. Variations pour P. sur le trio de l'opéra *Soliman* : *tandeln und scherzen, fa majeur,* déd. à la comtesse de Browne, née de Vietinghoff.

G. M. U., 1800, p. 425 : « Faciles et légères ; le n° 8 renferme un morceau *facile, imité;* un compositeur comme B. nous a habitués à trop prétendre de lui. »

10b. Variations pour P. et V^{lle} (ou V.) sur le motif de *la Flûte magique: chez les hommes qui comprennent l'amour, mi bémol* G. M. U., 1802, p. 189.

Ar. pour P. à 4 m. (Cranz). Cette composition remarquable, qui se ressent du style de la grande manière du maître, est d'une assez difficile exécution. Le mineur et le finale sont du plus grand intérêt.

11. Variations *très faciles* pour P. sur un motif original, andante quasi allegretto 2/4, *sol majeur.*

Ar. en Lied sur le texte : *Doux amour, tes joies,* avec ac. de P. ou de guitare (Diabelli, Bachmann).

12. Variations *faciles,* pour P. (ou harpe) sur un air suisse andante con moto, 4/4, *fa majeur.* On n'a pu, en Suisse, m'indiquer le motif qui peut être suisse, mais qui n'est pas joli.

13. Variations pour P. sur le motif de Righini, *vieni, amore, ré majeur,* allegretto, 2/4, comp. en 1794, déd. à la comtesse Hatzfeld. Wegeler, p. 16. Une des premières compositions de B. — Sterkel, le

Numéros.

Thalberg du temps, ayant douté que B. fût en état d'exécuter les variations, non seulement B. les lui joua incontinent, mais en improvisa encore d'autres dans la manière élégante de Sterkel de traiter le P. qu'il venait d'entendre pour la première fois. Sch., p. 22.

14-23. Il n'y a pas de num. 14-23.

24. *Le cri de la caille,* mélodie avec ac. de P. larghetto 2/4, *fa majeur,* 107 mesures, v. p. 24.

G. M. U., 1804, p. 642 : « Un petit morceau de musique, mais excellent. B. a su imiter très délicatement le cri de la caille. (En allemand le cri de la caille imite les mots *crains Dieu, aime Dieu, loue Dieu*).

25. Variations pour P. sur : *God save the King, ut majeur.*

Portent aussi le chiffre d'œuvre 25, v. n° 26.

G. M. U., 1804, p. 643 : « Les variations se maintiennent dans l'ornière habituelle, mais le génie de B. dans les 1re, 4e et 7e variations. Très faibles.

26. Variations (favorites) pour P. sur *Rule Britannia, ré majeur.* Remarquables.

Portent aussi le chiffre d'œuvre 26.

Dans la symphonie : *la Victoire de Wellington à Vittoria,* op. 91, le motif eset présenté en *mi bémol* et le *God save the King,* en *ré,* v. n° 25.

27. Variations pour P. à 4 m., *ré majeur,* motif original, « ich denke dein, wenn mir der Sonne Schimmer, » comp. en 1800 pour l'album des comtesses Deymet · Brunswick (Schlesinger, à Paris). Magnifique motif, les variations sont sans intérêt.

28. Menuet pour P., moderato, *mi bémol;* ce morceau, 61 mesures avec le trio en *la bémol,* fut d'abord publié sans numéro par André à Offenbach, v. le n° 35.

Numéros.

29. Prélude pour P., 3/2 *fa mineur*, 48 mesures. Intéressant, v. le n° 35.

Porte aussi le chiffre d'œuvre 29.

30, 31. Il n'y a pas de n°s 30, 31.

32. *A l'Espérance,* de Tiedge mis en musique par L. de B., mélodie avec ac. de P., poco adagio, *mi bémol,* 33 mesures, v. op. 32, 52, comparez op. 94.

G. M. U., 1806, p. 815 : « Une bagatelle, qu'on ne devrait pas oublier. Le chant est plein de sentiment et rendu dans toute sa naïveté. »

33, 34. Il n'y a pas de n°s 33, 34.

35. Andante (favori) pour piano, grazioso con moto, 3/8 *fa majeur.*

Cet intéressant morceau (andante varié) faisait partie de la grande sonate, op. 53. Ries, p. 101. Il fut publié séparément, parce qu'on avait observé à B. qu'il allongerait trop la sonate. Il ne cadrait d'ailleurs pas avec cette œuvre du plus haut style. V. pour plus de détails l'Appendice.

Ries, p. 102 : « Cet andante réveille en moi un bien pénible souvenir. Quand B. me le joua, il me plut tant que je le priai de le répéter. A mon retour de chez B. et passant devant l'hôtel du prince Lichnowski, j'entrai chez le prince et lui en parlai. Je fus forcé d'en jouer tant bien que mal quelque chose ; le prince en retint ainsi plusieurs passages. Le lendemain il fut trouver B. et lui dit avoir composé un morceau de piano. B. répondit qu'il ne se souciait pas de l'entendre. Le prince se mit alors à lui jouer un fragment de l'andante. B. ne goûta nullement la plaisanterie et ne consentit plus à jouer en ma présence. Rien n'y fit, ni mes prières, ni les représentations du prince; je fus consigné à jamais. »

G. M. U., 1806, p. 672 : « Une estimable baga-

Numéros.

telle, comme un homme de génie et un habile pianiste peut l'écrire. »

Les nos 28, 29, 35 et la fugue op. 137 ar. pour P., ont été réunis par Haslinger en un cahier que l'enseignement devrait recommander davantage.

36. Variations pour piano, motif original, allegretto 3/4 *ut mineur,* 8 mesures.

Ces variations qui portent le chiffre d'œuvre 36 sont un vrai tour de force de science harmonique, rythmique, contapuntique, un brevet doctrinaire un dur et âpre travail éclairé par des éclairs de génie.

G. M. U., 1807, p. 94 : « B. suit ici la manière la plus ancienne, surtout la vieille méthode allemande. Hændel a écrit des variations dans ce genre. Elles exigent un exécutant qui apporte un sentiment sérieux ».

37. Il n'y a pas de no 37.

38. Le dépit; 4 mélodies avec accompagnement de piano sur un texte de Gœthe ; trois sont en *sol mineur* 4/4-6/8, une en *mi bémol* 3/4, trois ont, chacune, 11 mesures, une en a 28.

Ar. avec ac. de guitare.

Ce numéro porte aussi le chiffre d'œuvre 38.

L'homme est inégal
Inégaux sont ses instants.

TROISIEME SECTION

Compositions sans chiffres d'œuvre ni numéros.

A. Musique instrumentale.

a. Trio en un morceau pour piano, V. et V^{lle}, dédié à ma petite amie M. B., pour l'encourager à jouer du piano, *si bémol* 6/8, comp. en 1812, 126 mesures (Dunst, à Francfort). Intéressant et de main de maître.

b. Rondo pour piano et violon, *sol majeur* 6/8, 164 mesures (Simrock). Sans aucun intérêt. *Date Belisario obolum!*

c. Andante pour P., en *sol* (Simrock, catalogue Whistlin). Ayant fait demander le morceau à Simrock, nous avons reçu l'andante n° 35, 2e *section*. Nous reproduisons l'erreur de Whistling pour n'avoir pas l'air d'oublier un morceau. *Quod abundat non nocet.*

d. Sonate *facile* pour piano, en *ut*, dédiée à Eléonore de Breuning (Dunst, à Francfort). Le manuscrit montre une lacune, l'adagio fut terminé par Ries. Sans intérêt.

e. 2 sonatines, *très faciles,* pour piano, *sol* et *fa majeur* (Böhme). Sans intérêt.

f. 3 sonates pour P., comp. à l'âge de dix ans, publiées

en 1783, sans chiffre d'œuvre; cette première édition est extrêmement rare.

M. Dehn, le savant conservateur des collections de musique de la bibliothèque royale de Berlin, a bien voulu nous faire parvenir la description suivante de cette première édition :

« Le titre a un encadrement gravé sur cuivre, dans lequel figure, dans la partie supérieure, l'écusson du prince électeur de Cologne, Maximilien-Frédéric : immédiatement au-dessous se trouve le titre : *Trois Sonates* pour piano, dédiées au révérendissime archevêque et prince électeur de Cologne Maximilien-Frédéric, mon gracieux seigneur, et composées par Louis Van Beethoven, âgé de 11 ans. Edité à Spire, par le conseiller Bossler, n° 21. Prix: 1 fl. 30 kr. Au revers du titre se trouve la dédicace suivante :

« Eiminentissime, dès ma quatrième année, la » musique devint la première de mes occupations » enfantines. Familiarisé de si bonne heure avec » cette gracieuse muse, qui disposait mon âme à de » pures harmonies, je l'aimai et il me sembla sou- » vent qu'elle me paya de retour. J'ai déjà atteint » ma onzième année, et depuis lors ma muse me » soufflait souvent dans mes heures de loisir : « Es- » saye et mets sur le papier les harmonies de ton » âme. » Onze ans, pensai-je, comment me siérait » la qualité d'auteur, et que diraient les hommes de » l'art? Je tremblais presque; mais ma muse l'exi- » gea et j'obéis.

» Me sera-t-il permis maintenant, sérénissime » prince, de déposer les premiers-nés de mes tra- » vaux juvéniles sur les degrés de ton trône, et puis- » je espérer que tu leur accorderas l'encourageante » approbation d'un de tes regards paternels? Oh » oui! En tout temps les sciences et les arts trou-

» vèrent auprès de toi une sage protection, un gé-
» néreux encouragement; tout talent naissant pros-
» péra sous tes soins de père. Plein de cette con-
» fiance, j'ose m'approcher de toi avec cet essai
» de ma jeunesse. Reçois-le comme le pur sacrifice
» de mon respect enfantin, et jette, Eminentissime,
» un regard de bonté sur lui et sur son jeune au-
» teur.

» L. Van BEETHOVEN. »

Dans son édition complète des œuvres de B., Haslinger a dédié les sonates à l'archiduc Rodolphe sous le chiffre d'œuvre 1, qui appartient aux trois premiers trios de piano.

g. Rondo pour P., *la majeur* (Bode, à Berlin). Sans intérêt.

h. Problème proposé par L. v. B.; 4 mesures, andante sur le texte : *Espérance, tu retrempes les cœurs!*
Ce motif, proposé par B. aux compositeurs contemporains, pour être traité dans le style sévère, fut travaillé d'une manière remarquable par son élève, l'archiduc Rodolphe (7ᵉ cahier du Musée musical des clavecinistes, édité par Steiner, à Vienne). G. M. U., 1820.

i. *Marche* (favorite) de l'empereur Alexandre, allegretto 4/4, *fa majeur*,, 48 mesures. Très original.

k. Variations pour piano : *Ich hab' ein kleines Hüttchen nur, si bémol* 2/4 (Dunst, à Francfort).

l. Variations pour piano sur une marche de Dressler, *ut mineur,* comp. à l'âge de 10 ans, publiées en 1783.

m. Variations pour piano à 4 m., motif original, catalogue Whistling, v. le nº 27, 2ᵉ section.

n. Variations pour piano à 4 m., *la majeur,* arrangement des V. de la S. pour P. et V. en *la majeur,* dédié à l'empereur Alexandre, op. 30.

o. Marche triomphale à gr. orchestre de la tragédie *Tarpeja, ut majeur.*

Ar. pour P. à 2 et à 4 m., par Czerny.

Très belle et du grand style de B.

p. 2e et 3e ouvertures en *ut* de l'opéra de B., *Léonore* (Fidélio), comp. en 1806, v. op. 138.

G. M. U., 1813, p. 254: « Cet ouvrage difficile (la 2e ouverture dont la 3e est une variante), riche d'imagination (à la bonne heure!), encore peu connu (vrai aujourd'hui encore), a fait un grand effet malgré ses étrangetés. » G. M. U., 1806, p. 238 : « Ne soutient pas la comparaison avec l'ouverture de *Prométhée* ».

Jamais la stupidité ne fut plus stupide qu'en prétendant que la 2e ouverture de *Léonore,* une œuvre colossale, ne valait pas l'ouv. de *Prométhée.* Quand on pense que les gens de cette force-là ont vécu comme nous vivons. « Il faut aussi de ces gaillards-là ! » *Gœthe.*

On lit dans la gazette *le Franc Parleur* (allemand), 1806, n. 182 : « Tous les connaisseurs impartiaux en musique sont parfaitement d'accord sur ce point que jamais rien n'a été écrit d'aussi incohérent, de criard, d'embrouillé, de révoltant pour l'oreille. Des idées mesquines qui mettent en fuite toute idée de grandeur ; par exemple, un solo de cornet de poste, qui probablement (oui, oui, probablement) a la prétention d'annoncer l'arrivée du gouverneur ». Comp. Schindler, p. 116. Cherubini lui-même (!) dit qu'il n'avait pu distinguer la tonalité de l'ouverture.

q. Ouverture de *Fidélio* (Léonore), *mi majeur,* la 4e de l'opéra, comp. en 1814, un 4e chef-d'œuvre.

Ar. pour P. à 4 m. par Hummel.

r. Marche triomphale à grand orchestre du mélodrame *le Roi Etienne,* v. op. 117, *sol majeur;* très belle.

Ar. pour P. à 4 m. par Winkler.

s. 3 Duos pour clarinette et basson, *ut majeur, fa majeur, si bémol.* Sans intérêt.

t. Minuetto cavato pour P. Arrangement du menuet du septuor qu'on peut supposer être de B., car il n'est pas probable qu'un autre que lui eût donné au menuet le surnom de *Cavato,* qu'il ne porte pas dans le septuor.

u. Quintette original, *manuscrit,* pour 2 V., 2 A. et V[lle], *fa majeur,* en la possession du pr. N. Galitzin, auquel B. l'envoya en 1824. Ce quintette, sans scherzo ni menuet, date des temps de la jeunesse de B. et n'a plus qu'une valeur historique. Il serait à désirer cependant qu'il fût publié. Son authenticité ne peut souffrir un doute.

B. Musique de danse.

12. Contredanses (Artaria).

12 Menuets, composés pour grand orchestre; les mêmes pour 2 V. et Basse (Artaria).

6 Menuets pour piano (Hoffmeister, à Leipzig; Diabelli, à Vienne).

Ar. pour P. à 4 m. (Weinhold, à Breslau).

12 Danses allemandes pour 2 V. et basse, gravées pour P. pour la redoute I. et R. Vienne et Leipzig, 1796.

7 Danses champêtres pour P., comp. en 1800 (Artaria).

6 Danses champêtres pour P. (Artaria).

13 Ecossaises pour P.

6 Allemandes pour P. et V. (Louis Maisch, à Vienne).

12 Valses avec trios pour orchestre.

Ar. pour 2 flûtes, pour 2 clarinettes (Sieber, à Paris).

6 Valses avec coda pour 2 V. et basse.

2 Menuets pour P. à 4 m., v. le n° 3 et op. 3.

6 Contredanses pour P. (Simrock, à Bonn; H. Sim-

rock, à Paris; Peters, à Leipzig, les mêmes pour 2 V. et basse). La 2e contredanse est bâtie sur le motif de *Prométhée* qu'on retrouve dans le finale de la symphonie héroïque, v. encore op. 35. A ce titre elle est fort curieuse.

2 Valses (favorites) pour P., *mi bémol, fa mineur* (Schmerzens und Hoffnungs-Walzer).

Czerny a réuni les valses authentiques en une édition en deux cahiers. — La célèbre valse : *le Désir* (Sehnsuchtswalzer), qui passe pour être de Beethoven et qu'Alexandre Dumas, dans *la Femme au collier de velours,* fait jouer par Hoffmann (!) à une femme parfaitement guillotinée, dont le cou ne tient au corps que par un collier de velours, cette valse est de Franz Schubert (valses de Schubert, op. 9, n° 2, Diabelli, à Vienne). Le Catalogue thématique de Breitkopf n'aurait donc pas dû la reproduire, et en groupes de triolets encore, dans lesquels Schubert n'est pour rien; il ne manquerait que la 3e partie, qui n'est ni de B. ni de Schubert, qui n'est de personne et qui accompagne la valse dans l'édition de Cranz. On rappellerait à ce sujet la valse de Reissiger qui passe pour la dernière pensée de Weber.

C. Musique vocale.

a. 6 poésies fugitives de Reissig : *Fleurs de solitude* (Dunst, Artaria, Böhme, André).

1) Désir : La nuit silencieuse, *mi majeur,* 3/4, 44 mesures.
2) Départ du guerrier, *mi bémol* 4/4, 23 mesures.
3) Le jeune homme à l'étranger, *si bémol,* 3/8, 19 mesures.
4) A l'amant absent, *sol majeur,* 6/8, 9 mesures.
5) L'homme content, *la majeur,* 2/4, 15 mesures.

6) L'homme aimant, *ré majeur,* 6/8, 34 mesures. V. op. 75 pour les 4e et 5e mélodies.

Ar. avec ac. de guitare.

b. 3 mélodies.

1) A la femme aimée, texte de Stoll, *ré majeur,* andantino un poco agitato, 125 mesures.

2) Le secret, texte de Wessenberg, *sol majeur,* 24 mesures, v. op. 113.

G. M. U., 1817, p. 435 : « De gracieuses chansonnettes dont le n° 1 se distingue surtout par le charme. On doit s'attendre que, même sur ce terrain étroit, B. ne *chantonne* pas comme tout le monde ».

3) Comme cela, ou comme cela, Nord ou Sud, texte de Lappe.

La *Gazette de Leipzig* ne parle pas de ce morceau qui dans l'origine aura été publié séparément, v. op. 113.

Ar. avec ac. de guitare (Simrock).

c. Mélodies italiennes et allemandes, 4 cahiers.

1) La partenza : « ecco quel fiori ».
2) Trinklied : « lasst das Herz uns froh erheben ».
3) Liedchen von der Ruhe.
4) An die Hoffnung.
5) Ich liebe dich, so wie du mich !
6) Molly's Abschied.
7) Ohne Liebe.
8) Wachtelschlag, v. n° 24, 2e sec.
9) Marmotte.
10) Maigesang.
11) Feuerfarb.
12) Ecco quel fiori istanti.

Excepté la 8e et la 12e, ces mélodies appartiennent au chiffre d'œuvre 52; comparez, pour la 4e, op. 94.

d. *Lieder* pour une ou plusieurs voix avec et sans accompagnement de piano, *adaptés* à des compositions de B., textes de Shakespeare, Byron, Moore. (Breitkopf).

Cette collection n'est qu'une application de textes à des compositions instrumentales de Beethoven, faite après sa mort.

e. *L'instant glorieux,* cantate pour 4 voix et orchestre, composée à l'occasion du congrès de Vienne, texte de Weissenbach, connue depuis sous l'intitulé : *Prix de musique,* texte de Rochlitz.

Ar. pour P. à 2 et à 4 m. par Czerny.

Cette composition hâtée, d'un médiocre intérêt, valut à B. le diplôme de bourgeois honoraire de la ville de Vienne. Sch., p. 97.

G. M. U., décembre 1814, février 1816.

f. *Le chant de l'étranger*[e]*: lorsque mes larmes de regret ne coulaient pas encore* (Breitkopf), *andante vivace,* 6/8, *si bémol.*

g. 2 Lieder de Tiedge.

1) Bonheur de la vie.
2) Adieu.

h. 2 Lieder.

1) Nouvel amour, vie nouvelle, v. op. 75.
2) Chant du sacrifice, v. op. 121. Le texte de Mathison fut remplacé par un autre. Wegeler, p. 47.
3) L'homme libre (Simrock).

Cette mélodie a deux textes et date de la jeunesse de B. Wegeler, p. 47.

i. 3 Lieder.

1) Adieu, v. la lettre g.
2) A mon amoureux.
3) Amour et vin. Catalogue Whisting (Witzendorf, à Vienne).

k. *O dass ich dir vom stillen Auge;* andantino un poco agitato, *ré majeur* 2/4, écrit dans l'album de la chanteuse bavaroise de la cour, Regina Lang.

Ce morceau est l'idée première du Lied sur le même texte, v. la lettre b, nº 1.

l. *Désir de revoir le Rhin* (Dunst, à Cologne); le Catalogue thématique de Breitkopf ne reproduit pas cette composition et remarque, p. 153, qu'on ne la trouve plus. Comment ne pas la trouver en Allemagne; l'éditeur Dunst a-t-il été consulté? La prédilection de B. pour ses souvenirs du Rhin étant connue (Weg., p. 18), il est à supposer que cette composition en aura eu sa part. Il est temps, on le voit, de sauver les compositions fugitives de B. d'une ruine complète.

m. *La plainte : mon bonheur s'est enfui.*

Ar. de l'adagio de la 1re sonate de P., op. 2, sur un texte, comp. en 1797. Wegeler, p. 69.

n. 3 Andantes.

1) Bonheur de l'amitié, *la majeur* 2/3, andante quasi allegretto, 65 mesures.

G. U. M., 1804, p. 626 : « Un petit ouvrage compris délicatement et avec chaleur, rendu avec bonheur.» Publié d'abord seul, v. op. 88.

2) Le réprouvé.

3) Le vœu.

o. *Appel de la Montagne.*

p. *L'esprit des Bardes.*

q. *Lorsque la bien-aimée voulut se séparer, mi bémol,* 4/4, 48 mesures. G. U. M., 1809.

r. Elégie sur la mort d'un barbet.

s. Arietta : in questa tomba oscura. Lento 2/4, *la bémol,* 37 mesures, texte de l'abbé *Carpani,* mis en musique par la plupart des compositeurs et même amateurs du temps, comme le prince Victor de Rohan. Ce recueil curieux, réduit à 18 compositions, parut chez Peters, à Leipzig : Arietta con ac. di P. in 18 composizioni di diversi maestri : Beethoven, Danzi, Eberl, Himmel, Hoffmann, Kozeluch, Paer, Righini, Roesler, Salieri, Sterkel, Terziani, Weilg, Zeuner (de Saint-Pétersbourg), Zingarelli.

Le morceau de B. a été réimprimé entre autres par Bernard à Saint-Pétersbourg. Il n'est pas le plus remarquable de la collection.

G. M. U., 1808, p. 44 : « Très sombre, embrouillé et lourd, l'accompagnement très simple, le chant rendu exprès pâmant jusqu'à la monotonie ».

La collection première, dans laquelle Charles Czerny est pour 11 pages (eine *ungeheure* Scene, G. M. U.), ne contenait pas moins de 63 compositions des 8 innocents vers de Carpani : « in questo tomba oscura, arietta con ac. di piano composta in *diverse manieri* da *molti* autori e dedicata al principe Giuseppe di Lobkowitz. Vienne, presso Mollo ».

L'idée de cette espèce de livre des cent et un vint d'une grande dame de Vienne, qui illustra la collection d'une caricature montrant une veuve inconsolable en costume de l'ancienne cour de France, en paniers, coiffée de plumes. Cette première édition, *très rare,* fut distribuée par la dame patronnesse à ses amis; voyez pour les détails G. M. U., 1808, p. 33.

t. Canon : *Bonne année, mi bémol,* 3/4, pour voix de soprano, d'alto, de ténor et de basse.

u. *Tendre amour.*

v. *Résignation : Eteins-toi, ma lumière,* texte du comte Haugwitz, *ré majeur,* 3/8, 49 mesures; doit être rendu avec sentiment, mais résolûment, bien accentué et parlant, v. op. 113.

w. Canon : *Le divin est noble,* pour 6 voix.

x. Canon : *Souviens-toi,* pour 6 voix.

y.Canon : *O Tobie,* pour 3 voix.

z. Canon : *La douleur est courte, la joie est éternelle,* écrit dans l'album du directeur de musique Naue. Catalogue thématique de Breitkopf, p. 141.

tz. Chant des moines dans *Guillaume Tell,* de Schiller,

souvenir à l'occasion de la mort de Krumpholz, 3 mai 1817. Catalogue thématique de Breitkopf, p. 141.

a2. *Le chant du rossignol.*

b2. *La renaissance de la Germanie,* 4 voix av. orchestre.

c2. *Chant d'adieu aux habitants de Vienne,* comp. en 1797.

d2. *Chant de guerre des Autrichiens: un grand peuple allemand,* comp. en 1797.

Ar. à 4 m. par Czerny.

e2. Couplets finals des opéras :

1) L'art triomphe : « C'est accompli, » *ré majeur,* 4/4 (op. 72 dans le Cat. d'Artaria).

2) La bonne nouvelle (Haslinger).

f2. « *A la mémoire de Mathisson : je pense à toi, quand par le bocage,* allegretto 6/8, *ré majeur,* v. op. 72.

g2. Chant à trois voix: *Du sombre feuillage* (Paez à Berlin), v. op. 26.

L'homme brutal est satisfait lorsqu'il voit qu'une scène se passe sous ses yeux ; l'homme civilisé veut sentir : la réflection n'appartient qu'à l'homme tout à fait éclairé.

GŒTHE.

QUATRIEME SECTION

Compositions posthumes sans chiffres d'œuvre ni numéros.

---

a. « *La mort de Beethoven* pour une voix avec accompagnement de piano d'après ses dernières compositions et ses lettres ». (Schott.)

La lettre de B. est du 17 septembre 1824. Cæcilia 25tes Heft, p. 311. — Le motif du Lied est arrangé de l'adagio du quatuor op. 127,, transposé en *mi bémol* et adapté au texte : « Es wand sein Geist sich von des Staubes Banden los ».

G. U. M., 1828, p. 284 : « Quoique la fusion des sons puisse se faire d'une façon plus délicate sur les instruments à cordes que sur le piano, le chant bien rendu, soutenu par le charme de la voix, pourra également produire un bon effet sous cette forme ».

b. *A Elle: « O toi, vers qui tous mes désirs se portent* ». Lied, 4/4, *la bémol* (Bachmann, à Hanovre). Connu encore sous les intitulés : *Nachruf, An Auguste*. Cat. thém. de Br., p. 153. L'authenticité ne paraît pas prouvée, je n'ai pu éclaircir ce point.

c. 2 Lieder d'après le manuscrit original trouvé dans les papiers de B. (Diabelli).

1) *Soupirs d'un homme non aimé,* poésie de Burger. Moderato 4/4, *ut mineur* 4/4, andantino 3/4, *mi bémol,* allegretto 2/4, *ut majeur,* en tout 182 mesures. Le motif de l'allegretto est indentique au motif de l'allegretto, 2/4 *ut majeur,* de la fantaisie pour P., orchestre et chœurs op. 80, et paraît ainsi avoir préoccupé B. de bonne heure, car il doit être très antérieur au motif de la fantaisie, dont il est pour ainsi dire la dentition. Cela se voit à quelques tournures peu heureuses du motif dans le Lied. Il y aurait un livre à écrire sur l'expression et la portée de ce motif, un des plus remarquables assurément de la musique, sur sa secrète connexité avec le glorieux motif du finale de la symphonie avec chœurs.

2) *La plainte amère,* poésie de Herder. Andante sostenuto, 6/8 *ut mineur,* 32 mesures, comp. la lettre *m,* 3e sect.

d. *L'honneur de Dieu dans la nature,* p. 4 voix d'hommes et orch. ou P., *ut majeur.*

Ce morceau est un arrangement de Damcke d'un des Lieder de Gellert, v. op. 32, pour 4 voix d'hommes et orchestre (Nagel, à Hanovre).

e. Cantate : *l'Europe est debout.* Ce morceau n'est point une cantate, mais le premier chœur *la majeur* 4/4 de la cantate : *l'Instant glorieux,* v. la lettre e, 3e sect.

f. *Pense à moi, je pense à toi.* Lied avec P. Andante con moto, *mi bémol,* 19 mesures. Très belle mélodie.

g. *Sentiments à l'occasion de l'infidélité de Lydie,* agitato 4/4, *mi bémol,* 45 mesures, comp. vers 1806; le texte est traduit de l'opéra français de Solié : *le Secret.*

Se trouve annexé à la brochure de Wegeler, publiée à l'occasion de l'inauguration de la statue de

B. à Bonn. (Supplément aux notices biographiques, Coblence, 1845).

Ce morceau est de main de maître.

h. *Equali,* deux morceaux pour 4 trombones, comp. en 1812. Ar. pour 4 voix sur le texte du *Miserere,* par le chevalier Seyfried, exécutés au convoi funèbre de B., à Vienne, le 29 mars 1827, publiés par Haslinger avec un ac. de P. ad libitum : « Chant funèbre à l'occasion des funérailles de B. » Chœur d'honneur à 4 voix avec 4 tromp. ou P.

1) *Miserere,* andante, *ut mineur,* 50 mesures.

2) *Amplius,* poco sostenuto, *la bémol,* 16 mesures. Intéressants.

Allegretto pour orchestre, tempo di minuetto quasi allegretto, *mi bémol* (Artaria). M. Fétis dit sans aucun fondement que ce morceau appartenait peut-être à la 10e symphonie (*Biographie des musiciens,* article *Beethoven*). On sait que B. avait fait une esquisse de la 10e symphonie, mais qu'il n'en a pas paru une ligne. Comp. Sch., p. 162.

k. 3 Quatuors *originaux* pour P. V., A. et V^{lle}, *mi bémol, ré majeur, fa majeur* (Artaria).

Ar. pour piano à 4 mains.

Ces quatuors exhumés des paperasses de B. après sa mort ne doivent abuser personne. L'adagio 3/4 *fa majeur* (51 mesures) du 3e, étant identique à l'adagio 3/4 *fa majeur* (61 mesures) de la 1re S. de P., op. 2, moins le mineur de l'adagio de la sonate; il est évident que la sonate op. 2, comp. en 1796, est postérieure même au quatuor, qui ne peut être qu'un des tout premiers essais de B. dans la composition. Ries en nie même tout à fait l'authenticité, p. 125.

Le motif à la 37e mesure du 1er allegro du quatuor en *ut* est aussi bien et, note pour note, le même que le motif à la 27e mesure du 1er allegro de la S. de P. en *ut,* op. 2, n° 3.

L'allegro *mi bémol* mineur du 1er quatuor montre quelques *lointaines* traces du bon style de B. de la 1re manière.

l. Rondo pour P. avec ac. d'orch. 6/8 *si bémol* (Diabelli). Date des premiers temps de B.

Ar. pour P. à 4 m. et à 2 m., pour P. avec ac. de 2 V., A. et V[lle].

m. Grand octuor *original* pour 2 clarinettes, 2 hautbois, 2 bassons, 2 cors (Artaria).

Cet ottetto est ou un arrangement de B. du quintette de violon en *mi bémol,* op. 4, ou le quintette est un arrangement de B. de l'ottetto, car les deux ouvrages sont identiques, à cela près que le finale est à 2 temps dans le quintette, à 4 dans l'ottetto ; que le menuet a 2 trios dans le quintette, un seul dans l'ottetto, ce qui conduit à penser que l'ottetto est antérieur au quintette, qui en est l'édition perfectionnée, car quel motif B. pouvait-il avoir pour omettre dans l'ottetto le charmant 2e trio du menuet, si ce trio existait dans l'ottetto? A la suscription du menuet dans le quintette, B. ajoute *quasi allegretto;* il y a *menuet* tout court dans l'ottetto. Cet exemple prouve plus que tout autre combien il importe d'être circonspect en matière d'œuvres posthumes de B.

n. Rondino pour harmonie à 8 parties, rondo pour 2 hautbois, 2 clarinettes, 2 bassons et 2 cors, andante 2/4 *mi bémol,* 126 mesures.

Ar. pour P. à 2 et à 4 m. par Czerny. Non point sans intérêt. De la première manière.

o. 2 Trios pour P., V. et V[lle] *si bémol, mi bémol.* L'authenticité des trios est attestée par Ries, dans l'édition de Dunst (Francfort); elle se reconnaît d'ailleurs. Composés en 1786, à l'âge de 16 ans, ces petits trios sont antérieurs aux 3 trios, op. 1.

Sch., p. 20, trouve dans les scherzos le prototype de tous les scherzos de B.; manière étroite de voir.

C'est tout au plus si l'on entrevoit dans le scherzo du premier trio op. 1, bien plus hardi, le moule des scherzo de la première manière de B. avant que, sous sa main, le scherzo ne fût devenu le flot inquiet, cherchant l'infini de sa 2e et de sa 3e manière, *altum ingenii mare.* Voy. la remarque à l'opéra 4.

p. Marche militaire pour P., marcia con brio, *ré majeur,* 4/4 avec un trio en *si bémol.*

Ar. pour P. à 4 m. (Witzendorf, à Vienne; Cappi et Czerny, à Vienne).

Cette belle composition montre en tout le style vigoureux, fantasque de la plus belle manière de B. Voyez la transition inattendue à la 33e mesure et les combinaisons rythmiques du trio dont la 2e partie ne se répète pas et reconduit à la reprise de la marche qui a dû avoir été composée pour orchestre. L'arrangement pour P. à 4 m. paraît être de B. Je n'ai pu éclaircir ce point.

q. *Sons funèbres sur la tombe de B., le* 29 *mars* 1827, par Grillparzer, d'après un choral du défunt. Poco adagio, 4/4, *ré majeur.*

r. Dernière pensée musicale (pour P. seul). Poco vivace *si bémol,* 39 mesures. Avec un intéressant portrait en pied de B. (Schlesinger, à Berlin).

> Multum egerunt, qui ante nos fuerunt sed non peregerunt; multum adhuc restat operis, multumque restabit; nec ulli nato post mille secula *præcludetur occasio aliquid adhuc adjiciendi.*
>
> SENECA.

FIN DU CATALOGUE

APPENDICE

PREMIER SUPPLEMENT

Opéra.

4. V. pour l'origine du quintette la remarque à l'op. 18. Les quatuors, op. 18, viennent d'être arrangés pour P. et V. par G. Müller, le second V. du célèbre quatuor des frères Müller. Arrangement remarquable.

27. On lit dans Griepenkerl, p. 75 : « Oui, vous comprendrez les symphonies de B. Hélas! je ne joue pas encore à la satisfaction de mon professeur. Il faut que je fasse ressortir davantage les oppositions et les nuances. Les ouvrages de B. veulent être rendus d'une manière particulière. Ce maître se distingue entre tous les compositeurs par le cachet de son esprit, qui est la base de tout le reste, par son *humour*. Ce côté ressort surtout puissamment chez lui; c'est un monde resté ignoré jusqu'à lui par les musiciens, une nouvelle Amérique pour un génie comme B. Planer libre et sans péril sur ces hauteurs vertigineuses des oppositions que l'*hu-*

Opéra.

mour a créées, ne pas se borner à comprendre quelques parties et s'y attacher, mais toujours embrasser l'ensemble, qui surtout chez Beethoven permet de saisir l'idée, voilà la condition *sine qua non.* Il faut être habitué à suivre le grand kaléidoscope que l'histoire du monde fait passer sous nos yeux. Quiconque n'a jamais assisté au choc du fini contre l'infini, moment qui constitue le but positif de l'art, que celui-là se tienne à l'écart.

« Le coloris humouriste, tel est l'écueil contre lequel l'exécution des grand ouvrages de B. vient souvent échouer, surtout celle des symphonies et des quatuors. On arrive souvent à imprimer à ces œuvres un ennui qui les rend insupportables à l'auditeur, lorsqu'au lieu de s'élever vers les cieux en suivant le vol d'aigle de B., on se balance sur les ailes de colombe de Haydn, ou lorsque, ce qui arrive trop fréquemment, on se borne à raser les vieux murs de l'aile de la chauve-souris. On n'ose pas assez faire ressortir les antithèses, on a peur de suivre le maître, on se maintient dans les limites qu'on s'est tracées, on veut niveler, construire des ponts sur des abîmes qu'il faudrait franchir avec l'agilité du chamois. Ces observations sont toutefois moins applicables à ses premiers ouvrages ».

57. Gripenkerl, p. 80 : « Au moyen du coloris véritablement humouriste avec lequel il faisait ressortir les nuances, l'organiste produisait un effet magique dans la grande sonate en *fa mineur.* En exagérant le caractère de la petite figure trillée dans le premier morceau au point qu'elle en devenait ridicule, il laissait passer les autres pensées dans toute leur splendeur, nous rappelant le *Roi Lear* où deux insensés et un fou forment un tribunal pour juger une question très sérieuse d'ailleurs. L'*andante* redevient sérieux et solennel. (*Le premier morceau ne*

Opéra.

l'est-il donc pas?) Dans le dernier morceau, on entend de nouveau l'*humour* agiter ses grelots; le *presto* à la fin fait à peu près l'effet de ces mots de *Lear:* « Tirez-moi mes bottes, plus fort, plus fort, comme cela ».

J'ai oublié de faire remarquer que le presto repose sur un motif de danse russe accompagnée de chants nationaux. M. Griepenkerl voit partout, en tout, Shakespeare. On *est* Shakespeare, on ne l'imite pas. Mais ce qui est tout à fait étrange, c'est de voir M. Griepenkerl mêler le nom de Jean Paul (Friedrich Richter) à celui de Shakespeare et de B. On conviendra que l'auteur du *Titan* est un genre, un genre forcé, très forcé, pour lequel l'impossible est identique avec l'original, la caricature l'équivalent du tableau. M. Griepenkerl est riche en idées de la plus grande portée à côté d'autres que le goût réprouve. Nous continuerons quelques extraits pour entourer notre sujet du plus de matériaux possible, en faisant remarquer que la traduction exacte est impossible, le génie de la langue excluant l'excentricité poussée à ses dernières limites de ce genre de littérature qui a produit Jean Paul, Hoffmann, Weissflog, Mund, sans compter les *dii minorum gentium* dont Ludwig Tieck est le *homo nobilis,* mais qu'on ne peut, qu'on ne doit point pour cela imiter, parce qu'elle appartient à *un* temps et non point à *tous* les temps.

Opéra.

Symphonie héroïque.

55. Griepenkerl : « Premier morceau, caractère héroïque masqué. Un passage avait été indiqué à l'encre rouge par l'organiste, 36 mesures, *XIXe siècle,* puis au *fa* belliqueux succéda l'immense éruption des basses pour arriver aux régions éthérées de l'*ut mineur* et du *la mineur,* puis ensuite au thème clair et victorieux de l'*ut.* Les 36 mesures en majeur de la marche en *ut mineur* étaient indiquées comme suit:

« Le voyageur portant la torche de la divination dans les catacombes des siècles passés. Il n'est pas oppressé par ce qui fut jadis le présent; il s'étonne, il songe, il apprend.

« Cette majeure, c'est le regard dirigé non vers le passé, mais vers l'avenir; c'est un résultat obtenu de la contemplation de l'histoire du monde. Ce *ré bémol,* c'est la douleur poussée jusqu'au rire. Plus tard toute la masse rassemble encore une fois ses forces pour un assaut résolu de triolets afin de déraciner tout souvenir du thème douloureux. En vain! Tout redescend affaibli et haletant du *la bémol* des flûtes dans le thème principal, tandis que les basses en colère grondent encore, puis finissent bientôt par se mêler de nouveau à la plainte générale. Les 10 dernières mesures nous replongent en plein dans la douleur, murmurent encore le thème en expirant. C'est ainsi que B. a coutume de clôturer ses ouvrages ».

P. 161 : « Le *scherzo* commença, le vicaire ne disait pas un mot, tout absorbé qu'il était par l'*esprit* qui répondait au sien. Il arrive souvent que le véritable *humouriste* se trouve anéanti par cette rencontre d'une nature jumelle. Deux *humouristes* qui se rencontreraient seuls dans une île déserte iraient

Opéra.

se précipiter dans la mer, chacun de son côté. Les autres saluèrent certains passages du *scherzo* de leurs applaudissements, celui, par exemple, où pendant 4 mesures les basses dansent seules sur la dominante de la tonique ».

La Symphonie avec chœurs.

125. « Que sont, maître, tes huit symphonies, ces huit colonnes monumentales, à côté de leur neuvième sœur? Elle débute par un murmure de quintes. C'est là la grande introduction de la neuvième symphonie. La quinte indique une situation qui va naître. Elle n'a pas encore de forme précise, elle résonne vide pour l'oreille, mais elle prépare l'âme aux sensations que l'attente grandit encore. Les auditeurs sont tenus en suspens par l'hésitation entre la grande et la petite tierce. On désigne convenablement les 16 premières mesures par le mot *chaos*. (Très beau).

« Le thème du premier morceau éclate d'autant plus glorieux du milieu du chaos des quintes, que celles-ci ne sont pas complétées par la tierce attendue. Le thème arrive comme l'apparition subite d'un principe appelé à remuer le monde. Tout le premier morceau représente l'état de choses d'autrefois.

«— Une tentative de faire sortir l'ordre du chaos, dit Adalbert, pendant que le quatuor d'instruments à cordes, soutenus par les cors et les clarinettes, retombait dans la quinte. Pfeiffer fit remarquer que la tierce attendue n'arrivait qu'au moment où le thème revenait brillant en *si bémol majeur*.

« Au commencement de la seconde partie, les

Opéra.

quintes reprennent, mais chargées cette fois de la tierce en *fa dièse*. Ce *fa dièse*, c'est le premier signe de la vie bruyante; les passions commencent à s'agiter. Déjà on entend les premières plaintes de la destruction. Ce sont les flûtes, les hautbois, les clarinettes qui les entonnent, pendant que les instruments à cordes s'obstinent encore à faire entendre par fragments le premier thème, mais avec moins d'assurance, en *sol majeur* et en *sol mineur*, soutenus par les pizzicatos égarés des basses. La plainte devient générale en *la mineur*.

« — *Crescendo, sforzato*, dit le vicaire en refermant bruyamment la partition qu'il avait lue jusqu'alors avec attention.

« Les instruments à vent et les instruments à cordes forment, dans cet ouvrage du maître plus que dans aucun autre, deux camps séparés ».

DEUXIEME SUPPLEMENT

L'édition de Breitkopf de l'opéra *Léonore (Fidélio)* **et la critique parisienne.**

On lit dans le Courrier de Paris de l'*Indépendance belge* (9 février 1852) : « M. Lumley s'est décidé à soumettre l'unique opéra du colosse de la symphonie à une seconde épreuve. (*Fidélio* avait été représenté à Londres pendant l'exposition universelle). Le théâtre italien de Paris a fait trois recettes combles avec *Fidélio.* Cette tentative un peu hardie devant *notre indignité,* est donc jugée, *justifiée.* C'est à la gloire du public parisien. *Fidélio* est une *symphonie vocale.* Dans *Fidélio* les *voix* sont des *instruments,* les instruments sont des voix. Tout cela se succède, s'interroge, se répond, se confond au profit d'un effet grandiose, passionné, hardi, imprévu, dont on peut être assez déconcerté à une première fois pour n'y pas rendre toute justice. Mais peu à peu la pensée se dégage, pour les *intelligents,* de ce chaos (?) apparent, les instruments courroucés, les voix attendries, les accompagnements insurgés, les chants passionnés, l'ardeur, la sensibilité, le délire de tous, se laissent comprendre, et l'audition reçoit de son attention confiante une émotion inexprimable. J'ai vu, durant le second acte, l'acte dramatique de l'ouvrage, celui où Fidélio creuse la fosse de son mari, une dame que je soupçonnais plus aisément subjuguée par les attraits de l'imagination que par les impressions sentimentales, touchée de tous points, comme une sensitive, et se répandre en pleurs irrésistibles ».

Quand même dans le Courrier de l'*Indépendance belge,* Florestano est déjà un *Fernand,* ce qui est plus joli peut-être mais moins espagnol, cet article ne commet du moins aucune erreur manifeste. On ne peut en dire autant du feuilleton du *Journal des Débats,* du 9 février 1852. Après avoir appelé *Fidélio* un drame absurde; après avoir rappelé que l'opéra avait été représenté à Paris, il y a vingt ans environ, par une troupe allemande dont les principaux sujets, madame Schrœder-Devrient dans le rôle de Fidélio et le ténor Haitzinger dans celui de Florestan, ont laissé de beaux souvenirs, M. Delécluze trouve que *Fidelio* est une *symphonie-opéra.* Dès le premier jour, dit le feuilleton des *Débats,* les *jeunes* amateurs *s'accordaient à dire* qu'il leur semblait avoir entendu *un écho de la musique de Mozart.* Ces amateurs devaient être *jeunes* en effet; *trop jeunes* peut-être. Ils pensaient sans doute à autre chose, à Mabille et ses variantes. Ces amateurs étaient sans doute trop jeunes aussi pour avoir beaucoup entendu la musique de Mozart. Quant à ce qui était de la connaître par l'étude, on conviendra qu'on ne peut raisonnablement les croire capables de pareille extravagance, quand le critique qui écrit dans le *Journal des Débats* s'en est passé, comme nous allons le voir. M. Delécluze aussi *s'accorde* à dire : « Qu'il y a dans le commencement de *Fidélio* un duo, un air et un quatuor dont la coupe, les modulations, les accompagnements et jusqu'aux mélodies mêmes qui y *apparaissent,* ont, sinon une *ressemblance,* au moins une analogie, avec les *premiers duos* des *Noces de Figaro* et le quatuor du premier acte de *Don Giovanni.* » — « Pour moi, dit M. Delécluze, *l'imitation est flagrante.* » Le trio du premier acte, au dire des *Débats,* serait un beau passage de symphonie, de la musique abstraite; la marche, la fille ou plutôt la jumelle de la marche des *Nozze di Figaro* (ecco la marcia! andiamo). Après le duo entre Pizarro et Rocco, les *souvenirs* de Mozart cesseraient, mais (le croirait-on?) pour faire place *à quelques échos lointains de* LA CRÉATION *d'Haydn*. Comme ces emprunts, ces souvenirs, ces échos de Mozart, d'Haydn, cadrent avec le caractère, avec la nature du génie de Beethoven, rénovateur, démolisseur avant tout! Comme cela est manifestement contredit par les textes des trois maîtres pour peu qu'on se donne la peine de les lire!

M. Delécluze décerne des éloges au grand air de *Fidélio,* au finale, où se trouve le chœur des prisonniers, *réputé par les hommes de l'art un chef-d'œuvre exceptionnel,* puis il en vient à dire : « Qu'il est *peut-être* à regretter que les amis de Beethoven, au lieu de le pousser à écrire pour le théâtre, ne l'aient pas engagé plutôt à composer un oratorio; qu'il est *vraisemblable* qu'en ce cas, il ne serait resté au-dessous ni de Hændel, ni de Haydn, qu'il eût peut-être *surpassés en ce genre.* » Mais M. Delécluze écrit donc dans les *Débats* et ignore que Beethoven a écrit l'oratorio : *le Christ au mont des Oliviers;* qu'il n'y a point surpassé Hændel et Haydn; qu'il n'y a pas de *peut-être,* de *vraisemblable* qui tienne en présence d'un fait que M. Delécluze, de tous les musiciens, est peut-être seul à ignorer, que le Courrier de l'*Indépendance belge* n'ignore point, tout courrier qu'il est. Ne faut-il pas être justement étonné d'une aussi complète ignorance des œuvres d'un des plus grands compositeurs du monde, de la part du plus important journal de France, du premier journal de l'Europe, peut-être, après le *Times?* — M. Delécluze dit du finale du second acte qu'il trouve être une *espèce* de symphonie avec chœur (par allusion sans doute à la neuvième symphonie de Beethoven et pour montrer sa connaissance du répertoire de l'auteur), « qu'il a senti s'élever dans ce finale des *bouffées* de beautés *remarquables,* que la multiplicité des motifs qui se succèdent dans l'ensemble de ce morceau ne lui ont par permis d'analyser distinctement » (lisez saisir, distinguer: *analyser distinctement* ne se comprend pas).

Mais les procédés de la critique musicale seraient donc autres à Paris que dans le reste de l'Europe. Est-il croyable que le critique chargé par *les Débats* de rendre compte de l'œuvre d'un grand maître, composée il y a plus de quarante ans, arrive au théâtre où l'on donne *Fidélio* sans avoir pris connaissance de la partition, sans la connaître à fond ? Le critique de Paris se passerait donc d'étude, de connaissances, et se contenterait d'esprit, de style, de l'air enfin de Paris, qu'il a l'avantage marqué de respirer ? Le critique de Paris y hanterait donc l'opéra *fashionablement,* comme tout autre mortel, comme les *jeunes* amateurs, par exemple ? pour son plaisir, *pour sentir s'élever des bouffées de beautés remarquables que la multiplicité des motifs ne lui permettent pas d'analyser distinctement ?* Mais c'est un pays où il fait bon d'être critique, où la critique doit aller se reposer. Nous en avions pris une tout autre idée, de la critique parisienne, en lisant les analyses de M. Berlioz dans les *Débats* ; c'est notre faute. L'importance du *Journal des Débats,* l'autorité qu'il pourrait exercer aux yeux de ses lecteurs nous engagent à corriger les erreurs *matérielles* suivantes de son feuilleton, prouvables en chiffres :

1° « Beethoven (y est-il dit), né à *Prague* en 1770, avait *six* ans lorsque Mozart composa les *Nozze di Figaro* et le *Don Giovanni;* il avait atteint sa *dix-septième* année quand Haydn écrivit *la Création* ».

Beethoven naquit à Bonn que les chemins de fer ont mis aux portes de Paris. Les fêtes d'inauguration de la statue de Beethoven à Bonn (1845) auraient pu en faire souvenir le critique. Mozart, né en 1756 (*Biographie de Mozart,* par Niessen, p. 13, d'Oulibischeff, t. I, p. 2), composa les *Nozze di Figaro* en 1786, *Don Giovanni* en 1787 (Niessen, p. 516, 518). Beethoven, né en 1770, avait seize ans en 1786, il en avait dix-sept en 1787, ce qui, dans un génie, est très différent de *six* ans. Haydn acheva la composition de *la Création* en 1798, au retour de son second voyage en Angleterre (1795), d'où il en rapportait l'idée. L'humble maisonnette d'un faubourg de Vienne, acquise au prix des guinées anglaises que lui avait values sa direction des fameux concerts de Salomon à Londres, devint le berceau du chef-d'œuvre. En 1798, Beethoven avait vingt-huit ans et non point dix-sept.

2° « *Fidélio,* dit le feuilleton, fut représenté pour la première fois à Prague en 1805, à Vienne en 1806 ».

Fidélio ne fut point composé pour Prague, et représenté pour la première fois à Vienne, le 20 novembre 1805, pendant l'occupation *française* de la ville. Ries, p. 103 ; Wegeler, p. 62 ; G. M. U., 1806, p. 237. Le fait est notoire.

3° « On *dit,* poursuit le feuilleton, que c'est d'après le vœu général des *amateurs* et sur les instances particulières de Salieri que Beethoven se décida à écrire pour le théâtre. »

Qui jamais a dit cela? Un *jeune* amateur de Paris ? Wegeler, Ries, Schindler, les seuls auteurs qui pourraient le dire avec autorité, ne le disent pas.

4° « La marche de *Fidélio* aurait été ajoutée plus tard à l'opéra, dans le remaniement général duquel Beethoven aurait retranché un trio et un duo très remarquables, *dit-on* (mais c'est effrayant ce qui se *dit* à Paris), *mais dont on n'a jamais pu retrouver des copies* ».

Ce qui est perdu sur le boulevard des Italiens est souvent en état de parfaite conservation ailleurs. Les bibliothèques royales et impériales de Berlin et de Vienne ont conservé les manuscrits autographes de Beethoven ; la maison Breitkopf et Haertel vient de le publier, mais Paris est ainsi fait. Quand on y habite la Chaussée-d'Antin, le quartier de l'Odéon est déjà un fort lointain pays. *On joue ce soir une comédie de Beaumarchais à l'Odéon. Comment ! vous passez l'eau ? disions-*

nous en 1829. Une fois que *l'eau* devient le Rhin, Bonn, Prague, Vienne deviennent *synonymes* à Paris et ne sont plus que le même fabuleux *pays des Allemands*. Tout à Paris tourne dans un petit cercle : *in circulo gratioso et non in gurgite vasto.* Nous ne parlons pas politique comme de raison. Le monde des douze arrondissements, du *treizième* même, finit aux hauteurs de Belleville, ce qui n'empêche pas Paris d'être un séjour où la vie est singulièrement facile, où le *roman* dans la vie est plus agréable, où il est surtout plus facile qu'ailleurs. Il y a des villes qui s'effacent à leurs propres yeux, qui pensent au monde dont elles sont un point donné. Le *monde* pour Paris c'est Paris, et l'Europe me paraît être persuadée de l'importance de Paris en toutes choses, en critique, parce que Paris en est tant persuadé. On dirait qu'on ne passe bien réellement aux yeux des autres que pour ce qu'on est aux siens propres. Que l'Allemagne est tout autre! Quelles consciencieuses recherches, quel patient labeur, quelle critique éclairée dans l'édition des deux premières partitions de l'opéra de B. faite par M. Jahn, publiée par Breitkopf et Haertel !

Nous empruntons les données suivantes à la préface du savant travail de M. Jahn (12 pages in-folio) :

Le libretto de l'opéra de Beethoven est celui d'un opéra français :

Léonore ou l'Amour conjugal, fait historique espagnol, en deux actes. Paroles de J. N. Bouilly, musique de P. Gaveaux, auteur et acteur du théâtre Feydeau. Représenté pour la première fois sur le théâtre de la rue Feydeau, le 1er ventos de l'an VI.

Paer composa ensuite le même sujet :

Leonore ossia l'Amor conjugale. Fatto storico in due atti.

La musique de Paer eut un grand succès. *Fidélio* fut le premier intitulé choisi par Beethoven pour son opéra; la direction du théâtre *an der Wien* lui imposa l'ancien intitulé du sujet. Beethoven composa son opéra pendant les années 1804 et 1805, il l'acheva en grande partie à Hetzendorf près Vienne, l'été de 1805.

Tout fut contraire au succès de *Léonore,* donnée pour la première fois le 20 novembre 1805 : l'occupation de Vienne par les Français ; la médiocrité de l'exécution ; la présence au théâtre des officiers français, dont cette musique ne pouvait guère captiver l'attention ; les mécontentements des musiciens, indisposés par les difficultés de l'exécution ; les préventions du public et des critiques. L'opéra tomba. Il fut repris le 29 mars 1806, après que Beethoven y eut fait des coupures et des changements, après que le libretto eut été retouché et réduit à deux actes. L'opéra avait été donné en trois actes, quoique l'intitulé ne parlât jamais que de deux. L'ouvrage fut alors donné trois fois, la dernière fois le 10 avril 1806. Les intrigues des chanteurs, que Beethoven avait indisposés, mirent fin aux représentations ; Beethoven en fut pour ses peines, car il n'avait eu qu'un tantième qui dut lui donner quelques *Kreutzer.* Le prince Lichnowski s'adressa à la reine de Prusse ; l'ouvrage cependant n'eut pas plus de succès à Berlin. Beethoven publia en 1810 la réduction pour piano de la seconde partition sous le titre de *Léonore,* opéra en deux actes.

On accorda en 1814, aux inspecteurs de l'opéra impérial de Vienne : Saal, Vogl et Weinmüller, un bénéfice, sous condition de choisir un opéra qui ne nécessiterait pas trop de frais. C'est à cette misérable circonstance économique que fut due la reprise de *Léonore,* comme un pis aller, comme ce qu'il y avait de meilleur marché. Beethoven y consentit, mais il entendit retoucher la partition et composa l'ouverture en *mi majeur,* le mélodrame, le récitatif de l'air de *Léonore,* l'allegro de l'air de Florestan ; il recomposa les deux grands finales, fit des coupures et retrancha définitivement le trio et le duo qui n'avaient pas toujours été exécutés. Il écrivit à ce sujet à Treitschke le mémorable billet suivant, un monument des modesties du génie : « Cet opéra est l'affaire du monde la plus fatigante. Je suis mécontent de la plus grande partie de l'ouvrage, et il n'y a presque pas un seul morceau qui n'eût pu me donner quelque satisfaction dans mon mécontentement actuel. Il y a une grande différence entre se livrer à la réflexion et se laisser aller à l'inspiration ».

L'opéra ainsi remanié fut représenté avec succès, sous le nom de Fidélio, le 23 mai 1814. Il s'est depuis maintenu sur le répertoire de tous les théâtres d'Allemagne. Les dames Schechner et Schröder-Devrient se sont le plus distinguées dans le rôle de Fidélio.

La réduction pour piano des deux premières partitions de l'opéra, avec toutes leurs variantes, est un objet de haute étude critique, une inépuisable source d'instruction pour le compositeur. *Léonore*, opéra en deux actes. Réduction complète pour piano. (Leipzig, Breitkopf et Haertel, 1851, 205 pages in-folio).

Revue et Gazette musicales de Paris, 8 février 1852. — Théâtre italien. — *Fidélio.* — « Le procès de la symphonie et de l'opéra continue, de même qu'en littérature celui du livre et de la pièce de théâtre. Des *trois grands* compositeurs que l'Allemagne a produits dans le dernier siècle (et Gluck ? et Weber ?), le second par rang, d'âge et d'époque, était à cheval sur la symphonie et sur l'opéra, comme sur deux étriers : c'est Mozart. Le premier, Haydn, n'avait qu'un pied dans l'étrier de la symphonie, tandis que l'autre se balançait dans l'espace (et *la Création ?*). Beethoven, le troisième, serait resté tout juste comme Haydn, s'il n'eût écrit *Fidélio,* chef-d'œuvre immortel, le meilleur, sans contredit, des opéras sortis de la tête et de la plume d'un compositeur créé par Dieu pour faire des symphonies. Il y a plus de quarante ans, lorsque M. Berton, qui dirigeait alors le théâtre de l'Impératrice, voulut y introduire les ouvrages de Mozart, ce fut presque une révolte parmi les artistes italiens, nourris du miel de Paesiello, de Cimarosa, de Guglielmi. Et pourtant Mozart était un Italien d'éducation, sinon de naissance! Beethoven est Allemand, toujours Allemand (ne se permettrait-il pas parfois d'être le cosmos humain tout court ?). Ni l'auteur, ni l'ouvrage ne sauraient renier leur origine. M. Lumley a *donc* montré du *courage* en risquant *Fidélio* sur son théâtre. (Et dire qu'on ne continue plus à Paris, comme par le passé, de prendre le Rhin pour le Gange ; l'Allemagne pour un pays inconnu, sauvage, impossible !) L'orchestre joue les deux ouvertures (il y en a quatre) ; la *première* est la plus connue, celle en *mi* (cette première là est la 4e), avant le lever du rideau ; la seconde, si grande et si vigoureuse, celle en *ut* (il y en a encore *deux* en *ut*), avant la dernière partie du second acte, dont on a fait un acte séparé. (Cet exemple est à imiter — *semper aliquid hæret!*) La seconde ouverture, surtout, nous a paru rendue avec la perfection que réclame une page musicale de cette immense valeur. Les symphonies de Beethoven n'ont pas été non plus admirées, applaudies dès le premier jour. Laissons faire le temps et rendons grâce aux directeurs qui, comme M. Lumley, n'ont pas peur de frayer la route aux grands hommes et aux chefs-d'œuvre ».

Cet article commet les mêmes erreurs que nous avons relevées plus haut — c'est toujours *Prague*. On y lit : « *Fidélio* fut représenté d'abord à Prague en 1805, *et il faut l'avouer,* avec peu de succès ». Il faut d'autant plus *l'avouer* à Paris que l'opéra fut représenté la première fois à Vienne devant un public *presque exclusivement* composé des officiers de l'armée de Napoléon ».

Ries, p. 104 : « La principale cause de la chute de l'opéra fut sa première représentation à un époque où les Français venaient d'occuper Vienne. Les amateurs de mumique, les gens riches, tous ceux qui en avaient eu les moyens, avaient fui. Il n'y avait guère que les officiers français qui se fussent rendus au théâtre ».

« Mais une destinée toute contraire à celle de Mozart attendait Beethoven : Mozart tombait à Vienne et se relevait à Prague (*Don Juan*) ; Beethoven, tombé à

Prague, devait en appeler à Vienne et y triompher l'année d'après » (neuf ans après). C'est pour le coup qu'on peut dire : *omne simile claudicat ;* mais la phrase ne laisse pas que d'être bien sur ses pieds, et la phrase aussi a ses mérites. Que la critique parisienne, si elle jugeait que ce fût la peine, ce que je n'ose espérer, me réponde pour le fond des questions ; qu'elle attaque la bête par les cornes, et non point par la queue, qui serait ici le style, la forme — dans lesquels elle doit avoir un avantage marqué, bien naturel sur moi. Quand M. Henri Blanchard dit, p. 43 (même numéro de la *Gazette et Revue musicale*) : « Mademoiselle Caussen a rendu possibles les *impossibilités digitigrades* de Liszt dans la fantaisie sur *Don Juan ;* et pourtant son style est plutôt lié, onctueux, intime que *spectaculeux,* » nous nous sentons très distancés d'expressions heureuses, de style ; mais quand M. Blanchard dit, p. 42 : « un trio de Weber, *pour piano, violon et basse* suivit, » nous dirons *qu'il n'existe point de trio de Weber pour ces trois instruments,* que ce trio est un trio pour piano, *flûte* et basse, une pièce capitale calculée sur l'effet de la flûte qu'on ne traita jamais avec plus de bonheur, dont la partie a été arrangée pour violon à Paris, *où l'on arrange tant de choses,* et que c'est là ce que j'appelle *le fond* des questions en matière de critique musicale.

TROISIEME SUPPLEMENT

Le Catalogue thématique de l'œuvre de Beethoven, publié par Breitkopf et Hærtel.

(Leipzig, 1851)

Cet inventaire des textes de Beethoven a l'avantage de laisser facilement embrasser par la vue les motifs de son œuvre, reproduits dans leurs signes caractéristiques, réunis en un volume. On a lu dans la préface de notre catalogue que la disposition des productions de Beethoven en compositions portant des chiffres d'œuvre et en compositions qui n'en portent pas, adoptée par le Catalogue thématique de Breitkopf, n'est pas rationnelle ; le parallélisme des compositions à chiffres d'œuvres, des compositions numérotées seulement, des compositions sans chiffres d'œuvres *posthumes,* ne pouvant être nié. Ces quatre divisions remontent aux temps mêmes de Beethoven et caractérisent trop son œuvre pour pouvoir être abandonnées. Le catalogue thématique de Breitkopf n'est ni un travail chronologique, ni un travail critique ; il ne discute point l'authenticité des chiffres qui varient avec les éditions et que j'appellerais *mobiles ;* il en décerne à des ouvrages qui n'en portent point, qui ne peuvent en avoir, et cela rien que pour combler les lacunes dans la série des chiffres d'œuvres de 1 à 138, qu'il faut maintenir puisqu'elles existent réellement et non point par erreur. De ce nombre est l'ottetto pour instruments à vent, qui ne peut et ne doit porter de chiffre d'œuvre, en sa qualité d'œuvre posthume, et qui, dans le Catalogue thématique, remplit la lacune de l'opéra 103. L'ottetto étant identique avec le quintette, op. 4, date des premiers temps de la première manière de Beethoven et ne peut par conséquent être placé dans la partie du catalogue qui embrasse les dernières compositions du maître. On en dirait autant du chiffre d'œuvre 136, donné à la cantate *l'Instant glorieux*. La faute en est au système dualiste du catalogue qui l'empêchait de ranger l'ottetto au nombre des œuvres posthumes ; la cantate au nombre des compositions sans chiffres d'œuvres ni numéros. La maison Breitkopf, qui ne paraît pas avoir ajouté à son catalogue l'importance qu'il a, puisqu'elle n'en a pas nommé l'auteur, a la première *imprimé* que l'ottetto est identique avec le quintette, op. 4, identité que j'avais consignée dans mon travail achevé un an avant que le catalogue thématique ne fût publié (1851). Au bout de trois jours que le catalogue se trouvait entre mes mains (il était depuis huit jours à Saint-Pétersbourg), j'envoyai douze pages de remarques à MM. Breitkopf et Härtel pour garantir l'originalité de mon travail et prouver sa parfaite indépendance du leur. Ce sont ces remarques auxquelles je crois devoir donner une place ici. La maison Breitkopf me donna raison et me répondit qu'elle profiterait de mes remarques à la seconde édition de son catalogue qui allait suivre la première. Je reproduis sa lettre à la fin de cette notice.

Si peu que j'aie fait, je n'ai pu laisser planer sur le fruit de tant de peines le soupçon d'un emprunt fait à autrui. Que de recherches, que de dépenses m'eussent été épargnées si j'avais pu me servir du Catalogue thématique. Le fait que ce travail ait été entrepris en double, en même temps, dans deux villes aussi distantes que Leipzig et St-Pétersbourg, avec un résultat aussi semblable que les moyens employés étaient différents, ce fait n'est pas sans intérêt et me semble prouver en faveur de mon travail autant qu'en faveur du Catalogue thématique.

Depuis, je me suis adressé à MM. Breitkopf et Härtel et à M. Peters à Leipzig pour obtenir d'eux une copie des seuls dates des lettres d'envoi de Beethoven, dont ils sont les éditeurs. J'offrais de payer ces copies le prix qu'ils y mettraient. C'était là un moyen de plus d'arriver, approximativement du moins, aux *millésimes* des compositions de Beethoven. Je n'ai point cette fois reçu de réponse. J'entends me garantir la priorité de l'idée si elle était exécutée par un autre. Il est difficile de trouver une idée nouvelle, si *minime* qu'elle soit, dans les sujets explorés, et quel sujet ne le serait pas aujourd'hui ? Je dois des remercîments à MM. Peters pour m'avoir éclairé sur la dédicace du septuor. Je m'étais arrêté indécis au grand nom de Marie-Thérèse, qui mourut en 1780 quand Beethoven avait dix ans et que le septuor n'avait point été composé par lui. Ce qui est si grand encore me semblait devoir s'être adressé à ce qui l'avait été.

Le Catalogue thématique de Breitkopf.

REMARQUES

1) Le célèbre andante (n° 35, p. 123 du Catalogue thématique) aurait été composé pour 2 V., A. et V^{lle}, et arrangé ensuite pour P. seul. C'est impossible. Voyez le récit de Ries, p. 101, au n° 35, 3e section. Un souvenir des plus pénibles s'attachant pour Ries au morceau, il n'a pu se méprendre si fort. L'andante est un beau morceau de B. pour piano, sa facture appartient à cet instrument.

2) Les ouvertures, op. 115, op. 124, ne portent dans aucune édition les intitulés *Namensfeier* : Fest-Ou-

verture (*Weihe des Hauses*). Voyez l'avant-propos de notre catalogue.

3) L'authenticité de la marche favorite de l'empereur Alexandre n'a jamais été mise en question. Moschelès, qui a tant connu B., ne l'eût certes pas sans cela variée pour P. avec ac. d'orch. sous le nom de B. La valse appelée *Sehnsuchts-Walzer* est *notoirement de Schubert,* elle n'avait donc pas à figurer dans la section du Catalogue thématique qui comprend les compositions *prétendues* être de B.

4) L'arietta : *In questa tomba oscura* (3ᵉ section, lettre *s*) a été entièrement omise dans le Cat. thém., ainsi que les morceaux suivants :

a) Elégie sur la mort d'un barbet; *l. r,* 3ᵉ sect.

b) Chant de guerre des Autrichiens (*Kriegslied der Oesterreicher*) ; l. *d*2, 3ᵉ sect.

c) La renaissance de l'Allemagne (*Germaniens Wiedergeburt*) pour 4 voix et orchestre ; l. *b*2, 3ᵉ sect.

d) Les canons : 1) ô Tobie (pour 3 voix) ; 2) Le divin est noble (pour 6 voix) ; 3) Souviens-toi (pour 4 voix) ; lettres *w—y,* 3ᵉ sect.

e) Le chant du rossignol; 1. *a*2, 3ᵉ *sect.*

f) Tendre amour ; l. *u,* 3ᵉ sect.

g) Problème de Beethoven ; l. *h,* 3ᵉ sect.

h) Le trio de P. posthume en *si bémol ;* l. *o,* 4ᵉ sect.

5) Le chiffre d'œuvre 51 est donné aux deux rondos nᵒˢ 1 et 2 (2ᵉ sect.) qui n'en portent aucun, qui appartiennent à la poésie fugitive du maître.

6) Les *Bagatelles* auxquelles le Catal. thémat. donne le chiffre d'œuvre 119 portent le chiffre d'œuvre 112.

7) Le Cat. thém. tombe, au sujet des œuvres 54 et 57, dans l'ancienne erreur que ces deux sonates sont la 51ᵉ et la 54ᵉ, qui n'existent seulement pas.

8) Le Cat. thém. oublie de dire que les 25 mélodies écossaises ont été comp. pour chant, P., V., Vˡˡᵉ, *et un chœur.*

9) L'arrangement de B. du concerto de V. en concerto de P. est dédié à madame de Breuning ; c'est le concerto de V. qui est dédié à Etienne Breuning, l'ami de jeunesse de B.

10) Le plus important arrangement pour P. seul du ballet de *Prométhée,* l'arrangement de B., a été omis à l'op. 43, comme l'arrangement de B. du quintette pour P. et instruments à vent, op. 16, en quatuor pour P. et instr. à cordes.

11) La sonate pour P. et cor, op. 17, est dédiée à la baronne Braun (comp. opéra 14). B. n'a rien dédié au baron Braun.

12) Les 6 premiers quatuors, op. 18, sont dédiés au prince Lobkowitz et non point à la princesse.

13) *Le Roi Etienne* est un mélodrame et non point un opéra, op. 117.

14) Nombre de dédicaces ont été omises, celles du septuor, de la sonate en *ut dièse mineur,* de la 1re, 2e, 5e et 6e symphonies ne sont pas sans intérêt.

15) Page 44, la dédicace des quatuors, op. 59, s'adresse au *prince Rasoumowski.* Il faut corriger *comte,* voy. notre remarque à ce sujet, op. 59.

16) La colaboration de Hoffmann avec B. n'est pas remarquée par le Cat. thém. Voy. n° 9, 2e sect.

17) Des omissions de dédicaces de moindre importance, mais qui ne laissent cependant pas d'être un moyen d'interprétation critique, se remarquent à l'opéra 23, op. 24, op. 31, op. 38, op. 65, op. 98, dans les variations n° 1, n° 8, n° 10a, n° 5b.

Le n° 5a est dédié à la comtesse de Browne, née baronne de Gietinghoff, comparez le n° 10a, 2e section, et op. 22. Le comte de Browne était ministre autrichien près la cour de Russie, sa femme, une pianiste consommée, une beauté de premier ordre, tante du baron Paul de Vietinghoff de Dorpat en Livonie, dont Moschelès me dit en 1829 à Londres qu'il le considérait comme un des plus grands pianistes qu'il eût connus, dans l'improvisation surtout. On n'a aucune idée en France, en Allemagne, d'un pareil talent amateur d'exécution ; pour en trouver il faut aller à Saint-Pétersbourg.

A monsieur le conseiller d'Etat de Lents, à Saint-Pétersbourg.

Leipzig, le 18 octobre 1851.

Monsieur,

Nous vous sommes très reconnaissants des renseignements que vous avez bien voulu nous communiquer, sous la date du 12 août, concernant le catalogue thématique des œuvres de Beethoven. Nous vous prions de nous excuser de ne pas vous avoir répondu plus tôt ; ce retard est dû à ce que, comme de justice, nous avons d'abord voulu soumettre vos observations au rédacteur du Catalogue. Nous ne méconnaissons certainement pas le mérite des notes que vous avez bien voulu nous fournir, et, quoique nous ayons à y faire quelques objections isolées (j'avais le double des remarques qu'on vient de lire), elles n'en resteront pas moins utiles. Vous désirez que nous publions vos remarques dans la *Gaz. Mus. univ.* Nous regrettons que cela ne nous soit plus possible, ce journal ayant cessé de paraître à la fin de l'année 1848, la cinquantième de son existence. Dans le cas où vous préféreriez une publicité immédiate à une mise en œuvre dans une seconde édition du Catalogue, seconde édition que nous prévoyons comme prochaine, attendu que l'entreprise a rencontré la sympathie générale, il faudrait vous adresser à une des gazettes musicales existantes. Nous vous indiquerons : la *Nouvelle Gazette Musicale de Berlin* (rédacteur-éditeur, G. Bock, à Berlin) ; la *Gazette Musicale Rhénane* (rédacteur, le professeur Bischoff, à Cologne) ; l'*Echo de la Gaz. Mus. de Berlin* (rédacteur, Kossr, à Berlin) ; la *Nouvelle*

Revue de Musique (rédacteur, J. Brendel, à Leipzig). Parmi ces publications, la feuille polonaise a suivi jusqu'à présent la question avec le plus d'intérêt. Si vous trouvez bon de vous adresser à la rédaction d'un de ces journaux, nous laisserions parvenir le manuscrit de vos observations avec une lettre que vous voudrez bien nous adresser pour y être jointe. Nous entrons dans ces détails afin de vous montrer notre désir de vous être utiles.

Si, au contraire, vous jugez que vos observations doivent être réservées pour la seconde édition du Catalogue, nous les conserverons avec soin, comme nous faisons pour d'autres matériaux estimables qui nous ont été adressés dans le même but ; votre assistance serait dans ce cas mentionnée dans la préface.

« Nous attendons avec un vif intérêt la publication de votre ouvrage sur Beethoven. Il nous serait toutefois difficile d'accepter votre offre très obligeante de le faire paraître chez nous, attendu qu'il est toujours difficile pour un éditeur de soigner deux entreprses identiques et concurrentes.

« Le grand intérêt que les ouvrages de Beethoven excitent, nous a engagés récemment à faire une autre publication qui, nous l'espérons, sera accueillie avec faveur par les véritables amis de la musique. Elle se compose d'une édition avec commentaire de la *Léonore* de Beethoven, confiée aux soins de M. le docteur Jahn, de Leipzig, professeur d'archéologie et musicien distingué. La préface développée de cette édition expose d'une façon complète le but de l'entreprise et les ressources mises en usage pour la mener à fin. Nous prenons la liberté de vous faire parvenir un exemplaire de cet ouvrage comme un témoignage de notre haute considération, et nous espérons qu'il ne sera pas sans intérêt pour vous.

« Nous avons l'honneur, etc.

« (Signé) BREITKOPF et HAERTEL. »

QUATRIEME SUPPLEMENT

Deux lettres inédites de Beethoven.

Les lettres qu'on va lire furent écrites simplement, sans apprêt ni arrière-pensée. Leur authenticité ne peut souffrir un doute, car les faits qu'elles contiennent concordent en tout avec les meilleures autorités. Peu d'artistes seraient aujourd'hui en état d'écrire une lettre dont chaque ligne presque trahit la seule culture de l'esprit qui vaille, celle qui vient de l'éducation du cœur. En France, l'éducation non musicale de l'artiste consiste généralement à savoir faire une lettre, à se servir non point trop incorrectement d'une langue admirable, chargée des soins de suppléer à l'esprit de qui s'en sert. Il n'en est pas ainsi en Allemagne. Dans l'éducation de l'artiste, comme dans toute autre, on y pense d'abord à ce qui est parfaitement étranger à la vie naturelle de l'Allemagne, et il n'y a pas si infime contrebasse, basson ou cor allemand, qui ne recherche la satisfaction de savoir dire : *bonjour* en *français*. L'artiste français ne dirait absolument rien, que la langue dans laquelle il écrit se chargerait à son insu de dire quelque chose. Cela n'empêche pas l'artiste allemand, qui d'ordinaire apprend une foule de choses, d'être plus instruit. S'il y joint la connaissance approfondie de sa langue et la manière de s'en servir, on ne lui contestera pas une véritable supériorité sur beaucoup d'autres nationaux. Tels furent Weber et Mendelssohn, tel Beethoven, dont la vie coïncida avec les grands jours de Wieland, de Schiller, de Gœthe. L'essor donné aux lettres par ces nobles génies ne fut pas sans influence sur Beethoven, sur le degré de culture qu'il jugea désormais indispensable pour l'artiste, dans des temps où le mouvement littéraire de l'Allemagne la rapprochait des gloires de Rome et de la Grèce. L'Allemagne en ressentit comme une commotion électrique. Savoir écrire sa langue, l'écrire avec une certaine portée, devint une question vitale pour tout Allemand. Le style onctueux des lettres qu'on va lire, bien qu'elles ne soient pas exemptes des fâcheux *hoquets* de l'allemand de Vienne, témoigne de cette tendance de l'époque. Nous les accompagnons de remarques qui en expliquent les allusions. Les chiffres suivants correspondent aux chiffres intercalés dans le texte des lettres.

1) Nous avons vu combien Beethoven était mécontent de Vienne ; l'expression : *Tu n'es pas l'ami des Viennois,* formule ses mécomptes avec originalité et énergie.

2) Beethoven ressentit de graves atteintes de surdité dès 1800. La lettre dont M. Amenda ne donne pas la date remonte donc vraisemblablement à cette époque.

3) L'origine de sa surdité, Beethoven l'attribue aux troubles fonctionnels du bas ventre, d'accord en cela avec Wegeler qui était médecin. Nous ne le constatons pas sans raisons ; on sait qu'on l'a attribuée à une autre cause.

4) Beethoven parle dans ce passage de 600 florins qu'il touche du prince Lichnowski. Cette circonstance fixe la date de la lettre entre 1792 et 1809, entre l'arrivée de B. à Vienne, et la rente de 4,000 florins qui lui fut constituée en 1809, à laquelle le prince Lichnowski ne concourut pas.

5) B. veut dire qu'il enverra de sa musique à Amenda

en Courlande, *dans un des pianos* que ce dernier avait commandés à Vienne.

6) B. se plaint expressément de l'affaiblissement de son ouïe comme d'un empêchement dans ses rapports avec le monde, et non point comme d'un empêchement dans l'exécution ou dans la composition de ses œuvres.

7) On lit dans ce passage : *Je te prie de garder le plus grand secret sur ma surdité.* La crainte d'être pris pour un sourd poursuit B. toute sa vie et se répète dans sa correspondance. Triste hommage du génie aux faiblesses, aux vanités, aux nécessités mondaines.

8) On lit dans ce passage : *Ne montre point ton quatuor ; j'y ai trop fait de changements. Ce n'est seulement qu'à présent que je sais écrire un quatuor, comme tu verras par ceux que je t'enverrai.* Les quatuors dont il est question sont évidemment les 6 premiers qui parurent en 1801, année à laquelle nous aimerions à rapporter la date de la lettre elle-même. On se rappellera que la première fois que B. se prit à composer un quatuor, il fit le trio op. 3, la seconde fois le quintette op. 4. V. la remarque à l'op. 18 du Catal.

9) B. dit à Amenda : *Deux hommes ont possédé toute mon amitié ; tu es le troisième.* Les deux premiers sont sans doute Etienne de Breuning, l'ami de la jeunesse de B. (v. op. 61), et le médecin Wegeler, son biographe et qui épousa Eléonore de Breuning, la sœur d'Etienne (v. n° 1, 2e sect. du Catalogue).

Les lettres adressées à M. Amenda, en Courlande, prouvent que B. eut plus d'un contact avec la Russie.

SIGNAUX POUR LE MONDE MUSICAL, n° 5, 1852.

A M. Charles Amenda, à Wirben, en Courlande.

Vienne, le 1er juin.

« Mon cher, mon bon Amenda, mon ami de cœur, j'ai reçu et lu ta dernière lettre avec une émotion profonde, avec un mélange de douleur et de plaisir. A quoi dois-je comparer ta fidélité, ton attachement envers moi? Cela est bien de m'être toujours ainsi resté fidèle ; je sais que je puis compter sur toi et je te distingue entre tous. Tu n'es pas l'*ami des Viennois* (1), non, tu es un de ces hommes comme le sol de ma patrie a l'habitude de les produire. Combien de fois j'ai désiré t'avoir près de moi ! car ton Beethoven mène une vie très malheureuse. Sache donc que mon organe le plus précieux, l'ouïe, a considérablement perdu. Déjà lorsque tu étais près de moi, je ressentais les premières atteintes de cette infirmité (2) que je cachais. Maintenant le mal s'est empiré. J'ignore si la guérison est possible. Cela proviendrait de dérangements dans le bas ventre (3). Pour ce qui est de ce dernier, je suis à peu près complètement rétabli ; j'espère à peine qu'il en sera de même de l'ouïe, ces sortes de maladies sont les plus incurables. Tu comprends combien ma vie doit être triste au milieu de misérables égoïstes comme ***, ***, etc., et obligé d'éviter tout ce que j'aimais, tout ce qui m'était cher ! Lichnowski m'est resté le plus fidèle ; depuis l'année dernière il me fait une pension de 600 fl. (4) qui, jointe au bon écoulement de mes ouvrages, me met en état de vivre. J'ai maintenant cinq occasions de vendre tout ce que j'écris en me le faisant bien payer. — J'ai passablement écrit tout ce temps-ci. Comme j'apprends que tu as commandé des pianos chez ***, je t'enverrai beaucoup de choses sous le couvert d'un de ces instruments (5). De cette façon cela te coûtera moins. —

Pour ma consolation un homme est revenu ici avec lequel je puis échanger le plaisir des relations sociales et de l'amitié désintéressée. C'est un de mes amis d'enfance; je lui ai déjà souvent parlé de toi ; je lui ai dit que depuis que j'ai quitté mon pays, tu es un de ceux que mon cœur a choisis. *** ne lui plaît pas non plus ; il est trop faible pour l'amitié. Je le considère, de même que ***, comme de simples instruments dont je fais vibrer les cordes quand cela me convient, mais qui ne peuvent jamais être les nobles témoins de mon activité intérieure et extérieure, non plus que des natures véritablement sympathiques. Je les estime d'après les services qu'ils me rendent. Que je serais heureux si je recouvrais complètement mon ouïe! J'accourrais immédiatement auprès de toi. Maintenant je suis cloué ici ; mes plus belles années s'écouleront sans avoir produit tout ce que mon talent et ma force m'auraient inspiré. Triste résignation dans laquelle je dois me réfugier ! Je me suis fait une loi, il est vrai, de me placer au-dessus de tout cela, mais est-ce possible? Oui, Amenda, si dans six mois mon infirmité est devenue incurable, j'aurai recours à toi ; il te faudra tout quitter pour venir près de moi. Mon mal me gêne moins pour mon travail de composition et d'exécution que dans les relations sociales (6). Je voyagerai et tu seras mon compagnon. Je suis convaincu que la chance me servira ; contre quelles difficultés ne puis-je pas maintenant entreprendre de lutter ? Depuis que tu es parti, j'ai écrit de tout, jusqu'à des opéras et de la musique d'église. Tu ne me refuseras pas ; tu aideras ton ami à supporter ses soucis, ses maux. J'ai également beaucoup perfectionné mon talent comme pianiste, et j'espère que ce voyage pourra également faire ta fortune à toi. Tu resteras ensuite éternellement auprès de moi. — J'ai exactement reçu toutes tes lettres; quoique je t'aie répondu rarement, ton souvenir n'a pas cessé de m'être présent et mon cœur bat toujours pour toi avec la même tendresse. — *Je te prie de garder pour toi comme un grand secret l'affaire* *de ma surdité et de ne le confier à qui que ce soit* (7). Ecris-moi souvent ; tes lettres, quelque courtes qu'elles soient, me consolent, me font du bien, et j'attends bientôt une nouvelle lettre de toi, mon cher. Ne laisse pas circuler ton quatuor ; je l'ai considérablement modifié, attendu que c'est seulement à présent que je sais bien écrire les quatuors, comme tu le verras lorsque tu les recevras (8). Maintenant, adieu, cher bon. Si tu penses que je puisse t'être ici agréable en quelque chose, il va sans dire que c'est à moi le premier que tu t'adresseras.

« Ton fidèle et véritablement aimant,

« L. v. BEETHOVEN. »

A Amenda.

« Comment Amenda peut-il penser que je puisse jamais l'oublier, parce que je ne lui écris pas ou que je ne lui ai pas écrit, comme si le souvenir des hommes entre eux ne pouvait s'entretenir que de cette façon ?

« Mille fois le meilleur des hommes que j'ai connus me revient à l'esprit. Après les deux hommes qui ont possédé tout mon attachement, et dont l'un vit encore, tu es le troisième (9). Jamais ton souvenir ne peut s'effacer pour moi. Tu recevras très prochainement une longue lettre de moi sur ma situation présente et sur tout ce qui peut t'intéresser de ma part. Adieu, cher, bon, noble ami, conserve-moi toujours ton amour, ton amitié, comme je serai éternellement

« Ton fidèle BEETHOVEN. »

Tableau général du Catalogue

Messes (deux)

Op. 86 Op. 123.

Oratorios (un)

Op. 85.

Opéras (un)

Op. 72.

Mélodrames (trois)

Op. 84. Op. 114. Op. 117.

Ballets (un)

Op. 43.

Cantates (deux)

Op. 112, lettre *c*, 3ᵉ section; comparez la lettre *e*, 4ᵉ sect.

Symphonies (neuf)

Op. 21. Op. 36. Op. 55. Op. 60. Op. 67. Op. 68. Op. 92. Op. 93. Op. 125.

Ouvertures (onze)

Op. 43. Op. 62. Op. 84. Op. 113. Op. 115. Op. 117. Op. 124. Op. 138. Lettres *p* (deux ouvertures), *q*, 3ᵉ sect.

Pièces symphoniques, marches à grand orchestre

Op. 91 (*La victoire de Wellington à la bataille de Vittoria*) lettres *o, r* 3e, lettre *i* (tempo di minuetto quasi allegretto), 4e section. Comparez la lettre *i,* 3e section (marche favorite de l'empereur Alexandre), et la lettre *p,* 4e sect.

Concertos (sept)

Concerto de violon, Op. 61 (2 romances pour violon principal avec accompagnement d'orchestre. Op. 40. Op. 50).
Concerto de piano, Op. 15. Op. 19. Op. 37. Op. 58. Op. 73. (cinq).
Concerto pour piano, violon et violoncelle, avec accompagnement d'orchestre, Op. 56.

Fantaisies pour piano, orchestre et chœurs (une)

Op. 80.

Rondos pour piano, avec accompagnement d'orchestre (un)

Lettre *l,* 4e section.

Pour instruments à vent

Octuors (deux)

Lettres *m, n,* 4e section, trio pour 2 hautbois et cor anglais. Op. 87 (29), duos pour clarinette et basson, lettre *s,* 3e section. Equali pour 4 trombones, lettre *h,* 4e section.

Septuors (un)

Op. 20.

Sextuors (deux)

Op. 71. Op. 81.

Quintuors pour piano et instruments à vent (un

Op. 16.

Quintuors pour instrumentss à cordes

(deux et une fugue pour 2 V., 2 A. et violoncelle)

Op. 4. Op. 29, fugue Op. 137. Comparez Op. 104 ar. de B. du trio. Op. 1, n° 3 en quintette ; Op. 20 arrangement de B. du septuor en quintette. Voyez pour un quintette original inédit la lettre *v*, 3e section.

Quatuors

(seize et une fugue pour 2 V., 2 A. et violoncelle)

Op. 18 (6 quatuors). Op. 59 (3 quatuors). Op. 74. Op. 95. Op. 127. Op. 130. Op. 131. Op. 132. Op. 135. Grande fugue Op. 133.

Trios (quatre)

Op. 3. Op. 9 (3 trios).

Trios de piano

(dix et deux motifs variés pour P., V. et violonc., dont l'un original)

Op. 1 (3 trios). Op. 11 (pour P., clarinette (ou V. et Violoncelle). Op. 70 (2 trios). Op. 97. Lettre *a* 3e, lettre *o*, 4e section (2 trios). Op. 24 (motif original varié pour P., V. et Violoncelle). Op. 121 (adagio, variations et rondo pour P., V. et Violoncelle). Comp. la lettre *i*, 4e section, pour les 3 quatuors de piano.

Sonates pour piano et violon (dix)

Op. 12 (3 sonates). Op. 23. Op. 24. Op. 30 (3 sonates). Op. 47. Op. 96, comparez la lettre *b*, 3e section (rondo pour P. et V.).

Sonates pour piano et violoncelle (cinq)

Op. 5 (2 sonates). Op. 69. Op. 102 (2 sonates).

Sonates pour piano et cor (une)

Op. 17.

Variations pour piano et violon (ou violoncelle)

(quatre pièces)

Nos 1, 5, 6, 10 *b*, seconde section.

Variations pour piano et violon (ou flûte)

(seize pièces)

Op. 105 (6 pièces). Op. 107 (dix pièces).

Arrangements de Beethoven pour piano et un ou plusieurs instruments

Op. 35 (la 2e symphonie en trio pour P., V. et Violoncelle). Op. 58 (le septuor en trio pour P., clarinette (ou V., et Violoncelle). Op. 41 (la sérénade Op. 25 pour P. et flûte (ou V.). Op. 42 (la sérénade Op. 8 pour P. et alto). Op. 16 (arrangement en quatuor pour P., V., A. et Violoncelle du quintette pour P. et instruments à vent).

Sonates pour piano seul (trente-huit)

Op. 2 (3 S.). Op. 7. Op. 10 (3 S.). Op. 13. Op. 14 (2 S.). Op. 22. Op. 26. Op. 27 (2 S.). Op. 28. Op. 31 (3 S.). Op. 49 (2 S.). Op. 53. Op. 54. Op. 57. Op. 78. Op. 79. Op. 81. Op. 90. Op. 101. Op. 106. Op. 109. Op. 110. Op. 111. Lettres *d, et f* (6 S.), 3e section.

Fantaisies pour piano seul (une)

Op. 77.

Variations pour piano seul (21 motifs variés)

Op. 34. Op. 35. Op. 76. Op. 120 ; seconde section, nos 1b. 2. 3. 4. 5a. 7. 8. 9. 10a. 11. 12. 13. 25. 26. 36; troisième section, lettres *k, l*.

Compositions fugitives pour piano (bagatelles, rondos préludes) (16 pièces)

Op. 33. Op. 39. Op. 89 (polonaise dédiée à l'impératrice Elisabeth). Op. 112. Op. 126. Op. 129 ; 2e section : nos 1c. 2b. 28. 29. 35 (andante favori) ; 3e section : lettres *c, g, i* (marche favorite de l'empereur Alexandre); 4e section : lettre *r*.

Musique de danse (13 cahiers)

Voyez la lettre *B*, 3e section.

Musique de piano à quatre mains (quatre pièces

Op. 6. Op. 45. Op. 87. N° 27, 2e section. Comparez le n° 3b, 2e section, les lettres *m, n, o, r*. 3e section, la lettre *p*, 4e section.

Musique de chant avec accompagnement d'orchestre

(six pièces)

Op. 48. Op. 116. Op. 118. Op. 121. Op. 122, la lettre *b2*, 3e section (musique vocale).

Musique de chant avec accompagnement de piano

(100 pièces, en comptant les canons)

Op. 32. Op. 46. Op. 52. Op. 75. Op. 82. Op. 83. Op. 88. Op. 94. Op. 98. Op. 99. Op. 100. Op. 108. Op. 113. Op. 118. Op. 121. Op. 122. Op. 128. 2e section : Nos 24. 32. 38. 3e section : la lettre C (musique vocale). 4e section : les lettres *a, b, c, f, g*.

FIN

BIBLIOGRAPHIE

Il existe sur Beethoven et sur ses œuvres une infinité d'ouvrages dans toutes les langues : parmi ceux que possède le présent bibliographe figure même un fort substantiel petit volume en langue arménienne, consacré au maître par Mlle Marguerite Babaïan. Aussi serait-il puéril de prétendre en offrir une liste complète. On s'est tout simplement attaché à réunir ici un ensemble de titres d'ouvrages de tous genres pouvant former le fonds d'une bibliothèque-Beethoven, comme disent les Allemands. Ces ouvrages offrent de tout, depuis la critique ou le document historique jusqu'à l'anecdote.

Si incomplète qu'elle soit, la présente liste paraîtra peut-être encore trop étendue, surtout en ce qui concerne les ouvrages de vulgarisation ; mais parfois on trouvera, même dans ceux-là, des indications et des idées utiles.

Mises à part les études consacrées à quelque point spécial, les principales sources sont : Thayer, Nottebohm, Grove, Marx, Lenz, Schindler.

M.-D. C.

ANONYMES

Aktenmæssige Darstellung der Ausgræbung der Reste von B., und Schubert. Vienne, 1863, in-8°.

B's Klaviersonaten : Bemerkungen eines Unpartheiischen. Berlin, 1863, br. in-8°.

Missa Solemnis ; Kleine kurze erklærende Beschreibung, etc. Bonn, 1845, pl. in-8°.

B., seine Biographie. Zurich, 1834, pl. in-4° (*Neujahrs-stücke der Allg. Musik Ges.*, n° 22).

Notice sur la messe en ré de BEETHOVEN. Paris, 1888, pl. in-8°.

La foi nouvelle cherchée dans l'art : de Rembrandt à Beethoven. Paris, 1850, in-12.

AUTEURS DIVERS, RECUEILS

Die Musik (Berlin), revue.

Beethoven-Hefte. N°s	1.	—	I.	12.
	2.	—	II.	6.
	3.	—	III.	12.
	4.	—	V.	4.

Das XIXe Jahrhundert in Bildnissen (Berlin). 8e cahier : BEETHOVEN. (1898.)

Beethovens 9 Symphonien, von G. ERLANGER, Dr HELM, etc. Lpz., s. d., Seemann).

(Voir aussi la collection du *Musikführer,* même édit.).

CORRESPONDANCE DE BEETHOVEN

Il en paraît actuellement deux « Editions complètes » : l'une à Vienne sous la direction de M. Prelinger, l'autre à Berlin sous celle de M. Kalischer — cette dernière semble supérieure.

Voici la plupart des recueils et documents précédemment parus :

BRIEFE B's *Herausgegeben von L. Nohl. Stuttgart,* 1865, in-8°.

NEUE BRIEFE B'S. *Herausgegeben von L. Nohl.* Stuttgart 1867, in-8°.

83 *neu aufgefundene Originalbriefe L. v. B's,* etc., hrsg. von L. KOCHEL. Vienne, 1865, in-8°.

Briefe von B. an Marie Gräfin Erdoedy, hrsg. von A. SCHONE. Lpz., 1866, in-8°.

Neue Beethovenbriefe, hrsg. von Dr C.-D. KALISCHER. Berlin, 1902, in-8°.

LA MARA. *Musikerbriefe aus fünf Jahrhunderten.* Lpz., 1892, in-8°.

Katalog der mit der Beethovenfeier verbundenen Ausstellung. 11-15 mai 1890. Bonn. in-8°.

Katalog von Autographen aus dem Nachlasse des Senators Franz Brentano. Frankfurt-a-M., 1896, in-4°.

Correspondance de Beethoven (choix), traduite par J. CHANTAVOINE. Paris, 1904, in-12.

ADLER, G. — *Ein Satz eines unbekanten Klavierkonzertes v. B.* Leipzig, 1888, vol. in-8°.

ALBERTI. — *L. v. B. als dramatischer Tondichter, etc.* Stettin, 1859, in-12.

AMBROS, A.-W. — *Die Klavierkompositionen B's, etc.* Stuttgart, 1872, pl. in-8°.

ANDERS, G.-E. — *Détails biographiques sur B., d'après Wegeler et Ries.* Paris, 1839, pl. in-8°.

AUBLEY, Mme A. — *L. v. B., sa vie, ses œuvres.* Paris, 1867, in-16.

BARBEBETTE, H. — *B., Esquisse musicale.* La Rochelle 1859, pl. in-8°.

— *B., sa vie et ses œuvres.* Paris, 1870, gr. in-8.

BERLIOZ, H. — *Œuvres,* et notamment *A Travers Chants.* Paris, 1862, in-12.

BERTRAND, G. — *Les Nationalités musicales.* Paris, 1875, in-12.

BLAZE DE BURY, H. — *Gœthe et Beethoven.* Paris, 1890, in-12.

BREIDENSTEIN, H.-K. — *Festgabe zur Inauguration des B. Monumentes.* Bonn, 1845, in-8°.
— *Für Jahresfeier der Inauguration, etc.* Bonn, 1846, in-8°.
BOCK-GNADENAU, J. — *L. v. B. in Heiligenstadt und Nussdorf.* Vienne, 1890, in-8°.
BOUCHOR, M. — *La Messe en Ré de B.*, compte-rendu et impressions. — Paris, 1886, pl. in-8°.
BOUYER, R. — *Le Secret de Beethoven,* Paris, 1905, in-8°.
BRENET, M. — *Histoire de la symphonie à orchestre, depuis les origines jusqu'à B.* Paris, 1882, in-12.
BREUNING, G. VON. — *Aus dem Schwarzpanierhaus, Errinnerungen,* etc. Vienne, 1874, in-8°.
BUNGE, R. — *Fidelio, nach persönlichen Mitteilungen des Herrn Pr. J. Röckel.* Lpz., 1868, in-4°.
CHANTAVOINE, J. — *Beethoven.* Paris, 1907, in-12.
COLOMBANI, A. — *Le nove sinfonie di B.* Turin, 1897, in-8°
CROWEST, F.-J. — *Beethoven,* 4e éd. Londres, 1904, in-12.
CURZON, H. de. — *Les lieder et airs détachés de B.* Paris, 1905, pl. in-18.
CZERNY, C. — *Ueber den richtigen Vortrag der sämmtlichen B'schen Werke für das Piano.* Vienne, s. d., 2 v. in-4°.
DEITERS, H. — *L. v. B.* Leipzig, 1882, in-8°.
DEUTSCH, O.-E. — *B's Beziehung zu Graz.* Graz, 1907, pl. in-4°.
DURENBERG. — *Die Symphonien B. und anderer berühmten Meister.* — Leipzig, 1876, in-8°, 2e éd.
EHRARD, A. — *Grillparzer et Beethoven.* Paris, 1900, in-12.
EHRLICH, H. — *Die Ornamentik in B's Klavierwerken.* Lpz., 1897, br. in-8°.
(Trad. française par H. Brett, *ib.,* 1898).
ELTERLEIN, L. von. — *B's Symphonien nach ihrem idealen Inhalt,* etc. Dresde, 1870, 3e éd.
— *B's Klaviersonaten.* Lpz., 1866, 3e éd.

FISCHER, G.-A. — *B., a character study*. New-York, 1905, in-8°.

FRANK, E. — *Erläuterungen zur Missa Solemnis von B.* Hanover, 1901, in-8°.

FRANKL, P. — *Helden und Liederbuch*. 2e éd. Prague, 1863, in-12.

(Gœthe et Beethoven. — Beethoven et les paysans, etc.)

FRIMMEL, T. von. — *L. v. B.* Berlin, 1901, in-8°.

— *B.* — *Studien : I. L. v. B., äussere Erscheinung*. Munich, 1905, in-8.

— — II. *Bausteine zu einer Lebensgeschichte,* ib., 1906, in-8°.

— *Neue Beethoveniana*. 2e éd. Vienne, 1890, in-8°.

— *J. Danhäuser und B.* Vienne, 1892, pl. in-8°.

FUCHS, A. — *Verzeichnis aller Abbildungen Haydn's Mozart's und B's.* 1845, br. in-4°.

GÖLLERICH, A. — *Beethoven*. Berlin, 1904, in-18.

GREGOIR, E.-G.-J. — *Beethoven. Notice sur l'origine du célèbre compositeur*. Anvers, 1863, pl. in-8°.

GRIEPENKERL, K. — *Das Musikfest oder die Beethovener* Brunswick, 1841, in-8°, 2e éd.

GRIVEAU, M. — *Interprétation musicale de l'orage*. Analyse de l'orage de la symphonie pastorale. Paris, 1896, pl. in-8°.

GROVE, Sir G. — *B. and his nine symphonies*. Londres, 1896, in-8°.

— Article *Beethoven* dans le *Dictionnaire de Grove*. Nouvelle édition. Londres, 1904.

HADDEN, J.-C. — *George Thomson,* etc. Londres, 1898, in-8°.

(Correspondance de Thomson avec B.)

HANSLICK, E. — *Zur Enthüllung des B.-Denkmales in Wien*. Vienne, 1880, in-8°.

HARCOURT, E. d'. — *Les Symphonies de B.*, aperçu analytique. Paris, 1898, in-8°.
HAUSSEGER, F. von. — *Unsere deutschen Meister* (Bach Beethoven, etc.). Lpz., 1900, in-8°.
HELM, T. — *B's Streichquartette.* Lpz., 1885, in-8°.
HENNIG, C.-R. — *B's 9te Symphonie, eine Analyse.* Lpz., 1888, in-8°.
HILLER, F. — *B., gelegentliche Aufsätze.* Lpz., 1871, in-16.
HOFFMANN, Dr L. — *Ein Programm zu B's Neunte Symphonie.* Berlin, 1870, in-8°.
HOFFMANN, E.-T.-A. — *Musikalische Schriften.*
JAHN, C.-F. — *B. als Mensch und Künstler.* Elbing, 1877, in-8°.
JAHN, OTTO. — *Gesammelte Aufsätse.* Lpz., 1864, in-8°.
JEITTELES, D.-L. — *B's Begräbniss und noch andere auf B. bezügliche Aufsätze.* S. l., 1827, in-8°.
JENIK, R. — *La place de Beethoven dans la litérature du piano* (en russe). Saint-Pétersbourg, 1899, in-8°.
KALISCHER, A.-C. — *Die unsterbliche geliebte B's.* Dresde, 1891, in-8°.
— *Grillparzer und Beethoven* (*Nord und Süd,* tome 56).
KANNE, F.-A. — *L. v. B's Tod,* den 27. März 1827. Vienne, 18 pl. in-8°.
KELLER, O. — *B., eine biographische Skizze.* Vienne 1865, in-12.
KERST, F. — *B. im eigenen Wort.* Berlin, 1904, in-8°.
KISTELER, F. — *Kommentar und Führer zu der Neubearbeitung der Beethovenschen Symphonie Wellington's Sieg,* etc.
KRONE, H. — *Beethoven in seinen Sinfonien.* Halle, 1902, pl. in-8°.
KLAUWELL, O. — *L. v. B. und die Variationen form.* Langensalza, 1901, pl. in-8°.
LACURIA, L'abbé P. — *La vie de Beethoven écrite dans ses œuvres.* — *Les dernières confidences du génie de Beethoven.* Paris (*L'Occident,* 1903).

LA MARA. — *L. v. B., biographische Skizze.* Lpz., 1870, in-8°.

LEFORT, A. — *La Messe en ré de B.* Reims, 1898, br. in-18.

LENZ, W. de. — *B., eine Kunststudie.* Cassel et Hambourg, 1855-1860, 5 v. in-8°.

— *Beethoven et ses trois styles,* 2 vol. in-12. St-Pétersbourg, 1852, Bruxelles, 1854, Paris, 1855 et 1908.

— *Kritischer Katalog sämmtlicher Werke B's.* Hambourg, 1860, in-8°.

LITZ, Fr. — *Beethovens Fidelio.* } Tome III des Œuvres
— — *Muzik zu Egmont.* }
complètes (voir aussi *Passim*).

LORENZ, F. — *Haydn, Mozart und B's Kirchenmusik.* Breslau, 1866, in-8°.

MALHERBE, Ch. — *Les 32 sonates pour piano de B.* Genève, 1907, br. in-8°.

MANDYCZEWSKY. — Voir *Nottebohm.*

MARSDIJK, W. VON. — *Lettres contre les preuves de l'origine hollandaise de B.* Amsterdam, 1836, in-8°.

MARTIN, CH. — *Biographie de B.* Paris, 1844, br. in-8°.

MASON, D.-G. — *B. and his forerunners.* New-York, 1904, in-8°.

MASTRIGLI, L. — *B. La sua vita, le sue opere.* Castello 1886, in-12.

MATTHEWS, J. — *The violin music of B.* Londres, 1903, in-8°.

MARX, A.-B. — *B's Leben und Schaffen.* Berlin, 1859, 2 v. in-8°.
5e édition revue par G. Behncke, ib.1901.
Autres éditions. Lpz., 1902 et 1906.

— *Anleitung zum Vortrag B'scher Klavierwerke.* Berlin, 1863, in-8°.
Nouv. édition, revue par R. Höwker, Lpz., 1903.
Autre, revue par Behncke. Berlin, 1897.

MENSCH, G. — *L. v. B., ein musikalisches Charakterbild.* Lpz., 1871, in-8°.

MESNARD, L. — *Affinités musicales chez Beethoven.* (Dans les *Essais de Critique musicale.* Paris, 1892, in-12).

MIEL, F. — *De la symphonie, des symphonies de B. et de leur exécution.* Paris, 1833, pl. in-16.

MOSCHELES, I. — *Life of Beethoven.* Londres, 1841, 2 vol. in-8°.

MOZENGEIL, F. — *Poetische Erläuterung zu B's Egmont.* Lpz., 1848, in-8°.

MUHLBRECHT. — *Bibliographische Skizze L. v. B's.* Lpz., 1866, in-8°.

MUSSA, V.-E. — *Populäre Erläuterungen zu B's Symphonien.* Stuttgart (1900), pl. in-8°.

NAGEL, W. — *B. und seine Klaviersonaten.* Langensalza, 1903-1905, 2 v. in-8°.

NAUMANN, E. — *B., zur 100 Järig. Geburtsfeier.* Berlin, 1871, in-8°.

— *B.* Berlin, 1872, in-8°.

NEITZELL, O. — *B's Symphonien nach ihrem Stimmungsgehalt erläutert.* Cologne, s. d., in-8°.

NOHL, L. — *B's Leben,* 3 vol. in-8°. Leipzig.

— *B. nach Schilderungen seiner Zeitgenossen.* Stuttgart, 1877, in-8°.

— *B's Brevier.* Leipzig, 1870, in-18.

— *Eine stille Liebe zu B.* Leipzig, 1875, in-8°.

— *Die Beethovenfeier und die Kunst der Gegenwart.* Vienne, 1871.

— *Beethoven, Liszt, Wagner. Ein Bild der Künstlerleben.* Vienne, 1874, in-8°.

— *Musikalisches Skizzenbuch,* Münich, 1866, in-8°.

NOTTEBOHM, G. — *B's Studien, 1er Band.* Lpz., 1873, in-8°.

— *Beethoveniana.* Lpz., 1872, in-8°.

— *Zweite Beethoveniana.* Lpz., 1887, in-8.

— *Neue Beethoveniana* (*Musikalisches Wochenblatt,* 1875-79).

NOTTEBOHM, G. — *Ein Skizzenbuch von B. aus d. J.* 1802. Lpz., 1865, in-8°.
— *Ein Skizzenbuch von B. aus d. J.* 1803. Lpz., 1880, in-8°.
— *Thematisches Verzeichnis* der im Druck erschienener Werke,. 2e éd. Lpz., 1868, in-8°.
— *Namen- und Sachregister zu Nottebohms Beethoveniana und zweite B' ana,* zusammengestellt von E. Mandyckzewsky, ib. 1888, in-8°.

ORTLEPP, E. — *B., eine phantastische Charakteristik.* Lpz., 1836, in-16.

OULIBISCHEW, A. — *B., ses critiques, ses glossateurs.* Paris, 1857, in-8°.

PACHLER, F. — *B. und Marie Pachler-Koschak.* Berlin, 1866, pl. in-8°.

PFORDTEN, H. — *Beethoven.* Lpz., 1907, in-8°.

POMPERY, E. de. — *B., Sa vie, son caractère, sa musique.* Paris, 1865, pl. in-16.

PORGES, H. — *Die Aufführung von B's* 9e *symph. unter R. Wagner in Bayreuth.* Lpz., 1897, br. in-8°.

PRIEGER, E. — *B's Entwickelung als Symphoniker.* Bonn, 1894.
— *B's Symphonien, ihre Entstehungszeit.* S. l. n. d., pl. in-8°.

PROD'HOMME, J.-G. — *Les symphonies de Beethoven.* Paris, 1906, in-12.

RAUH, H. — *B., Ein Künstlerleben. Kulturhistorisch biographisch geschildert.* 4e éd. Lpz., 1903, 2 v. in-8°.

REICHARDT, J.-F. — *Vertraute Briefe aus einer Reise nach Wien,* etc. Amsterdam, 1810, 2 vol. in-8°.

REINECKE, C. — *Die B'schen Klaviersonaten, Briefe an eine Freundin.* 2e éd. Lpz., 1897, in-8°.

RELLSTAB, L. — *B., Ein Bild der Errinnerung.* S. l. n. d., br. in-8°.

REMY, M. — *La Missa Solemnis de B.*, esquisse analytique. Bruxelles, s. d. (1897), br. in-8°.

RIES. — Cf. *Wegeler.*

ROLLAND, R. — *Beethoven.* (*Cahiers de la Quinzaine*, Paris, janvier 1903.)

ROLLET, Dr H. — *B. in Baden.* Baden, 1870, in-16.

RUDALL, H.-A. — *B.* (*The great Musicians.* Londres, 1890, in-8°).

RYELANDT, J. — *Les dernières sonates de piano de B.* Bruxelles, 1904, in-8°.

SAUZAY, E. — *Haydn, Mozart, Beethoven, études sur le quatuor.* Paris, 1861, in-8°.

SCHILLING, G. — *Beethoven-Album*, etc. Stuttgart, s. d., in-8°.

SCHINDLER, A. — *Biographie von L. v. B.* Münster, 1840, in-8°, 3e éd., 1860.

— Traduction française par A. Sowinski. Paris, 1865.

— *B. in Paris*, etc. Münster, 1842, in-8°.

SCHLOSSER, J.-A. — *L. v. B., Biographie*, etc. Prague 1828, in-16.

SCHLUTER, Dr J. — *Aus B's Briefen.* Lpz., 1870, in-8°.

SCHMITZ, A.-A. — *Erklärung des Tongemäldes Cis-moll sonate.* Lpz., 1897, in-8°.

SEYFRIED, I. von. — *B's Studien im Generalbass, Kontrapunkt*, etc. Vienne, 1832, in-8°, 2e éd. Lpz., 1853.

SHEDLOCK, J.-S.-S. — *The pianoforte Sonata.* Londres, 1900, in-12.

— *Beethoven.* Londres, 1905, in-18.

SPITTA, P. — *Zur Musik.* 16 *Aufsætze.* Berlin, 1892, in-8°. (VIII : Beethoveniana).

STERNFELD, R. — *B's Missa Solemnis, Einführung.* Berlin, 1900, pl. in-8°.

TENGER, M. — *B's unsterbliche Geliebte*, nach persönlichen Erinnerungen. 3 éd. Bonn, 1903, in-8°.

THAYER, A.-W. — *L. v. B's Leben. Nach dem Original Msks. deutsch bearbeitet.* 2 éd. revue par L. Deiters. Berlin.

— *Chronologisches Verzeichniss der Werke L. v. B's.* Berlin, 1865, in-8°.

— *Ein Kritischer Beitrag zur B. Litteratur.* Berlin, 1877, pl. in-8°.

VIEILLE, F. — *L'état mental de B.* Lyon, 1905, in-8°.

VOLBACH, Dr F. — *Beethoven.* Münich, 1905, in-8°.

VOLKMANN, H. — *Neues über B.* Berlin, 1905, in-8°.

VORSTMANN, R. — *Fidelio von L. v. B.* Amsterdam, 1898, in-8°.

WAGNER, F. — *B's Leben und Werke.* Lpz., in-12.

WAGNER, R. — *Gesammelte Schriften, passim.* Lpz., 2e éd. 1888, in-12, 10 v.

Notamment : T. I. *Eine Pilgerfahrt zu B.*
T. II. *Bericht über die Aufführung der 9. Symphonie,* etc.
T. IX. *Beethoven.*

Traduction française de cet essai par H. Lavignes, Paris, 1901, in-12.

WALKER, E. — *B.* (*The Music of the masters*). Londres, 1904, in-12.

WALZ, M. — *Rede zur Enthüllung des B. Denkmals.* Vienne, 1880, pl. in-8°.

WARTEL. — *Leçons écrites sur les sonates de B.* Paris, 1865, in-8°.

WASSILIEWSKI, W.-J. VON. — *L. v. B.* 2e éd. Lpz., 1895, in-8°, 2 vol.

WEBER, W. — *B's Missa Solemnis.* Augsbourg, 1897, in-8°.

WEGELER, F.-C., et RIES. — *Notizen über L. v. B.* Coblentz(1838, in-16.

(Traduction française par F. Legentil. Paris, 1862, in-12. Nouv. édition revue par Kalischer. Berlin, 1906).

WEGELER. — *Nachtrag zu den biographischen Notizen.* Coblentz, 1845, pl. in-8°.

WILBRANDT, A. — *B.* Stuttgart, 1895, in-8°.

WILDER, V. — *B.* Paris, 1883, in-12.

WOLZOGEN, H. von. — *Die Grossmeister deutscher Musik,* T. I. Lpz., 1897, in-8°.

WEINGAERTNER, F. — *Ratschläge für Aufführungen des Symphonien B's.* Lpz., 1906, in-8°.

WYZEWA, T. de. — *Beethoven et R. Wagner,* etc. Paris, 1898, in-12.

TABLE DES MATIÈRES

APPENDICE

INDEX

OF MUSICIANS AND MUSICAL WORKS

Compositions are listed alphabetically under four categories: I. KEYBOARD MUSIC, II. CHAMBER MUSIC, III. ORCHESTRAL MUSIC, and IV. VOCAL MUSIC. Page numbers in *italic* refer to entries in Lenz's Critical, Chronological, and Anecdotal Catalogue.

I. KEYBOARD MUSIC

BEETHOVEN I. KEYBOARD MUSIC *(cont'd)*

BEETHOVEN II. CHAMBER MUSIC *(cont'd)*

III. ORCHESTRAL MUSIC

BEETHOVEN III. ORCHESTRAL MUSIC *(cont'd)*

IV. VOCAL MUSIC

BEETHOVEN IV. VOCAL MUSIC *(cont'd)*